한국어 교수법의 실제

곽지영 · 김미옥 · 김제열 · 손성희 · 전나영
정희정 · 조현선 · 한상미 · 한송화 · 황인교 공저

연세대학교 대학출판문화원

■ **저자** (가나다순)

곽지영 연세대학교 언어연구교육원 한국어학당
김미옥 연세대학교 언어연구교육원 한국어학당
김제열 연세대학교 언어연구교육원 한국어학당
손성희 연세대학교 언어연구교육원 한국어학당
전나영 연세대학교 언어연구교육원 한국어학당
정희정 연세대학교 언어연구교육원 한국어학당
조현선 연세대학교 언어연구교육원 한국어학당
한상미 연세대학교 언어연구교육원 한국어학당
한송화 연세대학교 언어연구교육원 한국어학당
황인교 연세대학교 언어연구교육원 한국어학당

한국어 교수법의 실제

지은이 곽지영·김미옥·김제열·손성희·전나영
정희정·조현선·한상미·한송화·황인교
펴낸곳 연세대학교 대학출판문화원
주 소 서울특별시 서대문구 연세로 50
전 화 (02) 2123-3380~2
팩 스 (02) 2123-8673
E-mail ysup@yonsei.ac.kr
홈페이지 http://www.yonsei.ac.kr/press
등 록 1955년 10월 13일 제9-60호
인 쇄 (주)태화북스

2007년 8월 25일 1판 1쇄 2016년 7월 20일 1판 8쇄
ISBN 978-89-7141-794-2(93370)

값 25,000원

머리말

오늘날 세계 각국의 국제화와 한국의 위상 변화로 인해 한국어 학습자가 증가하면서 국내외 한국어 교육의 규모가 빠르게 성장하고 있다. 이에 따라 한국어 교사의 수도 크게 증가하였고, 한국어 교사가 되기를 희망하는 사람도 날로 증가하는 추세에 있다. 이런 상황에 부응하여 관련 기관에서 제각기 양질의 교사 교육을 실시하려고 노력하고 있지만 교사 교육을 위한 자료 및 교재가 부족하여 어려움을 겪고 있다. 그러므로 지금은 한국어 교육 이론과 실제 교수 학습 현장에 유용한 방법론을 체계적으로 정리한 교재가 그 어느 때보다도 필요한 시기이다.

이에 한국어 교육의 50년 전통을 이어온 연세대학교 언어연구교육원 한국어학당은 그동안 효과적인 한국어 교수 학습을 모색하면서 한국어 교육 이론 및 방법을 정리하고 소개하고자 노력해 온 내용을 묶어 펴내고자 한다. 일찍이 한국어학당은 국내외에서 한국어 교사 대상 교육을 해온 바 있으며 1994년부터는 한국어교사연수소를 설립하고 체계적인 한국어 교사 양성 및 연수를 해오고 있다. 그리고 학술지인 '외국어로서의 한국어 교육' 을 발간하고 정기적인 학술대회 및 워크숍을 열어 전문적인 한국어 교육 이론 모색에도 힘써 왔다.

따라서 이 책은 전문적인 한국어 교육 이론서이면서도 실제 한국어 교육 현장에서 쉽게 적용할 수 있는 교수법 및 자료를 담고 있다. 이해 및 표현 교육과 발음, 어휘, 문법, 문화 교수법은 물론 교육과정, 교수 설계, 평가, 교재 연구 등 한국어 교사에게 실제로 필요하고 유용한 이론 및 자료를 정리하고 소개하였다.

이 책이 실제 한국어를 가르치는 현장에 있는 교사는 물론 한국어 교육 이론에 관심이 있는 한국어 교육 전공자에게 도움이 되기 바라고 무엇보다도 연세대학교 언어연구교육원 한국어학당이 오랜 시간동안 일구어온 이론과 실제에 대한 논의를 한국어 교육계와 나누고 소통하는 기회가 되기를 바란다.

2007년 8월

지은이 일동

• 차례 •

제 1 장 한국어 교육과정론

손성희

교육과정은 교육학을 전공하는 학생이나 교육에 종사하는 전문가뿐만 아니라 일반인들에게도 널리 사용되는 용어이다. 교육과정을 의미하는 커리큘럼은 경주로를 의미하는 'currere' 라는 라틴어에서 유래되었다. 경마장에서 말이 종착점을 향해 달려가는 경주로처럼 학습자가 학습 목표 성취를 향해 나아가는 일련의 과정을 의미하는 것이다.

이성호(2006)는 교육과정을 교육을 주도하는 기관이 그 기관의 교육 목표에 따라 학습자의 성장과 발전을 돕기 위하여 체계적으로 개발하여 수립하는 지식과 경험을 포함한 모든 종류의 교육 내용의 사전 계획과 기대되는 결과[1]라고 정의하고 있다.

'무엇을 어떻게 가르칠 것인가' 의 교육과정에 대한 모색은 최근 들어 한국어 교육에 있어서도 활발하게 진행되어 왔다. 그러나 그 동안의 한국어 교육은 각 교육기관이 임의로 설정한 교육과정에 따라 이루어져 왔다.

1959년 연세대학교 한국어학당이 설립된 이후 국내의 한국어 교육기관은 계속 늘어났고 이제는 한국어 교육의 양적, 질적인 성장과 더불어 한국어 교육과정 분야에 있어서도 표준화된 한국어 교육과정 개발이 필요한 시점이 되었다. 외국어로서의 한국어 교육과정이 표준화되면 각 교육기관마다 상이하게 규정되어 있는 급별 목적과 목표도 단일화할 수 있다. 교육과정의 표준화를 통해 한국어 교육은 좀 더 체계적이고 일관성을 가지게 될 것이며 이는 한국어의 위상을 높이는 데 일익을 담당할 수 있는 요소가 될 것이다.

일반적으로 교육과정은 교육의 목적, 교육 내용, 교육의 실행, 평가를 모두 의미하는 개념이나 본 글에서는 한국어 교육의 목적과 내용, 실행을 중심으로 한국어 교육과정 개발 절차를 알아본 후 연세대학교 언어연구교육원 한국어학당의 한국어 교육과정을 살펴보고자 한다.

Ⅰ. 한국어 교육과정 개발 절차

한국어 학습자는 국적, 연령, 학습 동기, 한국어 학습 목적 등 다양한 구성요소를 지니고 있다. 연세대학교 한국어학당의 경우만 보더라도 현재 60개국에서 온 1000여 명의 학습자가 한국어 교육을 받고 있으며 연령 또한 10대에서부터 60대에 이르기까지 다양하다. 한국어 학습 목적도 예전의 학습자가 대부분 일반 목적 학습자인데 비해 최근에는 학문 목적이나 직업 목적 등 다양해졌다. 일상생활에 불편을 느끼지 않고 생활하는 것이 목적인 일반 목적의 학습자와 대학에서 강의를 듣고 연구를 하고자 하는 학문 목적의 학습자, 회사에서 사무를 보거나 거래처와의 관계 등에 도움을 받고자 한국어를 배우는 직업 목적의 학습자에게 동일한 교육과정을 제시할 수는 없다. 따라서 학습자의 학습 목적과 학습 기간 등을 고려한 다양한 교육과정이 개발되어야 할 것이다.

다양한 교육과정 모형을 모두 제시할 수 없으므로 일반적으로 한국어 교육과정 개발이 어떠한 절차를 통해 이루어져야 되는지 살펴보기로 하겠다.

1. 요구분석

한국어 교육과정을 계획함에 있어서 해당 과정의 한국어 교육이 왜 필요한지를 구체적으로 명시하는 것은 반드시 거쳐야 할 단계라고 볼 수 있다.

누가 무엇을 원하는지를 알아보고 분석하는 것이 요구조사인데 이러한 요구조사 분석의 결과에 따라 교육의 목적이 설정될 수 있을 것이다. 요구분석의 대상은 한국어 학습자, 한국어 교수자, 한국어 교육기관, 한국어 교육 위탁자 등 다양해야 한다. 대상에 따른 요구조사의 내용을 개괄적으로 보면 다음과 같다.

한국어 학습자의 입장 :

· 한국어를 배우는 이유는 무엇인가?
· 한국어를 배우는 목적은 무엇인가?
· 얼마동안 한국어를 배울 예정인가?
· 필요로 하는 한국어 교육 내용은 무엇인가?
· 한국어를 배운 경험이 있는가?

한국어 교수자의 입장 :

· 한국어 학습자에게 필요한 교과 내용은 무엇인가?
· 한국어 교육의 단계별 구성은 어떻게 이루어지는 것이 바람직한가?
· 적당한 학급당 인원 수와 교육 기간은 어느 정도인가?

한국어 교육기관의 입장 :

· 학습자의 수는 지속적으로 유지될 수 있는가?
· 개발된 한국어 교육과정의 반복적인 사용이 가능한가?
· 경제적인 측면에 부합될 수 있는가?

한국어 교육 위탁자의 입장 :

· 한국어 교육 위탁 목적은 무엇인가?

이와 같은 요구조사의 결과 분석을 바탕으로 다음 단계에서는 한국어 교육의 목적과 목표를 설정한다.

2. 한국어 교육 목적과 목표 설정

교육의 목적을 설정하는 일은 전체 교육과정 개발에서 볼 때 가장 핵심적인 부분이라고 할 수 있다. 목적이 어떻게 설정되느냐에 따라 교육 내용의 선정이나 교육과정의 실행에서 큰 차이를 가져올 수 있기 때문이다.

기본적으로 교육의 목적과 목표는 상이한 개념이다. 목표는 목적을 달성하기 위한 수단으로 목적의 하위 개념이다. 따라서 목적이 추상적인 가치 규범을 담고 있을 경우에 그 하위 목표를 통해 수행 목표는 좀 더 구체화될 수 있다. 그러나 목적이 구체적으로 설정되어 있는 경우에는 하위 목적을 설정할 필요는 없다. 한국어 교육에서 목적과 목표가 어떻게 설정되어져야 하는지 한국어 초급 1의 구체적인 예를 들어보기로 하겠다.

목적 : 생존에 필요한 기초적인 언어 기능을 수행할 수 있다.
목표 : 1. 한국말을 사용하여 물건을 살 수 있다.
2. 한국말을 사용하여 음식을 주문할 수 있다.

위에서 제시한 목표는 다음 단계의 목적이 될 수 있다. 즉, 상위 단계의 목표가 그 다음 하위 단계에서 목적이 된다.

목적 : 물건 사기에서 언어 기능을 수행할 수 있다.
목표 : 1. 원하는 물건을 찾을 수 있다.
2. 물건의 가격을 물어 볼 수 있다.

목적과 목표의 설정은 필요에 따라 여러 단계로 나타날 수 있으며 수행 목표는 구체적으로 제시되는 것이 바람직하다. 수행 목표를 구체화하는 과정을 통해 학습자가 학습해야 할 것이 무엇인지를 명확히 알 수 있게 될 것이다.

또한 한국어를 배우는 목적이 무엇이냐, 한국어 교육 프로그램의 성격, 즉 단기 프로그램인지 정규 프로그램인지에 따라서도 목적 설정은 달라져야 한다. 한국어 학습자의 유형별 교육 목적을 분류해 보면 다음과 같다.

<table>
<tr><th colspan="2">학습자 유형</th><th>교육 목적</th></tr>
<tr><td colspan="2">일반 목적 학습자</td><td>일상생활에 불편을 느끼지 않을 정도의 한국어 능력을 목적으로 함.</td></tr>
<tr><td rowspan="2">특수 목적 학습자</td><td>학문 목적 학습자</td><td>대학에서 강의를 듣고 이해하며 보고서를 작성하는 등의 학문적인 연구를 목적으로 함.</td></tr>
<tr><td>직업 목적 학습자[2)]</td><td>회사에서 근무하면서 일어나는 상황에 대해 이해하고 대처할 수 있을 정도의 한국어 능력을 요함.</td></tr>
<tr><td colspan="2">주한 미군 학습자[3)]</td><td>일상생활에 필요한 한국어 능력과 군대에서 사용되는 특수한 언어 학습을 요함.</td></tr>
<tr><td colspan="2">교포 자녀[4)]</td><td>의미의 전달 만이 아닌 상황에 적절하게 사용되는 한국어 능력을 요함.
한국어의 학습뿐만 아니라 사회, 문화적인 내용의 학습을 목적으로 함.</td></tr>
<tr><td colspan="2">국제 결혼 가정의 자녀</td><td>한국에서 생활하면서 경험하는 문제를 해결할 수 있는 한국어 능력을 필요로 함.</td></tr>
</table>

3. 교육 내용 편성

한국어 교육의 목적과 목표가 설정되었다면 이러한 목적과 목표를 실행할 수 있는 내용을 편성해야 한다. 교육 내용을 편성할 때 고려되어야 할 사항은 다음과 같다.

첫째, 학습자 중심의 교육 내용이어야 한다. 학습자가 무엇을 배우고 싶어 하는지를 분석하여 교육 내용에 포함해야 한다.

둘째, 교육 내용이 계열성에 따라 배열되어야 한다. 계열성이란 시간적으로 어떤 내용이 먼저 제시되어져야 하는가 하는 시간적인 순서에 대한 것이다. 계열성의 원리는 대부분의 교수 학습 활동에서 지켜져 온 기본적인 원리라고 할 수 있다. 이러한 원칙들은 다음과 같다.[5)]

· 단순한 내용에서 복잡한 내용으로
· 친숙한 내용에서 친숙하지 않은 내용으로
· 부분에서 전체적인 내용으로
· 선수(先修) 학습에 기초해서 그 다음 학습으로
· 구체적인 개념에서 추상적인 개념으로

셋째, 교육 내용의 범위를 정해야 한다. 이것은 어디서부터 어디까지를 가르쳐야 할 것인가를 정하는 문제이다. 한국어를 가르칠 때 급에 따라 교육의 목표점이 상이할 것이다. 그러므로 교육내용을 편성할 때 학습자의 한국어 구사 능력을 고려하여 어휘, 문법 등 가르쳐야 할 범위를 선정해야 한다. 예를 들어 한국어 습득 정도가 낮은 학습자에게 한국어의 어휘나 문법에서 나타나는 미묘한 차이를 설명하고 이해시키는 것은 학습의 효과를 떨어뜨리게 된다. 왜냐하면 교육 내용이 학습자의 한국어 능력과 맞지 않기 때문이다. 따라서 난이도 조절을 통해 선별된 어휘와 문형을 학습자의 학습 목적에 맞게 교육과정 내용을 구성해야 한다.

위의 기본 원리를 바탕으로 각 학습자의 학습 목적에 따른 한국어 교육 내용을 살펴보면 다음과 같다.

<table>
<tr><th colspan="2">학습자 유형</th><th>교육 내용</th></tr>
<tr><td colspan="2">일반 목적 학습자</td><td>일상생활에서 필요한 다양한 상황들을 제시해야 함. 생존에 필요한 기초적인 내용에서부터 정치, 사회, 문화 전반에 이르는 전문적인 내용이 급에 맞게 구성되어져야 함.</td></tr>
<tr><td rowspan="2">특수 목적 학습자</td><td>학문 목적 학습자</td><td>인문, 사회, 과학 등 전문적인 지식을 이해하고 표현할 수 있는 내용들로 구성되어져야 함. 보고서 작성, 읽은 내용 정리, 발표 등이 포함되어져야 함.</td></tr>
<tr><td>직업 목적 학습자</td><td>거래처에 전화하기, 고객이나 거래처와 상담하기 등 회사에서 일어나는 상황이 내용에 포함되어야 함. 회사 내에서의 직무나 직위 등에 대한 것도 내용에 포함되어져야 함.</td></tr>
<tr><td colspan="2">주한 미군 학습자</td><td>일상생활에 필요한 내용들과 정치, 경제, 사회, 군사 등에 관련된 전문적인 어휘와 내용이 포함되어야 함.</td></tr>
<tr><td colspan="2">교포 자녀</td><td>높임말과 반말의 쓰임과 한국에서 지켜야 할 예절이나 문화에 대한 이해가 내용에 포함되어져야 함. 또한 교포 학습자의 경우는 말은 비교적 유창하게 하나 쓰기 부분에 약한 경우가 많으므로 쓰기 부분이 중요하게 다루어져야 할 것이다.</td></tr>
<tr><td colspan="2">국제 결혼 가정의 자녀</td><td>한국에서 생활해야 함을 감안하여 한국문화에 대한 비중이 높게 책정되어져야 함. 제사나 한국의 명절문화 등 한국생활에서 꼭 알아야 하는 사회, 문화적인 내용이 반영되어야 함.</td></tr>
</table>

4. 교육과정의 실행 : 수업

한국어 교육의 목적과 내용을 실제 교실 현장에서 적용하는 단계가 한국어 교육과정의 실행이다. 설정된 목적과 내용을 학습자에게 효과적으로 전달할 수 있는 다양한 방법들이 연구되고 고안되어져야 할 부분이다.

학습자의 국적에 따라서도 수업의 운영이 달라질 수 있다. 한국어를 학습할 때 일본인 학습자와 중국인 학습자, 그리고 서양인 학습자가 한국어 학습에서 느끼는 어려움이 상이하게 나타나기 때문이다. 초급의 경우, 일본인 학습자는 발음 문제로 인한 학습의 어려움을 토로하는 경우가 많은 반면 서양권 학습자의 경우는 발음의 문제에 앞서 자신들의 모국어와 너무 다른 한국어의 문장 구조나 조사, 어미 등의 문법적 이해와 사용에 혼란을 많이 느낀다. 학습자가 기존에 지니고 있는 다양한 배경을 고려한 수업이 진행된다면 한국어 학습의 효과는 배가 될 수 있을 것이다.

또한 효과적인 학습을 위해서는 학습자의 동기 유발이 중요하다고 볼 수 있다. Keller는 학습자의 동기를 유발시키기 위한 ARCS 모형을 제시하였다.[6]

일반적으로 모든 수업은 다음의 3단계로 구성되어진다.

첫째, 도입 단계이다. 이 단계는 학습자가 수업에 집중할 수 있도록 준비시키는 단계이다. 선수 학습의 내용을 다시 한 번 상기시키고 이번 수업에서 진행될 학습의 목표를 제시하여 학습자가 학습에 대한 기대감을 불러일으킬 수 있도록 해야 한다. 사진이나 그림 등의 시각적인 자료 활용이 도움이 될 수 있다.

둘째, 전개 단계이다. 이 단계에서는 학습자가 배우는 내용을 정확하게 이해하고 직접 수행하게 되는 과정이 진행된다. 실제 일어날 수 있는 상황을 제시하여 학습자가 유사한 상황에 접했을 경우 배운 한국어를 활용할 수 있도록 수업을 전개해야 할 것이다.

셋째, 정리 단계이다. 학습한 한국어를 측정, 평가하는 단계이다. 배운 어휘와 문형을 사용할 수 있는 상황을 추가로 제시하여 학습자가 이해한 한국어가 오랜 시간 동안 기억 속에 저장되도록 한다.

Ⅱ. 한국어 교육과정 개발의 실제

한국어 교육과정이 실제로 어떻게 개발되어 운영되고 있는지 연세대학교 언어연구교육원 한국어학당의 한국어 교육과정을 통해 알아보고자 한다.

현재 한국어학당의 경우 다양한 한국어 프로그램이 개설되어 운영되고 있다. 회화과정, 특별과정, 맞춤과정으로 크게 분류할 수 있는데 각 과정마다 대상 학습자나 수업일수가 다르게 구성되어 있다. 각 과정 별 대상과 특징을 살펴보면 다음과 같다.

[회화과정]

과정	시간	대상	특징
정규과정	10주 200 시간	외국인 및 교포	6단계 과정(약 1년 반 소요)과 8단계 과정(약 2년 소요, 서양권 학생을 대상으로 말하기와 활동 중심의 수업)으로 구분.
오후과정	10주 120 시간	오후 시간 활용을 원하는 주부, 직장인, 학생과 정규과정 수강생	1급부터 6급까지 개설되어 있으며 교과과정은 정규과정에 준함. 한국어 일상생활뿐만 아니라 한국문화 체험, 한국문화 특강 등이 포함되어 있음.
야간과정	10주 90 시간	직장 업무로 낮에 시간을 낼 수 없는 직장인, 외국인 교수 등	1급부터 8급까지 개설되어 있으며 교과과정은 정규과정에 준함.

[특별과정]

과정	시간	대상	특징
시사 한국어	10주 90 시간	고급 한국어 학습자	신문이나 라디오, 텔레비전 뉴스 등의 자료를 통해 한국의 정치, 경제, 사회, 문화 등 다양한 내용의 시사적인 학습이 가능함.
비즈니스 한국어	10주 60 시간	중급의 한국어 숙달도를 지닌 회사원, 주재원, 경영 · 경제 관련 전공자	비즈니스와 관련된 중급 어휘 및 표현을 익히고 실제로 접하게 될 상황에서의 적절한 의사소통 연습을 중심으로 진행.
한국어 능력시험 대비반	10주 60 시간	한국어 능력 시험을 대비하는 고급 한국어 학습자	한국어 능력 시험을 대비하여 어휘와 문법을 총정리하고 읽기와 듣기 능력을 향상시킴. 기출 문제와 예상 문제 풀이 등 실제적인 자료를 중심으로 수업이 이루어짐.

과정	시간	대상	특징
여름특별 과정	5주 100 시간	미주 지역 학생들	여름방학을 활용해 한국어 연수와 한국문화 체험을 할 수 있도록 개설된 프로그램. 방과 후 태권도, 동양화 그리기, 도자기 만들기 등의 문화 체험도 가능.
단기과정	3주 60 시간	주로 일본과 동남아 지역의 대학생과 직장인들	매년 여름방학과 봄방학을 이용하여 단기간에 집중적으로 한국어 연수와 문화 체험을 할 수 있도록 개설된 프로그램. 오전은 한국어 수업, 오후는 문화 체험 시간으로 이루어짐.
전문과정	10주 100 시간	정규과정을 졸업 또는 수료한 학습자	뉴스, 시사, 문학 등 좀 더 세분화 된 부분에서의 깊이 있는 한국어 학습이 가능함. 반복해서 2학기 수강이 가능함.

[맞춤과정]

과정	대상	특징
위탁 과정	위탁생	외국인을 고용한 일반 기업 혹은 단체에서 한 반을 구성할 수 있는 최소 인원 이상의 학생들이 일정한 기간 동안 한국어 수업을 요청할 시에 개설. 주한 미군들을 위한 위탁과정은 꾸준히 진행됨.
개인반	개인 학습자	각 개별 학습자의 요구에 맞게 진행되는 맞춤형 교육프로그램

위의 표에서 알 수 있듯이 학습자의 다양한 요구를 충족시켜 줄 수 있는 각 과정이 개설되어 있다. 모든 과정은 한국어 학습자의 한국어 교육 목적과 학습자의 요구에 따라 교육 내용, 교육 기간 등이 상이하게 운영되고 있다.

본 글에서는 연세대학교 한국어학당의 정규과정(6단계)이 어떻게 구성되어져 있는지를 살펴보고자 한다.

한국어학당의 정규과정은 6단계 과정과 8단계 과정으로 나뉘어 운영되고 있다. 6단계 과정에 비해 8단계 과정은 어휘와 문형을 학습한 후 배운 어휘와 문형을 사용하여 상황역할, 과제 수행 등 다양한 활동이 이루어진다. 이 과정은 모국어와 한국어의 구조가 너무 달라서 학습에 어려움을 겪는 서양권 학습자에게 적절한 프로그램이라고 할 수 있다.

연세대학교 한국어학당 교육과정의 학습 목표와 학습 내용을 발음 영역, 어휘 능력, 문법 능력, 의사소통 능력, 사회문화적 능력 등 5가지 영역으로 나누어 제시하고자 한다.[7]

1. 초급과정

초급과정의 수업은 일주일에 5일간, 하루 4시간씩 이루어진다. 1,2교시는 어휘와 문형을 익히고 활용하는 시간으로 구성되며 3교시는 읽기 수업이 진행된다. 4교시는 배운 어휘와 문형을 익힐 수 있는 듣기, 쓰기, 말하기 등의 기능별 과제 활동이 이루어진다. 초급과정인 1급과 2급의 구체적인 학습 목표와 학습 내용은 다음과 같다.

[1급]

영역	1급의 학습 목표와 학습 내용	특징
자모 체계	한글의 자모체계와 맞춤법의 기본 구조를 완전히 익혀 읽고 쓸 수 있다.	
발음 능력	모음과 자음을 정확히 발음하고 음의 변화를 통해 한국어의 발음 체계를 안다. 1급에서는 연음 법칙이나 구개음화 등의 발음 규칙 자체를 알기보다는 기초적 어휘나 짧은 문장의 반복 연습을 통해 음의 변화를 자연스럽게 익혀서 상황에 맞게 발음한다.	
어휘 문법 능력	1. 교재의 빈도수에 따라 단계적으로 제시된 어휘(701개)를 확장, 연습해서 1000-1200개 정도의 어휘를 안다. 2. 기본적인 인칭 및 지시대명사, 수사, 고빈도의 명사 및 용언이 이에 포함된다. 3. 기초 문법 요소(조사와 어미들)를 이해하고 한국어의 구문 구조를 파악하여 문장에서 자연스럽게 활용할 줄 안다. 4. 의문문과 대답용 서술문 간의 변화 규칙, 긍정과 부정, 주어+술어 또는 주어+목적어+서술어 형식의 기본적인 문형 구조를 이해한다.	
의사 소통 능력	일상적이고 기본적인 의사 표현을 한다. 다음과 같은 상황이 이에 포함된다. 1. 인사하기: 대인관계에 필수적인 간단한 인사말 2. 자기소개: 예)이름이 무엇입니까? -에서 왔습니다. 3. 학교 생활: 공부와 도서관 등 학교생활에 관련된 간단한 표현 4. 음식 시키기: 식당에서 자주 쓰는 기초적 표현 5. 물건 사기: 물건 값을 물어보고 필요한 물건을 살 수 있다. 6. 날씨: 날씨에 관한 기본적 표현을 활용할 수 있다. 7. 교통 상황에 적응: 대중교통 이용과 택시 타기, 길 묻기의 표현 8. 친구집 방문: 방문 시에 기본적인 인사를 할 수 있다. 9. 전화 하기: 전화로 약속 정하기, 약속 취소, 전화를 잘못 건 상황에 적절한 표현을 구사한다.	

영역	1급의 학습 목표와 학습 내용	특징
사회 문화적 능력	한국인의 기본적인 사고 방식과 생활 방식을 이해함으로써 단순한 사회 활동에 적응력을 갖는다. 1. 인사말 2. 가족 관계 어휘 3. 화자와 청자의 관계: 상대 높임(진지, 댁, 주무시다 등 어휘와 께, 께서 등의 어미)과 자기 낮춤(저, 드리다) 4. 관계에 따른 호칭: 어른의 이름을 부르지 않는다. 5. 의식주: 밥과 국, 반찬을 주로 먹는다. 전형적인 한국 음식 이름. 6. 상황에 따른 표현: 회의나 뉴스와 같은 공식적인 자리와 문어체로는 '-습니다'를 쓰고 일반적 대화 상황에서는 '-어요'를 구별해서 쓴다.	· 행사 : 말하기 대회

1급은 한국어를 처음 접하는 학습자를 대상으로 하는 과정이다. 따라서 한국어에 대한 어려움을 느끼지 않도록 배려를 해야 하는 기간이다. 모국어의 간섭 현상이 가장 많이 보여지는 과정이므로 언어권을 배려한 분리 수업이 이루어지고 있다.

언어권을 고려한 수업설계 시에 시간 분배도 달라질 수 있다. 일본어권 학습자의 경우 초급 단계에서는 일본어와 한국어의 문법이 유사한 점이 많으므로 조사나 문장 구조 등에 대한 설명이 상대적으로 간단하게 진행될 수 있을 것이다. 반면 일본어에는 없는 받침 발음이나 거센소리, 된소리의 구별이 정확하지 않으므로 발음 교육에 중점을 두어야 할 것이다.

서양권 학습자의 경우에는 한국어의 조사, 어미 등의 문법 요소와 어순 등 문장구조에 대한 구체적인 설명이 제시되어져야 할 것이다. 이처럼 언어권의 차이점을 고려하면서 학습 내용을 편성해야 초급 학습자에게 효율적인 한국어 교육이 이루어질 것이다.

[2급]

영역	2급의 학습 목표와 학습 내용	특징
발음 영역	한국어의 발음 규칙에 익숙해진다. 1. 한국어의 주요 발음 규칙을 체계적으로 연습하여 문장 속에서 자연스럽게 발음할 수 있다. 2. 기본적인 발음 규칙을 이해하고 활용할 수 있다.(소리 이음, 콧소리 되기, 거센소리 되기, 된소리 되기, 입천장 소리 되기, 겹받침 줄이기, 일곱 끝소리 되기, 모음 어울림, 흐름소리 되기 등 발음규칙 일반)	행사: 노래 자랑 대회
어휘 능력	1. 한국 음식, 교통, 공공 시설 이용, 물건 사기, 여행 등 일상생활의 의사소통에 관한 기본 어휘를 학습하여 문맥 속에서 정확하게 사용할 수 있다. 2. 한국음식, 교통, 공공시설 이용, 물건 사기, 여행 등 일상생활의 의사소통에 관한 확장 어휘를 학습하여 문맥 속에서 이해할 수 있다. 3. 기본적인 사회 활동에 필요한 어휘 및 고유명사를 학습하고 기초적인 변칙 활용 용언을 이해한다.	
문법 능력	1. 초급에서 학습한 단문을 토대로 연결어미, 접속부사를 활용하여 복문 및 중문을 정확하게 구사할 수 있다. 2. 한국어의 화계(speech level)를 부분적으로 이해하고 상황에 맞는 반말을 사용할 수 있다. 3. 간접화법을 사용해서 말할 수 있다. 4. 일상생활 및 간단한 업무 처리에 필요한 표현을 구사하기 위한 기본적인 문형들을 이해, 활용할 수 있다. 5. 조사를 더욱 정확하게 사용할 수 있다.	
의사 소통 능력	일상생활을 하는 데 필요한 기본적인 의사소통을 할 수 있다. 다음과 같은 일상적인 상황 속에서 일어나는 다양한 문제에 대처하는 과제 수행 능력을 키운다. 1. 한국의 음식(음식이해, 식사 방법 설명, 음식 맛 묘사, 식사 습관 설명 등) 2. 교통수단 이용(대중교통 수단으로 길 찾아가기, 갈아타기, 표 사기, 택시 이용 등) 3. 우편 시설 이용(편지, 전보, 송금, 소포 등) 4. 집안일(청소, 상차리기, 간단한 수리 등) 5. 물건 사기(흥정하기, 물건 값 깎기, 배달 주문, 물건 바꾸기 등) 6. 여행(여행사 이용, 호텔 이용, 관광지 안내 등) 7. 자동차(주유소 이용, 수리, 주차, 교통 규칙 위반 문제 등) 8. 전화로 용건 처리(약속 만들기, 전화 고장 처리, 메시지 남기기, 잘못 걸린 전화 처리 등) 9. 병(병원, 약국 이용, 문병, 간단한 부상 응급조치 등) 10. 사무실(간단한 업무 처리, 출퇴근 인사, 업무 부탁과 수락 등)	

영역	2급의 학습 목표와 학습 내용	특징
사회 문화적 능력	1. 한국인의 기본적인 사고방식과 생활 양식을 이해하지만 아직 이해의 정도가 충분하지는 못하다. 2. 학생의 모국 문화와 다른 한국 문화의 독특한 양상을 거부감 없이 이해할 수 있다. 3. 일상생활에서 한국어로 의사소통하기 위해서 기본적으로 알아야 할 문화적인 내용을 언어 학습의 주제와 연결해서 배운다.	

2급에서는 1급에서 배운 어휘와 연결어미를 활용하여 복문의 문장 구성이 가능하다. 2급 학습자의 경우 아직 완전하지는 못하지만 필요한 문장을 만들 수 있으므로 교사는 일기 쓰기 등의 과제를 통해 문장 구성 능력을 키워주는 연습을 시켜야 한다.

학습 내용은 교통, 집안일, 여행, 물건 사기, 공공기관 이용 등의 일상생활에 대한 내용으로 구성되어져 있으며 이 시기에 학습자는 높임말과 반말, 간접화법을 담화상황에 맞게 구사할 수 있다.

2. 중급과정

중급과정도 초급과정과 같이 일주일에 5일, 하루 4시간 수업으로 진행된다. 1,2교시에 어휘 및 문형을 익히고 활용하게 되며 4교시는 발표, 기능별 과제 활동 등 다양한 활동이 이루어진다.

중급인 3급과 4급에서는 3교시에 말하기, 듣기, 읽기, 쓰기 등 기능별로 선택반을 개설하여 학습자가 학습에 어려움을 느끼는 부분을 보충할 수 있도록 구성되어져 있다. 중급에서 기능별 한국어 능력이 제대로 갖추어졌을 때 고급에서 이루어지는 사회, 정치, 경제 등의 내용 교육에 대한 이해가 가능할 것이다.

[3급]

영역	3급의 학습 목표와 학습 내용	특징
발음 능력	1. 한글의 음운 현상을 체계적으로 이해하며 자연스러운 발음을 할 수 있다. 2. 음절 단위로 정확한 발음을 하기보다는 어절 단위의 의미에 중점을 두어 띄어 읽기를 잘 할 수 있다.	· 기능별 선택반 운영(말하기, 듣기, 읽기, 쓰기)
어휘 능력	1. 일상생활에 필요한 어휘를 어려움없이 구사할 수 있다. 2. 간단한 한자숙어(사자성어)나 속담을 활용할 수 있다. 3. 자신의 주장을 나타낼 수 있는 표현들을 적절히 활용할 수 있다.	

영역	3급의 학습 목표와 학습 내용	특징
문법 능력	1. 자신이 표현하고자 하는 내용에 적절한 시제 활용을 할 수 있다. 2. 유사한 의미의 연결어미를 적절히 활용할 수 있다. 3. 피사동의 변형이 가능하다.	
의사 소통 능력	1. 자신의 의견을 표현하고 상대방과 의견을 조정할 수 있다. 2. 인간 관계의 다양한 상황에 대처할 수 있다.(방문과 초대에 응하기, 다른 사람에게 안부 전하기, 적절한 방법으로 부탁 거절하기, 실수에 대해 사과하기 등) 3. 다양한 경제 활동에 대처할 수 있다.(은행에서 통장개설, 환전 등의 간단한 업무 보기, 필요한 물건을 신용 구매하거나 잘못 구매한 것을 교환하기) 4. 일상적인 주제에 대해 대화를 끌어갈 수 있다. 5. 쉬운 글을 읽고 이를 요약하여 설명할 수 있다.	· 행사: 연극 대회 · 문화 체험: 사물 놀이
사회 문화적 능력	1. 한국문화와 관련된 내용에 대해 정보를 구하고 소개할 수 있다. ① 한국문화에 대한 내용을 이해하고 간단히 소개할 수 있다. ② 일상생활에서 한국의 예절과 풍습 등을 소개할 수 있다. ③ 한국 풍습, 예절 등에 대한 지식을 요청할 수 있다. 2. 공적인 일이 힘들지만 처리할 수 있다. ① 외국인에게 필요한 공적인 서류를 준비할 수 있다. ② 일상생활과 관련하여 공공장소에 문의할 수 있다.	

한국어 교육내용을 편성할 때 주제가 중복되는 경우에는 사용되는 어휘나 문형의 난이도, 발생 빈도수 등을 감안하여 급별로 편성해야 한다. 물건 사기의 경우 초급은 물건의 값을 물어보고 물건의 질을 비교하여 학습자가 직접 물건을 구입할 수 있도록 하는 것을 그 목적으로 설정하고 있다. 반면 중 · 고급의 경우에는 반품이나 환불하는 경우, 또는 계약이나 해약을 해야 하는 경우 학습자가 사용할 수 있는 표현들을 익히게 하는 것이 교과내용에 포함될 수 있을 것이다.

3급에서는 초급에서 학습한 한국어를 바탕으로 학습자가 직접 다양한 주제에 따른 글을 작성하여 발표하게 된다. 또한 학습자가 익힌 한국말을 사용하여 상황을 설정하고 배역을 맡아 연극을 구성해 보는 활동이 진행된다. 이러한 활동을 통해 교실에서 배운 한국어를 직접 상황에 맞게 표현해 보는 기회를 가질 뿐만 아니라 학습자 상호간에 친목도 도모할 수 있다. 이 외에도 사물놀이를 직접 체험하게 함으로써 한국문화와 친숙해 질 수 있는 기회를 제공하고 있다.

[4급]

영역	4급의 학습 목표와 학습 내용	특징
발음 영역	모국어의 억양이나 발음이 간혹 인지되기는 하나 비교적 자연스럽게 우리말을 발음할 수 있다.	· 기능별 선택반 운영 · 행사: 상황 역할극 · 문화 체험: 중앙국립박물관 견학
어휘 영역	1. 사용 빈도가 높은 비유적 용법과 숙어, 속담, 사자성어를 인지한다. 2. 사용 빈도가 높은 의성어, 의태어를 이해하고 적절히 사용할 수 있다. 3. 짧은 수필에 나오는 비유적 표현이나 어휘를 이해하고 구사할 수 있다. 4. 일상적인 어휘뿐만 아니라 한자어 어휘나 추상적인 어휘도 어느 정도 이해할 수 있다.	
문법 능력	1. 앞뒤 문맥에 맞게 문단을 구성할 수 있다. 2. 문법적인 오류가 간혹 나타나며 스스로 이를 인지하고 수정할 수 있다. 3. 거의 어려움 없이 시제를 사용할 수 있다. 4. 감탄이나 아쉬움, 안타까움 등의 양태를 나타내는 문장을 적절히 사용할 수 있다. 5. 화자와 청자의 관계에 따른 대우법 체계를 이해할 수 있다. 6. 사용 빈도가 높은 어미 결합형을 이해하고 구사할 수 있다.	
의사소통 능력	1. 자세한 설명이나 상황을 묘사할 수 있다. ① 시간의 변화에 따른 개인적, 사회적 변화 이해하고 설명하기 ② 자기 나라의 풍습이나 속담, 미신 등을 설명하기 2. 일상적이지 않은 특수 상황에서 문제를 해결한다. ① 예기치 않게 발생한 일에 대해 대안을 세우고 언어적으로 해결하기 ② 여행 등의 계획 세우기 3. 개인의 관심사뿐만 아니라 다소 복잡한 일상적인 주제에 대해 자신의 의견을 구체적으로 표현하고 토론한다. ① 사회 문제(건강 문제, 환경오염 문제, 전통 사상 변화)에 대해 토론하기 ② 간단한 시사 문제에 대해 이해하고 토론하기	
사회 문화적 능력	1. 전문적인 것에는 약간의 도움이 필요하나 일반적으로 직장 업무를 처리할 수 있다. 2. 한국인의 사고 방식과 문화를 이해한다.(한국의 풍습, 미신, 속담 등 이해하기) 3. 전화 대화나 방송의 알림, 방송 보도 등을 이해할 수 있다.(TV에서의 간단한 보도 내용이나 드라마 등 이해하기, 일기예보 이해하기 등) 4. 직설적이고 개인적 흥미 또는 지식을 얻을 수 있는 기본적인 정보가 들어있는 텍스트라면 이를 이해하고 그 텍스트로부터 다음 단계의 진술이나 주제의 정보를 얻을 수 있다.(단순한 신문 보도 자료나 잡지의 글 이해하기) 5. 일상적 사건에 대한 글뿐만 아니라 실용문, 일상적 주제에 대한 간단한 글쓰기를 할 수 있다. 6. 자신의 학력, 경력 등 자신의 신상 자료의 요약을 쓸 수 있다.	

4급부터 신문 발표와 좌담회가 시작되는데 신문 발표를 통해 학습자는 한국의 정치, 경제, 사회 등 시사적인 내용을 이해하고 관련된 어휘 학습에 많은 효과를 얻을 수 있다.

좌담회는 학습자가 선택한 다양한 주제를 가지고 진행한다. 좌담회를 통해 학습자는 자신의 의견을 개진할 뿐만 아니라 자신과 다른 의견을 지닌 사람과 토론하여 설득할 수 있는 능력과 기술을 키울 수 있다.

4급에서는 상황역할이라는 급행사가 진행된다. 3급에서 이루어지는 연극 활동이 대사 이외의 의상이나 행동을 보조수단으로 활용하는 것에 비해 4급의 상황역할은 대사를 중심으로 상황을 전달하는 것이다. 즉, 학습자가 한국어에만 의존하여 상황을 전달하는 능력을 키우고 한국어 사용에 자신감을 가질 수 있는 교육과정이라고 볼 수 있다.

3. 고급과정

고급과정에서는 1교시에 기사 듣기나 신문 발표 등의 활동이 이루어진다. 학습자는 실제 자료를 활용하여 전문적인 어휘와 문장력을 신장시킬 수 있다. 4교시는 좌담회나 인터뷰 발표 등의 과제 활동으로 진행된다.

고급인 5급과 6급에서는 역사, 정치사, 한자, 읽기, 문학, 신문 및 뉴스듣기, 작문 등의 선택반이 개설되어 있는데 학습자는 자신이 관심을 가지고 있는 반을 선택하여 수업을 들을 수 있다.

[5급]

영역	5급의 학습 목표와 학습 내용	특징
발음 영역	정상적인 발화에서 학습자가 한국인의 발음을 이해하지 못한다든지 한국인이 학습자의 발음을 이해하지 못하는 경우 없이 발화할 수 있다. 단, 학습자의 모국어의 영향을 받은 억양 및 강세 문제가 남아 있는 정도의 발화를 할 수 있다.	· 주제별 선택반 운영
어휘 능력	1. 정치, 사회, 경제, 문화 등 전문적인 분야의 기초적인 어휘를 이해하고 사용할 수 있으며 전문적 어휘도 설명을 들으면 이해할 수 있다. 2. 신문이나 방송 등의 시사 관련 어휘를 이해하며 사회생활 관련 어휘를 별 어려움 없이 사용할 수 있다. 3. 평이한 내용의 수필이나 소설에 나오는 비유적 표현이나 어휘를 이해하고 구사할 수 있다. 4. 빈도가 높은 비유적 표현이나 관용어, 숙어, 속담, 고사성어 등을 이해하고 사용할 수 있다. 빈도가 낮은 것이라도 어느 정도 이해가 가능하다. 5. 빈도가 낮은 의성어, 의태어를 어느 정도 이해하고 사용할 수 있다.	

영역	5급의 학습 목표와 학습 내용	특징
문법 능력	1. 빈도가 높은 접미사와 접두사, 다양한 종결 어미, 보조 동사 등을 이해하고 구사할 수 있다. 2. 상대방에 맞추어 존댓말과 반말뿐만 아니라 극존칭 및 하오체, 하게체를 이해할 수 있다. 3. 문단 단위의 담화를 자연스럽게 생성할 수 있으며 심각한 문법적인 오류 없이 발화할 수 있다.	
의사소통 능력	1. 학업 활동에 관련된 과제와 기능 예) 관심 있는 주제에 관한 보고서 작성 및 발표 일상생활과 관련된 인터뷰 조사와 발표 등 2. 직업 활동에 관련된 과제와 기능 예) 취업 관련 광고 이해, 진로 상담, 면접 상황 대처하기, 자기 소개서 및 이력서 작성하기, 담당 업무 보고하기, 거래 및 협상 등 3. 사회 활동에 관련된 과제와 기능 예) 토론하기, 불편 사항을 공공기관에 호소하기, 단체에 가입하기, 신문사에 투고하기 4. 경제 활동에 관련된 과제와 기능 예) 계약과 해지하기, 피해 보상, 손해 배상 요구 및 처리 5. 문화 활동에 관련된 과제와 기능 예) 문화 강좌 수강 및 문화 행사 참여, 문화 활동과 관련된 감상문 작성하기, 대표적인 문학 작품 이해, 간단한 작품 쓰기	· 문화 체험: 탈 만들기, 탈춤 배우기
사회 문화적 능력	1. 교양적인 내용의 담화가 가능하고 매우 전문적 주제가 아니라면 어떤 주제에 대한 토론이나 의견 교환 등이 가능하다. 2. 한국에서 일반적인 직장 생활을 수행할 수 있다. 3. 한국의 정치, 경제, 사회, 문화적 상황에 대한 전문적인 이해가 가능하다. 4. 공공시설을 이용하는 데 불편함이 없으며 공공기관에 자신의 불편사항이나 요구사항 등을 호소할 수 있다. 5. 일부 방언을 이해할 수 있으며 지역에 따른 향토적 특성을 이해할 수 있다.	

5급에서는 한국의 인물, 역사, 생활 등의 문화 전반에 관련된 한 가지 주제를 선정하여 연구, 발표하는 '문화 살피기' 활동이 있다. 이러한 연구 조사 발표를 통해 한국 사회와 문화에 대한 이해를 높일 수 있으며 이는 또한 6급의 논문 작성에 밑거름이 된다.

'터놓고 말하기' 활동은 학습자가 관심이 있는 주제를 선정하여 15명 이상의 한국인에게 인터뷰를 하고 그 내용을 발표하는 것이다. 미리 준비해 간 질문으로 한국인에게 인터뷰하면서 한국인의 사고 방식과 한국문화에 대한 이해를 넓힐 수 있다. 5급의 '터놓고 말하기' 는 6급의 '인터뷰 조사' 의 바탕이 된다. 5급의 질문이 일반적이고 개괄적인 반면 6급의 '인터뷰 조사' 는 5명이내의 한국인을 대상으로 심도 있는 인터뷰를 진행한다. 이러한 과정간의 연결을 통해 각 급이 단절되지 않고 심화되는 과정으로 발전될 수 있다.

[6급]

<table>
<tr><th>영역</th><th>6급의 학습 목표와 학습 내용</th><th>특징</th></tr>
<tr><td>발음 영역</td><td>교육 받은 모국어 화자와 같은 발음을 구사할 수 있다. 발음으로 인해서 발생하는 문제는 거의 없이 발화할 수 있다.</td><td rowspan="4">· 주제별 선택반 운영

· 행사: 졸업좌담회

· 체험학습 : 졸업여행</td></tr>
<tr><td>어휘 능력</td><td>1. 정치, 사회, 경제, 문화 등 전문적인 분야에서 일반적으로 사용되는 어휘를 이해하고 구사할 수 있다.
2. 사용 빈도가 적은 추상적인 어휘를 충분히 숙지하고 구사한다.
3. 문학적인 글에 등장하는 비유적 표현이나 어휘를 이해하고 구사할 수 있다.
4. 비교적 사용 빈도가 낮은 숙어나 속담, 고사성어를 이해하고 사용할 수 있다.
5. 사용 빈도가 낮은 의성, 의태 부사나 부사어들을 자연스럽게 사용할 수 있다.</td></tr>
<tr><td>문법 능력</td><td>1. 사용 빈도가 낮은 접미사와 접두사, 문법화된 관용 표현, 어미 결합형 등을 이해할 수 있다.
2. 문법과 관련해서 발생되는 문제가 거의 없이 문법을 활용할 수 있다.</td></tr>
<tr><td>의사 소통 능력</td><td>1. 학업 활동에 관련된 과제나 기능
자신의 전문 분야에 대한 연구 발표 및 연구 논문을 작성할 수 있다.
2. 직업 활동에 관련된 과제나 기능
회사의 설립과 운영 활동, 직업 관련 전문 영역의 평가, 직업 관련 공문서 작성 등을 할 수 있다.
3. 사회 활동에 관련된 과제나 기능
단체 여행을 조직하고 안내하며 회의 및 좌담회를 개최하고 사회자 역할 등을 수행할 수 있다.
4. 경제활동에 관련된 과제나 기능
투자(증권, 부동산 등) 활동을 할 수 있다.
5. 문화 활동에 관련된 과제나 기능
한국의 역사 및 전통 문화에 대한 강연이나 문화적인 내용의 글쓰기, 문학 작품 번역을 할 수 있으며, 향토성이 가미된 문학 작품도 이해할 수 있다.</td></tr>
</table>

영역	6급의 학습 목표와 학습 내용	특징
사회 문화적 능력	1. 전문 분야에 대한 교육을 실시하고 텍스트 생산이 가능하다. 2. 한국 대학생 수준의 정치, 경제, 사회, 문화적 내용에 대한 집단적인 토론 및 사회자 역할을 할 수 있다. 3. 한국에서 조직체 및 기업의 운영이 가능하고 조직 운영과 관련된 지시 및 비판, 토론 등을 수행할 수 있다. 4. 한국의 정치, 경제, 사회, 문화적인 상황에 대해 전문적으로 설명할 수 있다. 5. 재판, 소송과 같은 공적 업무의 이해와 참여가 가능하다. 6. 준비된 내용으로 한국의 역사 및 전통문화, 지역별 특성에 대한 소개 및 안내가 가능하다.	

정규과정의 최고급 단계인 6급은 전문적인 활동을 할 수 있는 언어 능력을 기르는 데 그 목적이 있다. 따라서 신문이나 뉴스 등의 시사성이 있는 자료들을 이용하여 정치, 경제, 사회, 문화 분야에 관계있는 다양한 전문적인 어휘와 표현을 익힐 수 있도록 교육 내용이 구성되어 있다.

학습된 전문적인 한국어 능력과 한국에 대한 이해를 바탕으로 직접 한국인을 만나서 관심 있는 주제에 대해 심도 있는 인터뷰를 하고 그 결과를 발표하게 함으로써 한국어 학습 결과에 대한 피드백을 학습자 스스로가 받을 수 있도록 하였다.

연세대학교 한국어학당의 6급 학습자가 꼭 수행해야 할 활동이 졸업좌담회와 연구 논문 작성이다. 졸업좌담회는 공개석상에서 한국말을 사용하여 의견을 제시하고 반론하는 활동으로 이를 통해 학습자는 한국말 능력에 대해 자신감을 가지게 된다.

졸업 논문은 한 학기에 걸쳐 다양한 자료를 수집하고 자신의 의견을 정리하여 전문적인 글을 완성하게 된다. 이러한 논문은 한 권의 책으로 만들어지며 학습자는 자신의 글이 담긴 논문집을 통해 한국어 정규과정을 마무리하게 된다.

지금까지 요구분석, 교육 목적과 목표 설정, 교육 내용 편성, 실행 등의 한국어 교육과정 개발 절차와 이를 구체화한 연세대학교 언어연구교육원 한국어학당의 한국어 교육과정을 제시하였다.

모든 한국어 교육과정은 이러한 절차를 충실히 지켜 개발되어야 한다. 어느 하나의 절차라도 제대로 이루어지지 않는다면 불완전한 한국어 교육과정 개발이 될 것이다. 한국어 교육과정 설계자는 이러한 절차를 염두에 두고 교육과정을 개발해야 할 것이다.

주)

1) 이성호, 교육과정 개발과 평가, 26쪽

2) 직업 목적 학습자는 한국어 사용 환경에서 업무를 보게 되는 학습자를 의미한다.

3) 직업 목적 학습자 중 주한 미군 학습자를 따로 분류한 이유는 영어 사용 환경에서 업무를 보게 되는 경우이므로 한국어 학습의 목적이 한국어를 듣고 이해하는 것이기 때문이다.

4) 교포 자녀와 국제결혼 가정의 자녀를 따로 분류한 이유는 부모 중 한 명 이상이 한국인인 경우 한국적인 문화배경을 지니고 있으리라고 추측할 수 있기 때문이다.

5) 이성호, 교육과정개발과 평가, 233쪽

6) 주의 집중(Attention) : 학습자가 학습에 집중할 수 있도록 도와주는 활동으로 학습자의 흥미를 유발시키도록 한다. 이를 위해 다양한 매체의 활용이 중요하다.
관련성(Relevance) : 학습한 내용이 일상생활에 적용 가능한 것이어야 하며 이러한 관련성을 학습자에게 일깨워 줌으로써 학습에 대한 동기가 유발될 수 있다. 학습 내용은 학습자의 기대와 일치되어야 한다.
자신감 (Confidence): 적절한 학습량과 충분한 학습지도를 통해 학습자가 적절한 자신감을 갖도록 해야 한다.
만족감(Satisfaction) : 다양한 보상과 충분한 피드백을 통해 학습자가 학습에 만족감을 느낄 수 있도록 해야한다.

7) 이희경 외(2002) 참조

참고문헌

- 김영광(2004), 외국인 근로자를 위한 한국어 교육의 방향, 한국어교육 제20호
- 민현식(2004), 한국어 표준교육과정 기술 방안, 한국어교육 제15권 1호
- 오인경, 최정임(2005), 교육 프로그램 개발 방법론, 서울 : 학지사
- 이성호(2006), 교육과정 개발과 평가, 서울 : 양서원
- 이희경 외(2002), 한국어 성취도 평가 문항 개발 연구–연세대학교 한국어학당의 사례를 중심으로, 외국어로서의 한국어교육 27, 연세대학교 언어연구교육원 한국어학당
- 최욱 등(2005), 교수설계 이론과 모형, 서울 : 아카데미 프레스
- 최정순(2006), 학문목적 한국어 교육의 교육과정과 평가, 이중언어학, 제31호
- Dick & Carey(2005), The systematic design of instruction, Boston, MA:Allyn&Bacon

제 2 장 한국어 교수 설계

조현선

Ⅰ. 교수 설계의 의미

교수 설계는 학습자들이 학습의 목표를 효율적으로 달성할 수 있도록 하기 위하여 교수자가 여러 가지 활동을 계획하는 것을 의미한다. 이 계획에는 학습자들의 학습 목표를 달성시켜 주기 위하여 각 단원별, 혹은 매 시간 별 구체적인 계획이 있어야 한다. 그러므로 교수 설계는 효과적인 교수 · 학습을 위하여 사전에 계획되어야 한다.

교수 설계를 하는 제일 큰 이유는 사전에 충분히 계획된 수업은 수업의 효과를 높인다는 데에 있을 것이다. 사전에 충분한 준비가 없이 수업을 진행한다면 효율적인 수업은 기대하기 어렵고 수업 진행에서 실수를 하는 경우도 있을 것이다. 특히 초보 교수자의 경우 더욱 이런 일이 발생할 가능성이 높다. 그러므로 더 효율적이고 재미있는 수업을 하기 위해서는 교수 · 학습의 내용, 교수 · 학습의 방법에 철저한 준비가 필요하다.

또한 학습자의 특성을 고려한 수업, 다양한 교수 매체의 활용, 정확하고 바른 교수를 하기 위해서도 교수 설계가 이루어져야 한다.

그러므로 학습 목표에 맞는 교수 설계를 하여 체계적이고 효율적인 교수 · 학습이 이루어지려면 교안(학습지도안, 수업계획안)이 필요하다.

교안은 교수자에게 교육 계획과 학습 목표 등을 상기시켜 주는 역할을 하여 그 시간에 교수할 내용을 빠뜨리지 않게 하고, 교수자가 학습 목표와 학습 계획에 맞게 수업이 진행되었는지를 반성하고 확인할 수 있는 근거 자료가 되기도 한다.

따라서 교안은 형식적, 추상적으로 작성되어서는 안 되며 교수자의 외국어 학습 경험이나 교수 경험, 교수 방법에 대한 선행 연구, 학습자의 요구 등을 참조하여 실질적이고 구체적으로 작성되어야 한다.

Ⅱ. 교안 작성의 원리

1 학습 목표 설정

학습 목표는 언어 교수 · 학습의 목적에 따라 목표 설정이 달라질 수 있다. 예를 들면 한국에서 생활을 하기 위해서, 또는 진학을 하기 위해서, 업무를 수행하기 위해서, 한국, 한국어와 관련된 직업을 구하기 위해서 등 다양한 목적과 거주 기간 등 학습자의 학습 목적이나 학습 동기, 배경, 특성 등에 따라 교수 · 학습의 목표를 구체화할 수 있다.

학습 목표는 효과적인 교수 방법과 평가를 하는 데에 매우 중요하게 사용된다. 학습 목표는 교수 · 학습의 방향을 잡아주고 교수 · 학습의 효율성을 증진시키며 교수자와 학습자에게 정해진 시간 내에 목표를 성취할 수 있게 한다. 또한 학습 목표가 어느 정도 달성 되었는가를 평가하는 데에 사용되며 학습 목표에 따라 교수 · 학습의 내용, 교수 · 학습 방법, 교수 매체 등의 선정이 달라질 수 있다.

그러므로 한국어 교육에서의 학습 목표는 학습자의 등급과 특성, 학습 기간 등에 따라 세분화해서 설정해야 한다.

그리고 학습 목표를 기술할 때는 학습자의 행위에 초점을 두는 행동적 목표 진술 방법에 따라 학습에서 예상되는 능력을 보통 행위동사를 사용하여 '~ 할 수 있다' 와 같이 구체적으로 표현한다.

여기에서는 실제로 교안을 작성할 때 참고로 삼을 한국어 교육 과정의 등급별 학습 목표를 제시한다. 각 학습 목표는 발음 능력, 어휘 · 문법 능력, 의사소통 능력, 사회문화적 능력으로 구분하여 살펴보기로 한다.[1]

[1급 학습 목표]

영역	1급의 학습 목표
자모 체계	한글의 자모체계와 맞춤법의 기본구조를 완전히 익혀 읽고 쓸 수 있다
발음 능력	모음과 자음을 정확히 발음하고 음의 변화를 통해 한국어의 발음체계를 안다. 1급에서는 연음법칙이나 구개음화 등의 발음규칙 자체를 알기보다는 기초적 어휘나 짧은 문장의 반복 연습을 통해 음의 변화를 자연스럽게 익혀서 상황에 맞게 발음한다.
어휘, 문법 능력	1) 교재의 빈도수에 따라 단계적으로 제시된 어휘(701개)를 확장, 연습해서 1,000– 1,200개 정도의 어휘를 안다. 2) 기본적인 인칭 및 지시대명사, 수사, 고빈도의 명사 및 용언이 이에 포함되며, 기본적 생활에 관련된 어휘로 제한된다. 3) 기초문법요소(조사와 어미)를 이해하고 한국어의 구문구조를 파악하여 문장에서 자연스럽게 활용할 줄 안다. 4) 의문문과 대답용 서술문 간의 변화규칙, 긍정과 부정, 주어+술어 또는 주어 +목적어+서술어 형식의 기본적인 문형구조를 이해한다. 5) 존대법(–시–)을 사용할 수 있다.
의사 소통 능력	일상적이고 기본적인 의사표현을 한다. 다음과 같은 상황이 이에 포함된다. 1) 인사하기: 대인관계에 필수적인 간단한 인사말 2) 자기소개: 예) 이름이 무엇입니까? –에서 왔습니다. 3) 학교생활: 공부와 도서관 등 학교생활에 관련된 간단한 표현 4) 음식 시키기: 식당에서 자주 쓰는 기초적 표현 5) 물건 사기: 물건 값을 물어보고 필요한 물건을 살 수 있다. 6) 날씨: 날씨에 관한 기본적 표현을 활용할 수 있다. 7) 교통상황에 적응: 대중교통 이용과 택시 타기, 길 묻기의 표현 8) 친구집 방문: 방문 시에 기본적인 인사를 할 수 있다. 9) 전화하기: 전화로 약속 정하기, 약속 취소, 전화를 잘못 건 상황에 적절한 표현을 구사한다
사회 문화적 능력	한국인의 기본적인 사고방식과 생활방식을 이해함으로써 단순한 사회활동에 적응력을 갖는다. 1) 인사말 중에 '어디 가요?', '결혼했습니까?' 등과 같은 개인적 질문을 친숙함 의 표시로 받아들일 수 있다. 2) 가족관계 어휘 구별 3) 화자와 청자의 관계: 상대 높임(진지, 댁, 말씀, 잡수시다, 주무시다 등 어휘와 –께, –께서, –사– 등의 어미). 자기낮춤(저, 드리다) 4) 관계에 따른 호칭: 어른의 이름을 부르지 않는다. 회사동료의 경우 _씨, 이때 full name에 씨를 붙인다. 예) 김영수 씨 5) 의식주: 밥과 국, 반찬을 주로 먹는다. 전형적 한국음식 이름(냉면, 불고기, 인삼차 등) 6) 상황에 따른 표현: 회의나 뉴스와 같은 공식적 자리와 문어체로는 '–습니다'를 쓰고 일반적 대화 상황에서는 '–어요'를 구별해서 쓴다.

[2급 학습 목표]

영역	2급의 학습 목표
발음 능력	한국어의 발음규칙에 익숙해진다. 1) 한국어의 주요 발음 규칙을 체계적으로 연습하여 문장 속에서 자연스럽게 발음할 수 있다. 2) 학습해야 할 발음규칙 : 소리 이음, 콧소리 되기, 거센소리 되기, 된소리 되기, 입천장소리 되기, 겹받침 줄이기, 일곱 끝소리 되기, 모음 어울림, 흐름소리 되기 등 발음 규칙 일반
어휘, 능력	1) 한국 음식, 교통, 공공시설 이용, 물건 사기, 여행 등 일상생활의 의사소통에 관한 기본 어휘를 학습하여 문맥 속에서 정확하게 사용할 수 있다. 2) 한국 음식, 교통, 공공시설 이용, 물건 사기, 여행 등 일상생활의 의사소통에 관한 확장 어휘를 학습하여 문맥 속에서 이해할 수 있다. 3) 기본적인 사회 활동에 필요한 어휘 및 고유명사를 학습하고, 기초적인 변칙 활용 용언을 이해한다.
문법 능력	1) 초급에서 학습한 단문을 토대로 연결어미, 접속부사를 활용하여 복문 및 중문을 정확하게 구사할 수 있다. 2) 한국어의 화계(speech level)를 부분적으로 이해하고 상황에 맞는 반말을 사용할 수 있다. 3) 간접화법을 말할 수 있다. 4) 일상생활 및 간단한 업무 처리에 필요한 표현을 구사하기 위한 기본적인 문형들을 이해 · 활용할 수 있다. 5) 조사를 더욱 정확하게 사용할 수 있다.
의사 소통 능력	일상생활을 하는데 필요한 기본적인 의사소통을 할 수 있다. 다음과 같은 일상적인 상황 속에서 일어나는 다양한 문제에 대처하는 과제 수행 능력을 키운다. 1) 한국의 음식(음식 이해, 식사 방법 설명, 음식 맛 묘사, 식사 습관 설명 등) 2) 교통수단 이용(대중 교통수단으로 길 찾아가기, 갈아타기, 표 사기, 택시 이용 등) 3) 우편 시설 이용(편지, 전보, 송금, 소포 등) 4) 집안 일(청소, 상차리기, 간단한 수리 등) 5) 물건 사기(흥정하기, 물건 값 깎기, 배달 주문, 물건 바꾸기 등) 6) 여행(여행사 이용, 호텔 사용, 관광지 안내 등) 7) 자동차(주유소 이용, 수리, 주차, 교통 규칙 위반 문제 등) 8) 전화로 용건 처리(약속 만들기, 전화 고장 처리, 메시지 남기기, 잘못 걸린 전화 처리 등) 9) 병(병원 · 약국 이용, 문병, 간단한 부상 응급조치 등) 10) 사무실(간단한 업무 처리, 출퇴근 인사, 업무 부탁과 수락 등)
사회 문화적 능력	1) 한국인의 기본적인 사고방식과 생활양식을 이해하지만 아직 이해의 정도가 충분하지는 못하다. 2) 학생의 모국 문화와 다른 한국 문화의 독특한 양상을 거부감 없이 이해할 수 있게 된다. 3) 일상생활에서 한국어로 의사소통하기 위해서 기본적으로 알아야 할 문화적인 내용을 언어 학습의 주제와 연결해서 배운다. 예) 식사습관(식사 예절), 교통 문화(여러 가지 교통수단의 선택적 이용, 자리 양보 문화 등), 물건 사기(물건 값 흥정), 여행(예약 문화, 등산, 약수)

[3급 학습 목표]

영역	3급의 학습 목표
발음 능력	1) 한글의 음운 현상을 체계적으로 이해하며 자연스러운 발음을 할 수 있다. 2) 음절단위로 정확한 발음을 하기보다는 어절단위의 의미에 중점을 두어 띄어 읽기를 잘 할 수 있다.
어휘, 능력	1) 일상생활에 필요한 어휘를 어려움 없이 구사할 수 있다. 2) 간단한 한자숙어(사자성어)나 속담을 활용할 수 있다. 3) 자신의 주장을 나타낼 수 있는 표현들을 적절히 활용할 수 있다.
문법 능력	1) 자신이 표현하고자 하는 내용에 적절한 시제활용을 할 수 있다. 2) 유사한 의미의 연결어미를 적절히 활용할 수 있다. 3) 피사동의 변형이 가능하다.
의사 소통 능력	1) 자신의 의견을 표현하고 상대방과 의견을 조정할 수 있다. 2) 인간관계의 다양한 상황에 대처할 수 있다. 3) 다양한 경제활동에 대처할 수 있다. 4) 일상적인 주제에 대해 대화를 끌어갈 수 있다. 5) 쉬운 글을 읽고 이를 요약하여 설명할 수 있다.
사회 문화적 능력	1) 한국 문화와 관련된 내용에 대해 정보를 구하고 소개할 수 있다. ① 한국 문화에 대한 내용을 이해하고 간단히 소개할 수 있다. ② 일상생활에서 한국의 예절과 풍습 등을 소개할 수 있다. ③ 한국 풍습, 예절 등에 대한 지식을 요청할 수 있다. 2) 공적인 일을 어렵게 처리할 수 있다. ① 외국인에게 필요한 공적인 서류를 준비할 수 있다. ② 일상생활과 관련하여 공공장소에 문의할 수 있다.

[4급 학습 목표]

영역	4급의 학습 목표
발음 능력	모국어의 억양이나 발음이 간혹 인지되기는 하나 비교적 자연스럽게 우리말을 발음할 수 있다.
어휘, 능력	1) 사용 빈도가 높은 비유적 용법과 숙어, 속담, 사자성어를 인지한다. 2) 사용 빈도가 높은 의성어, 의태어를 이해하고 적절히 사용할 수 있다. 3) 짧은 수필에 나오는 비유적 표현이나 어휘를 이해하고 구사할 수 있다. 4) 일상적인 어휘뿐 아니라 한자어 어휘나 추상적인 어휘도 어느 정도 이해할 수 있다.
문법 능력	1) 앞뒤 문맥에 맞게 문단을 구성할 수 있다. 2) 문법적인 오류가 간혹 나타나며, 스스로 이를 인지하고 수정할 수 있다. 3) 시제를 사용하는 데 어려움이 거의 없다. 4) 감탄이나 아쉬움, 안타까움 등의 양태를 나타내는 문장을 적절히 사용할 수 있다. 5) 발화 상황에서의 화자와 청자의 관계에 따른 대우법 체계를 이해할 수 있다. 6) 사용 빈도가 높은 어미결합형을 이해하고 구사할 수 있다.
의사 소통 능력	1) 자세한 설명이나 상황 묘사를 한다. 2) 일상적이지 않은 특수 상황에서 문제를 해결한다. 3) 개인의 관심사뿐만 아니라 다소 복잡한 일상적인 주제에 대해 자신의 의견을 구체적으로 표현하고 토론한다.
사회 문화적 능력	1) 전문적인 것에는 약간의 도움이 필요하나, 일반적으로 직장 업무를 처리할 수 있다. 2) 한국인의 사고방식과 문화를 이해한다. 3) 전화 대화나 방송의 알림, 방송 보도 등을 이해할 수 있다. 4) 직설적이고 개인적 흥미 또는 지식을 얻을 수 있는 기본적인 정보가 들어있는 텍스트라면 이를 이해하고 그 텍스트로부터 다음 단계의 진술이나 주제의 정보를 얻어낼 수 있다. 5) 일상적 사건에 대한 글뿐만 아니라 실용문, 일상적 주제에 대한 간단한 글쓰기를 할 수 있다. 6) 자신의 학력, 경력 등 자신의 신상 자료의 요약을 쓸 수 있다.

[5급 학습 목표]

영역	5급의 학습 목표
발음 능력	정상적인 발화에서 학습자가 한국인의 발음을 이해하지 못한다든지 한국인이 학습자의 발음을 이해하지 못한다든지 하는 문제는 없다. 단, 학습자의 모국어의 영향을 받은 억양 및 강세 문제가 남아 있다.
어휘, 능력	1) 정치, 사회, 경제, 문화 등 전문적인 분야의 기초적인 어휘를 이해하고 사용할 수 있으며 전문적 어휘도 설명을 들으면 이해할 수 있다. 2) 신문이나 방송 등의 시사 관련 어휘를 이해하며 사회생활 관련 어휘 사용에는 별 문제가 없다. 3) 평이한 내용의 수필이나 소설에 나오는 비유적 표현이나 어휘를 이해하고 구사할 수 있다. 4) 빈도가 높은 비유적 표현이나 관용어, 숙어, 속담, 사자성어 등을 이해하고 사용할 수 있다. 빈도가 낮은 것은 어느 정도 이해가 가능하다. 5) 빈도가 낮은 의성어, 의태어를 어느 정도 이해하고 사용할 수 있다.
문법 능력	1) 빈도가 높은 접미사와 접두사, 다양한 종결 어미, 보조 동사 등을 이해하고 구사할 수 있다. 2) 상대방에 맞추어 존대말과 반말 뿐 아니라 극존칭 및 하오체, 하게체를 이해할 수 있다. 3) 문단 단위의 담화를 자연스럽게 생성할 수 있으며, 심각한 문법적인 오류는 없다.
의사 소통 능력	1) 학업 활동에 관련해서 즉 관심 있는 주제에 관한 보고서 작성 및 발표, 일상생활과 관련된 인터뷰 조사와 발표를 할 수 있다. 2) 직업 활동에 관련해서 취업 관련 광고 이해, 진로 상담, 면접 상황 대처하기, 자기 소개서 및 이력서 작성하기, 담당 업무 보고하기, 거래 및 협상 등과 같은 기능을 수행할 수 있다. 3) 사회 활동에 관련해서 토론하기, 불편 사항을 공공기관에 호소하기, 단체에 가입하기, 신문사에 투고하기 등의 기능을 수행할 수 있다. 4) 경제 활동에 관련해서 계약과 해지하기, 피해 보상, 손해 배상 요구 및 처리와 같은 기능을 수행할 수 있다. 5) 문화 활동에 관련해서 문화 강좌 수강 및 문화 행사 참여, 문화 활동과 관련된 감상문 작성하기, 대표적인 문화작품 이해, 간단한 작품 쓰기와 같은 기능을 수행할 수 있다.
사회 문화적 능력	1) 교양적인 내용의 담화가 가능하고 매우 전문적 주제가 아니라면 어떤 주제에 대한 토론이나 의견 교환 등이 가능하다. 2) 한국에서 일반적인 직장 생활을 수행할 수 있다. 3) 한국의 정치, 경제, 사회, 문화적 상황에 대한 전문적인 이해가 가능. 4) 공공시설을 이용하는데 불편함이 없으며 공공 기관에 자신의 불편 사항이나 요구 사항 등을 호소할 수 있다. 5) 일부 방언을 이해할 수 있으며 지역에 따른 향토적 특성을 이해할 수 있다.

[6급 학습 목표]

영역	6급의 학습 목표
발음 능력	교육받은 모국어 화자와 같은 발음을 구사한다. 발음으로 인해서 발생하는 문제는 거의 없다.
어휘, 능력	1) 정치, 사회, 경제, 문화 등 전문적인 분야에서 일반적으로 사용되는 어휘를 이해하고 구사할 수 있다. 2) 사용 빈도가 적은 추상적인 어휘를 충분히 숙지하고 구사한다. 3) 문학적인 글에 등장하는 비유적 표현이나 어휘를 이해하고 구사할 수 있다. 4) 비교적 사용 빈도가 낮은 숙어나 속담, 사자성어를 이해하고 사용할 수 있다. 5) 사용 빈도가 낮은 의성, 의태 부사나 부사어들을 자연스럽게 사용할 수 있다.
문법 능력	1) 사용 빈도가 낮은 접미사와 접두사, 문법화된 관용 표현, 어미 결합형 등을 이해할 수 있다. 2) 필요한 경우라면 높임법의 하게체, 하오체를 구사할 수 있고, 의고적 표현의 겸양법을 이해할 수 있다. 3) 문법과 관련해서 발생되는 문제는 거의 없다.
의사 소통 능력	1) 학업 활동에 관련해서 자신의 전문 분야에 대한 연구 발표 및 연구 논문 작성, 정치, 사회 문제에 대한 인터뷰 조사 및 발표를 할 수 있다. 2) 직업 활동에 관련해서 회사의 설립과 운영 활동, 직업 관련 전문 영역의 평가, 직업 관련 공문서 작성할 수 있다. 3) 사회 활동에 관련해서 단체 여행을 조직하고 안내, 회의 및 좌담회를 개최하고 사회자 역할 수행, 분쟁(소송, 재판)을 해결할 수 잇다. 4) 경제 활동에 관련해서 투자(증권, 부동산 등) 활동을 할 수 있다. 5) 문화 활동에 관련해서 한국의 역사 및 전통 문화에 대한 강연, 문화적인 내용의 글쓰기, 문학 작품 번역하기, 향토성이 가미된 문학 작품도 이해할 수 있다.
사회 문화적 능력	1) 전문 분야에 대한 교육을 실시하고 텍스트 생산이 가능하다. 2) 한국 대학생 수준의 정치, 경제, 사회, 문화적 내용에 대한 집단적인 토론 및 사회자 역할을 할 수 있다. 3) 한국에서 조직체 및 기업의 운영이 가능하고 조직 운영과 관련된 지시 및 비판, 토론 등을 수행할 수 있다. 4) 한국의 정치, 경제, 사회, 문화적인 상황에 대해 전문적으로 설명할 수 있다. 5) 재판, 소송과 같은 공적 업무의 이해와 참여가 가능하다. 6) 준비된 내용으로 한국의 역사 및 전통 문화, 지역별 특성에 대한 소개 및 안내가 가능하다.

2. 학습 내용의 선정 및 조직

학습의 목표가 설정되면 학습 목표를 달성하기 위한 구체적인 활동으로 전환되어야 한다. 그 중 중요한 것은 교수 · 학습 내용의 선정 및 조직이다. 학습 내용의 선정기준으로는 내용의 타당성, 내용의 유용성, 학습 가능성을 들 수 있다.

첫째, 내용의 타당성은 교육 목표에 맞는 내용을 선정하는 데 그 내용이 타당한가, 수준별 내용 조직에 있어서 그 내용이 수준에 맞는지에 관한 타당성 여부가 기준이 된다.

둘째, 내용의 유용성은 학습자가 실제 상황에서 유용하게 사용할 수 있는 내용이어야 한다는 것이다.

셋째, 학습 가능성은 교수자가 학습자에 맞게 가르칠 수 있는 내용이고 그것을 학습자가 학습할 수 있는 내용인가 하는 것이다.

이러한 내용 선정을 기준으로 교육 내용이 선정되면 이것을 조직하는 원리를 고려해야 한다.

첫째는 계열성의 원리를 들 수 있는데 이것은 예를 들면 한국어교육에서 문법의 난이도에 따라 순위를 정할 수 있을 것이다. 이는 순서가 어떻게 조직되느냐에 따라 교수 · 학습의 효율성이 달라진다.

둘째, 계속성의 원리를 들 수 있다. 이것은 학습자가 학습한 내용이 일시적으로 끝나버리는 것이 아니라 계속적으로 연계되어야 한다는 것이다.

셋째, 범위의 원리이다. 가르쳐야 할 내용을 어느 정도까지 넓혀서 가르쳐야 하는지에 대한 문제이다.

넷째, 통합성의 원리이다. 이것은 네 가지 언어 기능들이 자연스럽게 연결될 수 있도록 각 기능간의 통합을 의미하는데 듣기-말하기, 말하기-쓰기, 듣기-쓰기, 읽기-말하기 등 다양한 형태의 언어기능의 통합이 가능하다.

3. 학습 활동

1) 도입

학습 활동의 첫 단계로서 교수자와 학습자간에 학습을 위한 자연스러운 분위기를 조성하고 전 시간에 학습한 내용에 대해 질문을 통하여 습득 정도를 확인한다. 이 때 너무 자세하거나 해서 시간이 지체되어서는 안 된다. 또한 본 시간의 학습 목표와 학습할 내용을 시청각 자료 등을 이용해 제시하여 학습자의 의욕을 높이는 활동을 한다.

2) 전개

학습에 있어서 본론에 들어가는 단계로 제시, 설명, 연습, 활용의 순서로 진행한다. 이 때 학습 목표나 학습 내용과 관련된 사항을 상황을 중심으로 제시하여 학습자들이 이해하면 유의미한 상황에서 연습할 수 있도록 지도한다. 또한 교수자가 판단하여 학습 내용에 따라 다양한 연습 방법을 활용하여 학습자의 활동을 유도하며 학습자의 수준에 따라 좀 더 심화된 학습으로 전개시킬 수 있다.

3) 정리

본 시간에 학습한 내용에 대해 간단히 점검하는 단계로 질의응답이나 지필 평가를 통해서 학습 목표에 따른 학습자의 이해도를 측정한다. 또한 이 단계에서는 숙제를 제시하고 다음 시간에 배울 내용에 대해 예고를 하기도 한다.

Ⅲ. 평가

평가는 교육과정 전체에 대한 평가, 교수 · 학습의 결과를 평가하는 성취도 평가, 단위 수업에서 하위평가로 수행하는 진단평가, 형성평가, 총괄평가 등 다양한 형태의 평가가 있다.

성취도 평가는 교수 · 학습활동의 결과로서 각 단계의 교수 · 학습의 내용을 어느 정도 획득했는가를 측정하는 평가이다. 이것은 교수설계과정에서 설정된 교수 · 학습의 목표가 평가의 기준이 된다. 학습자를 대상으로 수행된 성취도 평가의 자료는 교수 · 학습의 목표설정에 따라 교수 · 학습활동이 효과적으로 수행되었는지에 대한 자료로도 활용할 수 있다.

그 다음으로 진단평가는 본 수업이 시작되기 전에 도입 단계에서 지난 시간에 학습한 내용이나, 본 수업을 위한 기초가 되는 내용을 알고 있는지에 대한 평가가 이루어지게 된다. 진단평가의 경우 일정한 형식적인 절차를 거쳐서 시행하지는 않고 주로 말하기 영역을 중점으로 질문과 대답을 하는 형식으로 진행한다.

형성평가는 학습자들이 학습 목표를 얼마나 잘 성취하고 있는지 알아보기 위해서 실시하는 평가이다. 형성평가는 보통 수업 시간 중에 질문이나 확인 작업 등으로 이루어지는 것과 체계적으로 월말시험이나 중간시험의 형식으로 이루어진다.

총괄평가는 일련의 교수 활동이 마감되는 학기말에 평가를 통하여 학습자들이 성취한 정도를 파악하는 계획적이며 체계적인 평가이다.

Ⅳ. 교안을 작성할 때 유의할 점

1) 학습 목표와 학습자의 수준에 맞는 어휘와 문형을 제시해야 하며 학습자의 흥미를 유발할 수 있는 내용이어야 한다. 다시 말해 학습자 중심의 수업 설계를 해야 한다.
2) 새 어휘와 문법, 문형을 우선적으로 제시하고 강조할 필요가 있는 어휘와 문형은 선별하여 제시한다.
3) 제시 문장이나 질문은 짧은 문장에서 긴 문장으로 한다.
4) 예문은 자연스럽고 다양해야 하며 학습자의 사전 지식이나 배경을 알고 그에 맞는 예문을 제시해야 한다.
5) 생동감을 유발할 수 있는 살아있는 문장을 제시해야 한다.
6) 매 학기 학습자의 수준이나 상황에 맞게 보충하거나 새롭게 작성해야 한다.
7) 수업 후 교안에 대해 평가를 한 후 부족한 부분이나 새로운 내용, 방법 등을 보완하는 것이 필요하다.

Ⅴ. 교안의 개요

교안은 크게 나누어서 단원별 교안과 본시 교안으로 구분할 수 있다. 단원별 교안은 한 과 전체를 어떤 계획을 가지고 가르칠 것인가 진도 계획, 일반적 목표, 단원 목표 등에 대해 전반적으로 기술한 것을 말한다. 본시 교안은 해당 수업 시간에 지도할 학습 목표, 진행 절차, 학습 내용, 교수 방법, 시간, 보조 자료 등을 상세히 기록하는 형식을 취한다.

교안을 작성할 때 포함되어야 할 항목의 예를 들어 보면 다음과 같다.

1) 가르치는 사람

2) 수업 일시 및 수업 시간

3) _급 _반(학생수)

4) 과의 제목

5) 학습 목표

6) 학습 내용, 학습 활동, 시간 배당, 교수 방법

7) 보조 자료

8) 평가 방법

이러한 항목들이 포함된 교안을 통하여 다음 사항에 대한 답을 찾을 수 있어야 할 것이다.

첫째, 학습자는 무엇을 학습해야 하는가? 이것은 학습 목표를 분명하게 규정하는 일이다.

둘째, 어떤 학습 활동으로 학습 목표를 성취하게 할 것인가? 앞에서 규정해 놓은 학습 목표를 학습자들이 효율적인 학습 활동을 통하여 성취하게 하는 것이다.

셋째, 어떤 자료를 사용할 것인가? 학습자들이 학습 목표를 보다 쉽게 성취하게 하기 위해서 어떤 자료가 유용한가? 하는 것이다.

넷째, 수업을 어떻게 진행할 것인가? 학습 목표의 달성을 위해서 다양한 교수 방법, 시간 배정 등을 계획하는 것이다.

다섯째, 학습자들이 학습 목표를 성취했는지를 어떻게 알아 낼 것인가? 이것은 학습 목표에 타당한 평가 도구를 제작하고 실시하여 그 결과를 어떻게 활용할 것인가에 대한 계획을 세우는 것이다.

Ⅵ. 교안의 실제 형식[2)]

교안의 형식은 교수자에 따라, 교수 · 학습의 내용에 따라, 기능에 따라 다르게 나타날 수 있다. 여기에서는 단원별 모형과 본 수업을 위한 교안의 모형을 작성하여 제시한다. 제시된 모형은 하나의 예시적 모형이고 모든 교수자에게 똑같이 적용될 수 있는 것은 아니다.

[단원별 모형]

<table>
<tr><th>수업 일시</th><th>년 월 일</th><th>담당자</th><th>ㅇㅇㅇ</th><th>급</th><th>1급 5반(12명)</th></tr>
<tr><td>단원명</td><td colspan="5">제 4과 음식 〈4〉 여기 물 좀 주십시오.</td></tr>
<tr><td>시간
(시간 당 50분)</td><td>학습목표</td><td colspan="2">학습 내용 및 학습 활동</td><td colspan="2">학습 자료</td></tr>
<tr><td>1</td><td>음식 주문하는 대화문을 정확하게 듣고 발음할 수 있다.
새로 나온 어휘를 이해, 습득, 활용할 수 있다.</td><td colspan="2">복습
본문 대화 듣고 따라하기
발음 교정하기
역할극 하기
어휘 활용 연습</td><td colspan="2" rowspan="4">교과서
녹음기(테이프)
어휘, 문형 카드
음식 사진 자료
음식점 사진 자료
음식별 차림표
평가지</td></tr>
<tr><td>2</td><td>새로 나온 문법을 이해, 습득, 활용할 수 있다.</td><td colspan="2">문법: –으십시오
–을까요?
문법 활용 연습</td></tr>
<tr><td>3</td><td>음식점에서 주문할 음식을 결정해서 음식을 주문하는 글을 읽고 이해하며 정확하게 발음하여 읽을 수 있다.</td><td colspan="2">음식점에서 주문할 음식을 결정하고 주문하는 내용의 대화문 읽기 활동</td></tr>
<tr><td>4</td><td>음식점에서 차림표를 읽고 음식을 주문할 수 있다.</td><td colspan="2">음식을 주문하는 대화문을 구성하여 짝 활동으로 역할극 하기</td></tr>
</table>

학습 목표	학습자가 실제 생활에서 많이 쓰이는 음식과 관련된 어휘와 문법을 사용하여 주문할 음식을 결정하여 음식을 주문할 수 있다.		
학습 내용	어휘: 음식 관련 단위 명사, 수(일~십), 주다 문법: '-으십시오', '-을까요?'		
단계(시간) 1교시 (50분)	학습 지도 내용 및 활동	지도 방법	학습 자료
도입 5분	* 복습 어휘: 음식 이름 문법: -고 싶다, -겠- 1. 어디에서 점심을 먹고 싶습니까? 2. 점심에 무엇을 먹고 싶습니까? 3. 수업 후에 무엇을 하겠습니까?	전날 배운 내용을 질문으로 습득 정도를 확인한다.	어휘, 문형 카드
3분	* 들어가기 1. 여기가 어디입니까? 2. 두 사람이 무슨 얘기를 합니까? 4. 두 사람은 무엇을 시킵니까?	시각 자료를 이용하여 오늘 배울 내용을 질문으로 유도한다.	사진 자료
전개 22분	* 대화 듣고 따라하기 1. 보통 속도로 대화를 들려준다. 2. 대화를 듣고 따라하기를 시킨다. 3. 듣고 대답하게 한다. 4. 학습자간 간단히 역할극을 시킨다.	교재를 보지 않게 하고 들려준다. 발음과 억양 지도를 철저히 한다.	
21분	* 어휘 1. 수(일~십) 2. 음식 관련 단위 명사 예) 한 개, 한 잔, 한 그릇, 일 인분 등 - 그림을 보고 음식 관련 단위 명사를 맞게 사용하는 연습을 한다. 3. 주다 / 드리다 · 아이가 웁니다. 아이스크림을 줍니다. · 오늘은 어머니 생신입니다. 꽃을 드립니다. · 물이 없습니다. 물 좀 주십시오. 1) 친구 생일입니다. 선물을 줍니까? 2) 친구가 머리가 아픕니다. 무엇을 줍니까?	어휘는 의미설명을 대신할 수 있는 예문을 제시해 주고 반복 연습시키며 학생으로 하여금 배운 어휘로 대답이 나오도록 질문한다.	사진, 그림 자료

단계(시간) 2교시 (50분)	학습 지도 내용 및 활동	지도 방법	학습 자료
전개 20분	* 문법 1. AVst (으)십시오 보기) 숙제를 하다 책을 읽다	문법은 제시, 설명(형태, 의미), 연습, 활용의 순서로 진행한다.	동사 어휘 카드
	1) 날마다 학교에 오다 2) 지하철을 타다 3) 내일 전화하다 4) 도서관에 가다 5) 한국친구를 만나다 6) 이 잡지를 보다 7) 약을 드시다 8) 방에 들어가다 9) 사전을 찾다 10) 이 옷을 입다	AV(Action Verb, 동사) Vst(Verb stem, 동사어간) 용어는 실례를 들어 앞에서 미리 제시한다.	
		교사가 앞에서 배운 '-습니다'로 문장을 제시하면 '-으십시오'로 바꿔 말하기 연습을 시킨다.	
	〈응답연습〉 1) 가족을 보고 싶습니다.(전화를 하다) 2) 노래하고 싶습니다.(노래방에 가다) 3) 책을 빌리고 싶습니다.(도서관에 가다) 4) 시험을 잘 보고 싶습니다.(열심히 공부하다) 5) 시간이 없습니다.(택시를 타다) 6) 배가 고픕니다.(점심을 드시다) 7) 머리가 아픕니다.(약을 드시다) 8) 내일 친구 생일입니다.(선물을 사다) 9) 교실이 춥습니다.(문을 닫다) 10) 이 단어를 모릅니다.(사전을 찾다)	교사가 말하는 상황에 맞게 방법을 제시하도록 연습시킨다.	

단계(시간) 2교시 (50분)	학습 지도 내용 및 활동	지도 방법	학습 자료
전개	* 문법 2. (제가)____AVst____을/ㄹ까요? 보기) 운동을 하다 창문을 닫다 1) 숙제를 하다 2) 이메일을 보내다 3) 가방을 사다 4) 칠판에 쓰다 5) 칠판을 지우다 6) 한국말로 말하다 7) 여기에 앉다 8) 이 옷을 입다 9) 사전을 찾다 10) 책을 읽다	문법 '-을/ㄹ까요?' (1인칭)에 맞게 다양한 상황을 제시하여 말할 수 있도록 연습시킨다.	동사 어휘 카드
	〈응답연습〉 가: (제가)____AVst____을/ㄹ까요? 나: 네, ____AVst____으십시오/십시오. 보기) 운동을 하다 창문을 닫다 1) 숙제를 하다 2) 한국말로 말하다 3) 칠판을 지우다 4) 과일을 사다 5) 청소를 하다 6) 영화를 가다 7) 책을 읽다 8) 여기에 앉다 9) 문을 닫다 10) 김밥을 만들다	교사의 질문에 맞게 대답을 하도록 연습시킨다.	

단계(시간) 2교시 (50분)	학습 지도 내용 및 활동	지도 방법	학습 자료
전개 10분	* 문법 연습 1. -으십시오 1) 쓰십시오. 〔보기〕 인사하다 -> 인사하십시오. (1) 보다 -> (2) 읽다 -> (3) 찾다 -> (4) 만들다 -> 2) 쓰십시오. 〔보기〕 가: 배가 고픕니다. 나: 식당에 가십시오. (1) 가: 다리가 아픕니다. 나: (2)가: 단어를 모릅니다. 나: (3)가: 밥을 먹고 싶습니다. 나: (4)가: 책을 사고 싶습니다. 나: 2. -을까요? 1) 쓰십시오. 〔보기〕 가: 무엇을 할까요? 나: 숙제를 하십시오. (1) 가: ______________? 나: 김치찌개를 만드십시오. (2)가: ______________? 나: 영화를 보십시오. (3)가: ______________? 나: 네, 책을 읽으십시오.	교재에 제시된 문법연습을〔보기〕를 보고 쓰게 한 후 말하게 한다	교과서 문형 카드

<table>
<tr><th>단계(시간)
2교시
(50분)</th><th>학습 지도 내용 및 활동</th><th>지도 방법</th><th>학습 자료</th></tr>
<tr><td>전개</td><td>* 문법 연습

2) 연결하십시오.

[보기]
[한식당에서] 뭘 드릴까요? • — • 삼계탕을 주십시오.

제가 이 과자를 먹을까요? •   • 오렌지 주스를 주십시오.
무슨 주스를 드릴까요? •   • 케이크를 사십시오.
리에 씨의 생일입니다. 뭘 살까요? •   • 네, 드십시오.
무슨 사전을 살까요? •   • 영어사전을 사십시오.</td><td>교재에 제시된 문법연습을〔보기〕를 보고 쓰게 한 후 말하게 한다.</td><td></td></tr>
<tr><td>7분</td><td>* 과제 1

묻고 대답하십시오.

한식집

냉면 6,000원
불고기(일인분) 13,000원
갈비탕 8,000원
비빔밥 5,000원

이탈리아 식당

콤비네이션피자 18,000원
스파게티 7,000원
라자나 8,000원
스테이크 25,000원

중국집

자장면 3,000원
짬뽕 3,000원
볶음밥 4,500원
탕수육 9,000원

[보기] 가: 무슨 식당에 가겠습니까?
나: 한식당에 가겠습니다.
가: 무슨 음식을 먹겠습니까?
나: 갈비탕을 먹겠습니다.</td><td>식당의 차림표를 보고〔보기〕의 대화를 하게 한다.
짝 활동을 통해 손님이 음식을 주문하고 종업원이 주문을 받는 상황을 연습하는 말하기 활동을 시킨다.</td><td>교과서
문형 카드</td></tr>
<tr><td>7분</td><td>한 사람은 손님이고 다른 사람은 종업원입니다. 위 식당 중 한 곳을 골라서 음식을 주문하십시오.

손님: 여보세요
종업원: 네, 뭘 드시겠습니까?
손님: 하고   주십시오.
종업원: 네,   요. 알겠습니다.</td><td>음식점에서 나누는 대화를 듣고 어느 식당인지, 음식과 분량에 대한 정보를 듣고 쓰게 한다</td><td></td></tr>
</table>

<table>
<tr><th>단계(시간)
2교시
(50분)</th><th>학습 지도 내용 및 활동</th><th>지도 방법</th><th>학습 자료</th></tr>
<tr><td></td><td>* 과제 2

친구들과 인사를 하십시오.
<table><tr><th>대화</th><th>식당</th><th>음식</th><th>얼마나</th></tr><tr><td>1</td><td></td><td></td><td>두 그릇</td></tr><tr><td>2</td><td></td><td>피자, 스파게티</td><td></td></tr><tr><td>3</td><td>술집</td><td></td><td></td></tr></table></td><td></td><td></td></tr>
<tr><td>정리
5분</td><td>· 학습 내용을 정리한다.
· 과제를 준다.
· 다음 시간 수업 내용을 예고한다.</td><td>학습자들이 학습한 내용에 대한 이해 정도를 확인한다.</td><td></td></tr>
</table>

Ⅶ. 결론

지금까지 교육과정 개발의 계획과 절차에 의해 기본적인 교안을 작성해 보았다. 앞에서 언급했듯이 교안의 형식은 교수자에 따라, 교수 · 학습의 내용에 따라, 기능에 따라 다르게 나타날 수 있으며 한 종류의 교안이 모든 교수자와 학습자에게 똑같이 적용될 수 있는 것은 아니다. 여기에 작성된 교안을 바탕으로 해서 좀 더 구체적이고 다양한 종류의 학습지도안 모형이 개발되어야 할 것이다.

주)

1) 연세대학교 1급에서 6급까지의 등급별 학습 목표를 제시한다.

2) 여기에서는 연세대학교 1급 학습 내용에 맞춰 1, 2 교시 교안을 작성하여 제시한다.

참고문헌

- 강승혜(2003), "한국어 교육과정론", 한국어 교수법 이론과 실제, 연세대학교 한국어교사연수소
- 김신자(2005), 효과적 교수설계, 문음사
- 김영만(2005), 한국어교육의 이론과 실제, 도서출판 역락
- 김인식 외(2004), 수업설계의 원리와 모형 적용, 교육과학사
- 남성우 외(2006), 언어교수이론과 한국어교육, 한국문화사
- 연세대학교 언어연구교육원 한국어학당(2001), 한국어학당 성취도 평가 문항 개발 연구
- 임병빈 외(2003), 제2언어 교수 학습, 한국문화사
- 정승영(2007), 영어교수 학습론, 경남대학교 출판부
- 한송화(2000), "교안 작성법", 한국어 교수법 이론과 실제, 연세대학교 한국어교사연수소
- Brown, H. D(1994). Principles of Language Learning and Teaching, Prentice Hall.
- Gagné. R. M, & Briggs, L. J., & Wager, W.(1992). Principles of instructional design, Orlando, FL: Harcourt Brace Jovanovich.

제 3 장 한국어 발음 교육론

전나영

이 장에서는 외국인 및 재외 동포 등 외국어로서의 한국어를 배우는 학습자들에게 한국어를 가르치면서 접하게 되는 학습자들의 발음 문제를 검토해 보고 어떻게 하면 정확하고 자연스러운 발음을 습득하게 할 수 있을지를 생각해 보고자 한다.[1]

Ⅰ. 발음 지도의 필요성

인간의 의사소통은 말하기, 쓰기와 같은 표현 부분과 듣기, 읽기와 같은 이해 부분으로 이루어진다. 이들 중 어느 부분이 의사소통에서 더 큰 비중을 차지하고 있는지는 쉽게 가늠하기 어려울 것이다. 그러나 표현 부분의 경우에는 쓰기보다는 말하기 기능에 의해 더 많은 의사소통이 이루어지고, 이해 부분의 경우에는 읽기보다 듣기 기능에 의해 더 많은 의사소통이 이루어진다는 주장에 이의가 없을 것이다.

마찬가지로 외국어 능력을 나타내는 중요한 척도도 말하기와 듣기이다. 어느 외국인에게 '한국말을 참 잘 하시네요.' 라는 말을 할 수 있는 것은 말하고 들으면서 수행하는 의사소통 능력의 수준을 높이 평가하기 때문일 것이다.

이처럼 의사소통에 있어서 중요한 기능인 말하기와 듣기를 지도하는 데 있어서 기본이 되는 것은 체계적인 발음 지도이다.

학습자가 아무리 한국어 문법을 정확하게 사용하고 적절한 단어로 표현한다고 해도 잘못된 발음으로 말을 한다면 자신의 뜻을 상대방에게 제대로 전달할 수 없다. 의사소통에 문제가 생기는 것이다. 예를 들어 '자금'을 '저금'으로 발음하거나 '반친구'를 '방친구'로 발음한다면 의사소통에 큰 오해가 생길 것이다.

잘못된 발음은 말하기뿐만 아니라 듣기에서도 문제를 일으킨다. 한국어를 공부하는 많은 학습자들의 경우 정확한 발음으로 말할 수 없으면 정확하게 듣고 판단할 수 없는 것이 대부분의 경우이다.[2] '여권'을 '여관'으로 이해하거나 '튼튼하다'를 '뚱뚱하다'로 이해하는 등 의사소통에 문제가 생긴다.

또한 학습자들은 자신의 발음대로 표기하는 경향이 있기 때문에 쓰기(맞춤법)에서도 잘못이 생긴다. '머리'를 '모리'라고 쓰거나 '사귀다'를 '사기다'로 쓰는 오류는 발음이 잘못된 학습자들에게서 흔히 볼 수 있는 잘못이다.

읽기의 경우에도 잘못된 발음의 심각성이 드러난다. 특히 낭독을 하는 경우 읽는 내용이 제대로 전달될 수 없어 의사소통이 어려우며 학습자 자신도 내용을 이해하는 데 어려움을 겪는다.

이처럼 발음은 말하기, 듣기, 쓰기, 읽기의 모든 능력에 영향을 미쳐 의사소통에 중요한 역할을 하므로 한국어교육에서 발음 지도는 한국어를 가르치는 데 있어서 기초공사라고 할 수 있다.

그러나 교수법에 따라 발음 교육을 중시하는 경우도 있고 발음보다는 어휘나 문법 교육을 중시하는 경우도 있다. 청각구두식 교수법과 같이 음성언어를 듣고 말하는 교육을 강조하는 경우에는 발음 지도가 강화되었고 문어에 대한 이해를 강조하는 문법 번역식 교수법에서는 발음 지도가 이루어지지 않았다. 인지적 교수법이나 의사소통 중심의 교수법에서도 발음 지도는 중요하게 강조되지 못했다.

한국어를 가르쳐 본 교사라면 누구나 학습자들의 잘못된 발음을 어떻게 하면 교정해 줄 수 있을까 고심했을 것이다. 적당한 문법과 단어로 의사만 전달하면 된다는 식의 교육은 한계에 부딪히게 된다. 더구나 다른 언어 능력에 비해 발음은 비교적 초기에 습관으로 굳어지기 때문에 교사는 학습자들이 정확한 발음을 습득할 수 있도록 지도하는 데 관심을 가져야 한다.

그런데 발음 지도의 목표를 어느 정도로 세울 것인가? 물론 학습자들의 발음을 완전히 한국어 화자만큼 정확하고 자연스러운 발음으로 바꾸기는 어렵다. 학습자들은 모국어 음운의 간섭에 의해 한국어 음운을 정확하게 발음하지 못하는 경우가 많으며 학습자 대부분이 일정한 기간 안에 한국어를 배우고자 계획하고 있기 때문에 학습 기간 동안 자연스러운 발음을 습득하는 데 한계가 있다. 또한 교사가 지나치게 정확한 발음을 요구하며 단순하게 교사의 발음을 따라하도록 강요할 경우 학습자들이 의욕을 상실하고 위축될 수 있기 때문에 주의해야 한다.

한국어 교육의 발음 지도에서 우선 목표로 하는 학습자의 수준은 최소한 한국어 음운 체계 안에서 각각의 음운을 혼동하지 않고 발음하는 것이다. 여러 가지 교수 방법이 있겠으나 한국어 발음을 제시하는 방법에 따라 학습자들이 각 음운을 변별해서 발음하도록 지도할 수 있다.

Ⅱ. 발음 지도의 내용

한국어 교육에서 발음 지도는 모음과 자음의 변별 자질뿐만 아니라 음절구조와 음절수, 운율 자질, 음운 변동 등을 고려해서 교수 방법이 세워져야 한다.

1. 음운과 변별 자질

한국어의 자음과 모음이 어떤 자질에 의해 분화되는지를 알아야 각각의 음을 혼동하지 않고 분명하게 발음할 수 있다. 발음을 들려주고 따라 하라는 식의 막연한 교육 방법은 효과를 거두기가 어렵다. 교사는 학습자에게 한국어의 각 자음과 모음이 갖는 특정한 자질을 정확하게 제시하고 가르쳐야 한다.

2. 음절 구조와 음절 수

한국어 발음 지도에서는 자음과 모음의 개별 발음에 대한 교육과 함께 음절 구조와 음절 수에 대한 교육도 이루어져야 한다.

음절은 자음과 모음이 결합해서 소리를 낼 수 있는 한 단위를 의미하며 한국어에서 음절은 다음과 같은 방식으로 구성된다.

V(모음)	오, 이, 유, 왜......
CV(자음+모음)	나, 더, 꾀, 쥐......
VC(모음+자음)	입, 왕, 앎, 엮......
CVC(자음+모음+자음)	남, 책, 흙, 끝......

한국어의 자음은 앞, 뒤에 어떤 음이 연결되느냐에 따라서 발음하는 방법이 달라질 수 있으므로 발음을 지도할 때 주의해야 한다. 예를 들면 '가다'의 'ㄱ'은 목청을 막았다가 공기가 터져 나오면서 발음이 되지만 '책'의 'ㄱ'이나 '먹다'의 'ㄱ'은 목청을 막은 상태에서 공기가 밖으로 터져 나오지 않고 발음이 끝나게 된다.

음절 수를 지키도록 교육하는 것 또한 한국어 발음 교육의 주요한 내용이 되어야 한다. 예를 들어 두 음절인 '학생'을 '[하그생]'과 같이 세 음절로 발음하거나 두 음절인 '너무'를 '[넘]'과 같이 한 음절로 발음하지 않도록 지도해야 한다.

3. 운율 자질

운율 자질은 모국어 화자들이 음운으로 인식하지는 않지만 문법적인 의미나 어휘적인 의미를 분화하는 힘을 가지고 있으므로 학습자들에게 가르쳐야 한다.

한국어 발음 교육에서 고려해야 할 운율적 자질의 하나는 억양이다. 한국어는 같은 구조의 문장이 억양에 따라 평서문, 의문문, 청유문, 명령문이 될 수 있으므로 억양은 의사소통에 있어서 중요한 역할을 한다. 한국어에서 의문문은 문장의 끝을 올리며 명령문은 끝을 빨리 낮추고 서술문은 길게 끌면서 낮춘다.[3] 또한 학습자들은 의문사가 있는 의문문은 끝을 내려서 발음해야 한다는 것과 문장을 구성하고 있는 각 어절의 첫음절이나 마지막 음절에는 억양이 없다는 것을 배워야 한다.[4]

한국어에는 소리의 길이인 장단이 어휘의 의미를 분화하고 있으나 이를 한국어 교육에서 지도하는 것은 어려운 문제이다. 다만 모음을 지나치게 짧게 발음하는 등의 오류가[5] 있으므로 자음에 비해 모음이 길게 발음된다는 것은 가르치는 것이 유용하다.

4. 음운 변동

한국어는 쓴 대로 발음해야 한다. 즉 '가르치다'는 '[가르치다]'로 발음해야지 [가리키다]와 같이 모음을 바꿔서 발음하면 안 되며 '강남'을 '[강남]'으로 발음해야지 '[간남]'으로 발음해서는 안 된다. 그러나 '먹어요'를 글자 그대로 읽어서 '[먹어요]'로 발음하면 의미를 제대로 전달할 수 없다. 이때는 쓴 대로 발음해서는 안 되며 '[머거요]'와 같이 발음해야 한다. 이것은 한글맞춤법의 '소리 나는 대로 적되, 어법에 맞도록 함을 원칙으로 한다'는 규정과 함께 한국어에서의 표기법과 발음의 관계를 잘 나타내고 있는 예이며 이때 음운 변동에 대한 문제가 생기게 된다.

음운 변동에 대한 지도는 개별 자음, 모음에 대한 지도와 함께 한국어 발음 교육에서 아주 중요한 부분이다.

Ⅲ. 발음 지도의 단계

발음 지도의 일반적인 단계는 다음과 같다.

1. 1단계 : 제시

목표 언어에 처음으로 노출된 학습자에게는 우선 목표 언어의 정확한 소리를 제시하여 학습자들이 인지할 수 있도록 지도해야 한다.

한국어 자음과 모음의 발음을 제시할 때는 정확한 발음을 들려주어야 하며 입모양을 일정하게 하고 소리의 높이도 일정하게 해야 한다. 교사가 정확한 발음을 가지고 있어야 지도가 가능하며 그렇지 않은 경우에는 녹음자료를 활용한다.

한국어 발음 지도에서 자음과 모음은 순차적으로 제시한다.

① 자음과 모음 중에서 먼저 모음을 제시하고 다음에 자음을 제시한다.

모음은 홀로 소리를 낼 수 있으므로 자음 없이 발음 연습이 가능하지만 자음은 홀로 소리를 낼 수 없고 반드시 모음과 결합해야 발음할 수 있기 때문이다.

② 모음을 제시할 때는 단모음을 먼저 제시하고 다음에 중모음을 제시한다. 단모음은 소리의 처음과 끝이 한 가지 소리이기 때문에 혀의 위치나 입의 모양을 바꾸지 않지만 중모음은 처음과 끝이 다른 소리이므로 중간에 혀의 위치나 입의 모양을 바꿔야 한다.[6] 단모음의 자질이 중모음에 비해 단순하므로 단모음을 우선 제시하는 것이 효과적이다.

③ 자음을 제시할 때는 음절의 첫소리로 쓰인 초성자음을 먼저 제시하고 받침으로 쓰인 음절말 자음을 나중에 제시한다.

■ 자음과 모음의 발음 제시 순서

단모음(10개) → 초성자음(19개)+단모음 → 중모음(11개) → 초성자음+중모음 → 받침소리(7개)

2. 2단계 : 인지와 이해

개별음의 조음 방법을 설명하고 다른 음과의 차이점을 인식하게 한다.

학습자는 교사로부터 주어진 소리를 구별해 낼 수 있어야 하며 각 음운의 차이를 알아야 한다. 청각적으로 소리를 구별해 낼 수 없는 학습자는 그 소리를 모방하거나 스스로 생산해 낼 수 없다.

3. 3단계 : 모방

학습자들은 들은 발음을 모방해 본다. 교사는 학습자가 개별 발음의 변별 자질을 정확히 지키도록 강조한다. 정확하게 모방을 할 수 있게 되면 습관 형성이 되도록 반복해서 연습한다.

4. 4단계 : 확인과 교정

교사는 학습자들의 발음이 정확한지 확인하고 잘못된 발음을 교정한다. 학습자의 오류가 무엇인지 분석하여 지적하고 최소대립어(minimail pairs)를 제시해서 연습을 하도록 한다. 단일 언어권 학습자들로 구성된 교실이라면 한국어와 학습자 모국어의 대조 분석(contrastive analysis)을 통해 오류를 교정할 수 있다.

5. 5단계 : 통합 연습

발음은 말하기, 듣기, 쓰기, 읽기와 모두 관련되므로 이들 기능과 연계시켜 연습해야 한다. 듣고 지적하기, 듣고 말하기, 듣고 쓰기, 보고 읽기 등 종합적인 연습이 필요하다.

Ⅳ. 모음 발음

소리를 만들어 내는 데 관여하는 음성 기관은 폐, 후두, 입안 뒤쪽과 같이 공기를 움직이게 하는 부분인 발동부와 울림소리와 안울림소리를 내는 성대 부분의 발성부, 소리를 고루는 부분인 발음부로 나뉜다.[7] 이 중에서 발음부는 코와 입, 입술, 혀, 입천장과 같이 소리의 대부분을 분화하는 부분이므로 중요하다. 그러므로 모음과 자음의 정확한 발음을 하기 위해서는 발음부를 정확하게 움직여 발음을 해야 한다.

1. 모음의 분화 조건

모음의 소리를 구별하고 제대로 발음하기 위해서는 이들 모음이 어떤 자질에 의해 분화되는지 알아야 한다. 한국어 모음은 다음의 세 가지 변별 자질에 의해 분화된다.

① 입술의 모양 : 입술을 동그랗게 하거나 평평하게 해서 소리를 변별한다. 모음이 둥근 소리(원순음)와 안 둥근 소리(평순음)로 분화된다.
② 혀의 높낮이 : 혀와 입천장 사이의 간극에 따라 높은 소리(고모음), 중간 소리(중모음), 낮은 소리(저모음)로 분화된다.
③ 조음부의 위치 : 혀의 최고점이 향하는 위치에 따라 혀의 앞에서 나는 소리(전설모음)와 혀의 뒤에서 나는 소리(후설모음)로 분화된다.

[한국어 단모음][8]

변별 자질	앞/안둥근 소리	앞/둥근 소리	뒤/안둥근 소리	뒤/둥근 소리
높은 소리	ㅣ	ㅟ	ㅡ	ㅜ
중간 소리	ㅔ	ㅚ	ㅓ	ㅗ
낮은 소리	ㅐ		ㅏ	

2. 모음 발음의 오류와 지도 방법

한국어로 의사소통을 할 때 발음으로 인해 생기는 문제를 없애려면 한국어 음운 체계 안에 있는 모음을 구별해서 발음해야 한다. 모음을 서로 혼동하지 않고 분명하게 발음하기 위해서는 각각의 모음이 갖는 변별 자질을 잘 지켜서 발음해야 한다.

모음 발음에서 생기는 학습자들의 오류를 살펴보면[9] 세 가지 분화 조건 중 두 가지는 같거나 비슷하고 한 가지 분화 조건만 다른 경우, 즉 서로 유사한 자질을 가지고 있는 모음 사이에서 발음의 오류가 발생한다.

예를 들면 '아'와 '오'는 혀의 높낮이에서도 다르고 입술 모양에서도 다르며 다만 조음부의 위치에서 후설모음이라는 공통점을 가지고 있다. 이처럼 두 가지 분화 조건에서 차이가 있는 경우에는 혼동해서 발음하는 경우가 흔치 않다. 그러나 '아'와 '어'의 경우 두 모음은 입술의 모양과 조음부의 위치가 같고 다만 혀의 높낮이로 분화된다. 이처럼 분화 조건 중 한 가지 조건에서만 차이를 보이는 경우 혼동해서 발음하는 경우가 많다.

학습자들이 잘못 발음하는 오류의 예를 살펴보는 것은 오류를 예측해서 이를 미리 예방할 수 있도록 지도하기 위한 것이다. 또한 교사가 학습자 오류에 대한 지식을 가지고 있으면 학습자들이 범하는 오류를 놓치지 않고 찾아내는 데 도움이 된다.

모음 중에서 학습자들이 잘못 발음하는 모음의 쌍은 ①혀의 높낮이, 조음부의 위치는 유사하고 입술 모양에 의해서 분화되는 것, ② 조음부의 위치와 입술 모양은 같으며 혀의 높낮이에 의해서 분화되는 것, ③ 혀의 높낮이, 입술의 모양은 같으며 조음부의 위치에 의해서 분화되는 것이 있다.

1) 입술 모양에 의해서 분화되는 모음

모음을 발음할 때 생기는 오류의 대표적인 경우는 입술의 모양을 정확하게 하지 않는 것으로 일본어권, 영어권, 중국어권을 비롯한 많은 학습자들에게서 발견된다.

이러한 오류는 둥근 소리를 안 둥근 소리로 내거나 안 둥근 소리를 둥근 소리로 잘못 발음하는 경우와 두 소리를 모두 중간 정도의 비슷한 소리로 발음해서 분명하게 구분하지 못하는 경우가 있다. 예를 들면 '으'와 '우'의 경우 '으'를 발음할 때 '우'보다는 약하지만 입술을 조금 앞으로 내밀고 '우'는 입술을 조금 평평하게 하여 '으'와 구별되기 어렵게 발음한다.

입술 모양에 의해 분화되는 모음들을 잘못 발음하는 예를 보이면 다음과 같다.

입술 모양에 의해 분화되는 모음의 쌍	오류의 예
'어'와 '오'	걱정[곡종], 서울[소울], 어머니[오모니], 한국어[한구고], 첫 번째[촌뽄째], 처럼[초롬], 벌써[볼쏘], 어제[오제] 오늘[어늘], 복잡하다[벅짜파다], 일본[일번], 피곤하다[피거나다]
'으'와 '우'	숙제[슥쩨], 익숙하다[익쓰카다], 중간[증간], 부분[브븐], 스물[스믈] 흐르다[후루다], 슬프다[술푸다], 꽃을[꼬출], 요즘[요줌]
'이'와 '위'	사귀다[사기다], 귀거리[기거리], 바뀌다[바끼다], 쉽다[십따], 귀여운[기여운], 취미[치미] 가지고[가쥐고], 지다[쥐다], 띠다[뛰다], 치우다[취우다], 칫솔[췻쏠], 오지 마십시오[오쥐-], 마시다[마쉬-]
'에'와 '외'	최선[체선], 퇴근[테근], 퇴계로[테게로], 회의[헤의], 괴롭다[게럽따], 쇠다[세다], 외로운[에로운]
그 밖의 오류	포장[포좡], 자연[좌연], 가자고[가좌고], 자리[좌리], 과자[가자], 백화점[배카점], 괜찮다[갠찬타], 돼요[대요]

입술 모양에 의해 분화되는 모음의 발음을 가르치거나 오류를 교정하기 위해서는 혼동하는 두 모음을 대립시켜서 연습을 하고 최소대립어[10] 등을 활용한다.

[연습1] 혀의 높낮이, 조음부는 같으나 입술의 모양이 다른 음을 묶어서 원순음과 평순음을 비교하면서 읽어 본다.

어 / 오	오 / 어
으 / 우	우 / 으
이 / 위	위 / 이
에 / 외	외 / 에

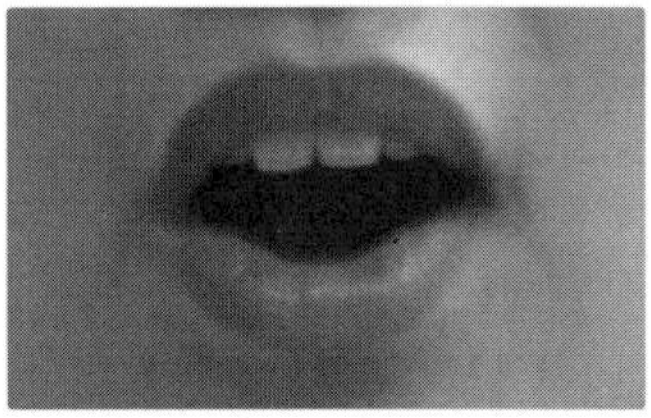

어

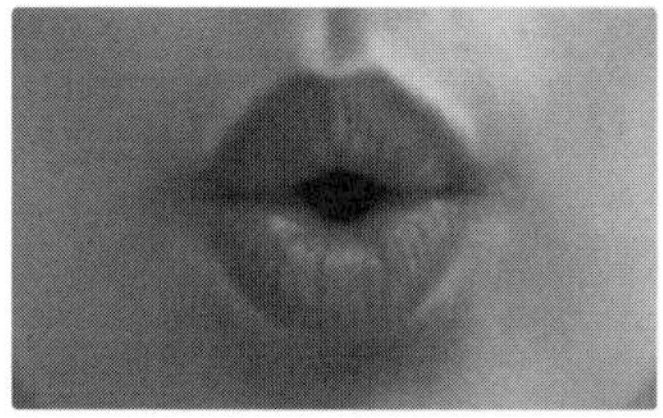

오

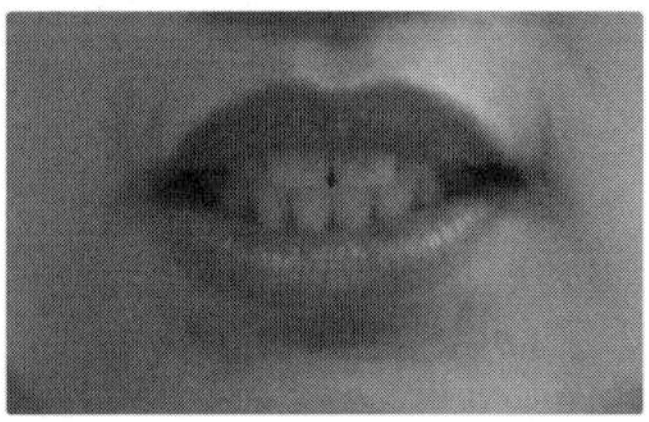

으

우

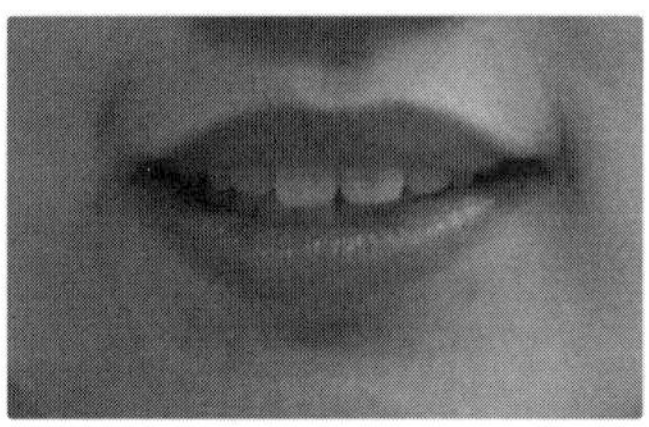

이

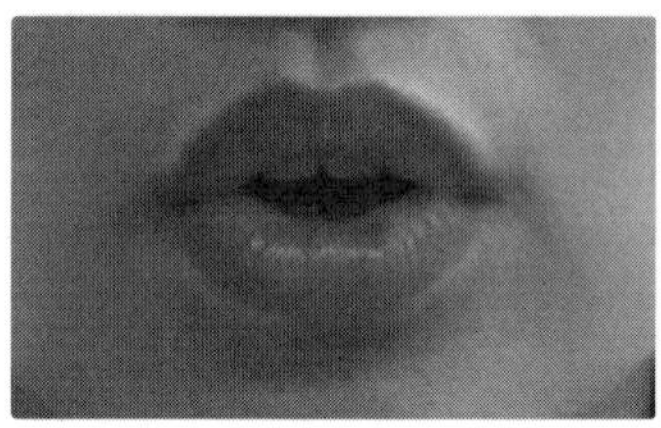

위

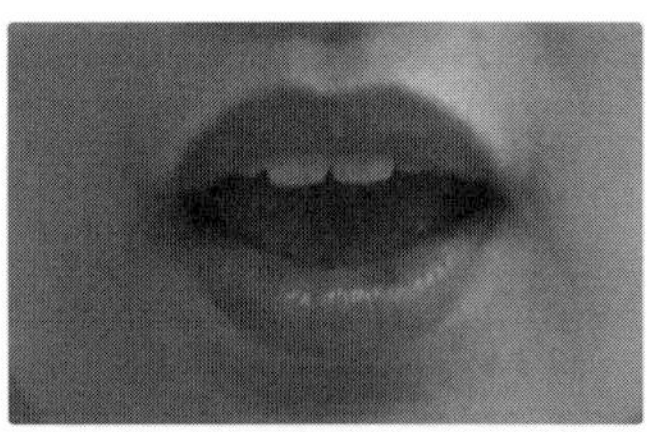

에

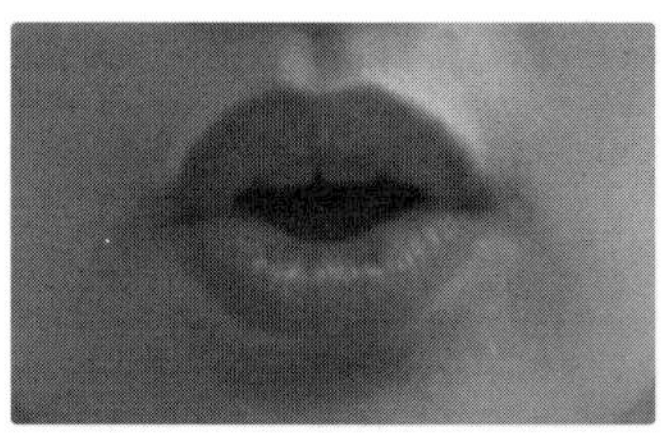

외

[연습2] 비교하고자 하는 두 모음이 사용된 단어를 읽으면서 발음의 차이를 인식하도록 한다.

거리/고리	거기/고기
보리/버리다	그림/구름
그리/구리	긋다/굳다
시다/쉬다	띠다/뛰다
지다/쥐다	세다/쇠다
체면/최면	게으르다/괴롭다

[연습3] 문장 속에서 두 모음의 발음을 구별하도록 연습한다.

어머니께서 어디에 계십니까?

모르는 노래를 배우고 싶어요

극장에 들어갈 때 음악이 흘렀습니다

누나가 우산을 쓰고 출근을 합니다

쉬운 번호로 바뀌었습니다

2) 혀의 높낮이에 의해서 분화되는 모음

한국어 모음이 혀의 높낮이에 의해 분화된다는 것을 정확하게 인식하지 못하고 발음하기 때문에 오류가 생긴다. 입술의 모양과 조음부의 위치가 같고 혀의 높낮이만 다른 모음들을 제대로 구별해서 발음해야 한다. 낮은 소리인 '아'를 발음할 때 입을 충분히 벌리지 않고 혀의 위치를 중간 소리인 '어'에 가깝게 높여서 발음하거나 두 소리를 모두 조금씩 바꾸어서 결국 비슷한 소리로 발음함으로써 변별하지 못한다.

입술 모양에 의해 분화되는 모음의 쌍	오류의 예
'아'와 '어'	날아와[널어와], 나무[너무], 마리[머리]
'오'와 '우'	우리[오리],수박[소박],좀[줌],초대[추대], 중국에[종고게]
'어'와 '으'	더럽다[드릅따],너무[느무], 했어요[해쓰요], 그러면[그르믄], 일어나다[이르나다], 어떻게[으뜨케]
'애'와 '에'	네가[내가], 그런데[그런대], 게으르다[개으르다], 매주[메주], 새우다[세우다]
'외'와 '위'	이외에[이위에], 회사[휘사], 위반[외반], 귀하다[괴하다]

혀의 높낮이에 의해 분화되는 모음 발음의 오류를 줄이기 위해서는 혀의 높낮이 즉 입이 벌어지는 정도를 학습자들이 인지하고 생산해 낼 수 있도록 연습을 시켜야 한다.

[연습1] 입을 크게 벌리고 작게 벌리는 정도에 따라 소리가 달라지는 모음을 묶어서 비교하면서 읽어 본다.

아 / 어 / 으	으 / 어 / 아
어 / 으	으 / 어
애 / 에 / 이	이 / 에 / 애
애 / 에	에 / 애
오 / 우	우 / 오
외 / 위	위 / 외

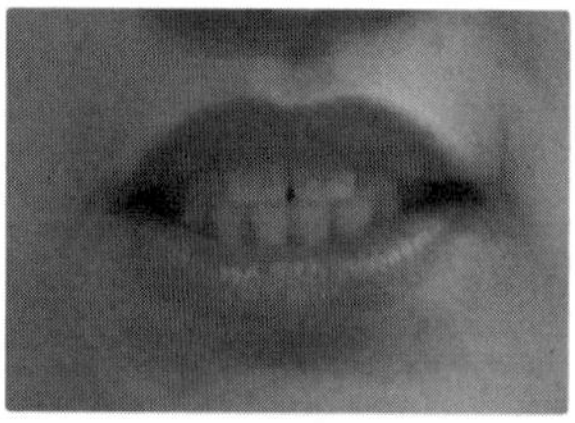
으

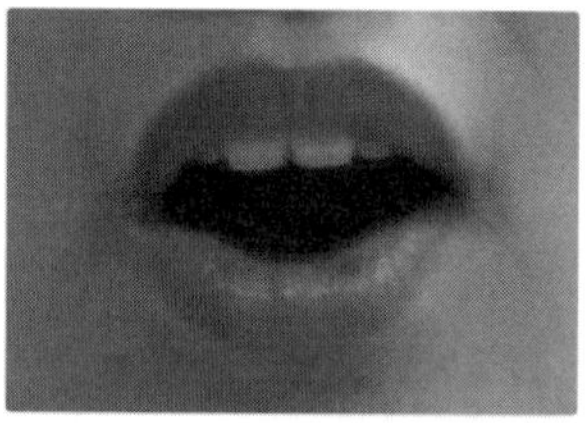
어

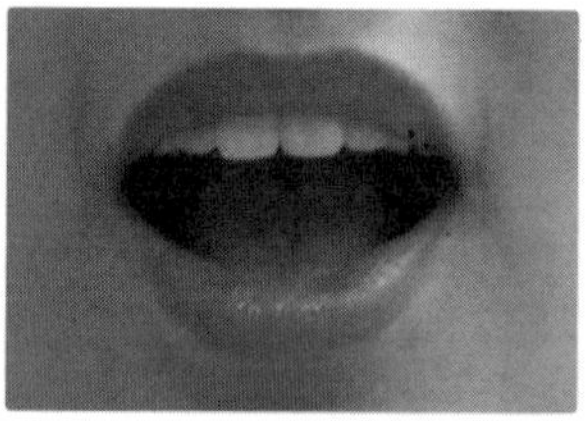
아

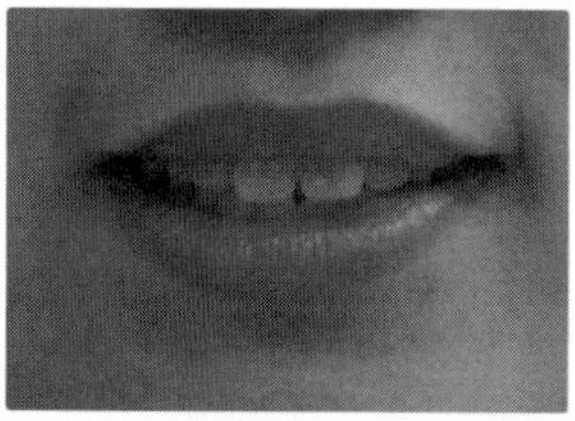
이

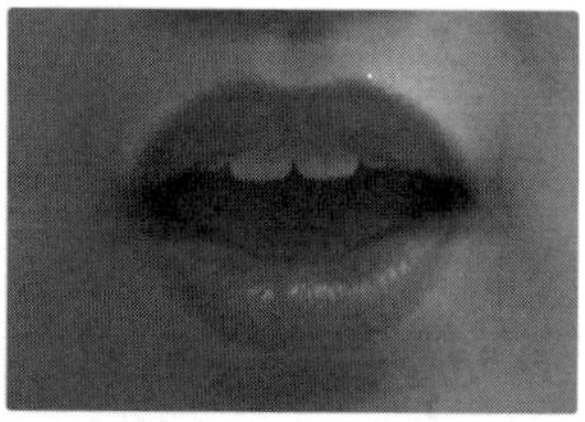
에

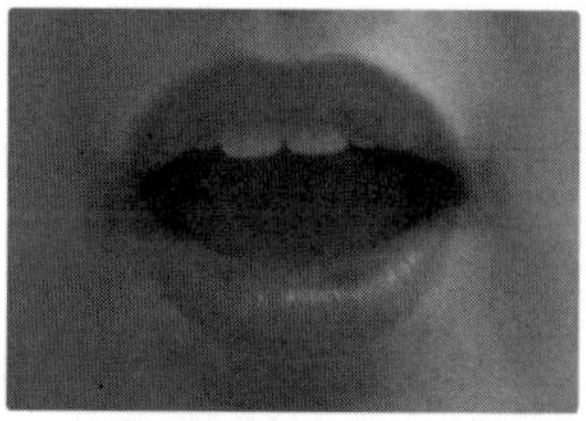
애

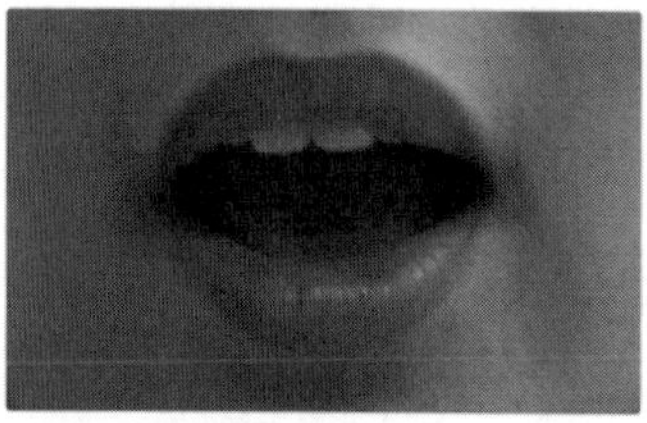
애

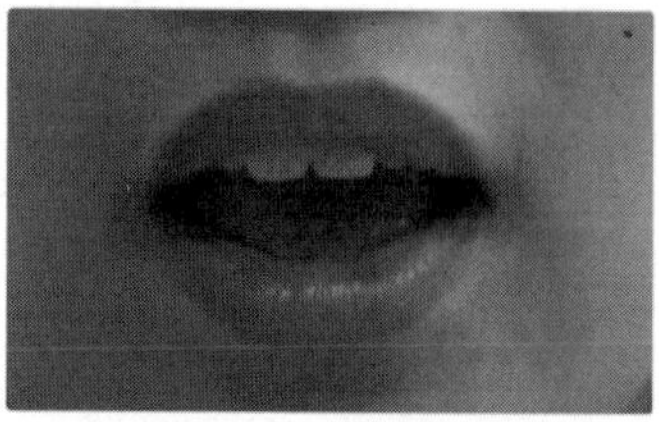
에

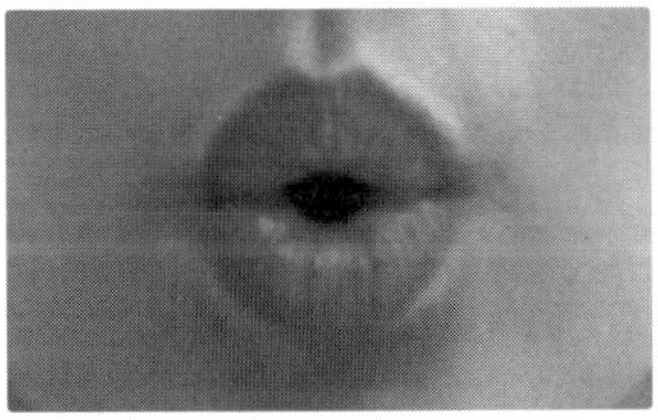

오

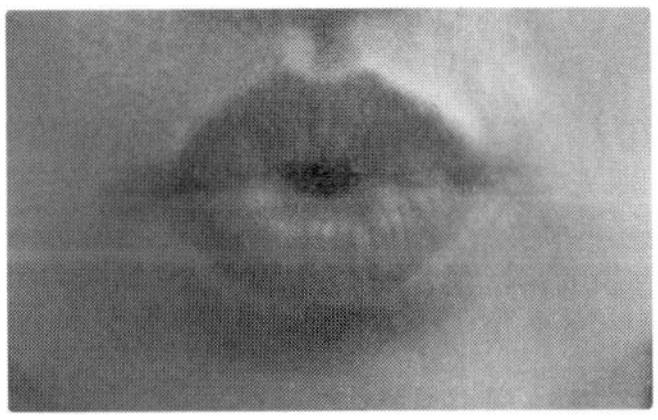

우

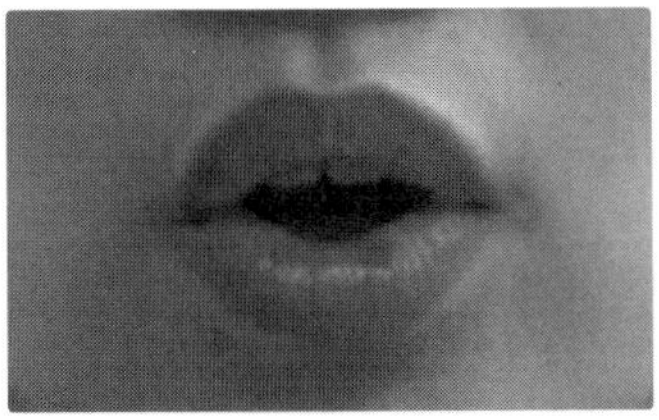

외

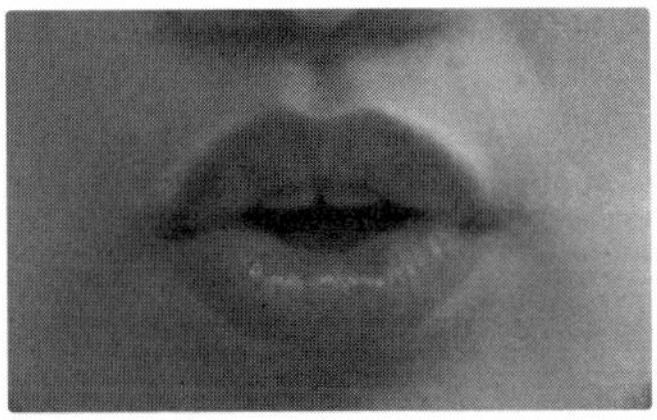

위

[연습2] 비교하고자 하는 두 모음이 사용된 단어를 읽으면서 발음의 차이를 인식하도록 한다.

나무/너무	사다/서다
걷다/긋다	거리/그리
새우다/세우다	개/게
소리/수리	똑똑하다/뚱뚱하다
죄/쥐	쇠다/쉬다

[연습3] 문장 속에서 두 모음의 발음을 구별하도록 연습한다.

그 정도 거리는 걸어서 갈 수 있어요

나무가 너무 커서 자르는 데 한 시간이나 걸렸다

게으른 개미가 서울에 살고 있었다

제법 재미있게 이야기할 줄 아는군

외국에서 위험한 일이 생기면 어떻게 하지요?

3) 조음부의 위치에 의해서 분화되는 모음

한국어 단모음 중에서 조음부의 위치에 의해 대립되는 모음의 쌍은 '이' 와 '으', '에' 와 '어', '애' 와 '아' 이다. 학습자들이 조음부의 위치에 의해 분화되는 모음을 혼동하는 오류는 많이 발견되지 않으며 다만 학습자들이 사용하는 모국어의 간섭으로 자연스럽지 못하게 발음하는 경우가 있다.

오류의 종류	오류의 예
후설 모음을 전설 모음으로 발음	음식[임-], 했을 때[해씰-], 하숙을[하수길], 요즘은[요지민], 이것은[이거신], 은행[엔행, 인행], 좋을까[조일까], 계획을 [게회길],결혼[게론], 남녀[남네], 냉면[냉멘]
전설 모음을 후설 모음으로 발음	생각[승각]

조음부의 위치가 정확하지 않아서 생기는 모음 발음의 오류는 혀의 뒤쪽에서 소리 나는 모음(후설 모음)을 혀의 앞쪽에서 발음(전설 모음)하거나 혀의 앞쪽에서 발음해야 하는 소리를 혀의 뒤쪽에서 발음하기 때문에 생긴다. 이러한 오류를 교정하기 위해서는 학습자가 연습을 통해 소리 나는 위치를 느낄 수 있도록 해야 한다. 조음부의 위치에 의해 분화되는 모음인 '이' 와 '으' 는 두 소리가 혀의 높낮이와 입술의 모양에서는 같기 때문에 입모양만을 보여 주어서는 구분할 수 없다.

[연습1] 혀의 앞쪽에서 나는 모음과 뒤쪽에서 나는 모음을 묶어서 위치를 비교하면서 읽어 본다.

이 / 으　　　으 / 이
에 / 어　　　어 / 에
애 / 아　　　아 / 애

[연습2] 비교하고자 하는 두 모음이 사용된 단어를 읽으면서 발음의 차이를 인식하도록 한다.

글 / 길　　　수시로 / 스스로
디디다 / 드시다　　　피다 / 슬프다

[연습3] 문장 속에서 모음의 발음을 정확하게 구별할 수 있도록 연습한다.

흐르는 물은 막을 수 없다

은행을 믿고 돈을 저금한다

아들들이 지름길로 걸어간다

모르는 글자라서 읽을 수 없다

이 그림을 그린 사람의 이름이 뭐예요?

4) 중모음

중모음은 소리를 내는 동안에 음성 기관이 이동하게 되어 입술이나 혀가 움직이게 되므로 한국어 학습자들에게 단모음과의 차이를 분명하게 가르쳐야 한다.

중모음은 결합된 단모음이 가지고 있는 변별 자질을 모두 포함하는 소리이기 때문에 단모음의 분화 조건을 잘 지켜서 발음해야 한다. 중모음 '와'는 '오'의 변별 자질과 '아'의 변별 자질이 분명하게 드러나도록 발음해야 한다. 한국어 중모음은 다음과 같다.

[한국어 중모음]

	중모음	예
'이'와 결합한 중모음	야	야구, 양말
	여	여행, 겨울
	요	요리, 표
	유	유리, 휴지
	얘	얘, 얘기
	예[11]	예절, 차례
'오' 또는 '우'와 결합한 중모음	와	화요일, 좌석
	왜	왜, 괜히
	워	월급, 뭐
	웨	궤짝, 웬 일
'으'와 결합한 중모음	의[12]	의사, 회의

한국어 학습자들이 범하는 모음 발음의 오류는 학습자 모국어의 간섭 현상에 의한 경우도 있지만 한국어 모음의 분화 조건을 정확하게 인식하고 발음하지 않기 때문에 생기는 경우가 많다. 아무리 정확하고 표준적인 한국어 화자의 발음을 들려주고 모방해서 연습하게 해도 학습자들이 모음의 분화 조건이 무엇인지 모르고 그 변별 자질을 지켜서 발음하지 않는다면 모음을 서로 구별할 수 없다. 그러므로 교사는 학습자들이 모음의 분화 조건을 제대로 알 수 있도록 충분한 자료를 제시하고 연습을 시켜야 한다.

모음을 지도할 때는

① 모음의 분화 조건을 한 눈에 보고 비교할 수 있도록 도표나 그림을 활용한다.

② 거울을 이용해 학습자 자신의 입모양을 보면서 연습하게 한다. 교사의 입모양과 자신의 입모양을 비교하면서 교정할 수 있게 한다.

③ 초급 단계에서 정확한 발음을 습득하도록 지도해야 한다. 이미 굳어진 잘못된 발음은 쉽게 고쳐지지 않으므로 한국어 학습 초기에 발음을 지도해야 효과적이다.

Ⅴ. 자음 발음

한국어의 19개 자음도 모음과 마찬가지로 변별 자질을 정확하게 인식할 수 있어야 서로 혼동하지 않고 발음할 수 있다.

자음은 음성 기관 중에서 혀, 입술과 같이 능동적으로 움직이는 부분이 잇몸, 입천장과 같이 고정된 부분에 닿아서 나는 소리이다. 그러므로 정확한 자음 발음을 하기 위해서는 자음에 따라 발음 기관의 움직임이 어떻게 다른지 알아야 한다.

1. 자음의 분화 조건

한국어 자음은 다음의 세 가지 변별 자질에 의해 분화된다.

① 소리 내는 자리 : 자음은 소리를 내는 자리에 따라서 두 입술소리(양순음), 잇몸소리(치조음), 입천장소리(구개음), 목청소리(성문음)로 나뉜다.[13)]

② 소리 내는 방법 : 자음을 발음할 때 공기를 내보내는 방법에 따라 터짐소리(파열음),

붙갈이소리(파찰음), 갈이소리(마찰음), 콧소리(비음), 흐름소리(유음)로 나뉜다.

③ 소리 내는 힘 : 자음을 발음할 때 내보내는 공기의 세기에 따라 예사소리(평음), 거센소리(격음), 된소리(경음)로 나뉜다.

[한국어 자음]

	양순음	치조음			구개음 (파열)	성문음 (마찰)
		파열	마찰	파찰		
평음	ㅂ	ㄷ	ㅅ	ㅈ	ㄱ	
경음	ㅃ	ㄸ	ㅆ	ㅉ	ㄲ	
격음	ㅍ	ㅌ		ㅊ	ㅋ	ㅎ
비음	ㅁ	ㄴ			ㅇ	
유음		ㄹ				

2. 자음 발음의 오류와 지도 방법

모음과 마찬가지로 한국어 자음 발음에서 생기는 오류의 대부분도 학습자가 자음의 변별 자질을 정확하게 인식하지 못하고 있기 때문에 발생한다. 그러므로 교사는 자음의 분화 조건을 기준으로 각각의 변별 자질을 지켜서 발음하도록 지도해야 한다.

자음 중에서 학습자들이 혼동해서 발음하거나 잘못 발음하는 경우는 분화 조건 중 한 가지만 다르고 나머지 자질은 공통적인 경우이다. 즉 ① 소리 내는 방법과 소리 내는 힘은 같으나 소리 내는 자리가 다른 것들, ② 소리 내는 자리나 소리 내는 힘에서는 변별되지 않으나 소리 내는 방법이 다른 것들, ③ 소리 내는 자리와 소리 내는 방법은 같으나 소리 내는 힘에서 차이를 보이는 것들이다.

1) 소리 내는 자리에 의해 분화되는 자음

자음의 분화 조건 중에서 소리 내는 방법과 소리 내는 힘은 같고 소리 내는 자리만 다른 경우의 쌍은 'ㅂ, ㄷ, ㅅ, ㅈ,ㄱ', 'ㅃ, ㄸ, ㅆ, ㅉ, ㄲ', 'ㅍ,ㅌ,ㅊ,ㅋ,ㅎ'과 'ㅁ, ㄴ, ㅇ'이다.[14] 이들 자음은 비슷한 자질을 가지고 있으므로 학습자들이 발음할 때 혼동할 것으로 예상되는 쌍이다.

파열음/평음	㉥	㉢	ㅅ	ㅈ	㉠	
	ㅃ	ㄸ	ㅆ	ㅉ	ㄲ	
	ㅍ	ㅌ		ㅊ	ㅋ	ㅎ
비음	㉤	㉡			㉧	
		ㄹ[15]				

자음 'ㅂ, ㄷ, ㄱ'는 모두 소리 내는 방법으로는 파열음이고 소리 내는 힘에서는 예사소리인 평음이다. 그러나 'ㅂ'은 두 입술소리, 'ㄷ' 잇몸소리, 'ㄱ'은 입천장소리로 소리 내는 자리는 다르다.

'ㅁ, ㄴ, ㅇ'은 소리 내는 방법으로는 모두 콧소리인 비음이며 소리 내는 힘에서도 차이를 보이지 않는다. 그러나 소리 내는 자리로는 각각 'ㅁ'은 두 입술소리, 'ㄴ'은 잇몸소리, 'ㅇ'은 목청소리이다.

학습자들의 발음을 살펴보면 소리 내는 자리만으로 의해 분화되는 이들 자음이 음절의 첫소리(초성)에 쓰였을 때는 거의 혼동하지 않으나 받침(종성)으로 쓰였을 때는 혼동해서 발음하는 경우가 많다.[16]

소리 내는 자리에 의해 분화되는 자음의 쌍	오류의 예 [17]
'ㅂ, ㄷ, ㄱ'	입구[익–], 춥다[춛–, 추–], 귀엽습니다[귀열씀–, 귀여씀–], 고맙습니다[고맏씀–] 숟가락[숙–, 수–], 돋보기[돕뽀–], 책가방[채–], 젖습니다[저씀–], 백제[밷쩨, 배쩨] 복잡하다[볻짜파– 보짜파–], 숙제[숟쩨], 약속[얃쏙, 야쏙], 특별[틉뻘], 학교[하꾜]
'ㅁ, ㄴ, ㅇ'	친구[칭–], 신문[심문], 문법[뭄뻡], 준비[줌비], 한국말[항궁–], 연습[영–], 편지[평–], 간편[감–], 감기[강–], 성당[선–], 정류장[전뉴–], 장마[잠–, 잔–], 공부[곰–, 곤–], 청소[천–], 경제[견–], 수영장[수연–], 공책[곤–]

[연습1] 첫소리로 쓰인 경우를 비교하여 소리 내는 자리에 따라 완전히 다른 자음이 됨을 인식시킨다. 발음할 때 두 입술이 만나서 내는 소리, 혀끝이 윗잇몸에 닿아서 나는 소리, 혀 뒤쪽이 목청을 막았다 가 터지면서 나는 소리를 구분할 수 있도록 지도한다.

바 / 다 / 사 / 자 / 가　　　　버 / 더 / 서 / 저 / 거
빠 / 따/ 싸 / 짜 / 까　　　　뻐 / 떠 / 써 / 쩌 / 꺼
파 / 타 / 차 / 카 / 하　　　　퍼 / 터 / 처 / 커 / 허
마 / 나　　　　머 / 너

[연습2] 받침소리로 쓰인 경우를 비교하여 연습한다. 첫소리에서와 마찬가지로 받침소리에서도 소리 내는 자리를 정확하게 지켜서 발음해야 한다.

밥 / 밭 / 박　　　　입다 / 있다 / 익다
잡다 / 작다　　　　접다 / 젓다 / 적다
간 / 감 / 강　　　　전수 / 점수 / 정수

[연습3] 자음 'ㅁ, ㄴ, ㅇ' 이 받침으로 사용된 경우에는 이어나는 자음이 무엇이든 'ㅁ, ㄴ, ㅇ' 의 소리 내는 자리를 반드시 지켜서 발음해야 한다.

둘째음절 첫소리 / 첫음절 받침소리	ㄱ	ㄴ	ㄷ	ㄹ	ㅁ	ㅂ	ㅅ	ㅇ	ㅈ	ㅊ	ㅋ	ㅌ	ㅍ	ㅎ
ㄴ	친구	손님	간난	난로[19]	선물	순비	인사	선약	분선	근저	눈코	선택	선파	번호
ㅁ	금고	밤낮	침대	음료	참말	담배	음식	음악	감자	김치	암컷	감투	쉼표	담화
ㅇ	공기	강남	명동	정리	냉면	행복	등산	종이	경제	정치	땅콩	봉투	송편	방학

2) 소리 내는 방법에 의해 분화되는 자음

소리 내는 자리와 소리 내는 힘은 같고 소리 내는 방법의 차이만으로 변별되는 자음의 쌍 중에서 학습자들이 혼동해서 발음하는 경우는 'ㄷ' 과 'ㄹ', 'ㄱ' 과 'ㅇ' 이다.

터짐소리(파열음)	ㅂ	㉢			㉠
붙갈이소리(파찰음)				ㅈ	
갈이소리(마찰음)			ㅅ		
콧소리(비음)	ㅁ	ㄴ			ⓞ
흐름소리(유음)		㉣			

'ㄷ'과 'ㄹ'은 모두 두 입술소리이고 소리 내는 힘에서도 변별이 되지 않지만 'ㄷ'은 터짐소리, 'ㄹ'은 흐름소리로서 소리 내는 방법에서는 차이를 보인다. 'ㄱ'과 'ㅇ'은 모두 입천장소리이고 소리 내는 힘에서도 차이가 없으나 'ㄱ'은 터짐소리, 'ㅇ'은 콧소리로서 소리 내는 방법에서는 차이를 보인다.

이처럼 자음의 분화 조건 중에서 소리 내는 방법에 의해서만 변별되는 자음을 학습자들이 정확하게 구별해서 발음하지 못하는 경우가 있다. 즉 터짐소리 'ㄷ'을 흐름소리 .'ㄹ'에 가깝게 혀끝을 안쪽으로 약간 말아서 발음하거나 모음 사이의 'ㄱ'을 발음할 때 콧소리를 많이 내서 'ㅇ'처럼 발음하므로 구별이 분명하지 않게 된다.

소리 내는 방법에 의해 분화되는 자음의 쌍	오류의 예
'ㄷ'과 'ㄹ'	가다[가라], 바닷가[바랏], 아들[아르], 구두[구루], 날개[낟개, 나깨]
'ㄱ'과 'ㅇ'	고기[공이], 내가[냉아], 학교가[학공가]

[연습1] 첫소리에서 소리 내는 방법을 정확하게 지켜서 발음하는 연습을 한다. 터짐소리 'ㄷ'은 혀끝과 혀 앞부분이 윗잇몸에 닿아서 공기를 완전히 막았다가 터뜨리는 소리이며 흐름소리 'ㄹ'은 혀끝이 윗잇몸보다는 센입천장 쪽으로 가까워져서 굴려 발음한다.

다 / 라	라 / 다
디 / 리	리 / 디

[연습2] 최소대립어를 활용해 'ㄷ'과 'ㄹ'이 모음 사이 또는 자음이 이어날 때 어떻게 발음되어야 하는지 연습한다.

바다/ 바라다, 바람	구두/구름
아이들/아이를	닫다/달다
듣다/들다	믿다/밀다
맡다/말다	웃다/울다

[연습3] 'ㄱ' 이 첫소리에서, 모음 사이에서, 콧소리 다음에서 어떻게 발음되는지 비교하면서 연습한다.

기사 / 아기	가지 / 요가
거기 / 이거	고궁 / 수고

문고 / 친구 / 감기 / 금고 / 공기 / 성가

3) 소리 내는 힘에 의해 분화되는 자음

소리 내는 자리, 소리 내는 방법은 같으나 소리 내는 힘에 의해서 분화되는 자음의 쌍은 'ㅂ,ㅃ,ㅍ' 와 'ㄷ,ㄸ,ㅌ', 'ㅅ,ㅆ', 'ㅈ,ㅉ,ㅊ', 'ㄱ,ㄲ,ㅋ' 이다.

예사소리(평음)	ㅂ	ㄷ	ㅅ	ㅈ	ㄱ
된소리(경음)	ㅃ	ㄸ	ㅆ	ㅉ	ㄲ
거센소리(격음)	ㅍ	ㅌ		ㅊ	ㅋ

이들 자음은 한국어 자음의 발음 중에서 학습자들이 구별해서 발음하기 어려워하고 서로 혼동해서 발음하는 오류를 많이 범한다.

소리 내는 힘에 의해 분화되는 자음의 쌍	오류의 예
'ㅂ,ㅃ,ㅍ'	바르다[빠-], 부분[뿌뿐] 빠르다[바-], 뽀뽀[보보] 아프다[아쁘-], 파란[빠-]
'ㄷ,ㄸ,ㅌ'	대다[때-], 도토리[또또] 따지다[다-], 똑똑하다[독도-], 그때[그대] 타다[따-], 할 테니까[할 떼-]

소리 내는 힘에 의해 분화되는 자음의 쌍	오류의 예
'ㅅ, ㅆ'	사다[싸-], 서서[써써]
'ㅈ,ㅉ,ㅊ'	자다[짜-], 지금[찌-], 조금[쪼-] 찌다[지-], 살찌다[살지-] 차다[짜-], 처음[쩌-]
'ㄱ,ㄲ,ㅋ'	가치[까치], 가다[까다] 까맣다[가마타], 꼬리[고리] 크다[끄다], 지키다[지끼다]

[연습1] 소리 내는 힘에 의해 분화되는 자음들을 정확하게 구별해서 발음하기 위해서는 우선 각 자음이 갖는 힘의 정도를 느껴야 한다. 얇은 종이나 손바닥을 입에 대보면 공기가 터져 나올 때 힘의 정도를 느낄 수 있다.

바 / 빠 / 파	파 / 빠 / 바
다 / 따 / 타	타 / 따 / 다
사 / 싸	싸 / 사
자 / 짜 / 차	차 / 짜 / 자
가 / 까 / 카	카 / 까 / 가

[연습2] 최소대립어를 활용해 소리 내는 힘을 비교하면서 연습한다.

깨다/개다/캐다	끄다/크다
딸/달/탈	따르다/다르다
뿔/불/풀	삐다/비다/피다
싸다/사다	썰다/설다
짜다/자다/차다	찌다/지다/치다

4) 내파음과 음절구조

자음의 분화 조건을 제대로 지키지 않아서 생기는 오류 이외에 자음과 관련된 학습자들의 오류는 내파음과 음절구조에 관한 것이다.

한국어 음절 가운데 파열음인 'ㅂ, ㄷ, ㄱ'의 받침으로 끝나는 경우에 이들 자음의 발음은 공기가 밖으로 터져 나오지 않는데 이것을 내파음[19]이라고 한다. 내파음은 '입, 잎, 곧, 꽃, 밭, 곳, 책, 밖'과 같이 음절의 끝소리로 쓰인 경우와 '춥다, 받고, 먹지'와 같이 자음 앞에 쓰인 경우의 'ㅂ, ㄷ, ㄱ'이다. 학습자들이 내파음에 대해 인식하지 못하고 있는 경우에는 '[이브, 이프, 고뜨, 꼬츠, 바트, 고스, 채끄, 바끄]', '[추브다, 바드고, 머그지]와 같이 받침 소리를 터뜨리면서 음절수를 늘여 발음하게 된다.[20] 학습자들은 음절수를 지켜서 발음하도록 주의해야 한다.

자음으로 끝나는 음절보다 모음으로 끝나는 음절은 상대적으로 길게 발음하게 되는데 학습자들이 이를 자연스럽게 발음하지 못하는 경우가 있다. '보통, 부터, 가지고'의 첫음절은 모음으로 끝났기 때문에 뒤가 열리면서 약간 길게 발음이 되지만 학습자들은 '[봅통, 붙터, 갇지고]'와 같이 받침이 있는 것처럼 짧게 끊어서 발음하는 경우가 있다. 이러한 현상은 '아플 때, 바빠서'를 '[압쁠 때, 밥빠서]'와 같이 발음하는 경우에서도 볼 수 있다. 학습자들은 받침이 있고 없는 경우를 가려서 발음해야 한다.

한국어 학습자들이 범하는 자음 발음의 오류는 학습자 모국어의 간섭 현상에 의한 경우도 있지만 자음의 분화 조건인 소리 내는 자리, 소리 내는 방법, 소리 내는 힘을 잘 지켜서 발음하지 않기 때문에 생기는 경우가 많다. 그러므로 자음의 분화 조건을 분명하게 인식하고 발음하도록 해야 한다.

자음을 지도할 때는

① 각 자음의 소리 내는 자리, 소리 내는 방법, 소리내는 힘 을 정확하게 제시해야 한다.

② 한 가지 분화 조건에 따라서 대립되는 쌍의 자음을 묶어서 연습하게 한다

③ 거울을 이용해 발음부의 닿은 위치를 확인하면서 연습하도록 한다.

④ 초급 단계에서 정확한 발음을 습득하도록 지도한다.

Ⅵ. 운율 자질

음운으로 표기하지는 않으나 의미를 분화하는 운율 자질로는 음의 길이(장단), 소리의 높이(억양), 세기(강세) 등이 있다. 이러한 운율 자질 중에서 어휘적, 통사적으로 의미 차이를 만드는 자질은 학습자들에게 제시하여 의사소통에 문제가 생기지 않도록 해야 한다.

1. 음의 길이

음의 길이는 한국어의 운율 자질 중 어휘의 의미 분화에 이용되며 서울을 비롯한 중부지방의 말에서는 음의 길이가 분명하게 파악된다.

그러나 한국어 학습자들이 음의 길이를 인지하고 이를 변별해서 발음한다는 것은 어려운 일이다. 더구나 음의 길이에 대한 연습을 수업에 도입하는 것은 교수, 학습에 큰 부담이 될 것이다. 그러므로 초급 단계보다는 중, 고급 단계에서 한국어의 운율적 자질에 대해 소개하는 정도로 가볍게 제시한다.

밤(夜)에 밤:(栗)을 먹었다
눈(眼)에 눈:(雪)이 들어갔다
말(馬)이 말:(言)을 알아듣는 것 같다
이건 모두 시장에서 산 물건이다
여긴 내가 10년 동안이나 산: 집이다

2. 억양

자연스럽고 유창한 한국어 말하기 능력을 갖추기 위해서는 한국어에서 억양이 의미 분화에 어떻게 작용하는지 알아야 한다.

한국어는 종결어미의 종류에 따라 억양이 달라진다.

억양	문장의 종류	예문
내림 ↘	서술문 감탄문	동생이 책을 읽고 있습니다 건물이 굉장히 크군요
올림 ↗	의문문	한국 생활이 재미있습니까?
끊음 ↕	명령문	먼저 시작하십시오
끌음 →	청유문	시간이 있으니까 같이 연습합시다

의문문 중에서 누구, 어디, 언제, 무엇 등의 의문사가 사용된 문장은 억양에 따라서 의미가 달라지므로 주의해야 한다.

어디 가세요?↘(가는 장소를 묻는 질문)
어디 가세요?↗(가는 행동의 진위를 묻는 질문)

학습자들 중에는 모국어의 간섭으로 어절의 첫소리를 높이거나 끝소리를 높여서 어색한 발음을 하는 경우가 있다. 종결어미에 따른 억양의 차이 이외의 부자연스러운 억양은 의식적으로 교정해야 한다.

Ⅶ. 음운 변동

지금까지 한국어 음운체계 안에서 모음과 자음의 분화조건에 따라 발음을 지도하는 방법을 제시해 보았다. 그러나 자음과 모음의 개별음을 제대로 구별해서 발음할 수 있는 것만으로 한국어 발음이 유창해지는 것은 아니다. 모음과 자음의 정확한 발음을 기초로 음운 변동에 의한 여러 가지 발음 규칙을 지켜서 발음해야 수준 높은 말하기 능력을 갖추게 될 것이다.

한국어를 배우는 학습자들이 겪는 어려움의 하나는 맞춤법과 발음의 관계를 이해하는 것이다. 다음의 문장을 소리 나는 대로 읽어 보자.

할일이 많지만 오늘은 좀 쉬어야겠어
며칠째 집안일을 못하고 있다
물약은 식전에 드시고 알약은 식후에 드세요
시간이 넉넉하면 같이 음료수 한잔 합시다

이것을 모두 맞춤법대로 발음한다면 의사소통에 큰 문제가 생길 것이다. 그러므로 모음과 자음의 개별 발음 이외에 두 음절이 인접하면서 생기는 음운 현상에 대해 학습자들이 정확히 인지할 수 있도록 설명을 해야 한다.

1. 받침의 발음

한국어의 받침소리는 'ㄱ, ㄴ, ㄷ, ㄹ, ㅁ, ㅂ, ㅇ' 7개이다.

발음	홑받침14개, 쌍받침2개	겹받침11개		
		앞자음을 발음	뒷자음을 발음	앞 또는 뒷자음을 발음
ㄱ	ㄱ, ㄲ, ㅋ	ㄳ		ㄺ
ㄴ	ㄴ	ㄵ (ㄶ)		
ㄷ	ㄷ,ㅅ,ㅆ,ㅈ,ㅊ,ㅌ,ㅎ			
ㄹ	ㄹ	ㄽ ㄾ (ㅀ)		ㄺ ㄼ
ㅁ	ㅁ		ㄻ	
ㅂ	ㅂ, ㅍ	ㅄ	ㄿ	ㄼ
ㅇ	ㅇ			

겹받침의 경우 둘 중에 어느 것이 발음되는지에 대해서는 명확한 규칙을 내세우기 어렵다. 그러나 대체로 두 개의 자음 중에서 사전 순서 상 먼저 나오는 자음을 발음한다.[21] 즉 'ㄳ'의 경우 'ㄱ'이 'ㅅ'보다 사전 순서에서 먼저 나오므로 'ㄳ'의 발음은 '[ㄱ]'이 된다.

[연습1]

자기 몫도 못 찾는다 / 일한 삯은 받아야지
[목또] [삭쓴]

앞쪽에 앉지 마세요 / 선반 위에 얹어 놓았다
[안찌] [언저]

할 말은 많지만 안 하겠다 / 모르는 사람이 많아요
[만치만] [마나요]

강아지가 내 손을 핥고 있다 / 나뭇잎을 훑으며 장난을 한다
[할꼬] [훌트며]

초심을 잃지 말자 / 반드시 옳은 일을 해라
[일치] [오른]

값도 모르고 물건을 샀다 / 시간이 없어서 그냥 왔다
[갑또] [업써서]

삶지 말고 말리세요 / 젊은 사람은 한 명도 없었다
[삼찌] [절믄]

머리를 짧게 잘랐다 / 잔디를 밟지 마세요
[짤게] [밥찌]

읽기 시간에 쓰기 숙제를 했다 / 닭고기를 안 좋아한다
[일끼] [닥꼬기]

받침이 'ㅎ' 인 경우에는 다음에 연결되는 자음에 따라서 발음이 달라지므로 학습자들에게 음운 현상을 설명하고 연습을 시켜야 한다.

'ㅎ' 뒤에나 앞에 'ㄱ,ㄷ,ㅈ' 이 와서 결합되는 경우에는 '[ㅋ,ㅌ,ㅊ]' 으로 발음한다. 또 받침 발음의 규정에 따라 'ㄷ' 으로 발음되는 받침 'ㅅ,ㅈ,ㅊ,ㅌ' 의 경우에도 같은 현상이 생긴다.

[연습2]

놓고 가도 좋지만 가지고 가도 괜찮다
[노코] [조치만] [괜찬타]

착한 척하는 사람과 어떻게 살아요?

사람한테서 꽃 한 송이 받았으면

깨끗한 사람인 줄 알았는데 그렇지 않더라

또한 'ㅎ' 뒤에 'ㄴ' 이 오는 경우에는 '[ㄴ]' 으로 발음하며 'ㅎ' 뒤에 모음으로 시작되는 어미나 접미사가 오는 경우에는 'ㅎ' 을 발음하지 않는다.

[연습3]

고기를 먹지 않는 사람도 있다
[안는]

같이 있으니까 기분이 좋네요

저쪽에 놓인 꽃이 좋아요

쌓인 감정은 잠시 속에 넣어 두세요

2. 이어 읽기

받침이 있는 음절 다음에 모음으로 시작되는 조사나 어미, 접미사가 결합되는 경우에는 받침을 뒤 음절의 첫소리로 옮겨서 발음해야 한다.

[연습1]

옷이 없어서 오늘은 나가기 싫어
[오시] [업써서] [오느른] [시러]

꽃을 꽂은 사람이 신랑이에요

먼저 앞에 있는 닭을 볶으세요

찬바람이 불어서 감기에 걸렸어요

받침으로 끝나는 단어 다음에 모음으로 시작되는 단어가 연결되는 경우에는 대표음으로 바꾼 다음에 뒤 음절의 첫소리로 옮겨서 발음한다.

[연습2]

꽃 위에 나비가 앉아 있다
[꼬 뒤에]

옷 안에 뭔가 들어 있는 것 같다

새해 아침에 웃어른께 세배를 드린다

첫아들을 낳고 기뻐했다

3. 음의 동화

한국어에서는 자음이 이어날 때 발음을 자연스럽게 하기 위해서 뒤에 오는 자음과 같은 음 또는 유사한 음으로 변하는 자음 동화가 일어난다.

받침 'ㄱ, ㄷ, ㅂ'은 콧소리 'ㄴ, ㅁ' 앞에서 '[ㅇ, ㄴ, ㅁ]'으로 발음한다.[22)]

[연습1]

한국말 [한궁말]	먹는다 [멍는다]	흙만 [흥만]
낱말	닫는다	꽃망울
입문	합니다	앞마당
책 넘기다	옷 맞추다	밥 먹는다

받침 'ㅁ, ㅇ' 뒤에 연결되는 'ㄹ'을 소리 내는 자리가 같은 콧소리인 '[ㄴ]'으로 발음한다.[23)]

[연습2]

음료수 [음뇨수]	음력	침략
정류장	경로석	정리

'ㄴ'은 'ㄹ'의 앞이나 뒤에서 '[ㄹ]'로 발음한다.[24)]

[연습3]

난로 [날로]	신라	천리
줄넘기	전라도	한라산

'ㄱ, ㄷ, ㅂ' 뒤에 연결되는 'ㄱ, ㄷ, ㅂ, ㅅ, ㅈ'은 된소리 '[ㄲ, ㄸ, ㅃ, ㅆ, ㅉ]'으로 발음한다.

[연습4]

국기 학당 책방 식사 숙제
[국끼]
듣기 받다 꽃다발 낯설다 늦지만
입고 어렵다 합법 엽서 옆집

합성어나 파생어에서 앞 단어나 접두사의 끝이 자음이고 뒤 단어나 접미사의 첫음절이 '이,야,여,요,유' 일 때는 'ㄴ' 음을 첨가하여 [니, 냐, 녀, 뇨, 뉴] 로 발음한다.[25)]

[연습5]

집안일 꽃잎 내복약
[지반닐]
남존여비 색연필 한여름

받침 'ㄷ, ㅌ' 이 조사나 접미사의 모음 'ㅣ' 와 결합하는 경우에는 [ㅈ, ㅊ] 으로 바꾸어서 음절 뒤의 첫소리로 옮겨 발음한다.

[연습6]

굳이 맏이 해돋이
[구지]
같이 밭이 햇볕이
굳히다 닫히다 묻히다

음운 변동은 두 음절 이상이 이어날 때 소리가 변하는 현상으로 학습자들은 이러한 규칙을 정확하게 이해하고 발음해야 한다. 개별 음에 대한 정확한 발음과 함께 음운 변동 규칙을 지켜서 발음한다면 자연스럽고 유창한 말하기 능력을 갖출 수 있을 것이다. 뿐만 아니라 학습자들에 대한 발음 교육은 쓰기, 듣기, 읽기에서 발음의 잘못으로 인해 생기는 오류를 줄일 수 있으므로 궁극적으로 한국어 의사소통 능력을 향상시킬 수 있다.

주)

1) 여기에서 다루고자 하는 내용은 특정 언어권의 학습자를 대상으로 하는 발음 지도 방법이 아니라 한국어를 외국어로 배우는 모든 학습자들을 대상으로 한국어 발음을 지도하는 방법에 대한 논의이다.

2) 듣고 제대로 인지할 수 없기 때문에 정확한 발음을 생산할 수 없으며 정확한 발음을 생산할 수 없기 때문에 듣고 인지하는 데도 문제가 생기는 순환적인 문제로 보인다.

3) 허웅(1983: 227)
↑ 의문의 뜻. (문을 열까?)
↓ 명령의 뜻. (문을 열어라.)
↓ 서술의 뜻. (문을 연다.)
→ 말이 이어나감을 암시. (문을 열어(서) 본다.)

4) 허웅(1983: 228)
어데 가오 ↓ 무엇을 찾습니까 ↓
어데 가오 ↑ 무엇을 찾습니까 ↑
같은 의문사가 사용된 같은 문장이 억양에 따라 의미가 달라짐을 나타내는 예이다. '어디'나 '무엇' 등 의문사가 지시하는 내용을 알고 싶어서 질문을 하는 경우에는 끝을 내려야 하며 '가다'나 '찾다'의 서술어가 지시하는 내용을 알고 싶어서 질문을 하는 경우에는 끝을 올려야 한다.

5) 예를 들면 '악기'와 '아기'의 경우 후자를 짧게 발음해서 [악기]처럼 발음하는 경우가 있다. 이때는 두 단어를 대립시켜서 받침이 있는 경우에는 짧게 발음하고 받침이 없이 모음으로 되어 있는 경우에는 좀 길게 발음하도록 해서 차이를 느끼게 하는 것이 효과적이다.

6) 허웅(1983:130)에서는 '중모음은 「반모음 + 단모음」으로 된 것이 거의 대부분이나 때로는 「단모음 + 반모음」으로 된 것도 나타나는 일이 있다'라고 설명하고 「반모음 + 단모음」은 조음점이 뒤에 있으므로 상향적 이중모음(rising diphthong), 「단모음 + 반모음」은 모음점이 앞에 있으므로 하향적 이중모음(falling diphthong)이라고 했다.

7) 허웅(1983 : 15)

8) 단모음 '외, 위'에 대해서는 허웅(1983 : 43) 참조.

9) 여기에서 제시하는 학습자 오류의 예는 전나영(1993)에서 그대로 인용한 것이다.

10) 최소대립어(minimal pair)란 대립되는 두 음운만 차이가 나고 나머지는 같은 음운을 포함하는 단어를 이른다. 예) '어'와 '오'의 대립 : 거기/고기

11) '예, 례' 이외의 'ㅖ'는 [ㅔ]로도 발음할 수 있다.(표준발음법 제5항 참조)
예) 계시다[계시다/게시다], 시계[시계/시게]

12) '으' 와 결합한 중모음은 다음과 같이 발음한다.(표준발음법 제5항 참조)
- 음절의 첫소리로 나는 '의' 는 [ㅢ]로 발음한다. 예) 의자, 의사, 의미, 의문
- 자음을 첫소리로 가지는 음절의 '의' 는 [ㅣ]로 발음한다. 예) 무늬, 희다, 띄어쓰기, 희망
- 단어의 첫 음절 이외의 '의' 는[ㅢ]나 [ㅣ]로 발음한다. 예) 회의, 주의, 의의, 토의
- 소유격 조사 '의' 는 [ㅢ]나 [ㅔ]로 발음한다. 예) 아이들의 소원, 우리의 목표

13) 허웅(1983 : 29) 음성 기관 단면도

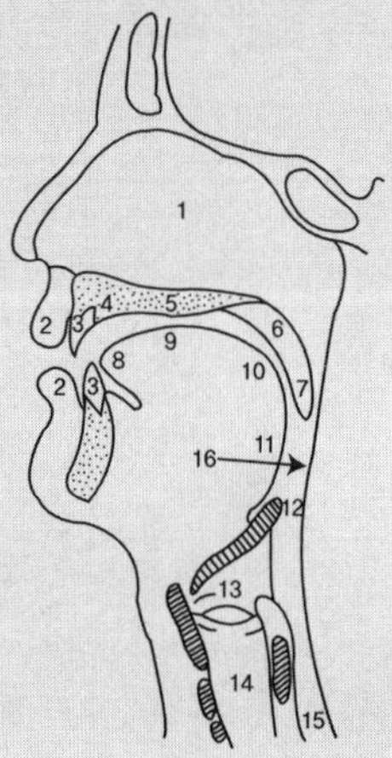

1. 코안	7. 목젖	13. 목청
2. 입술	8. 혀끝	14. 기관(숨통)
3. 이	9. 앞-혓바닥	15. 식도(밥줄)
4. 웃잇몸	10. 뒤-혓바닥	16. 인두벽
5. 센-입천장	11. 혀뿌리	
6. 여린-입천장	12. 울대마개	

14) 이들 자음이 받침으로 쓰이면 대표음으로 발음해야 하므로 결국 소리 내는 자리에 의해 분화되는 자음에서 대립되는 쌍은 'ㅂ, ㄷ, ㄱ' 와 'ㅁ, ㄴ, ㅇ' 이다.

15) 'ㄹ' 은 소리 내는 자리에 의해 대립되는 쌍이 없으므로 한국어 자음체계 안에서 혼동하는 경우는 없다. 그러나 학습자 모국어의 간섭으로 자연스럽게 발음하지 못하는 경우가 있으므로 소리 내는 방법을 정확하게 가르쳐야 한다.
''ㄹ' 발음에 대한 학습자들의 오류는 '사람[살람], 할일[하일], 흘러요[흐러요], 발표[바표], 하루[할후], 모르고[몰흐고], 우리반[울히반]' 과 같은 경우가 있다.
'ㄹ' 발음은 ① '달, 물', '솔직, 발견', '흘러요, 몰라' 와 같이 혀끝이 윗잇몸에 닿아서 나는 소리 ② '노래, 소리' 와 같이 혀끝이 센입천장 쪽으로 말려서 나는 소리 ③ '흘리다, 달력' 과 같이 혀끝이 센입천장에 닿아서 두들기며 내는 소리로 나뉜다.

16) 이들 자음 중 초성으로 쓰였을 때 잘못 발음하는 예로는 '시작[지작], 시키다[지키다]' 와 같이 마찰음인 'ㅅ' 을 발음할 때 혀 앞쪽을 입천장에 붙여 'ㅈ' 에 가깝게 발음하는 경우이다.

17) 받침으로 쓰인 자음의 소리 나는 자리를 혼동해서 다른 자음으로 발음하는 경우도 있지만 '학년[하년], 동물[도물], 중국[주구], 무슨 일[무스일], 공항[고항]' 과 같이 아예 받침의 발음을 하지 않아서 오류가 생기는 경우도 있다.

18) '난로' 는 음운변동이 일어나서 [날로]로 발음해야 한다. 'ㄴ' 과 'ㄹ' 은 모두 혀끝과 잇몸이 닿아서 내는 소리로서 음운변동이 일어나는 경우에도 소리 내는 자리가 바뀌지는 않는다.

19) 허웅(1983 : 153) 참조

20) 음절수와 관련된 오류에는 '흐르다[흘다], 모르고[몰고],' 와 같이 음절수를 줄여서 발음함으로써 오류가 생기는 경우도 있다.

21) 그러나 'ㄻ, ㄿ' 은 뒤에 있는 자음이 발음된다.

22) 이외의 자음 동화는 인정하지 않는다. 예를 들면 '감기[강기], 한국[항국], 옷감[옥깜], 신문[심문]' 와 같이 발음하는 것은 잘못이다.

23) 받침 'ㄱ, ㅂ' 뒤에 연결되는 'ㄹ' 도 [ㄴ] 으로 발음한다.

국력 독립 백리 착륙
[궁녁]
입력 합리적 십리 법률

이것은 'ㄱ, ㅂ' 이 'ㄹ' 에 동화되어 [ㅁ, ㅇ] 으로 바뀌고 [ㅁ, ㅇ] 에 'ㄹ' 이 동화되어 [ㄴ] 으로 발음되는 현상으로 설명할 수 있다.

24) 다만 다음과 같은 단어들은 'ㄹ' 을 [ㄴ] 으로 발음한다. 예) 의견란[의견난], 신문로, 음운론, 입원료, 생산량, 공권력, 상견례 등

25) 'ㄹ' 받침 뒤에 첨가되는 'ㄴ' 은 [ㄹ] 로 발음한다. 예) 휘발유[휘발류], 물약, 솔잎, 설익다 등

참고문헌

- 연세대학교 한국어학당 편(1995), 한국어 발음, 연세대학교 출판부
- 오대환(1999), 한국어 발음 교수를 위한 개괄, 말 23-24, 연세대학교 한국어학당
- 전나영(1993), 외국인을 위한 한국어 발음 지도, 말 18, 연세대학교 한국어학당
- 한재영 외(2003), 한국어 발음 교육, 한국어세계화재단, 한림출판사
- 허용 외(2006), 외국어로서의 한국어 발음교육론, 도서출판 박이정
- 허웅(1983), 국어음운학, 정음사

제 4 장 한국어 어휘 교육론

정희정

Ⅰ. 어휘로 무엇을 하는가?

의사소통에서 어휘는 재료와 같은 역할을 한다. 재료가 풍부할수록 결과물이 풍부해지는 것처럼 어휘를 풍부히 알고 있으면 화자가 말하고자 하는 내용도 풍부해진다.

(1) ㄱ. 영희는 철수를 사랑한다.
  ㄴ. 영희는 아이를 사랑한다.
  ㄷ. 영희는 사과를 좋아한다.
  ㄹ. 영희는 사과를 싫어한다.

위의 예문에서처럼 '무엇이 무엇을 어찌하다' 라는 틀에 문장의 재료인 어휘만 바꾸면 무궁무진하게 문장을 만들어낼 수 있다. 이 재료를 어떻게 요리하느냐는 문법이 맡는다고 할 수 있다.

(2) ㄱ. 영희, 사랑하다, 철수
ㄴ. 영희가 철수를 사랑한다.
ㄷ. 철수가 영희를 사랑한다.
ㄹ. 영희가 철수를 사랑하니?
ㅁ. 영희는 철수를 사랑할 거야.
ㅂ. 영희는 철수를 사랑해라.
ㅅ. 영희와 철수를 사랑하자.

(2ㄱ)의 세 개의 어휘를 재료로 하여 우리는 (2ㄴ~ㅅ)과 같은 많은 문장을 만들어 낼 수 있다. 이 어휘들이 어떤 관계에 있는지를 요리하는 것은 '이/가', '을/를', '-는다, -니, -을 거야, -라, -자'와 같은 문법 형태소이다. 이 세 개의 재료에 (3ㄱ)과 같은 어휘를 추가하면 그 의미는 더욱 더 세밀해진다.

(3) ㄱ. 정말, 영원히, 고등학교, 친구
ㄴ. 영희는 고등학교 친구인 철수를 정말 사랑한다.
ㄷ. 영희는 철수를 정말 사랑하니?
ㄹ. 영희는 철수를 영원히 사랑할 거야.

어휘는 의사소통의 내용을 구성하는 역할을 한다. 문법 형태소가 유한수임에 반해 어휘는 무한수이다. 화자가 말하고자 하는 주제가 다양하면 할수록 그 내용을 구성하는 어휘도 다양해질 수밖에 없다. 이 어휘들이 어떻게 사용하고 있는지, 이 어휘간의 관계가 무엇인지를 학습해야 우리는 자신이 말하고자 하는 내용을 구체적으로 상세히 구성할 수 있다.

Ⅱ. 어휘를 안다는 것은 무엇인가?

단어를 안다는 것은 가장 기본적으로는 단어의 형태(또는 소리)와 의미를 안다는 것이다. 그러나 이것만으로 단어를 안다고 할 수는 없다. 다음 예를 보자.

(4) ㄱ. 그 일에는 돈이 많이 들어요.
ㄴ. 그 일에는 비용이 많이 들어요.
ㄷ. *그 일에는 요금이 많이 들어요.

(5) ㄱ. 전화 요금/버스 요금/주차 요금/사용 요금
ㄴ. *전세 요금/*결혼 요금/*이사 요금

'비용' 과 '요금' 은 무슨 일을 하는 데 드는 돈의 의미를 나타낸다. 그런데 '비용' 은 (4ㄴ)에서처럼 동사 '들다' 와 결합할 수 있으나 '요금' 은 '들다' 와 함께 쓰이지 않는다. '남의 힘을 빌리거나 사물을 사용 · 소비 · 관람한 대가로 치르는 돈'[1]이라는 '요금' 의 정의만으로는 '들다' 와의 결합 여부를 알 수 없다. 또한 (5ㄴ)에서처럼 집이나 호텔 등과 같은 사물을 사용 소리한 대가로 치르는 돈으로는 쓸 수 없다. 즉, 형태와 의미를 안다는 것이 그 단어를 모두 안다는 것을 의미하지는 않는다.

한 단어는 독립적으로 의미를 가지는 것이 아니라 다른 어휘와의 관계에 의해 그 의미가 확실해진다. 외국인 학습자는 '정' 이라는 단어와 '사랑' 이라는 단어의 의미를 구별하기 힘들어한다. 다음 예를 보자.

(6) ㄱ. 정이 들다/정이 가다/정이 떨어지다/정을 느끼다
ㄴ. 따뜻한 정/*뜨거운 정

(7) ㄱ. 사랑을 하다/사랑을 얻다/사랑이 불붙다/사랑이 식다
ㄴ. 육체적 사랑/정신적 사랑/뜨거운 사랑/한글 사랑/이웃 사랑

'정' 은 사랑에 비해 능동적으로 자신이 행위할 수 있는 것이 아님을 (6ㄱ, ㄴ)의 예를 통해서 알 수 있으며, (7ㄴ)에서 사랑이 '정' 에 비해 더 다양하게 쓰임을 볼 수 있다. 즉, '정' 과 '사랑' 은 함께 쓰이는 어휘와의 관계에 의해 그 의미가 더 명확히 구분되는 것이다.

날씨를 나타내는 '덥다, 따뜻하다, 시원하다, 선선하다, 서늘하다, 춥다' 등도 마찬가지이다. '따뜻하다' 의 절대적인 온도가 문제가 아니라 '덥다' 와의 관계에 의해 상대적으로 느낄 수 있는 온도를 나타낸다. 이처럼 한 단어를 안다는 것은 형태와 의미만을 아는 것이 아니라 다른 어휘와의 관계, 용법 등을 아는 것이라고 할 수 있다.

어휘 관계나 용법 등은 의미 항목에 따라 달라질 수 있다. '이야기' 의 경우를 보자.[2]

(8)

이야기 명사

1. [어떤 주제에 대해 서로 주고받는 말] talk, conversation

관 +이야기 딱딱한 ~, 솔직한 ~, 시시콜콜한 ~, 진지한 ~; 무엇에 대한 ~
명 +이야기 날씨 ~, 신상 ~, 정치 ~; 누구 ~, 내 ~
이야기+동 (이야기가) 나오다, 들려오다, 빗나가다, 실려 있다, 실리다, 오고가다, 있다, 튀어나오다, 풀리다
(이야기를) 개진하다, 걸다, 꺼내다, 나누다, 나누다, 듣다, 들려주다, 이끌다, 털어놓다, 하다
(이야기로) 넘어가다, 돌아가다, 옮겨가다, 옮아가다

[유] 대화 · 말
[관] 논의 · 대화 · 여담
[조] 이야기꾼 · 이야깃거리

예문 화제가 자연히 개 이야기로 옮아갔다./우리는 정치 이야기로 여담을 나누었다./내 이야기를 좀 들어 보시오./대체 무슨 일인지 이야기나 좀 해 보게.

2. [있지 않은 일을 사실처럼 꾸미거나 구성한 말] story, tale, episode

관 +이야기 감동적인 ~, 자전적인 ~; 내려오는 ~, 유명한 ~, 재미있는 ~, 전해들은 ~, 황당무계한 ~
명 +이야기 귀신 ~, 옛날 ~, 전쟁 ~
이야기+동 (이야기가) 극적이다, 있다, 재미있다, 전개되다, 전하다, 전해 내려오다
(이야기를) 꾸미다, 들려주다, 엮다, 이해하다, 읽다, 하다

[유] 우화 · 일화
[조] 이야기꾼 · 이야깃거리

예문 옛날부터 전해 내려오는 유명한 이야기가 생각난다./이 이야기는 '삼국유사'에 전한다./이것은 내 어머니한테서 들은 이야기다./이것은 벤자민 프랭클린에 관한 이야기이다./아저씨는 이따금 내게 전쟁 이야기를 들려주었다.

3. [소문이나 주장] rumor, report, gossip

관 +이야기 씁쓸한 ~, 이상한 ~, 좋지 않은 ~; 무엇에 대한 ~
이야기+동 (이야기가) 나돌다, 듣다, 흘러나오다

[유] 견해 · 말 · 소문 · 의견 · 주장
[관] 평판
[조] 뒷이야기

'이야기' 의 예에서 볼 수 있듯이 의미 항목마다 용법과 어휘 관계가 달리 나타난다. 이런 점을 간과하고 학습자에게 의미만을 제시하고 의미만을 익히게 하면 다음과 같은 오류를 발견할 수 있다.

(9) ㄱ. 저는 *자기로(√ 스스로) 한국 유학을 결정했어요. (일본어권 학습자)
ㄴ. 중국에서는 사람들이 *습관(√ 보통) 침대에서 잔다. (중국어권 학습자)
ㄷ. 비록 처음 한국 올 때 매운 음식이 싫었 하지만 점점도 *습관합니다(√ 습관이 됐습니다).(중국어권 학습자)
ㄹ. 밀라노에 *이는(√ 있는LAj) 유연한 도오모입니다.(영어권 학습자)

(10) ㄱ. 한국은 일교차가 *많나요?(√ 큰가요?)
ㄴ. 어제는 대통령이 주관한 만찬회를 *출석했습니다.(√ 참석했습니다)

ㄷ. 10월에 국제전화를 너무 많이 걸어서 전화 요금이 많이 들었습니다.
ㄹ. 어제 백화점에 갔는데 세일 옷이 *매진되었습니다.(√ 다 팔렸습니)
ㅁ. 여당이 우세하다는 방송을 *흘리던데요.(√ 내 보내던데요)
ㅂ. 요리 클럽에 *입회하였는데 …(√ 가입하겠는데)
ㅅ. 민국당은 이념이 *흐려서…(√ 약해서)
ㅇ. 집을 잘 찾을 수 있게 약도를 잘 *써((√ 그려) 주세요.

일본어의 '자기'와 한국어의 '자기'는 한자가 같기 때문에 일본어의 '자기'의 용법을 그대로 한국어에 적용시켜 (9ㄱ)과 같은 비문을 만들어내며, 중국어권 학습자는 '습관'을 중국어에서처럼 부사로 쓰는 오류(9ㄴ)를 만들어낸다.

(10)의 예는 한국어학당의 3급 학생들의 숙제에서 추출한 비문의 일부분이다. (10ㄱ)에서 (10ㄹ)까지의 비문은 '차이가 많다', '회의에 출석하다', '돈이 많이 들다'와 같은 연어 관계에 유추하여 만든 예문으로 보이며, 예문 (10ㅁ)은 '매진되다'와 '다 팔리다'를 같은 의미로 알아서 모든 문맥에서 대체될 수 있다고 생각했기 때문에 만들어진 것으로 보인다. 그 외의 예문 역시 명사와 동사의 연어 관계를 잘 몰라서 만들어진 예문으로 보인다.

이처럼 어휘와 의미만을 일대일로 교육한다면 성인학습자는 모국어의 어휘 용법에서 유추하거나 스스로 어휘관계를 유추하여 어휘를 사용하게 된다. 즉, 성인학습자에게는 어휘의 의미를 교수하는 것이 아니라 한국어 어휘의 용법을 제시함으로써 학습자는 어휘가 어떻게 사용되는지 그 때의 의미가 구체적으로 무엇인지 인지할 수 있게 된다. 물론 시간을 절약하려면 의미와 용법을 함께 제시하는 것도 한 방법이 될 수 있다.

Ⅲ. 어떤 어휘부터 가르치는가?

언어 학습에 있어서 그 재료가 무작위로 선택되는 것은 아니다. 초급에 필요한 문법, 주제가 있듯이 어휘 또한 초급에·필요한 주제와 기능에 의해 선택되며, 중고급으로 갈수록 어휘의 양은 늘어난다.

"제이언어학습자는 얼마만큼의 어휘를 필요로 하는가? 이것은 학습자의 요구에

달려있다. 여행을 목적으로 하는 학습자의 어휘는 대학에서 1년 동안 공부하는 학습자에게 요구되는 어휘보다 적을 수밖에 없다. 그렇다면 대부분의 상황에 적용되는 핵심어휘(core vocabulary)가 있는가? 약 2,000개로 인용된다. 이 단어의 수는 모국어 화자가 매일의 대화에서 사용하는 어휘이다. 이 2,000개의 어휘는 대부분의 문어 텍스트에서 90%를 차지한다고 볼 수 있다. 전문적인 요구에서는 5,000여개의 단어류를 필요로 한다고 볼 수 있다." (Scott Thornburry, 2002)

이 2,000여 개의 어휘를 기초 어휘 또는 기본 어휘라 할 수 있을 것이다. 이 2,000여 개의 어휘 중에는 '것, 하다, 않다, 한(관형사), 그렇다, 그러나, 이, 그, 저' 등 어휘적인 의미보다는 문법적인 의미를 나타내는 어휘들이 많다.[3] 이들을 제외한 어휘는 주로 초급에서 제시되는 어휘일 가능성이 높다.

이 어휘 중에서 일상생활에서 빈도가 높은 어휘에 우선순위를 둔다. 그리고 교재의 주제와 관련된 어휘에 우선순위를 두게 된다. 보통 초급에서 다루는 주제는 '인사(자기소개), 사물의 위치, 학교생활, 음식, 물건 사기, 교통수단, 전화, 취미, 운동, 계절과 날씨' 등으로 이와 관련된 어휘 중에서 고빈도의 어휘를 선정하여 교육하게 된다. 다음으로 학습자의 이용 가능성을 고려하여 선정한다. 한국어의 고빈도어라 할지라도 학습자가 처한 상황에서 별로 쓰일 가능성이 없는 어휘는 우선순위에서 뒤질 수 있다. 이는 학습자에게 친숙한 개념의 어휘나 학습자의 관심 영역과도 관계가 된다. 특히 초기의 어휘 교육은 친숙한 개념에 집중해야 한다. 특히 나이가 어린 경우 추상적 어휘보다는 구체적인 어휘를 먼저 지도하는 것이 좋다. 그리고 기본의미를 가진, 의미영역이 넓은 어휘에 우선순위를 둔다. 예를 들어 '고치다'는 '수리하다, 수선하다'의 의미를 가지는데 '고치다'의 의미 영역이 넓으므로 '수리하다, 수선하다'보다는 먼저 교육하는 것이 좋다. 마지막으로 문법이 간단한 어휘를 먼저 교육한다. '살다'처럼 사용빈도가 높으나 활용이 불규칙적이거나 제한적인 동사나 형용사는 '먹다'보다는 후에 교육하게 된다.[4]

제시되는 어휘의 수는 학습자의 등급, 학습자의 어휘에 대한 친숙도, 어휘의 난이도 등에 따라 조절될 수 있다. 또한 표현을 위한 어휘인지 이해를 위한 어휘인지에 따라 어휘의 수가 조정되어야 할 것이다.

다음은 현행 한국어능력시험에서 제시하는 등급별 어휘 항목이다.[5)]

1급	2급
· 일상생활에 필요한 가장 기본적인 어휘 · 사적이고 친숙한 소재와 관련된 가장 기본적인 어휘 · 기본 인칭 및 지시대명사, 의문대명사 · 주변의 사물 이름 및 위치 관련 어휘 · 수와 셈 관련 어휘 · '크다', '작다' 등과 같은 기본적인 형용사 · '오다', '가다' 등과 같은 기본적인 동사 · 물건 사기, 주문하기 등 기본적인 생활과 관련된 기초 어휘	· 일상생활에 자주 사용되는 어휘 · 공공시설 이용시 자주 사용되는 기본적인 어휘 · '제주도', '민속촌' 등 자주 접하는 고유명사 · '깨끗하다', '조용하다', '복잡하다' 등 주변 상황을 나타내는 형용사 · '출발하다' '고치다' 등 일상생활에서 자주 사용하는 동사 · 우체국 이용, 회의 등 공적인 상황과 관련된 기본 어휘 · 약속, 계획, 여행, 건강과 관련된 어휘 · '자주', '가끔', '거의' 등 기본적인 빈도부사

3급	4급
· 일상생활에서 사용되는 대부분의 어휘 · 업무나 사회 현상과 관련된 기본적인 어휘 · 직장생활, 병원 이용, 은행 이용 등 빈번하게 접하는 공적인 상황에서 사용되는 기본적인 어휘 · '행복하다', '섭섭하다' 등 감정 표현 어휘 · '늘어나다', '위험하다' 등 사회현상과 관련된 간단한 어휘 · '참석하다', '찬성하다' 등 직장생활과 관련한 기본적인 어휘 · '장점', '절약' 등 기본적인 한자어 · '생각이 나다', '버릇이 없다' 등 간단한 연어	· 일반적인 소재를 표현하는 데 필요한 추상적인 어휘 · 직장에서 일상적인 업무를 수행하는 데 필요한 어휘 · 신문 기사 등에 자주 등장하는 어휘 · 빈도가 높은 관용어와 속담 · 자연 풍습 문화 사고방식 경제 과학 예술 종교 등 일반적인 사회현상과 관련한 핵심적인 어휘

5급	6급
· '사회 현상을 표현하는 데 필요한 추상적인 어휘 · '직장에서 특정 영역과 관련한 기본적인 어휘 · '세부적인 의미를 표현하는 어휘(아프다: 결리다, 노랗다:누르스름하다) · '자주 쓰이는 시사용어 · ''이데올로기', '매스컴' 등 사회의 특정 영역에서 자주 쓰이는 외래어 · '일반적으로 사용되는 관용어와 속담	· '사회 현상을 표현하는 데 필요한 추상적인 어휘 · '널리 알려진 방언, 자주 쓰이는 약어, 은어, 속어 · '사회 각 영역과 관련하여 널리 쓰이고 있는 전문 용어 · '복잡한 의미를 갖는 속담이나 관용어

Ⅳ. 어휘를 교육할 때 무엇에 주의해야 하는가

어휘는 다른 언어 학습과 유사하게 제시-연습-생산의 단계를 거친다. 교사는 제시 단계에서 형태와 의미를 어떻게 제시할 것인지를 결정할 필요가 있다. 형태와 의미를 교사가 모두 제시하는 방법, 형태를 제시하고 의미를 학습자에게 유추하게 하는 방법, 의미를 제시하고 형태를 학습자에게 유추하게 하는 방법 등이 있다.

어휘의 형태를 제시할 때 형태적인 특성이나 문법적인 특성을 함께 제시할 것인지, 기본형만을 제시할 것인지의 문제가 있을 수 있다. 예를 들어 동사 '가다' 를 제시할 때 학습자에게 제시되는 형태는 '가다' 의 형태가 될 것이다. 이때 '갑니다, 가서' 등과 같은 형태적인 특성과 '어디에 가다' 와 같이 조사 '에' 가 함께 쓰이는 특성 등을 '가다' 와 함께 제시하는 방법과 '가다' 를 제시하고 의미를 제시하면서 교사가 '갑니다, 가서' 등의 형태적인 특성과 '어디에 가다' 를 유추할 수 있는 용례를 제시해 주는 방법 등이 있을 수 있다.

다음으로 교사는 학습자의 학습 단계 단계에 따라 어휘 제시 방법을 달리할 필요가 있다. 모든 단계에서 어휘 제시 방법이 동일할 수는 없다. 초급에서는 단어를 형성하는 원리를 습득하는 것보다 단어 자체를 어휘 사전에 입력시키는 행위가 많이 일어난다. 특히 모국어로 번역하여 목표어휘와 모국어를 일대일로 대응시키는 경향이 있다. 초급 교재에서 새 어휘를 학습자의 모국어로 번역하여 제시하는 방법이 대표적인 초급 어휘 제시 방법이다. 초급에서 단순 암기 위주로 어휘의 양을 확대시킬 수 있었다면, 중급부터는 어휘를 생성하는 원리(파생법, 합성법 등)나 이미 구축된 어휘의 어휘 관계(유의관계, 반의관계, 상하위관계)를 이용하여 어휘를 확장하는 방법을 택할 수 있다.

어휘의 의미를 제시하는 방법에도 교사의 주의가 요구된다. 어휘의 의미를 학습자의 모국어로 번역하여 제시할 수도 있다. 이 번역 방법은 단어의 의미를 직접적으로 알려 줄 수 있다는 장점이 있으나 번역에 지나치게 의존할 경우 학습자가 제이언어의 어휘 구조를 스스로 개발하지 못하게 하는 단점이 있다. 어휘를 제시할 때는 그 어휘의 의미자체도 중요하나 문장 안에서의 용법에 중점을 두어 학습자가 실제로 사용하는 데에 도움이 되도록 해야 한다. 용법은 어휘의 결합 관계와 통합 관계를 통해 설명할 수 있다. 어휘의 결합 관계와 통합 관계를 드러내는 데에는 새 어휘를 상황에 넣어 문장을 만들어 설명하는 방법이 효과적이다. 또한 말할 때 쓰는 어휘인지, 글을 쓸 때 쓰는 어휘인지가 구별이 되는 경우에는 그것도 구별하여 제시한다. 효과적인 어휘학습을 위해서는 그 언어 사용자들의 문화에 대한 이해가 필수적이다. 따라서 한국어 어휘 교육시 필요한 경우, 교사는 학습자들에게 모국과 한국의 문화적, 정서적 차이까지도 이해시켜야 할 것이다.

어휘 연습은 해당 어휘의 용법과 의미를 충분히 활용할 수 있도록 제작되어야 한다. 어휘 연습이 끝난 후에는 학습자가 어휘를 사용하여 스스로 생산할 수 있는지 확인하는 단계가 필요하다. 학습자가 눈으로 확인한 어휘의 용법을 자기화하여 자신만의 발화에 적용시킬 수 있도록 해야 하는 것이다.

Ⅴ. 어휘는 어떻게 제시하는가

어휘를 제시하는 것은 학습자에게 어휘를 학습하게 하는 첫 번째 단계이다. 교사는 어휘를 제시하기 전에 수업의 목표를 정해야 할 것이다. 생산을 위한 어휘인지 이해를 위한 어휘인지에 따라 제시 방법이 달라질 수 있다. 또한 초점이 되는 어휘만을 제시할 것인지 그와 관련되는 어휘들을 함께 제시할 것인지에 따라서 어휘 제시 방법이 달라질 것이다.

어휘를 제시하는 방법에는 귀납적인 방법과 연역적인 방법이 있다. 연역적인 방법은 이 분야 학습에서 궁극적으로 도달하여야 할 목표 어휘와 그 용법을 먼저 제시하는 방법이다. 그 다음에는 필요한 언어자료를 제시한다. 이 언어자료는 목표 어휘의 용법과 의미를 확인하는 연습의 형태를 띠게 될 것이다. 학습자늘은 연습 과정을 거져 생산하는 단계를 거치는 방법이다.

귀납적인 방법으로 우선 교사가 위의 내용들이 도출될 수 있는 언어자료를 제시하는 방법이다. 그 다음 학생들로 하여금 언어 자료들을 분석해서 단어 유형 분류, 단어들 간의 관계, 그리고 의미의 유형들을 발견하도록 한다. 학생들 힘으로 잘 풀리지 않을 때는 교사가 조금씩 힌트를 준다. 이런 과정을 거쳐 최종적으로 발견한 어휘의 특징을 학생들과 함께 교사가 종합 정리해 준다.

두 가지 방법에 모두 장점이 있고, 단점이 있지만 유능한 교사라면 학습 내용이나 성격에 따라 어느 때는 귀납적 방법으로, 또 어느 때는 연역적 방법이 더 효과적이라는 판단을 미리 할 수 있을 것이고, 다소 미숙한 교사는 우선 두 가지 방법을 한 번씩 적용해 보고, 장단점을 파악한 뒤 더 효과적인 방법을 찾을 수 있을 것이다.

1. 연역적인 제시 방법

먼저 목표가 되는 어휘의 의미와 용법, 형태적인 특성등을 자세히 연역적으로 제시하는 방법을 개략적으로 살펴보자.[6] 처음 단계는 학습자에게 어휘를 시각적, 청각적 기억에 자리잡을 수 있도록 한다. 어휘 카드를 이용하거나 판서하는 방법과 함께 발음 연습을 한다. 발음 연습을 할 때 특히 용언의 경우는 활용형으로 하는 것이 좋다. 용언의 경우 격틀도 함께 제시하는 방법도 있다.

두 번째 단계는 의미를 제시하는 단계이다. 의미를 제시하는 방법은 여러 가지가 있다. 그림, 사진, 모형, 실물 등의 시각자료를 사용하거나 생활 주변의 구체적 사물, 위, 아래 등의 공간 지시어, 색을 나타내는 어휘, 날씨와 관계된 어휘, 기본적인 동작 동사 등을 이와 같은 방법으로 전달할 수 있다. 이와 함께 몸짓과 흉내를 사용하는 방법, 학생들이 배워서 알고 있는 더 쉬운 어휘와 문법을 사용하여 설명을 하거나 비슷한 말, 반대말을 통하여 설명하는 방법, 학생들의 어휘 수준이 높을 경우, 정의, 설명, 예시 등의 방법을 사용할 수 있다. 이 때 교사의 제시가 길어 장황해지는 것을 피해야 하며, 문장은 될 수 있는 대도 간결하게 하여 학생이 이해하기 쉬워야 한다. 형태론적으로 복잡한 어휘의 경우는 어휘가 형성되어진 파생 과정을 설명해 줌으로써 일차적인 의미 파악에 도움을 줄 수 있다. 즉, 어근이나 접사의 의미를 이용하여 어휘를 설명하는 것이다.

교사의 제시와 설명이 끝난 후에는 간단한 질문, 응답 등 의사소통적 활동을 통해서 학생들의 이해 여부를 점검한다. 이 때 가능한 한 학생들이 새로 배운 어휘를 문장 안에 자연스럽게 넣어 대답할 수 있도록 질문을 던진다.

다음으로는 목표가 되는 어휘군을 연역적으로 제시하는 방법을 보자. 다음은 계절과 관계있는 어휘들을 한꺼번에 제시한 예이다.

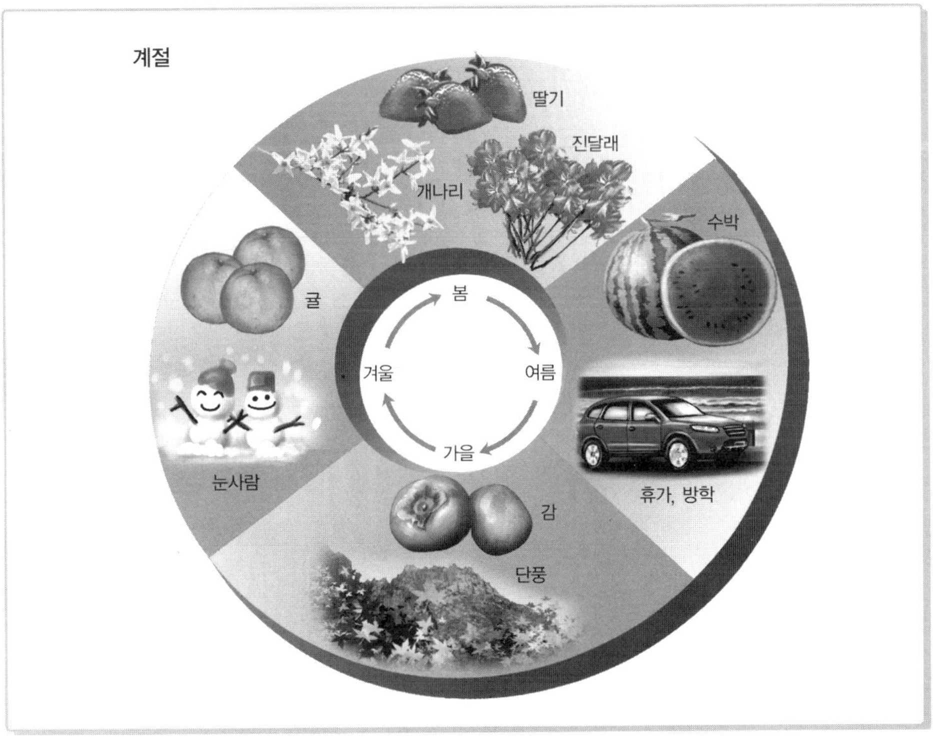

〈연세한국어1〉 (301쪽)

위와 같이 어휘군을 제시할 때는 주제와 관련이 있는 어휘나 유의어군, 반의어군, 파생어군 등으로 학습자가 쉽게 분류할 수 있게 제시하고 의미를 설명해 준다.

2. 귀납적인 제시 방법

어휘를 귀납적으로 제시하는 방법으로는 다음과 같은 방법이 있다. 목표가 되는 어휘군을 학습자로부터 얼마나 알고 있는지 유도해 낸다. 예를 들어 사람의 성격을 나타내는 어휘들을 알고 있는 대로 말하게 한다. 그리고 교사가 준비한 어휘들과 비교하여 부족한 어휘들을 채우게 하는 방법이다.

교사 : 여러분 성격은 어때요? 적극적인가요?
학생 : 저는 소극적인 편이에요.
교사 : 그래요? __ 씨는 소극적이시군요. 저는 적극적인 편이에요. 그럼 성격을 나타내는 다른 어휘들은 어떤 것이 있을까요?

학생 : 성격이 좋아요. 나빠요. 급해요. 까다로워요. 무뚝뚝해요, 원만해요, ……
교사 : 네 그래요. (교사는 학습자가 말하는 어휘들을 칠판에 판서한다. 긍정적인 어휘와 부정적인 어휘를 쉽게 분류할 수 있게 배치한다.) 그럼 좋은 성격은 어떤 것이지요?
학생 : 원만해요 ……

*학습자로부터 유도되지 않은 어휘의 목록 자료를 나눠주고 학습자들에게 의미를 유추하게 하거나 사전을 이용하여 의미를 학습하게 할 수 있다. 그 후에 학습자들에게 분류하게 한다.

학습자와의 상호 작용으로 유도한 어휘와 교사가 연역적으로 제시할 어휘들을 구분하여 학습자가 모르는 어휘는 위의 연역적인 방법을 이용하여 간단하게 어휘의 의미를 제시한다.

또 다른 방법으로는 성격을 나타내는 어휘군을 학습자에게 먼저 제시하는 방법이 있다. 학습자에게 제시된 어휘의 의미를 유추하여 목적에 맞게 분류하도록 한다. 이 활동은 보통 그룹을 지어 하는 것이 좋다. 이 과정에서 학습자들 상호 보완적인 역할을 할 수 있다. 그 다음에 학습자들이 분류한 어휘표를 보면서 함께 맞추어 본다.

또 한 예를 들면 날씨에 관계된 어휘를 학습자에게 제시하고 각 계절에 맞는 어휘를 그룹을 지어 선택하게 하는 방법이 있다. 어휘의 의미는 학습자들이 유추하게 한다. 그 후에 선택한 이유를 설명하게 한 후에 교사와 함께 맞게 배열해 본다. 이 방법은 주로 중고급에서 많이 이용될 수 있다.

Ⅵ. 어휘는 어떻게 연습하는가?

어휘 학습에 있어서 연습은 중요한 역할을 차지한다. 어휘의 단기 기억이 장기 기억으로 전환되는 중요한 단계가 된다. 앞에서 제시된 어휘의 의미와 용법을 확인하고 그 어휘를 가지고 생산할 수 있도록 연습 유형을 선택한다. 각각의 유형을 보자.

1. 말뭉치를 이용한 통합 관계 찾기

말뭉치는 각 어휘의 용법을 모아 놓은 것으로 학습자가 어휘가 실제로 사용된 예

문을 보면서 어휘 관계를 확인하기에 좋은 자료가 된다. 다음 예를 보자[7]

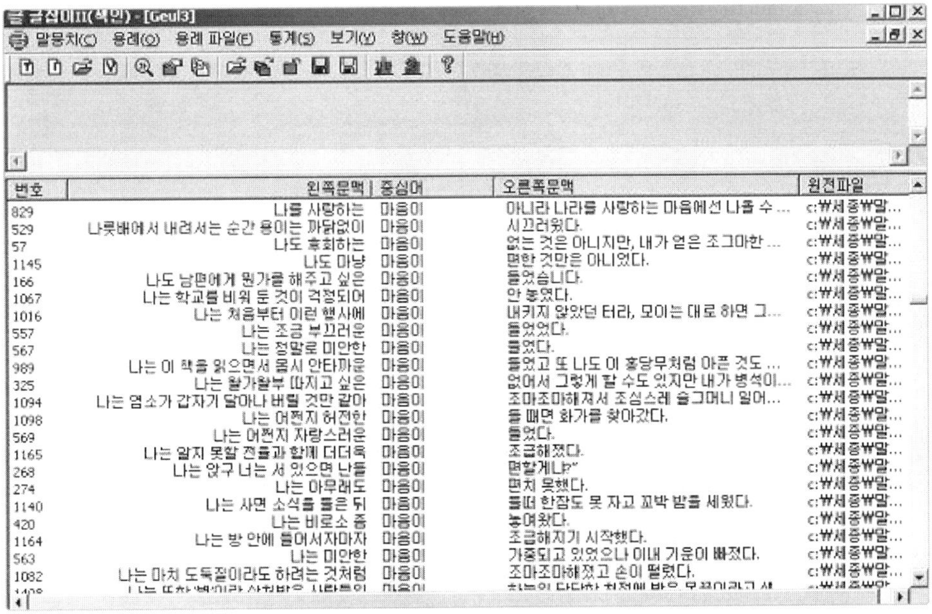

위의 말뭉치에서 학습자는 '마음이 없다, 마음이 편하다, 어떤 마음이 들다, 마음이 조급하다, 마음이 놓이다' 등과 '사랑하는 마음, 후회하는 마음, 하고 싶은 마음, 부끄러운 마음' 등의 어휘관계를 추출해 낼 수 있을 것이다.

2. 텍스트에서 관련 단어 찾아서 연결하기

앞의 말뭉치가 문장 단위의 어휘관계를 확인할 수 있는 것이라면 텍스트는 담화 상에서의 어휘의 용법을 확인하는 자료가 된다. 예를 들어 아래와 같은 일기예보문을 주고 날씨와 관계된 어휘를 추출해 내게 할 수 있다.

> 중부지방은 고기압의 가장자리에 들어 기층이 불안정하겠으며, 남부지방은 북상하는 장마전선의 영향을 점차 받겠습니다. 중부지방은 구름많고 한때 소나기(강수확률 40%)가 오는 곳이 있겠고, 남부지방은 차차 흐려져 제주도와 전남해안지방에서는 비(강수확률 40~60%)가 오겠습니다.* 서해안지방을 중심으로 오전에 짙은 안개가 끼는 곳이 있겠으니 주의하시기 바랍

니다.낮 최고기온은 25도에서 31도로 어제보다 높겠습니다. 바다의 물결은 전해상에서 0.5~1.5m로 일겠습니다.* 오늘(5일)과 내일(6일) 해상에는 짙은 안개가 끼고, 서해와 남해상을 중심으로 천둥, 번개를 동반한 돌풍이 부는 곳이 있겠으니 주의하시기 바랍니다. * 예상 강수량(5일 09시부터 6일 24시까지)- 제주도, 전라남도: 30-80mm- 충청남북도: 10-50mm- 서울.경기도, 강원도영서, 강원산간, 북한: 5-30mm

3. 정의/설명에 맞는 어휘 고르기

어휘의 의미를 정확히 알고 있는지 확인하는 연습으로 정의/설명에 맞는 어휘 고르기의 연습을 할 수 있다.

(1) 가장 적당한 설명을 고르십시오.

* 귀를 기울이다. ① 잘 듣다 ② 고개를 숙이다 ③ 잘 들리다 ④ 노력하다
* 그만하면 됐다 ① 대단히 만족스럽다 ② 그 정도이면 괜찮다 ③ 만족스럽지 않다 ④ 불만이 많다
* 인심이 각박하다 ① 사람들이 착하다 ② 인정이 없다 ③ 사람들이 무섭다 ④ 매우 친절하다

* 다음을 연결하십시오.

[보기] 사거리 •	• 길이 네 개 있습니다.
신호등 •	• 오른쪽으로 갑니다.
직진 •	• 왼쪽으로 갑니다.
좌회전 •	• 똑바로 갑니다.
우회전 •	• 빨간색, 노란색, 초록색이 있습니다.

〈연세한국어〉 (249쪽)

4. 어휘 분류하기

어휘를 분류하는 연습은 어휘의 의미를 알고 있는지 확인하는 연습으로 좋다.

(1) 다음 〈보기〉의 어휘를 적당한 곳에 넣으십시오.

〈보기〉

힘들다, 아프다, 편하다, 고프다, 괜찮다, 반갑다, 기쁘다, 좋다, 부끄럽다, 그립다, 싫다, 무섭다, 부럽다, 슬프다, 외롭다, 쓸쓸하다, 서운하다, 춥다, 덥다, 우울하다, 지루하다, 시원하다

몸의 느낌	마음의 느낌

긍정적인 느낌	부정적인 느낌

(2)

표를 완성하십시오.

감	귤	독서를 하다	수박
눈이 오다	단풍구경을 하다	춥다	스키를 타다
꽃구경을 가다	시원하다	눈사람을 만들다	따뜻하다
선선하다	덥다	딸기	피서를 가다

	과일	날씨	활동
봄			
여름			
가을			
겨울			

〈연세한국어1〉 (332쪽)

(3)

관계 없는 것 하나를 고르십시오.

1) 역, 정류장, 고속버스, 공항, 버스터미널

2) 지하도, 우회전, 횡단보도, 육교

3) 고속버스, 지하철, 비행기, 자전거, 정류장

4) 타다, 세우다, 내리다, 묻다, 갈아타다

〈연세한국어〉 (256쪽)

(4)

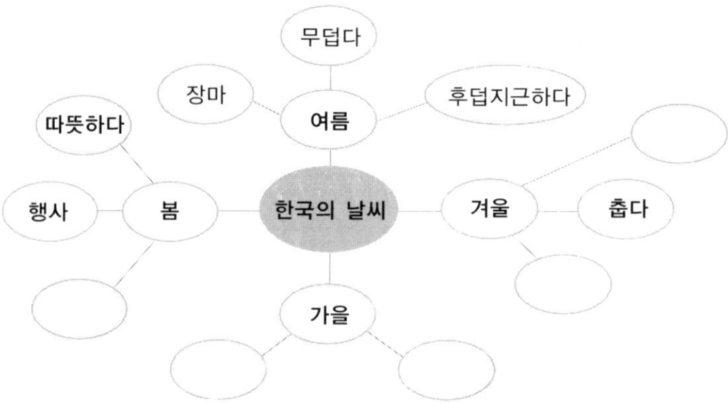

이해영(2006)에서 재인용

5. 단어 연결하기

단어 연결하기는 어휘의 의미나 용법, 유의 관계 반의 관계 등의 어휘 관계 등 어휘의 다양한 면을 확인하는 연습으로 활용될 수 있다. (1)의 예는 '나다, 내다' 와의 결합관계를 알아보는 연습이며, (2)는 반의 관계에 있는 어휘들을 연결하는 연습이다. (3)은 어휘의 의미을 확인하는 연습이며, (4)는 유의관계에 있는 어휘들의 결합관계를 통해 유의어간의 용법 차이를 확인하는 연습이다.

(1) 〈보기〉에서 적당한 어휘를 골라 빈 칸에 넣으십시오.

〈보기〉
시간, 고장, 병, 생각, 웃음, 짜증, 화, 힘, 시간

시간	+이/가 나다 +을/를 내다생각	생각	+이/가 나다

(2) 서로 반대되는 말끼리 연결하십시오.

춥다	•	•	한가하다
바쁘다	•	•	쉽다
맛있다	•	•	크다
싸다	•	•	맛없다
어렵다	•	•	비싸다
작다	•	•	덥다

(3) 서로 뜻이 통하는 것끼리 연결하십시오.

신입사원	•	•	응시하다
지망하다	•	•	햇병아리
철이 들다	•	•	이바지하다
고려하다	•	•	감안하다
기여하다	•	•	앞가림하다

(4) 관계가 있는 어휘를 연결하십시오.

내 옆을	•	•	지나가다
다른 사람 뒤를	•	•	다가가다
아이에게	•	•	건너가다
무서운 개를	•	•	넘어가다
횡단보도를	•	•	따라가다
담이나 문을	•	•	비켜가다

6. 단어 배열하기

단어 배열하기는 정도성이 있는 어휘의 의미를 변별하거나 해당 어휘의 용법을 확인할 수 있는 연습이다.

(1) 다음은 따뜻한 정도를 나타내는 어휘들입니다. 정도에 맞게 다음 빈칸에 알맞은 단어를 골라 넣으십시오.

〈보기〉

덥다, 따뜻하다, 선선하다, 서늘하다, 춥다

춥다 → (　　　　) → 시원하다 → (　　　　) → (　　　　) → 춥다

(2)

● 공항에 어떻게 갑니까? 이야기하십시오.

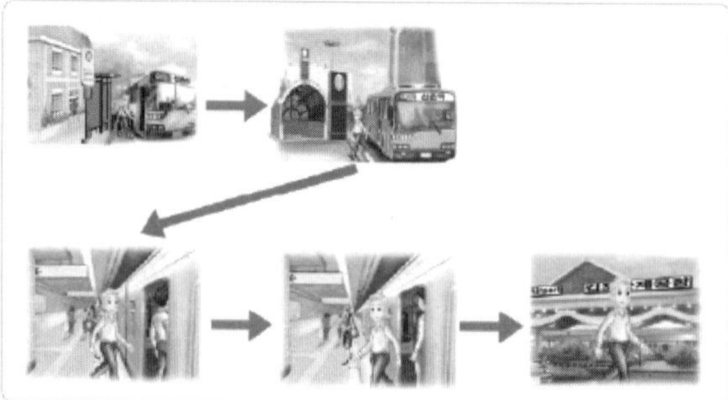

하숙집 앞 버스정류장에서 [보기] 버스를 탑니다. → 신촌역 앞에 (내립니다.) → 신촌역에서 지하철로 　　　　　　. → 김포공항역에서 　　　　　　.→ 　　　　　　에 도착했습니다.

〈연세한국어1〉(241쪽)

(3)

전화 통화

● 순서대로 번호를 쓰십시오.

❶ 통화중이었습니다.
❷ 조금 이따가 다시 전화를 했습니다.
❸ 제임스가 리에에게 전화를 했습니다.
❹ 두 사람은 통화했습니다.
❺ 그래서 전화를 끊었습니다.
❻ 리에가 전화를 받았습니다.

([보기] ❸) → (　　) → (　　) → (　　) → (　　) → (❹)

〈연세한국어1〉(287쪽)

7. 문장 완성하기

문장 완성하기는 문장이나 텍스트에 적절한 어휘를 선택하여 적절하게 형태변화를 하게 하는 연습이다.

(1) 알맞은 단어를 보기에서 골라 _____에 써 넣으십시오.

〈보기〉

큰 맘 먹다	비슷비슷하다	한숨을 쉬다	수수하다
방해가 되다	귀하다	최선을 다 하다	

1) 저는 화려한 옷보다는 ________(으)ㄴ 옷을 좋아해요.
2) 얼굴이 ________어(아, 여)서 누가 누군지 모르겠어요.
3) 그 분이 ___________는/(으)ㄴ 걸 보니까 걱정이 있나 봐요.

8. 선택하기

아래의 선택하기 연습은 어휘의 통합 관계를 연습하는 유형으로 이외에 반의어, 유의어 연습 등이 있을 수 있다.

(1) 함께 쓰일 수 있는 어휘를 선택해 보십시오.

날씨	바람	음식	장소	사람	마음/성격
시원하다	√				
선선하다	√				
서늘하다	√				
쌀쌀하다	√				
차다/차갑다	√				
춥다					
따뜻하다	√				
뜨겁다					
덥다	√				

Ⅶ. 어휘를 어떻게 사용하게 하는가?

제시된 어휘로 연습을 한 후에는 학습자가 어휘를 이용하여 적절하게 생산하는 활동을 한다. 어휘 생산 활동은 자연스럽게 말하기나 쓰기 활동과 연계된다. 읽기와 듣기에서의 어휘는 텍스트와 관련 어휘를 예측하거나 어휘의 의미를 확인하는 활동이 주가 되는 반면에 말하기와 쓰기 활동에서는 관련 어휘를 이용하여 과제에 적절한 텍스트나 담화를 생성하게 되는 것이다.

어휘를 이용한 말하기나 쓰기의 활동을 예로 들면 다음과 같다.

[어휘 학습 지도안]

1. 대상 : 초급 후반
2. 시간 : 50분
3. 학습 계획
  1) 어휘 범주 : 날씨와 관련된 표현과 옷차림
  2) 학습 목표 : 날씨와 관련된 어휘를 익히고 외국 여행을 하려는 사람에게 주의사항을 이야기할 수 있다.
4. 학습자료 : 교재, 그림카드, 낱말카드
5. 도입

오늘의 날씨를 이야기하며 날씨에 대한 어휘를 들어보게 한다.

* 오늘 날씨가 어때요? 오늘 날씨는 매우 덥지요. 오늘은 날씨 이야기입니다.

제시

* 한국의 여름은 날씨가 더워요. 겨울은 어떻습니까?

(학생들에게 먼저 날씨와 연관된 단어를 모두 이야기하게 한다. 그리고 날씨와 관련된 그림을 제시하고 이를 날씨와 연결해 주어 학생들이 이야기한 것을 확인하게 한다.)

연습

* 그림을 보고 이야기해 보세요.

보기) 날씨가 흐리다, 맑다, 바람이 불다, 비가 오다, 눈이 오다, 덥다, 춥다, 시원하다, 봄, 여름, 가을, 겨울.................

(상황을 제시해 의미파악을 정확하게 하도록 유도한다.)

생산1

* 다른 나라의 날씨는 어떨까요? 호주 날씨는 어때요? (자연스럽게 외국의 날씨와 한국의 날씨를 비교하여 말한다. 교사가 날씨와 관계된 표현을 칠판 한쪽에 판서하면서 다른 쪽에는 각 여행지의 날씨에 관한 기상 예보 그림 등을 배열한다.)
* 제가 다음 주에 호주에 여행을 가려고 해요. 호주에 갈 때 무엇을 입고 가야 해요? (날씨에 필요한 옷차림의 그림을 학습자가 볼 수 있게 배열한다.)
* 표현을 선택해서 대답한 후 그 날씨에 어울리는 옷차림과 필요한 것 등을 서로 관련짓도록 짝활동을 하게 한다.

보기1) 학생1 : 요즘 호주 날씨는 어때요?

학생2 : 겨울이기 때문에 조금 추워요..
학생1 : 호주에 가고 싶어요. 어떤 옷이 좋아요?
학생2 : 모자, 장갑을 가지고 가세요.

보기2) 학생1 : 요즘 러시아 날씨는 어때요?
학생2 : 바람이 불어요.
학생1 : 그럼 무엇을 입을까요?
학생2 : 스웨터, 재킷을 입으면 좋아요.

보기3) 학생1 : 요즘 런던 날씨는 어때요?
학생2 : 비가 자주 와요.
학생1 : 우산이 있어야 해요?
학생2 : 네, 우산이 있어야 해요.

(여기서는 날씨에 관련된 많은 어휘들이 제시될 수 있으므로 교사가 다양한 방법과 자료를 사용하여 학습자들에게 날씨에 관한 어휘와 의미를 연결시킬 수 있도록 도와준다. 어휘학습에 있어 의미를 효율적으로 잘 전달하는 것이 중요하므로 실질적인 자료(어휘카드), 사진, 그림 등을 제시하면서 학습자들의 이해를 유도한다.)

생산2

* 친구에게서 메일이 왔어요. 함께 읽어 봅시다.

___ 씨에게
그동안 잘 있었어요? 한국 생활은 재미있어요?
저도 한국에 가고 싶어요. 그래서 다음 주에 갈 거예요. 한국 날씨는 어때요? 무슨 옷을 입으면 좋아요?
한국에 가서 ___ 씨와 함께 여행을 하고 싶은데 같이 할 수 있어요?
그럼 한국에서 만나요.

_____ 씀.

(위의 텍스트를 읽고 내용 이해와 답장의 내용을 정리할 수 있는 질문을 한다.)

1) 친구가 언제 한국에 올 거예요?
2) 친구는 한국의 날씨를 잘 알아요?

3) 친구는 무엇을 알고 싶어해요?

4) 요즘 한국의 날씨는 어때요? 한국 사람들은 어떤 옷을 입어요?

5) ___ 씨는 친구와 여행을 할 수 있을 것 같아요?

* 친구에게 답장을 쓰고 발표해 봅시다.

주)

1) 표준국어대사전의 뜻풀이

2) 김하수외(2007)에서 발췌.

3) 현대어휘사용빈도조사(2002) 참조

4) Thornburry(2002)에 의하면 학습자가 어휘를 습득할 때 어휘의 발음과 철자, 길이, 단어의 문법, 의미 면에서 어려움을 겪게 된다. 첫째, 발음하기 어려운 단어는 배우기 어렵다는 연구 결과가 있다. 둘째, 발음과 철자가 잘 맞지 않으면 오류를 범하기 쉽다. 발음이나 철자의 비규칙성은 단어를 배우기 어렵게 한다. 셋째, 긴 단어는 짧은 단어보다 배우기 어렵다. 짧은 단어가 빈도가 높으며, 학습자가 더 자주 마주치게 된다. 다음절 단어의 다양한 강세는 배우기 어렵다. 넷째 동사의 활용과 같은 단어와 관계된 문법도 문제이다. 다섯째, 두 단어의 의미가 겹치는 부분이 있을 때 어려움을 느끼게 된다. 다의어의 경우, 학습자에게 어려움을 준다. 익숙하지 않은 개념 역시 학습자에게 어려움을 준다. 여섯째, 단어의 의미 영역이 넓을수록, 함축된 의미가 있을 경우, 관용적인 의미가 있을 경우 학습자에게 어려움을 준다. 이러한 점이 어휘 교육에도 반영되어야 할 것이다.

5) 김왕규 외(2002)

6) 곽지영(1997)에서 제시한 방법을 정리할 것이다.

7) 제시된 말뭉치는 21세기 세종계획 연구 교육용 균형 말뭉치에서 추출한 것이다.

참고문헌

- 강현화. 2001. 빈도를 나타내는 시간부사의 어휘 교육 방안 연구. 한국어교육 12-1 국제한국어교육학회.
- 곽지영. 1997. 외국인을 위한 한국어 어휘 교육: 무엇을 어떻게 가르칠 것인가?. 말 22, 연세대학교 한국어학당.
- 김광해. 2003. 국어 교육용 어휘와 한국어 교육용 어휘. 국어교육 111. 한국국어교육연구학회.
- 김지영. 2004. 한국어 어휘 교육 항목 선정을 위한 기초 연구. 한국어 교육. 국제한국어교육학회
- 김하수, 유현경, 김해옥, 정희정, 강현화, 고석주, 한송화, 조민정, 김현강(2007), 외국인 학습자를 위한 연어사전, 커뮤니케이션북스.
- 문금현. 1998. 외국어로서의 한국어 관용표현의 교육. 이중언어학 15, 이중언어학회.
- 문금현. 2002. 한국어 어휘 교육을 위한 연어 학습 방안. 국어교육. 한국어교육학회
- 민현식. 2001. 사용 능력 향상을 위한 어법 및 어휘의 수준별 교육 방안 연구 - 7차 교육과정의 수준별 교육과정을 대비하여. 국어교육. 한국어교육학회
- 박동호. 1998. 대상부류에 의한 한국어 어휘기술과 한국어 교육. 한국어교육 9-2, 국제한국어교육학회.
- 박동호. 2001. 한국어 어휘기술 방법론과 어휘교육. 한국어교육 12-2, 국제한국어교육학회.
- 신현숙 외. 2001. 한국어 학습자를 위한 어휘 정보 : {맛}. 한국어교육 12-2, 국제한국어교육학회.
- 신현숙 외. 2001. 한국어 학습자를 위한 어휘 정보: {사람(들)}. 한국어교육 12-1, 국제한국어교육학회.
- 유현경, 강현화. 2002. 유사 관계 어휘정보를 활용한 어휘교육 방안. 말 27, 연세대학교 한국어학당.
- 유현경, 서상규. 2002. 한국어 학습자 말뭉치에 나타난 부사 사용에 대한 연구. 이중언어학 20, 이중언어학회.

- 윤혜숙. 2004. 베트남인 한국어 학습자의 어휘 오류 분석 및 교육 방안 연구. 연세대학교 석사학위논문.
- 이정희. 2003. 초급 단계 한국어 학습자의 어휘 오류. 이중언어학 22, 이중언어학회.
- 이해영. 2006. 한국어 교재를 위한 어휘 및 문법 학습 활동 유형. 외국어로서의 한국어 교육. 연세대학교 언어연구교육원
- 조현용. 2000. 어휘 중심 한국어 교육방법 연구. 경희대학교 박사학위논문.
- 정희정. 2002. 연어관계를 이용한 어휘 학습. 국어 문법의 탐구6.
- 한송화, 강현화. 2004. 연어를 이용한 어휘 교육 방안 연구. 한국어 교육. 국제한국어교육학회
- 허용, 강현화, 고명균, 김미옥, 김선정, 김재욱, 박동호, 2005, 외국어로서의 한국어교육학 개론, 도서출판 박이정
- 홍은진. 2004. 영어권 한국어 학습자의 어휘 오류 분석과 교육 방안. 이중언어학. 이중언어학회
- Scott Thornburry, 2002, *How to Teach Vocabulary*, Longman.
- Michael McCarthy, 2003, *Language Teaching : Vocabulary*, Oxford Press(김지홍 뒤침, 어휘, 범문사)

제 5 장 한국어 문법 교육론

김제열

I. 문법 교육의 방향

문법 교육은 외국어, 혹은 제2 언어 교육에서 가장 중심적인 영역을 차지하고 있는 한 부분이다. 그럼에도 불구하고 문법 교육이 언어 습득에 크게 기여하지 못한다는 견해가 끊임없이 제기되어 왔다. 그것은 언어 교육에서 문법 교육이 긍정적으로 기능하지 않기 때문은 아니다. 문법은 언어의 규칙 체계라는 점에서 문법 교육은 목표어의 구조를 이해하고 생산할 수 있게 해 주는 수단임에는 분명하다. 하지만 목표어의 문법 체계를 이해하기 위해서는 상대적으로 엄청난 시간과 노력을 필요로 한다. 그리고 학습자가 목표어에 대한 문법적 지식을 풍부하게 가졌다고 하더라도 그 지식이 그대로 언어의 생산으로 이어지지 않는 경우도 있다. 이와 같은 이유로 인해서 문법 교육의 효용성에 대한 논쟁이 지속되어 왔다.

Thornbury(1999:15~20)에서는 이러한 논쟁의 핵심을 잘 정리해 주고 있다. 우리는 이 논쟁을 검토함으로써 문법 교육의 필요성을 확인하고 문법 교육이 나아갈 방향을 모색해 보고자 한다.

1. 문법 교육의 필요성

Thornbury(1999)에서는 문법 교육의 필요성을 역설하는 관점을 정리하여 제시한다. 이 견해를 검토해 보면 문법 교육이 왜 필요한지를 알 수 있다.[1]

첫째, 문법은 문장을 만들어 내는 기제로서의 역할을 한다(the sentence-machine argument). 학습자가 암기한 제한된 수의 단어나 구를 이용하여 새로운 문장을 만들어 내기 위해서는 어떤 유형이나 규칙을 학습할 필요가 있는데 이것이 곧 문법이다. 즉, 언어의 규칙을 기술한 문법을 교육함으로써 학습자는 무한한 문장을 만들어 낼 수 있는 수단, 즉 창조성의 기제를 가질 수 있게 된다.

예) 가. 이것은 반지이다.
　나. 이것은 어머니께서 주신 반지이다.
　다. 이것은 미국에 가신 어머니께서 주신 반지이다.
　라. 이것은 한달 전에 미국에 가신 어머니께서 한국을 떠나기 전에 주신 반지이다.

둘째, 문법은 언어에 정교한 의미를 제공할 수 있다(the fine-tuning argument). 문법은 단순 어휘가 제공할 수 있는 것보다 훨씬 정교한 의미의 차이를 함축적으로 제공해 주는 기제이다. 특히 한국어는 어미, 조사, 보조 용언 등 미묘한 의미 차이를 드러내는 문법 형태가 발달된 언어이다. 문법 교육을 통해서 학습자들은 다양한 의미를 표현할 수 있는 수단을 확보한다.

예) 가. 그 여자는 성격이 좋아.
　나. 그 여자는 성격은 좋아.
　다. 그 여자는 성격만 좋아.
　라. 그 여자는 성격도 좋아.

셋째, 문법 교육은 오류 문법의 화석화를 방지할 수 있다(the fossilisation argument). 보통의 학습자들은 어느 단계가 되면 더 이상 언어 능력이 향상되지 않는 정체 상태가 온다고 한다. 이를 언어 능력이 화석화(fossilise)된다고 하는데 문법 교육을 체계적으로 받지 않은 학습자는 문법 교육을 체계적으로 받은 학습자에 비해 더 빨리 화석화 된다. 문법 교육은 잘못된 표현을 교정해 주거나 학습자 스스로 교정해야 할 의지를 갖게 해 주기 때문이다.

넷째, 문법 학습은 언어 습득의 선행 조직자 역할을 한다(the advance-organiser argument). 문법 학습의 효과는 당장 나타날 수도 있지만 학습 현장을 떠나 나중에 언어를 습득하는 과정에서도 긍정적으로 작용할 수 있다. 학습자들은 수업에서 배운 문법 항목들을 바로 사용할 수 없는 경우도 있는데 차후 모국어 화자들과 대화하다 보면 수업에서 배운 문법 항목에 주의를 기울이게 되고(noticing), 자신이 주의를 기울여 배운 그 문법 항목을 사용하려고 노력하면서 언어 능력이 크게 향상된다.

다섯째, 문법은 언어를 개별 항목으로 구분하여 교육이 가능하게 해 준다(the discrete item argument). 언어는 얼핏 보면 거대하고 형체가 없는 덩어리와 같아서 학습자가 손쉽게 접근할 수 없다. 그렇지만 문법은 이 거대한 언어를 한정된 규칙으로 정리하여 학습 분량을 줄이고, 접근 가능하게 만들어 준다. 언어 교육에서는 교사와 학습자 모두를 위해서 언어를 개별 문법 항목들의 간결한 범주 체계로 조직함으로써 학습자가 이해할 수 있게 만든다. 개별 문법 항목은 수업과 연습을 목적으로 정의된 문법 체계의 작은 단위로서 '이/가', '을/를', '시제', '반말', '간접인용법', '피동', '사동' 등이 여기에 해당한다.

여섯째, 학습자는 문법 교육에 대한 기대치를 가지고 있다(the learner expectations argument Ⅰ). 많은 학습자들은 목표 언어에 대해 자연스럽게 노출되는 것보다 능률적이고 체계적인 학습을 하기 위해 언어 수업을 받으려고 하기 때문에 학습자들은 수업에서 교사가 문법에 초점을 두고 집중적인 학습을 유도할 것이라는 기대를 가지고 있다. 실제로 많은 설문 조사에서 한국어 학습자들이 문법 교육을 중시한다는 것이 나타난다.

2. 문법 교육에 대한 반성

이와 같은 문법 교육의 필요성에도 불구하고 문법 교육에 반대하는 견해도 적지 않다. 여기에서는 Thornbury(1999)에 정리되어 있는 문법 교육을 반대하는 견해를 고찰함으로써 문법 교육을 반성해 보고자 한다.

첫째, 언어는 실천을 통해 사용할 수 있게 되는 것이다(the knowledge-how argument). 문법에 대해 잘 안다고 해서 그 언어를 잘 사용하는 것은 아니다. 자전거를 어떻게 타야 하는지 안다고 해서 자전거를 잘 탈 수 있는 것이 아닌 것처럼, 문법에 대해 공부하는 것보다는 그 문법을 사용하게 될 상황을 연습하는 경험적(experiential) 학습이 더욱 중요하다.

둘째, 문법적 지식은 의사소통 능력의 한 구성 요소에 지나지 않는다(the communication argument). 언어를 안다는 것은 문법 그 이상을 안다는 것이다. '-(으)ㄹ까요?' 라는 문법 형태를 안다는 것은 의문문임을 안다는 것 이상으로 상대방의 의향을 물을 때, 제안할 때 사용하는 것임을 안다는 것이다. 이것은 의사소통적 언어 교수법(Communicative Language Teaching : CLT)의 핵심이 된다. 의사소통적 언어 교수법은 소극적인 견해와 보다 적극적인 견해로 나뉜다. 소극적 의사소통 접근법은 규칙을 습득하고 난 다음에 실제로 의사소통에 적용한다는 관점이다. 반면, 적극적인 의사소통 접근법에서는 학습자를 실제의 의사소통에 참여시킴으로써 문법이 무의식적으로 습득될 수 있다고 본다. 따라서 문법 규칙만을 공부하는 것은 단지 소중한 시간을 낭비하는 것이 될 수도 있다는 것이다.

셋째, Krashen은 제 2 언어에서의 성공이 학습이 아니라 습득에 기인한다고 주장한다(the acquisition argument). 문법 영역에서의 학습은 형식적인 지도의 결과이지만, 실제 의사소통에서는 한계가 있다. 그러나 습득은 자연적인 과정으로서 언어 사용자와의 접촉을 통해 언어를 경험하게 되는 과정이다(자연적 접근법).

넷째, Krashen의 습득과 학습 가설에서는 문법 항목의 습득에 자연적 순서가 있다고 본다(the natural order argument). 제 2 언어 습득에서나 모국어 습득에서 모두 언어의 발달에는 일정한 단계가 있다는 것이다. 따라서 전통적인 문법 교수 요목으로 부여된 순서는 교과서의 문법일 뿐 Chomsky가 말한 보편 문법과는 거리가 멀다고 본다.

다섯째, 단어보다는 크지만 대체로 문장보다는 작은 청크를 익히는 것은 학습자들의 실제 상호 작용에서 시간을 절약해 줄 뿐만 아니라 학습자의 언어 발달에 중요한 역할을 하기도 한다(the lexical chunks argument). 어린 아이들이 익히는 많은 표현은 분리된 개별 형태로 학습되는 것이 아니라 하나의 덩어리로 학습된다. 학습된 후 시간이 어느 정도 지나면 학습된 덩어리들이 각각의 구성 요소로 나뉘게 된다고 본다. 이러한 덩어리(Chunk)는 한국어 교육 현장에서 매우 비중 있게 포함되어 온 것이기도 하다. 최근에는 외국어 교육에서 단어와 청크 학습의 중요성에 대한 인식이 확산되면서 어휘적 접근법(lexical approach)이라는 이론이 힘을 얻고 있다.

예) 가. 어서 오세요.
　　나. –을 줄 알아요.
　　다. 얼마나 –은지 몰라요

여섯째, 언어 학습자들은 회화를 배우고 싶어 한다(the learner expectations argument Ⅱ). 외국어 학습자를 대상으로 한 설문 조사에서 학습자들은 대부분 말하기를 중요하게 생각한다. 특히 해외에서 교육을 받은 학습자들은 말하기, 듣기와 같은 실제적인 회화 능력을 매우 중시한다. 학습자의 기대를 중시하는 입장에서는 문법 교육에 대한 기대와 회화 능력 배양에 대한 학습자의 기대를 모두 충족시키기 위해 균형 있게 교육 내용을 구성할 필요가 있다.

언어 교육에서 문법 교육에 대한 반대 입장이 적지 않은 것은 문법 교육이 의사소통 능력을 신장시키는 데 크게 기여하지 못한다는 판단 때문이다.

언어 학습의 최종적인 목적은 목표어를 통한 원활한 의사소통이다. 그러므로 학습 단계가 높아질수록 유창성을 개발하려고 한다. 그런데 유창성은 발화의 생산 속도만 빨라진다고 해서 확보되는 것은 아니다. 생산된 발화가 정확성을 갖지 못한다면 아무리 발화의 생산 속도가 빨라도 원활한 의사소통을 할 수 없다. 학습자의 발화가 음성적, 형태적, 통사적, 의미적, 화용적 측면에서 적절해서(appropriateness), 모국어 화자가 받아들일 수 있을 만큼의 용인성(acceptability)을 갖추어야 의사소통을 위한 정확성이 확보된다. 적절성과 용인성이 높아져서 정확성이 증대되면 따라서 유창성도 증대된다.

결국 문법 능력은 의사소통의 능력의 일부로서 문법 교육은 의사소통능력 신장에 기여할 수 있다.[2] 전통적인 문법 지식 중심의 교육이 비판을 받는 것은 문법 교육이 의사소통 능력의 신장과는 별개로 이루어졌기 때문이다. 언어 교실에서는 한 문법 항목을 분석하여 그것이 어떤 의미들을 내포하고 있는지, 다른 문법과는 어떻게 구별되는지 하는 것보다는 학습자가 해당 문법항목을 어떻게 사용하는지에 초점이 맞추어져야 한다. 그래서 최근의 언어 교육에서는 문법을 의사소통의 맥락 안에서 다루거나 과제 해결 수업에 문법을 통합하여 다루려고 한다. 그런 방안의 모색으로서 문법 형태에 주의를 기울이기(noticing)나 형태에 초점 맞추기(focus on form) 등이 도입된다.

교사가 어떤 방법을 도입하여 수업을 이끌든지 간에 문법을 교육하는 목표는 자연스러운 의사소통이며 문법 수업의 최종 단계는 규칙의 적용이나 고립된 문장의 생성이 아니라 자유로운 의사 소통을 위해 문법을 사용하는 것이어야 한다.

Ⅱ. 한국어 문법 교육의 내용

외국어로서의 한국어 문법 교육을 위해 표준화된 문법의 분류 체계나 문법 범주 목록, 혹은 등급별 내용은 아직 준비되어 있지 않다. 각 교재들에서는 나름의 체계를 가지고 문법 항목을 제시하고 있지만 통일된 기준을 정리해 내기도 쉽지 않고 교재마다 차이점 또한 적지 않다. 그래서 여기에서는 한국교육과정평가원에서 실시하는 한국어능력시험의 평가 기준을 제시함으로써 한국어 문법 교육의 내용을 대신하고자 한다. 현행 한국어능력시험의 〈어휘 · 문법〉 영역의 등급별 평가내용 중 문법 관련 평가 항목과 이미 시행된 평가의 출제항목을 보면 다음과 같다.[3]

1급		2급	
목표	문법 평가 항목	목표	문법 평가 항목
생존에 필요한 기초적인 언어 생활과 관련이 있는 기본 어휘 약 800단어를 알며, 한국어의 기본 문장 구조와 기초적인 문법 규칙을 이해하고 사용할 수 있다.	· 주어–목적어–서술어의 순서로 된 기본적인 문장 구조 · 서술문, 의문문, 청유문, 명령문 등 문장의 종류 · 누가, 언제, 어디, 무엇, 왜 등으로 구성된 의문문 · '그리고', '그러나' 등과 같은 자주 쓰이는 접속사 · '이/가', '은/는', '을/를', '에' 등 기본적인 조사 · '–고', '–어서', '–지만' 등 기본적인 연결 어미 · 기본적인 시제 표현 · '안'과 '–지 않다'로 이어지는 부정문 · 'ㅡ', 'ㅂ', 'ㄹ' 불규칙/탈락	일상적인 생활에서 자주 접하는 화제, 매우 기본적인 공식적인 상황에서 접하는 화제와 관련된 어휘(약 1,500단어)와 문법 표현을 이해하고 사용할 수 있다.	· '보다', '이나', '밖에' 등 비교적 자주 쓰이는 조사 · '–을까요?', '–을 거예요' 등 자주 쓰이는 종결형 · '–고 있다', '–어 있다', '–어 주다', '–어 보다' 등 기본적인 보조 용언 · '–으면', '–는데', '으면서' 등 자주 쓰이는 연결 어미 · 'ㄹ', 'ㅅ', 'ㅎ', 'ㄷ' 불규칙 동사 · 관형형 · 용언의 부사형 · 높임법의 기본적인 형태

초급 출제 항목	–게, –고, –고 싶다, –고 있다, 관형사형 종합, –기로 하다, 높임법(통사, 어휘), 마다, 불규칙/탈락(ㄷ,ㅂ,ㄹ,ㅡ), –어서 [계기], –어서 [이유], 아니다 [부정], 안 [부정], –었어요, 얼마나 (걸리다), 얼마나 –는지 (알다), 에 [장소], 이나 [많음], –으니까, –은 적이 있다, –을 거예요 [예정], –을 것 같다, –을 때, –을 수 있다, –을까요, –으러, –으려고, –으면, –으면 안 되다, –으면서, –으세요 [명령], –지 않다, –지만

3급		4급	
목표	문법 평가 항목	목표	문법 평가 항목
일상생활과 관련하여 비교적 깊이 있는 의사소통에 필요한 어휘, 비교적 복잡한 맥락에서 자주 등장하는 문법 표현을 이해하고 활용할 수 있다. 그리고 공적인 상황에서 기본적으로 의사소통을 하기에 필요한 어휘와 문법 표현을 이해하고 활용할 수 있다.	· '만큼', '처럼', '대로', '뿐' 등 비교적 복잡한 의미를 갖는 조사 · '–어도', '–은지', '–을 테니까', '–는 대로', '–느라고' 등 비교적 복잡한 의미를 갖는 연결어미 · '–을 뻔하다', '–는 척하다', '–기 위해서', '–을 뿐만 아니라' 등 비교적 복잡한 의미를 갖는 문법 표현 · '–어 가다', '–어 놓다', '–어 버리다' 등의 비교적 복잡한 의미를 갖는 보조 용언 · 반말 · 사동법과 피동법 · 간접화법	한국의 사회와 문화에 배경을 둔 어휘, 공식적 상황에서 의사소통하는 데 필요한 어휘, 특정 주제에 대하여 논리적으로 서술하고 토론하는 데 필요한 문법 표현을 이해하고 활용할 수 있다.	· '치고', '치고는', '는커녕' 등 복잡한 의미를 갖는 조사 · '–더니', '–었더니', '–더라도', '–었더라면', '–길래', '–다면' 등 복잡한 의미 또는 사용상의 제약을 갖는 연결어미 · '–고 말다', '–어 내다' 등 복잡한 의미를 갖는 보조 용언 · '–게 마련이다', '–으로 인해서', '–기에는', '–는 한' 등 복잡한 맥락을 서술하거나 사회적 맥락을 논리적으로 서술하는 데 필요한 문법 표현

중급 출제 항목	–고 말다, –고자, –곤 하다, –기 때문에, –기 쉽다, –나 보다, –나마나, –느냐고 하다(묻다), –느라고, –는 것 같다, –는 대로, –는 바람에, –는데, –는데도, –다 보면, –다가, –다가는, –다고 하다, –다고 하다(생각하다), –더라도, –더라면, –던, –도록, 든지, –듯이, –라고 하다, 로2, –를 통해서, 만에, 만큼, 못지 않게, 사동(어휘), –었다가, –었더니, –었던, –어야, 얼마나 –는지, 은커녕, –은 지 , –은 채, –을 겸, –을 리가 없다, –을 만하다, –을 뻔하다, –을 뿐만 아니라, –을 정도로, –을까 봐서, –을까 하다, –을수록, –을지도 , –으려고, –으려다가, –음에 따라, –으면서, –자고 하다, 처럼

5급		6급	
목표	문법 평가 항목	목표	문법 평가 항목
정치, 경제, 사회, 과학, 문화, 예술 등 사회의 제 영역과 관련하여 깊이 있는 의사소통에 필요한 어휘와 문법을 이해하고 활용할 수 있다. 한국의 대표적인 시나 소설, 수필을 읽기에 필요한 수준의 어휘와 문법 표현을 이해하고 활용할 수 있다.	· '-듯이-', '-겠거니', '-되', '-고서라도', '-다가도' '-이니만큼' 등과 같이 복잡한 의미를 갖는 연결어미 또는 연결어미+조사 결합형 · 신문기사, 논설문 등에서 자주 사용되는 문법 표현	정치, 경제, 사회, 과학, 문화, 예술 등 사회 제 영역과 관련하여 전문적이고 학문적으로 의사소통하는 데 필요한 어휘와 문법 표현을 이해하고 활용할 수 있다. ·	· 신문 사설, 논설문, 학문적인 저술 등에서 주로 사용되는 문법 표현 · 계약서, 협정서 등 전문적인 영역에서의 실용문에서 특별하게 사용되는 문법 표현고급
고급 출제 항목	-거나[상관없이], -건, -기 일쑤다, -기는 했으나, -기에, 나마, -느니, -는가 하다, -는다 하더라도, -니, -니만큼, -되, 으로 말미암아, 에 지나지 않다, 은/는 고사하고, 은/는커녕, -을 법하다, -음에도 (불구하고), -으면서, -으므로, -인지라, -자		

Ⅲ. 문법 교육의 원리

교실에서 문법 항목을 제시할 때는 학술서나 논문에서와는 달리 교육적인 측면을 염두에 두어야 한다. 단적으로 말해, 학습자의 인지적 직관에 맞추어서 전달하는 것을 논리적인 면보다 더 우선시한다. 이런 관점에서 문법 교육에서 고려해야 할 사항을 정리하면 다음과 같다.

첫째, 학습자 수준으로 낮추어 제시하여야 한다. 그러므로 과도하게 전문적인 문법 용어의 사용을 자제해서 제시하여야 한다. 또한 일반적인 언중의 인식과는 거리가 있는 복잡하고 추상적인 분류는 무시한다. 실제로 초급 단계라면 조사나 어미, 동사, 형용사, 명사 정도의 용어 정도만 사용해서 제시하는 것이 일반적이다. 선어말어미나 보조용언, 접두사, 접미사 같은 문법 용어도 사용을 자제한다. 의미적인 측면에서도 문법 용어와 사고 범주 용어가 같은 과거, 미래, 추측 정도는 제시하지만 대조, 도입, 전환과 같은 용어는 사용하지 않는다.

둘째, 문법 연습 과정과 언어 기능을 결합하여 제시한다. 수업의 1차적 목표가 문법 항목의 이해와 사용에 있다고 하더라도 수업 과정에서는 의사소통 활동을 위한 말하기, 듣기, 읽기, 쓰기 등과 적극적으로 연계하여 연습을 유도한다. 예를 들면, '-을까요' 를 연습할 때는 '교통수단 제안하기' 로 연습할 수 있도록 유도한다.

셋째, 문법 항목은 학습자의 숙달도 단계에 맞게 제시되어야 한다. 그러므로 문법 교수요목을 선정할 때는 학습자의 언어 능력을 고려해야 한다. 문법 항목들 간에는 인지적으로 단계를 밟아야 할 내적 논리가 있는데 그것을 무시하면 문법 항목의 제시와 수용이 아주 곤란해지는 경우가 있다. 예를 들면, '시도', 혹은 '경험' 을 표현하는 '-어 보다' 는 학습자들이 시제를 충분히 숙지한 후에야 접근 가능한 형태이다. '-던' 도 학습자가 동사의 시제와 관형사형 어미의 기능을 숙지한 후라야 이해가 가능한 형태이다. 관형사형 어미는 학습자가 4-5어절 이상의 안은 문장을 생산할 준비가 되었을 때 제시하는 것이 효과적이다.

넷째, 문법을 제시할 때는 단순하고 간략하게 제시해야 한다. 문법 항목 중에는 하나의 형태에 여러 가지 의미와 기능이 담겨져 있는 경우가 많다. 그런 경우 목표 의미나 기능을 분명하게 정하고 그 기능을 한 번에 하나씩 제시해야 한다. '-에' 의 경우 '시간', '장소', '방향', '단위', '원인' 등을 표현할 수 있는데 이를 한꺼번에 제시할 수는 없다. '화제 도입', '담화 배경 제시', '상황 제시' 등의 기능을 가지면서 다양한 문장 유형을 만드는 '-는데' 를 제시할 때는 유의미한 문형별로 분리해서 제시하는 것이 효과적이다.

Ⅳ. 문법 교육의 방법

교수-학습 이론의 발전에 따라 문법 교육의 방법도 다양하게 발전해 왔다. 먼저 문법 규칙을 먼저 제시하는가, 예를 먼저 제시하는가에 따라 연역적 방법과 귀납적 방법으로 나눌 수 있다. 또 문법을 익히는 과정에서 문법 지식의 정확한 전달을 중시하는지, 학습자가 활동에 참여하는 과정을 중시하는지에 따라 결과 중심의 문법 교육과

과정 중심의 문법 교육으로 나눌 수도 있다. 아니면, 수업의 중심축이 교사의 제시, 혹은 설명에 있는지 과제에 있는지에 따라 제시 훈련 모형과 과제 훈련 모형으로 나눌 수 있다.[4] 이 대칭적인 방법들은 상호 배타적으로 운용되기보다는 교실 상황에 따라 단계별로, 선택적으로 적용될 수 있다.

1. 연역적 방법과 귀납적 방법

연역과 귀납은 문법을 제시하는 방법에 대한 전통적인 구분이다. 연역적 방법은 규칙을 먼저 제시하면서 언어 자료를 설명한 후 이를 예에 적용시켜 나가는 방법이다. 이 방법은 명시적으로 규칙을 제시함으로써 학습 시간을 단축하고, 학습자의 노력을 절약해 준다는 장점이 있는 것으로 과거 문법 번역식 교수법에서 선호해온 방법이다. 하지만 문법을 주입식으로 먼저 제시할 수 있다는 점에서 문법에 대한 관심이 없는 학습자에게는 학습의 흥미가 감소될 수 있다는 단점이 있다.

반면, 귀납적 방법은 언어 자료로부터 규칙을 추출하는 방법이다. 교사는 언어 자료를 적절히 조직하여 제시하고 관련된 규칙을 학습자가 찾아가는 발견 학습을 유도한다. 이 방법을 사용할 때는 학습자가 선호할 수 있는 주제로 수업을 도입할 수 있으므로 학습 동기를 유발시킬 수 있는 장점이 있으며 발견 학습을 통해 학습 내용을 장기 기억으로 유도할 수 있다. 직접 교수법이나 청각구두식 교수법에서 선호해 온 방법이다. 하지만 학습자가 일시적으로는 잘못된 추론으로 인해 오류를 양산할 수 있으며, 시행착오 과정이 길다는 단점이 있다.

연역적 방법과 귀납적 방법을 각각 사동사 교육과 인용 표현의 준말교육에 적용해 보면 다음과 같다.

1) 연역적 수업 사례: 사동사, 단형 사동문

① 의미 도입

(그림 카드1 : 아기가 우유를 먹는 그림)

교　사 : 이 아기는 무엇을 해요?

학습자 : 우유를 먹어요.

(그림 카드2 : 엄마가 아이에게 우유를 먹이는 그림)

교　사 : 엄마는 무엇을 해요?

학습자 : ….

교　사 : 엄마는 아기에게 우유를 먹여요.

(교사 행동1 : 먼저 선생님이 의자에 앉는다.)

교　사 : 선생님이 무엇을 했어요?

학습자 : 의자에 앉았어요.

(교사 행동2 : 선생님이 한 학생을 앉히는 행동을 보여 준다.)

교　사 : 선생님이 무엇을 했어요?

학습자 : ….

교　사 : 선생님은 ○○ 씨를 의자에 앉혔어요.

② 형태 규칙 제시 및 연습

· 사동사 목록을 표로 제시하고 익히게 한다.

이	먹이다, 죽이다, 보이다, 붙이다, 끓이다
히	앉히다, 읽히다, 눕히다, 입히다
리	울리다, 살리다, 알리다, 돌리다, 날리다
기	웃기다, 벗기다, 맡기다, 신기다, 씻기다, 남기다
우	비우다, 깨우다, 재우다, 채우다, 태우다

· 주동사 단어를 제시하고 사동사를 말하게 한다.

③ 통사 규칙 제시 및 연습

· 제시 1 : 자동사문이 사동문으로 바뀌는 경우

____이/가 ____을/를 ____________(판서)

학생이 앉습니다. → 선생님이 학생을 앉힙니다.

아이가 웃습니다. → 어머니가 아이를 웃깁니다.

교　사 : 학생이 앉았어요. 누가 학생을 앉혔어요?

학습자 : 선생님이 학생을 앉혔어요.

교　사 : 아이가 웃어요. 누가 아이를 웃겼어요?

학습자 : 어머니가 아이를 웃겼어요.

· 연습 1 : 주어를 넣어서 사동문을 만드세요.

왕이 죽었어요./ 라면이 끓어요./ 여자가 울어요.

종이비행기가 날아요./ 아기가 깼어요./ 편지가 불에 타요.

· 제시 2 : 타동사문이 사동문으로 바뀌는 경우

_____ 이/가 _____ 에게 _____ 을/를 ________(판서)

아기가 우유를 먹습니다. → 엄마가 아기에게 우유를 먹입니다.

학생이 책을 읽습니다. → 선생님이 학생에게 책을 읽힙니다.

교　사 : 아기가 우유를 먹어요. 누가 아기에게 우유를 먹여요?

학습자 : 엄마가 아기에게 우유를 먹여요. .

교　사 : 학생들이 책을 읽어요.

누가 학생들에게 책을 읽혔어요?

학습자 : 선생님께서 학생들에게 책을 읽혔어요.

· 연습 2 : 주어를 넣어서 사동문을 만드세요.

아이가 신발은 신었어요.

학생들이 시험 날짜를 알았어요.

할머니가 아이를 맡았어요.

④ 언어 자료에 적용

(짝 활동 : 한 사람에게는 질문 카드를, 다른 사람에게는 대답 카드를 주고 서로 맞는 것을 찾아 대화를 하도록 한다.)

질문	대답
아이가 감기에 걸린 것 같아요.	약을 사다가 (먹이세요.)
배가 너무 불러서 다 못 먹겠어요.	음식을 (남겨도) 괜찮아요.
아기가 밤에 잠을 안 자요.	낮에 (재우지) 마세요.
아이가 책 읽기를 싫어해요.	좋아하는 책을 (읽히세요.)
학교 갈 시간인데 안 일어나요.	흔들어서 (깨우세요.)

2) 귀납적 수업 사례 : 인용 표현의 준말[5)]

① 상황 제시

상황 : 사람들이 재미있다고 하는 연극이 있는데, 친구는 그 연극을 별로 보고 싶어 하지 않습니다. 어떻게 하면 친구의 마음을 바꿀 수 있을까요? 다음 내용을 전달해서 친구의 마음을 바꿔 보십시오.

> 배우들이 연기를 잘한다 / 늦게 가면 표가 없어서 못 본다 / 재미있어서 두 번 보는 사람도 많다 / 선생님도 보셨다 / 인기가 많아서 공연을 한 달 연장했다 / 내년에 영화로 만들 계획이다 ⇒ "그 연극에 나오는 배우들이 연기를 참 잘한대요."

② 언어 자료를 보고 일반적인 규칙 찾기

· 자료를 나누어 주고 두 명씩 짝을 지어 자료에 나타난 공통점을 찾게 한다.

> 그 연극의 남자 주인공이 올해의 연기자 상을 탔대(탔다고 해). 내가 재미있다면 분명히 재미있는 공연이니까 보러 가자. 친구가 그 연극을 봤는데 너무 웃겨서 끝날 때까지 계속 웃었대. 두 시간 동안 연극을 보고 나면 스트레스가 다 풀린다잖아. 내년에는 외국에서 공연한다는 말도 있어. 동생도 그 연극을 보고 싶다기에 내가 오늘 저녁에 같이 보러 가자고 했어. 늦게 가면 자리가 없다니까, 내가 미리 가서 표를 끊어 둘게.

· 준말을 찾아 밑줄을 긋고 각각 무엇의 준말인지 이야기하게 한다.

③ 규칙 제시

· '-고 하-' 가 생략되는 인용 표현의 준말을 제시(자료, 판서)

※ 인용 표현 '-다고 하다' 의 연결형 및 종결형은 구어에서 '-고 하-' 가 생략되어 쓰이는 경우가 많다.

네가 간다고 하면(⇒ 간다면), 다들 좋아할 거야.
요즘 70년대 패션이 유행한다고 하지 뭐야(⇒ 유행한다지 뭐야).
대학 시험이 없어진다고 하는(⇒ 없어진다는)말 들었어요?
성호가 피곤하다고 하기에(⇒ 피곤하다기에) 집에 가라고 했어.
12시에 문을 닫는다고 하니까(⇒ 닫는다니까) 빨리 들어가자.
의사가 담배 피우지 말라고 하니까(⇒ 말라니까), 끊어야지.

※ '-다/냐/라/자고 해' 의 준말은 '대/? /래/재' 이다.

정은이가 돈이 없다고 해서(⇒ 없대서) 빌려 줬어.
나보고 집에 혼자 가라고 했잖아요(⇒ 가랬잖아요).
친구가 오늘 연극을 보러 가자고 해요(⇒ 가재요).

④ 연습

· 학습자가 이해했는지 점검하기 위해 연습 자료를 주고 목표 문법을 사용하여 내용을 고치도록 한다.

지난달 콘서트를 마친 가수 OOO가 이번에는 일본으로 진출하기 위해 준비에 들어간다고 해. 앞으로 1년 정도 준비를 한 후에 오사카에서 콘서트를 열 계획이라고 하는 소식이 어제 뉴스에 나왔어. 이 콘서트의 수익금은 재일교포들을 위해 기부할 거라고 해. 또 OOO는 앞으로 만들 4집 음반을 우리말 가사 그대로 수출할 계획이라고 하더라. 기획사에서 일본의 음악 팬들에게 OOO가 큰 인기를 끌 것이라고 자신한다고 하지 뭐야? 일본에 사는 사촌 동생이 한국 가수의 공연에 한번 가보고 싶다고 하기에 내가 이 콘서트 소식을 알려 줬어. 그 애가 갔다 와서 노래가 좋다고 하면 CD를 선물로 보내줄까 해.

2. 결과 중심의 문법 교육과 과정 중심의 문법 교육

Batstone(1994)에서는 학습자가 문법을 익히는 과정에서 무엇을 중시하는지, 또 그 과정에서 교사는 어떤 역할을 수행하는지에 따라 결과 중심의 문법 교육과 과정 중심의 문법 교육으로 나누었다. 결과 중심의 문법 교육은 언어의 형식과 의미에 초점을 두고 학습자에게 문법을 인식시키고 구조화하게 하는 방법으로 교사는 학습자에게 문법적으로 정리된 사항을 익히도록 하여 문법적으로 정확한 문장을 생성하도록 유도하는 데 목표를 둔다. 앞에서 제시한 교수 사례에서 사동사의 목록을 제시하는 것이나 문형을 제시하는 것, 인용 표현의 준말을 제시하는 것이 여기에 속한다.

과정 중심의 문법 교육은 학습자로 하여금 언어 사용 활동에 참여시켜 문법을 자원으로 이용할 수 있도록 하는 방법으로 실제 담화 상황 속에서 문법을 사용하도록 장려한다. 이 교수 방법에서 교사는 학습자가 문법적으로 정확한 형태의 문장을 생산해 내는 데 집중하기보다는 문법을 사용하는 과정을 중시하여 효율적으로 메시지를 전달할 수 있도록 유도한다. 앞에서 제시한 교수 사례에서 인용 표현의 규칙을 찾는 활동이나 인용 표현으로 친구를 설득하는 활동, 사동 표현으로 대답하는 활동 등이 여기에 속한다.

3. 제시 훈련 모형(PPP)과 과제 훈련 모형(TTT)

Thornbury(1999)에서는 통합 교수 방법으로 제시 훈련 모형과 과제 훈련 모형을 제시하고 있다. 제시 훈련 모형(PPP)은 먼저 바른 언어 사례를 제시(Presentation)하고 반복 연습(Practice)을 통해 바른 언어 자료를 자율적으로 생산(Production)할 수 있도록 지도하는 모형이다. 일반적으로 3단계로 진행하며 연역적 방식으로 문법을 제시하고 연습한다. 교사는 문법에 대한 정확한 정보를 먼저 제시하고 학습자로 하여금 연습을 해서 유창성을 획득하도록 한다.

과제 훈련 모형(TTT)은 의사소통 능력 함양을 목표로 과제를 제시하여 과제를 해결함으로써 언어를 습득하게 하는 모형이다. 일반적으로 과제1(Task 1) – 교수 활동(Teach) – 과제 2(Task 2)의 순서로 계속 진행되는데, 과제 1은 의사소통적 과제로 학습자를 준비시키는 단계이고, 과제 2는 과제 1을 반복하거나 유사 과제를 제시하여 정확하게 산출하도록 유도하는 단계이다. 먼저 유창성을 획득하고 나아가 정확성을 공고히 하는 방식이다. 문법에 대한 이해는 귀납적인 방식을 취한다.

V. 문법 수업의 구성 방안

문법 수업은 그 목적에 따라 다양하게 구성될 수 있겠지만 가장 전형적인 방법은 도입 – 제시 · 설명 – 연습 – 사용 – 마무리의 5단계로 구성된다. 이 단계에 따라 문법 수업의 단계별 구성과 각 단계에서 이루어져야 할 내용을 구체적으로 살펴보겠다.[6]

1. 도입 단계

우선 첫 단계는 학습 목표를 도입하고 학습자를 동기화시키는 단계이다. 교사가 일방적으로 학습 목표를 던지는 것이 아니라 해당 문법 항목이 사용되는 전형적인 맥락을 제시하여 학습자가 맥락을 통해 의미를 유추해 볼 수 있도록 유도한다.

도입은 교사와 학생 간의 대화를 통해 도입하는 방식을 취하는데 학습자의 이해를 돕기 위해 그림 자료를 이용할 수도 있다. 도입 단계에서는 교사의 질문에 대해 학습자가 완전하게 목표 문법 항목을 사용하여 대화를 할 수도 있으나 불완전하게 발화하더라도 교사가 목표 문법을 이용해 완전하게 바꿔 주는 방식으로 학습자가 목표 문법을 느낄 수 있도록 한다.

1) 대화로 도입하기

예1) –어서

교사 : 어제 왜 학교에 안 왔어요?

학생 : 아팠어요.

교사 : 아, 아파서 안 왔어요?

예2) –으러 –에 가요.

교사 : 어디 가요?

학생 : 명동에 가요.

교사 : 명동에 왜 가요?

학생 : 거기서 친구 만나요.

교사 : 아, 친구 만나러 명동에 가요.

예3) -으니까

교사 : ___씨, 추워요?

학생 : 네, 추워요.

교사 : 문 닫을까요?

학생 : 네, 닫아요.

교사 : 그래요. 추우니까 문을 닫읍시다.

〈실습〉 '-어 보았어요' 를 제시하기 위한 도입 활동을 해 보세요.

2) 그림 자료 이용해서 도입하기

예1) '-는 것 같아요'

(그림카드1: 엄마와 딸이 책상에 앉아서 책을 보는 그림)

교사 : 무엇을 하는 것 같아요?

학생 : 공부를 해요.

교사 : 공부를 하는 것 같아요.

(그림카드2: 옷으로 머리를 덮고 뛰어가는 그림)

교사 : 날씨가 어떤 것 같아요.

학생 : 비가 와요.

교사 : 네, 비가 오는 것 같아요.

〈실습〉 '-지만' 을 도입할 때 어떤 그림을 이용하면 좋을지 이야기해 봅시다.

2. 제시 · 설명 단계

도입이 끝나면 교사는 목표 문법 항목을 판서하고 그 기능과 의미를 학습자에게 이해시킬 필요가 있다. 이것은 제시 · 설명 단계에서 하게 된다. 제시와 설명을 하기 전에 교사는 해당 문법 항목에 대한 모든 문법적 특성을 다 정리해서 준비해 놓아야 한다. 하지만 설명을 할 때는 그 시간에 꼭 필요한 것만을 설명하되 장황하지 않게 제시해야 한다. 즉, 교사는 준비는 충분히 하되 문법 지식 중심의 수업이 되지 않게 유념

해야 한다. 만일 단일 언어권의 학습자 집단이고 교사가 학습자 집단의 모국어를 알고 있을 때에 모국어를 사용하는 것은 시간을 절약할 수 있다는 점에서는 유용하다. 하지만 이런 경우에도 문법 용어 중심의 설명은 지양하고 예문을 이용하여 사용하는 상황을 제시해야 한다. 제시 · 설명 단계에서 교사가 고민해야 할 것은 다음과 같다.

○ 무엇을 어떻게 제시할 것인가?
○ 판서를 어떻게 할 것인가?
○ 어떤 예문을 이용하여 제시할 것인가?(예문의 적절성, 예문 수)
○ 어떻게 의미를 제시할 것인가?
○ 고려해야 할 규칙은 무엇인가?

1) 문형 제시

교실 수업에서 목표 문법 항목을 제시하는 대표적인 방법이 문형을 이용한 제시이다. 일반적으로 외국어로서의 한국어교육에서 문형이라 함은 '학습자가 자신의 생각을 도입하여 완전한 문장으로 생성할 수 있게 하는 발화의 기본적인 골격'이다. 그리고 문형이 될 수 있는 형식에는 형태소, 복합표현, 문법 청크, 전형적인 대화 쌍 등이 있다.[7]

① **형태소** : 최소의 의미 단위가 되는 형태론의 기본 단위이다. 문장을 만들 때 각 항목 하나하나가 중요한 표현이 되고 문장 연결 등의 단위가 된다.
예) '-은', '-는', '-을', '-고', '-어서', '-는데', '-지만'

② **복합 표현** : 두 가지 이상의 형태소가 결합하여 단일한 의미를 나타내는 단위이다. 형태소 단위로만 제시할 때 문장 생산의 자동성을 해칠 수 있으므로 한 단위로 제시하는 것이 학습자의 언어 생산에 효과적이다.
예) '-을 거예요', '-는 대로', '-을 테니까', '-기는 하지만', '-으로 인해서'

③ **문법 청크** : 최소의 내용 교체만으로 길고 복잡한 표현을 생산적으로 할 수 있게 하는 골격, 혹은 덩어리이다.
예) '-다고 해서 -는 것은 아니에요', '-는 걸 보니까 -는 모양이에요', '-이

라고는 -뿐이에요', '설령 -다 하더라도 -은/는 것은 아닙니다'

④ 전형적인 대화 쌍 : 문법 형태, 특히 종결 표현들이 호응을 이룰 수 있는 대화 짝을 말한다. 문형은 전형적 대화 쌍을 만들어서 학생들의 짝 활동을 통해 사용연습을 유도하는 것이 좋다. 1회적 대화 쌍도 좋지만 여러 번의 주고받기를 통한 담화 패턴을 만드는 것도 필요하다.

예) **가 : -지요?** **나: -는군요.**

가: 저 아이가 귀엽지요? 나: 네, 귀엽군요.

가: 이 꽃이 예쁘지요? 나: 네, 그 꽃이 예쁘군요.

예) **가 : -을까요?** **나: -으십시오. /-지 마십시오.**

가: 버스를 탈까요? 나: 아니요, 버스를 타지 마십시오.

가: 그럼, 지하철을 탈까요? 나: 네, 지하철을 타십시오.

예) **가 : -을까요?** **나: -읍시다. /-지 맙시다.**

가: 주말에 영화를 볼까요?

나: 아니요, 이번 주말에는 영화를 보지 맙시다.

가: 그럼, 무엇을 할까요?

나: 우리 고향에 부모님을 만나러 갑시다.

예) **가 : -을까요?** **나: -을 거예요.**

가: 백화점이 문을 열었을까요? 나: 네, 열었을 거예요.

예) **가 : -을 거예요?** **나: -을 거예요./나: -을게요.**

가: 이 옷을 살 거예요? 나: 네, 이 옷을 살 거예요.

가: 약속을 꼭 지킬 거예요? 나: 네, 약속을 지킬게요.[약속, 의지]

예) **가: -을래요?** **나: -을게요.**

가: 몇 시에 올래요? 나: 다섯 시에 올게요.)

예) **가: –는데 어떻게 하지요?**	**나: –으면 돼요.**
가: 우산이 없는데 어떻게 하지요?	나: 제 우산을 같이 쓰면 돼요.
가: 숙제를 안 했는데 어떻게 하지요?	나: 내일 해 오면 돼요.

예) **가: –으면 어떻게 해요?**	**나: –은 걸 가지고 뭘 그러세요.**
가: 이렇게 늦으면 어떻게 해요?	나: 10분 늦은 걸 가지고 뭘 그러세요.
가: 내 김밥을 먹으면 어떻게 해요?	나: 한 개 먹은 걸 가지고 뭘 그러세요.

문형은 학습자에게 예문과 함께 판서로 제시하는 것이 좋다. 문형을 판서(제시)할 때는 다음과 같은 내용을 염두에 두어야 한다.

첫째, 고정부(문형)와 활용부를 시각적으로 구분되게 제시한다.

예) ___N___ 으로 ___AV___ .

포크	먹습니다
볼펜	글씨를 씁니다
한국말	말합니다

둘째, 이형태에 유의하여 제시한다.

예) ___DVst___ 은가/ ㄴ가 봐요.

___AVst___ 나 봐요.

___Vst___ 었나/았나/였나 봐요.

셋째, 문장 종결형의 경우 완전한 문장이 될 수 있는 활용형으로 제시한다. 이것은 학습자가 문형을 활용하는 부담없이 목표 문형에만 집중할 수 있도록 하기 위한 것이다.

예) 가 : __N__ 이/가 있습니까?

나 : __N__ 이/가 있습니다.

예) –더군요, –던데요, –을 거예요.

넷째, 초급의 경우에는 시제 결합형, 상 결합형, 부정형 결합형을 따로따로 문형화해서 제시한다.

예) ____었습니까?, ____었습니다.

예) ___을까요?, _____었을까요?

예) _을 거예요., ___지 않을 거예요.

예) ___지 않고 ________ㅂ/습니다.

___지 말고 ________으세요./ㅂ시다.

〈실습〉 문형 추출 연습 : 다음은 1급 후반부의 내용입니다. 적당한 목표 문형을 추출해 봅시다.[8)]

미선 : 우리가 너무 일찍 왔군요.
존슨 : 여기 앉아서 기다립시다.
미선 : 날씨가 흐리군요.
존슨 : 비가 올 것 같아요.
미선 : 우산을 안 가지고 왔는데 어떻게 하죠?
존슨 : 봄비니까 많이 오지 않을 거예요.

2) 문법 규칙의 제시

문형의 기능과 의미가 전달되면 오류를 방지하는 장치로 문법 규칙을 제시할 수 있다. 문법 규칙은 문장을 생성하는 규칙이나 제약 등을 말하는데 형태적 규칙과 통사적 규칙으로 나눌 수 있다.[9)]

① 형태 규칙

가. 음운론적 규칙의 예

- 조사 '은/는' : '은'은 자음 뒤에, '는'은 모음 뒤에 결합한다.

  예) 선생님은, 친구는

- 어미 '-아요/어요/여요' : '-아요'는 'ㅏ'나 'ㅗ'로 끝나는 어간에, '-어요'는 'ㅏ', 'ㅗ' 외의 모음으로 끝나는 어간에 결합한다. '-여요'는 '하다' 뒤

에 결합하는데 '-해요' 로 쓰는 경우가 많다.

예) 먹어요, 찾아요, 공부해요

• 어미 '-으면', '-으러' : '-으면' 은 자음 뒤에, '-면' 은 모음 뒤에 결합한다. 단, 받침이 'ㄹ' 로 끝나는 어근에는 '으' 가 붙지 않는다.

예) 먹으면/으러, 자면/러, 놀면/러　　　　참고) -으로

• '이다' 활용형 : '-이에요/예요'

예) 선생님이에요, 친구예요

예) '___이라고/라고 해요', '__인 모양이에요.

나. 형태론적 규칙의 예

• 어미 '-은/는데' : 형용사에는 '-은데', 동사에는 '-는데' 가 결합된다.
• 어미 '-어서' : '-어서' 는 '-으니까' 와는 달리 시제 형태소와 결합하지 않는다.

예) 먹었어서(×), 먹었으니까(○)

• 시제에 따른 형태 : -은/는/-을/-은,
-은지/는지/을지/었는지,

② 통사 규칙

• 어미 '-어서' 는 '-으니까' 와는 달리 청유문과 명령문, 제안문에서는 쓸 수 없다.

예) 추워서 창문을 닫았어요. / 추우니까 창문을 닫으세요.

• 서법이 제약되는 문형이 있다.

예) __거든 ___으세요. /*읍니다 ('-으면' 과 비교)

• 주어가 제약되는 문형이 있다.

예) __던데요 : 동작동사가 오는 경우 1인칭 주어를 쓸 수 없다.

예) ___으시겠군요 : 대화 상황, 2,3인칭 주어에만 사용한다.

• 선행 용언이 제약되는 문형이 있다. 다음 문형은 선행 용언이 어떻게 제약되는지 생각해 보자.

예) 가 : –으려고

나 : –어 있다

다 : –어 놓다

3) 예문 제시

문형과 함께 판서로 제시하는 예문은 학습자에게 문형의 기능과 의미, 사용 방법 등을 제시하기 위한 것이다. 그러므로 교사는 예문을 선택할 때 다음에 유의하여야 한다.

첫째, 학습자의 수준을 고려해서 사용 어휘나 예문의 길이를 정해야 한다. 보통 어휘의 난이도는 될 수 있으면 쉬운 것으로 이미 학습된 어휘를 선정한다. 초급의 경우에는 특별한 목적이 없다면 단순문으로 제시하는 좋다.

둘째, 예문은 문형이 내포하고 있는 의미의 전형성을 반영할 수 있어야 한다. 예를 들면, 이유의 '–으니까'와 함께 제시하는 예문은 '사랑하니까 헤어집시다.'보다는 '다리가 아프니까 앉읍시다.'가 더 전형적이고, '–어서'를 제시할 때는 '배가 고파서 식당에 갔어요.'는 좋지만 '별을 찾아서 여행을 떠났어요.'는 적절하지 않다. '–는 걸 보니까 –는 모양이에요'를 설명하는 다음 예문이 어떤지 생각해 보자.

예) 땀을 흘리는 걸 보니까 더운 모양이에요. (○)

밖에 나간 걸 보니까 엄마가 바쁜 모양이에요. (×)

셋째, 제시할 예문의 수를 결정해야 한다. 한국어 교실에서는 판서의 양을 최소화하는 것이 좋다. 그래서 판서하는 예문의 수는 2–3개가 적당하다. 하지만 이형태가 많은 경우 예문의 수를 많이 제시할 필요가 있다. 또 문형이 미묘한 의미 차이를 내포하는 경우 예문은 그 의미들을 포함할 수 있는 예문을 각각 제시하는 것이 좋다.

예) 이형태에 따른 예문의 수 : –은가요/ㄴ가요/인가요?

여자 친구가 예**쁜가요**?

학교가 좋**은가요**? / 캠퍼스가 아름**다운가요**?

그 학교는 교복을 입**나요**?

언제 가**나요**? / 방에 아무도 없**나요**?

기분이 좋았**나요**? / 그 분을 사랑했**나요**?

여기가 연세대학교**인가요**? 여기가 도서관**인가요**?

이것을 먹을 **건가요**?

예) 의미에 따른 예문 1 : -으면 언제든지

① 모르는 것이 있**으면 언제든지** 질문하세요. [아무 때나, anytime]

② 수업이 끝나**면 언제든지** 점심을 먹으러 갑니다. [항상, always]

예) 의미에 따른 예문 2 :-던 N

① 이것은 언니가 **쓰던** 피아노예요. [과거 지속의 회상]

② 이것은 제가 마시**던** 커피예요. [미완결의 회상]

예) 의미에 따른 예문 3 : -을 테니까

① 제가 한턱**낼 테니까** 술 한 잔 합시다. [1인칭 의지]

② 오후에 비가 **올 테니까** 우산을 가져가세요. [3인칭 추측]

〈실습〉 '-고' 를 설명하기 위한 예문 수는 몇 개가 좋은지 이야기해 봅시다.

넷째, 교사가 연습을 위해 (구두로) 제시하는 예문들은 학습자의 이해를 점진적으로 높이기 위해 그 순서를 고려해야 한다. 보통 예문은 짧은 문장, 쉬운 문장, 일상적인 문장, 사실적인 문장은 먼저 제시하고 긴 문장, 복잡한 문장, 추상적인 문장은 뒤에 제시하는 것이 좋다.

〈실습〉 연습을 위해 예문을 제시할 때 다음 예문의 순서는 어떻습니까?

________을까요?

여기 앉다

지금 수업을 시작하다

도서관에 가다

지금 수업을 끝내다
이 문을 닫다
텔레비전을 켜다
공책을 몇 권 드리다
창문을 열다
제가 전화하다
누구에게 이 꽃을 주다
제가 운전하다
제가 노래를 부르다
라디오를 끄다

4) 의미 제시

의미는 문법 형태의 내용이다. 한국어는 문법 형태가 발달한 언어로서 미묘한 의미 차이를 문법 형태가 담당하는 경우가 많다. 형태가 가진 의미는 일반적으로 형식적 의미(문법적 의미), 실질적 의미(어휘적 의미), 그리고 말하는 사람의 심리적 태도를 나타내는 양태적 의미로 구분된다. 여기에 교육적 편의성을 고려하여 사용 의미 항목을 추가하여 정리하기로 하겠다.[10)]

① 형식적 의미의 예

- '이/가' : 주격을 나타낸다.
- '–었–' : 과거 시제를 나타낸다.
- '–습니까?' : 의문으로 끝맺음을 나타낸다.

② 실질적 의미의 예

- '만' : '단독', '오직' 의 의미를 나타낸다.
- '–어서' : 이유를 나타낸다.

③ 양태적 의미의 예

- '–어 버리다' : 동작의 완료로 인한 화자의 기분이 포함되어 있다. 심리적 부담의 제거에서 오는 시원함, 기대에 어긋나는 데서 오는 섭섭함, 동작의 강조 등을 나타낸다.

- –고 나니 : 어떤 행동을 다 한 결과를 나타낸다.
- –어 보다 : 시도함을 나타낸다.

④ 의미 제시 방법 : 사용 의미

교실에서 의미를 제시할 때에는 전달되는 의미의 정확성도 중요하지만 그것 못지않게 의미의 수용성과 생산의 편의성도 중요하다. 정확한 의미를 제시하기 위해 교실 수업이 문법 연구 수업처럼 되어서는 안 된다. 일반적 화자가 인지할 수 있는 구체적인 상황으로 제한하여 많이 사용되는 의미를 전달한다. 예를 들면 '–다면서?'의 의미를 제시할 때는 '이미 알고 있거나 들은 사실을 다시 확인하여 물을 때 사용한다'와 같이 제시한다.

구체적 상황으로 문법을 기술하려는 시도는 Batstone(1994:9~14)에 근거한다.[11] 문법은 어느 정도(more or less) 일관되게 적용되는 현상인데 일반화의 정도에 따라 그 규칙이 적용되는 범위가 다르다. 그래서 아주 일반적인 층위에서 폭넓은 문법 범주나 형태에 적용할 수 있는 규칙이 있는가 하면 좀 더 구체적인 층위에서 특정한 형태나 어휘에 적용할 수 있는 규칙이 있을 수 있다.[12] Batstone(1994)은 일반화의 정도(the scale of idealization in grammatical description)를 다음과 같은 표로 보여주면서 덜 일반적인 단계가 제2 언어 학습에서 유용한 문법 기술이 될 수 있음을 시사한다.

〈Batstone(1994)의 문법 기술의 일반화 정도〉

아주 일반적인 단계 (30,000 feet) ▲	매우 보편적인 문형(patterns)을 이루는 넓은 개념(의미) (예: 주어–술어–목적어)
덜 일반적인 단계 (10,000 feet)	특정 형태가 가진 개념에 대한 일반화 (예: 수동태, 과거시제, 진행형) 제한된 범위의 예들을 문맥에서 유용하게 나타내주는 개념(의미) (예: 수동태는 책임을 회피하는 상황에서 사용될 수 있다)
실제적인 예 (ground level) ▼	언어 사용의 순간순간 나타나는 매우 구체적인 문맥 의미

이와 같은 관점으로 피동을 제시한다면 한국어 피동의 경우는 다음과 같이 구체적 상황을 정리하고, 그 중에 유용한 상황을 골라 교실 수업에서 제시할 수 있겠다.

〈피동의 사용 의미〉

- 주어의 행동이 다른 사람의 행동으로 이루어질 때(행위자는 '-에게'와 같이 쓰인다.)
  예) 아기가 엄마에게 안겨 있어요.
  그는 경찰에게 쫓기는 사람이에요.
- 주체보다는 대상에 초점을 두고 말할 때
  예) 남산이 여기서는 잘 보입니다.
- 행동의 행위자가 분명하지 않을 때
  예) 내 방에 불이 꺼졌어요.
- 행위자의 행동으로 나타내지 않고 일반적 현상으로 표현할 때
  예) 그 노래가 많은 사람들에게 불려진다.
  요즘 큰 텔레비전이 많이 팔립니다.
- 행위가 (기계나 전기 장치 등에 의해) 자동적으로 될 때
  예) 이 문은 저절로 열리는 문입니다.
- 의도하지 않았는데 어떤 일이 일어날 때
  예) 통화 중에 전화가 끊겼어요.
  돌에 걸려 넘어졌어요.
- 어떤 결과에 대해 화자가 자기의 책임이 없음을 말할 때
  예) 살짝 만졌는데 깨졌어요.
- 행동이 이루어진 후의 상태를 표현할 때 ('-어 있다'와 결합하여 많이 쓰인다)
  예) 꽃병이 책상 위에 놓여 있다.
  벽에 걸려 있는 사진은 우리 엄마예요.

5) 기타 유의점

지금까지 제시한 것 외에도 문법을 제시하고 설명할 때는 유의해야 하는 것이 여

러 가지 있을 수 있다. 그 중 두 가지만 더 추가하고자 한다.

하나는 문법 항목, 혹은 문형이 가진 의사소통 상의 기능을 발견하여 정리해 놓을 필요가 있다는 것이다. 예를 들면 '-을까요?'의 제안하기 기능이라든지, '-을 거예요.'의 추측하기 기능이라든지, '-을게', '-으마'의 약속하기 기능 등이 그것인데 이런 기능들이 정리가 된다면 과제를 만들 때나 교실 수업에서 유용하게 사용될 수 있을 것이다.

다른 하나는 문법 형태에는 문체적 차이가 포함되어 있다는 것이다. 예를 들면 종결형 '-거든'은 구어체에서 나타나는 표현이고 그것에 상응하는 문어체 표현은 '-기 때문이다'이다.

예) 그런 말은 들어 본 적이 없었<u>**거든**</u>./ 없었<u>**기 때문이다.**</u>

또한 격식체와 비격식체의 문체적 차이에 의해 청자와 화자의 거리가 나타나는 경우도 있다. 이런 경우 존대의 등급에 차이가 생겨 실제 담화에서는 사용할 수 없는 상황도 존재한다.

예) 가. 그 일을 끝내셨**습니까?** 나. 네, 금방 마쳤**습니다.**
⇒ 가. 이리 가져와 보십시오.
가. 그 일을 끝내셨**어요**? 나. 네, 금방 마쳤**어요.**
⇒ 가. 그럼, 식사라도 하러 가요.
예) 가. 그 일을 끝냈**니**? 나. 응, 금방 마쳤다. (네, 금방 마쳤어요.)
⇒ 가. 이리, 가져와 보아라.
가. 그 일을 끝냈**어**? 나. 응, 금방 마쳤어.
⇒ 가. 그럼, 식사라도 하러 가.

이와 같은 문체적 차이는 등급별 교수요목을 정할 때 결정될 수도 있겠지만 형태별로 나타나는 특징이 강하기 때문에 교사가 형태를 제시할 때 분명히 인식하고 제시할 수 있어야 한다.

3. 연습 단계[13)]

연습 단계는 학습자가 제시, 설명 단계에서 이해한 규칙을 다양한 연습을 통해 내재화하는 단계이다. 문법 교육에서 가장 중요한 단계라고 할 수 있으며, 제시 단계에서 이루어진 단기 기억을 장기 기억으로 옮겨서 실제 의사소통 상황에서 사용할 수 있도록 하는 단계이다. 이 단계에서는 형태에 초점을 맞춘 통제된 연습이 주를 이루는데, 청각구두식 교수법의 연습 방식들이 많이 활용된다. 문법 연습 시 많이 활용되는 연습 유형은 다음과 같다.

1) 교체연습 Substitution drill

교체연습은 종결형을 연습할 때 교사가 교체하는 어휘나 문장을 제시하면 학습자가 문장을 만드는 방식이다. 하나의 항목 또는 둘 이상의 항목을 대치시킨다. 연결연습과 함께 문형 연습의 기본으로 전 급에 두루 쓰인다. 교체하는 어휘나 문장을 제시할 때 일반적으로 구두로 제시하지만 단어 카드나 그림 카드, 문장 카드를 이용하여 제시할 수도 있다.

예1) N에 갑니다.

교사 : 학교 / 집

학생 : 학교에 / 집에 갑니다.

1. 교실　　3. 시장　　5. 백화점
2. 식당　　4. 병원　　6. 대사관

예2) AVst으려고/ 려고 합니다.

선 : 영화를 보다 / 사진을 찍다

학 : 영화를 보려고/ 사진을 찍으려고 합니다.

1. 친구를 만나다
2. 도서관에 가다 …

2) 연결연습 Connection drill

연결연습은 교체연습과 마찬가지로 교사가 제시하는 문장을 이용하여 대치시키는 연습이지만 연결어미를 사용하여 두 문장을 연결시킨다는 점에서 구분된다. 역시 문장 카드나 그림 카드로 제시할 수 있다.

예) ________어서/아서/여서 ____________
학교에 오다 / 공부를 합니다.
육교를 건너다 / 왼쪽으로 가십시오.
고기를 사다 / 요리를 합니다.

기계적인 연결 연습을 피하고 학습자가 의미에 대해 생각하도록 하기 위해 맞는 내용을 연결한 후 연결어미를 사용하도록 하기도 한다.[14)]

예) 아무리 ________어도/아도/여도 ____________
1. 화가 난다 • • 사 주겠어요.
2. 배가 고프다 • • 말을 듣지 않아요.
3. 혼을 내다 • • 공부 시간에 밥을 먹을 수는 없어요.
4. 돈이 많이 들다 • • 화를 내지 마세요..
5. 쉬다 • • 피곤이 풀리지 않아요.
(⇒ 1. 아무리 화가 나도 화를 내지 마세요.)

3) 응답연습 Response drill

응답연습은 교사가 질문을 던지면 학습자가 자기 생각으로 대답하는 연습이다. 교체연습이나 응답연습 후에 습득 여부를 확인할 수 있는 연습이고, 학습자의 창의적인 발화가 생산될 수 있는 연습이기 때문에 교실에서 적극적으로 사용한다. 발화의 생산 과정에서 오류가 발생할 때에는 그 오류를 수정해 줄 수도 있다.

예) 교사 : 주말에는 뭘 하려고 합니까? (등산을 가다)
학생 : 등산을 가려고 합니다.
1. 오늘 오후에는 뭘 하려고 합니까? (박물관에 가다)
2. 수업이 끝난 후에는 뭘 하려고 합니까? (식당에 가서 점심을 먹다)

예) 교사 : ________을까요?
학생 : ________을/ㄹ 거예요.
내일 눈이 많이 오다
이 과일이 맛이 있다

4) 완성연습 Completion drill

완성 연습은 문형이 사용된 문장을 완전하게 끝맺는 연습이다. 교사가 선행절을 제시하고 학습자가 끝맺도록 하여 이해도를 확인한다.

예) 교사 : 시간이 있으면 / (친구를 만나서 이야기합니다.)
학생 : 시간이 있으면 친구를 만나서 이야기합니다.
1. 돈이 있으면 (여행을 하겠습니다/집을 사겠습니다 ….)
2. 날씨가 좋으면 (등산을 합시다/수영장에 갑니다….)
3. 집에 가면 (숙제를 합니다/손을 씻습니다….)

완성 연습은 학습자 스스로 생각의 개요를 완성하는 과정을 가지면서 의미에 집중하도록 연습시키기 위해 다음과 같이 표의 형식으로 제시할 수도 있다.[15)]

예) ________는다면/ㄴ다면/다면 ____________

※ 만약에 이렇게 된다면 어떻게 될까요? 상상해 봅시다.

만약에	어떻게 될까?
내가 대통령이 된다	
회사에 매일 10분씩 지각한다	
북경에서 서울까지 전철이 생긴다	

5) 상황연습 Situation drill

상황연습은 교사가 상황을 만들어 주면 학습자가 상황에 맞는 대답을 하도록 하는 연습이다. 학습자가 자기의 문장을 만들어 반응할 수 있다는 점에서 기본적인 골격은 응답연습과 같다. 하지만 질문에 대답하는 방식이 아니라 상황을 듣고 반응한다는 점에서 따로 구분하였다. 속담이나 관용적 표현을 연습할 때 사용할 수 있으며, 상황 카드를 제시하여 짝활동, 그룹 활동을 유도할 수도 있다.

예) 교사 : 전 어제 밤 2시까지 숙제를 했어요.
학생 : 피곤하시겠군요.
1. 우리 아버지는 여행사 사장님이세요. / 여행을 많이 하다
2. 오늘은 내 생일인데 선물하고 장미꽃을 받았어요. / 기쁘다

6) 확장연습 Expansion drill

확장연습은 문장 성분을 추가하는 연습으로 단어, 구, 절 등을 기본 문장에 끼어 넣어 조화를 이루게 한다. 부사절, 관형절로 안긴문장을 연습할 때 많이 사용한다.

예) (Vst 는/은/ㄴ) N 에게/한테 ________________.
친구 편지를 보냅니다.
_____ 꽃을 선물합니다.
미국에 살다
예쁜 옷을 입다
____

7) 변형연습 Transformation drill

변형연습은 어떤 문장을 다른 형태의 문장으로 바꾸는 연습이다. 의미가 유사한 문형으로 바꾸거나 서술문을 의문문으로, 긍정문을 부정문으로 바꾸는 연습에 유용하다.

예) 교사 : 돈을 많이 벌고 싶습니다.
학생 : 돈을 많이 벌었으면 합니다.
1. 하루 종일 자고 싶습니다.
2. 노래를 잘 부르고 싶습니다.

8) 형태 연습을 위한 표 채우기[16)]

이 방법은 형태 규칙을 적용하기 위한 연습으로 초급에서 많이 사용된다. 교사와 학생의 대화로 진행할 수 없는 경우에 표를 보조 자료로 이용한다. 이형태의 교체형을 연습하거나 불규칙 동사를 연습할 때 많이 사용한다.

예) 알맞은 형태로 고치십시오. : ㅂ 불규칙 동사[17)]

	-습니다	으니까	었습니다/았습니다/였습니다
덥다	덥습니다	더우니까	더웠습니다
맵다		매우니까	
쉽다			쉬웠습니다
아름답다			
어렵다			
*입다		입으니까	
*잡다			잡았습니다

4. 사용 단계[18)]

사용 단계는 제시와 연습을 통해 학습한 문법 항목을 보다 큰 담화 단위에서 사용하는 의사소통 단계이다. 고안된 과제를 이용하여 실생활에서 경험할 수 있는 상황들을 교실에서 연습해 보는 단계이다. 이 단계에서는 의사소통과 정보 전달이 목적이므로 특정 문법 항목을 사용하지 않을 수도 있으나 연습을 위하여 정해진 형태를 활용해 보도록 유도하는 것이 필요하다.

1) 역할극

역할극은 실제 상황과 유사한 상황을 가정하여 대화를 해 보는 활동이다. 모든 연습이 끝나고 문형에 대한 이해가 충분히 되었을 때의 연습이다. 역할극은 문형에 대한 이해도와 완성도가 높아질 뿐만 아니라 한국어 담화 맥락에 대한 이해를 높일 수 있다. 상황을 제시하고 적극적인 담화를 유도하기 위하여 보조 자료를 미리 준비할 때 효과적이다.

예) 물건사기

가 : ________이/가 있습니까?

나 : 예, 있습니다. 몇 ________ 드릴까요?

가 : ________에 얼마입니까?

나 : ________에 ________입니다.

가 : __________ 주십시오.

나 : 여기 있습니다.

1. 술집 : 맥주 한 병 / 1,500원
2. 문구점 : 볼펜 한 자루 / 500원
3. 꽃집 : 장미 한 송이 / 2,000원

2) 게임

학습자들의 경쟁심을 이용하여 학습 효과를 높이려는 연습으로 학생들의 선호도가 높은 활동이다. 연령이 낮은 경우 효과적이지만 성인 학습자의 경우 유치함을 느끼지 않도록 해야 한다. 예를 들면 간접인용 '-다고 하다'를 이용해서 '들은 말 빨리 전달하기' 게임을 할 수 있다. 학습자 집단을 두 팀으로 나누고 한 줄로 앉힌 후 교사는 미리 준비한 두 벌의 문장카드(노래를 부르세요, 칠판에 이름을 쓰세요 …)를 각 팀의 첫 번째 학생에게 제시한다. 첫 번째 학생은 이 말을 간접인용을 이용해서 다음 학생에게 전달하고, 그 학생은 다시 다른 학생에게 전달해서 마지막 학습자가 그 행위를 수행하게 한다. 평서문, 의문문도 같이 연습하고 싶으면 행위를 수행하는 것보다는 들은 내용을 써 보게 하는 것도 좋다.

3) 정보 교환하기

이 활동은 학습자들이 필요한 정보를 교환하고 정리하는 과정에서 배운 문법을 활용하도록 하는 활동이다. 배운 문법을 활용할 수 있는 전형적인 담화 유형을 소개하고 짝 활동을 통하여 미리 준비한 표를 채우도록 한다.

예) 약속하고 메모하기 : -기, -을 수 있다/없다

가: ________에 무엇을 할 거예요?

나: ______________________.

가: 나와 같이 __________(으)ㄹ 수 있어요?

나: ______________(으)ㄹ 수 있어요/없어요.

1. 영화를 보다
2. 여행을 가다
3. 등산을 하다

	월	화	수	목	금
오전					
오후	미선 씨와 영화 보기				

5. 마무리

마무리 단계에서는 교육 내용을 정리하고, 학습자들로 하여금 자신들의 학습 성취 정도를 정리해 보도록 한다. 특히 마무리 단계에서는 제시 · 설명 단계에서 지나치게 복잡해지는 것을 피하기 위해 미루어 두었던 설명을 보충하거나 유사 표현과의 차이를 제시할 수도 있다. 또한 학습자를 격려하고 용기를 북돋우는 활동이나 관련된 숙제를 부과할 수 있다.

주)

1) Thornbury(1999)를 정리하는 과정에서 이관규 외(2004)와 조항록 외(2003) 등이 활용되었다.

2) Canale and Swain(1980)에 의하면 의사 소통 능력은 담화적 능력(discourse competence), 전략적 능력(strategic competence), 사회언어학적 능력(sociolinguistic competence), 문법적 능력(grammatical competence) 등 4가지 범주로 구성된다고 한다.

3) 문법 평가 내용은 김왕규 외(2002)에서, 출제항목은 이해영 외(2006:47~50)에서 가져온 것이다. 출제항목은 한국어능력시험 6회에서 9회까지에 출제된 항목 중에 2회 이상의 빈도를 보이는 것이다.

4) 문법 교수 방법을 이와 같이 정리한 것은 조항록 외(2003)에서이다. 이를 참고하여 이 절을 정리한다.

5) 경희대학교 국제교육원(2003), 한국어 고급1.

6) 조항록 외(2003)에서 이와 같이 다섯 단계로 문법 수업 구성 방안을 제시한다. 여기에서는 그 틀을 가져온 것이다. 자료와 내용은 방성원(2006)과 연세대학교 한국어학당의 교안을 참고하였다.

7) 방성원(2006. 197쪽)에서는 형태소, 복합표현, 문형 등 세가지를 제시한다. 이글에서는 여기에 전형적인 대화 쌍을 추가하였다.

8) 연세대학교 한국어학당(1992)의 7과 2항의 본문이다.

9) 방성원(2006. 200~201쪽) 참조

10) 방성원(2006. 198쪽) 참조

11) 김제열(2004. 302~305쪽)

12) '국어의 일반적인 문장은 주어+(목적어)+동사의 어순을 갖는다' 는 사실은 폭넓게 일반화할 수 있는 규칙임에 비해 ''있다' 는 상태 동사와 동일한 활용 방식을 갖는다' 는 좀더 구체적으로 제한을 해야 한다.

13) 연습단계에서 소개하는 유형들은 그 모태를 구두청각식 교수법에 둔다. 한국어교육 초창기에 연세대학교 한국어학당은 이 유형을 적극적으로 수용하여 발전시켜 왔고, 교사 연수소 교안에도 정리되어 있다. 그 후 여러 한국어교육 연구자들이 이 유형들을 보안해 왔는데 이글에서는 방성원(2006)과 연세대 한국어학당 교안을 참조하여 이 절을 정리하였다.

14) 방성원(2006.206쪽) 참조

15) 방성원(2006.209쪽) 참조

16) 방성원(2006.208쪽) 참조

17) 연세한국어학당 편(2001), 한국어 활용연습 1(77쪽)

18) 방성원(2006.209~212쪽)에서는 사용 단계에서 제시하는 과제 유형으로 행동화, 역할극, 게임, 정보 교환하기, 문제 해결하기 등 5가지를 제시한다. 이 부분은 말하기 교육론과 내용이 중복될 수 있으므로 여기에서는 문법항목 연습에 효과적인 항목 세가지만 소개한다.

참고문헌

- 경희대학교 국제교육원(2003). 한국어 고급1. 경희대학교 출판국.
- 경희대학교 국제교육원(2003). 한국어 고급2. 경희대학교 출판국.
- 국립국어원(2005). 외국인을 위한 한국어문법2-용법 편. 커뮤니케이션북스.
- 김수정(2004). 한국어 문법 교육을 위한 연결어미 연구. 한국문화사.
- 김왕규 외(2002) 한국어능력시험의 평가기준 개발 연구. 한국교육과정평가원.
- 김유정(1998). 외국어로서의 한국어 문법 교육 - 문법 항목 선정과 단계화를 중심으로. 한국어교육 제 9권 1호. 국제한국어교육학회.
- 김재욱(2006). 문법 교육 방법론. 한국어교육론2. 국제한국어교육학회 창립 20주년 기념 한국어교육의 역사와 전망. 한국문화사.
- 김제열(2001). 한국어 교육에서 기초 문법 항목의 선정과 배열 연구. 한국어 교육 제12권 1호. 국제한국어교육학회.
- 김제열(2003). 한국어교육에서 시간 표현 요소의 문법적 기술 방법 연구. 한국어 교육 제14권 1호. 국제한국어교육학회.
- 김제열(2004). 한국어 교육 문법의 문제점과 개선 방안. 문법교육1. 한국문법교육학회.
- 방성원(2003). 고급교재의 문법내용 구성 방안. 한국어교육 14-2. 국제한국어교육학회.
- 방성원(2006). 문법 교수 학습의 내용과 방법. 한국어교육론2. 국제한국어교육학회 창립 20주년 기념 한국어교육의 역사와 전망. 한국문화사.
- 백봉자(2001). 외국어로서의 한국어 교육문법. 한국어교육 12-2. 국제한국어교육학회.
- 백봉자(2006). 〈개정판〉 외국어로서의 한국어문법 사전. 도서출판 하우.
- 연세대학교 한국어학당 편(1992). 한국어1. 연세대학교 출판부.
- 연세대학교 한국어학당 편(1992). 한국어2. 연세대학교 출판부.
- 연세대학교 한국어학당 편(2001). 한국어 활용연습1. 연세대학교 출판부.
- 연세대학교 한국어학당 편(2001). 한국어 활용연습2. 연세대학교 출판부.

- 이미혜(2005). 한국어문법 항목 교육 연구. 도서출판 박이정.
- 이해영 외(2006). 한국어능력시험 문항 유형 개발을 위한 기초연구. 한국교육과정평가원
- 이해영(1998). 문법 교수의 원리와 실제. 이중언어학 15. 이중언어학회.
- 이희자 · 이종희(2001). 한국어 학습용 어미 · 조사 사전. 한국문화사.
- 조항록 외(2003). 한국어 문법 교수법. 예비교사 · 현직교사 교육용 교재 개발 최종보고서. 문화관광부 한국어세계화재단.
- 한재영 외(2003). 한국어 교육 총서 3 『한국어 문법 교육』 개발 최종보고서. 문화관광부 한국어세계화재단.
- Catherine Doughty & Jessica Williams(1998). Focus on Form in Classroom Second Language Acquistition. Cambridge University Press.
- Rob Batstone(1994). Grammar. Language Teaching : A Scheme for Teacher Education. Oxford University Press.
- Scott Thornbury(1999). How to Teach Grammar. Longman. (이관규 외 역(2004). 문법을 어떻게 가르칠 것인가. 한국문화사).

제 6 장 한국어 이해 교육론

한송화

Ⅰ. 들어가기

인간의 의사소통의 가장 중요한 수단은 언어이다. 언어를 이용한 의사소통은 크게 표현 행위와 이해 행위의 둘로 대별된다. 표현이란 자신의 의사를 상대방에게 전달하는 것이고 이해란 상대방의 의사를 수용하는 것이다. 이는 언어의 두 가지 형태 즉 음성 언어와 문자 언어로 실현되며 이에 따라 음성이나 문자의 표현 행위인 말하기와 쓰기, 음성이나 문자의 이해 행위인 듣기와 읽기의 네 가지 기술로 대별된다. 따라서 이해라 함은 담화 관계자 사이의 음성 언어를 매개로 하여 정보를 얻고 처리하는 과정인 듣기와, 문자 언어 혹은 문자를 매개로 하여 정보를 얻고 처리하는 읽기 과정이라 할 수 있다. 그리고 이러한 이해 처리 과정은 궁극적으로는 표현 활동과의 순환적 과정으로 이어져 의사소통 활동을 완성하게 된다.

Krashen(1981)에 따르면, 이해(comprehension)는 언어학습의 전반적인 과정에서 중심적 역할, 지배적인 부분을 차지한다고 한다(Ann Anderson & Tony Lynch(1988:33 재인용). 즉 언어의 이해는 언어 사용의 기반이면서 동시에 중심이 되는 것이다[1]. 또 요즘과 같이 정보의 양이 많아지고 다양해지고 있는 이때 정보의 획득을 위해서는 이해가 매우 중요하다고 할 수 있다. 특히 현대사회에서 사회생활을 해 나가는 데 필요한 정보와 지식은 문자를 통해 받아들인다는 면에서 읽기 기능은 매우 중요한 위치를 점하고 있다. 또한 언어 학습에서 이해 활동이 제대로 이루어질 경우, 이는 목표 언어의 학습에 그치지 않고 목표 언어의 제반 사회 문화적 배경에 대한 이해가 촉진될 수 있다. 그리고 이해 활동은 언어 입력의 중요한 자원이다. 듣기와 읽기 활동은 어휘나 문법의 입력 자료로서 중요한 역할을 한다.

이러한 중요성에도 불구하고 이해 교육은 표현 교육에 비해 수동적이고 보조적인 기능으로 이해되어 왔다. 그러나 이러한 수동적이고 보조적인 이해 교육으로서는 언어 교육의 궁극적 목적인 성공적인 의사소통에 이를 수 없다. 그러므로 교사는 학습자가 능동적으로 이해 활동에 참여하게 하고, 학습자의 이해 능력을 촉진시키는 역할을 해야 한다. 즉 이해 교육의 목표는 성공적인 의사소통을 위해 학습자가 바르게 이해하고 효과적으로 이해하는 능력을 기르는 것이라고 할 수 있으며, 학습자는 이해 교육을 통해 효과적인 방법으로 이해하는 방법을 터득하게 될 것이다.

Ⅱ. 듣기

1. 듣기와 듣기 이해 교육

듣기란 과연 무엇이고 듣고 이해한다는 것은 무엇을 의미하는가? 듣기는 담화 관계자 사이의 음성 언어를 매개로 하여 이루어지는 의사소통 활동으로 청자가 화자로부터 정보를 전달받고 이를 이해하여 처리하는 과정이라고 할 수 있다. 그러나 듣기 이해 활동은 단순히 정보 전달의 수동적 활동이 아니라는 점이 매우 중요하다. 듣기 활동에서 청자는 수동적으로 화자의 말을 듣는 것이 아니라 듣기 과정과 담화 상황을 파악하고 조정하며 언제든지 화자로 전환될 수 있다. 이러한 관점에서 볼 때 듣기는 수동적 활동이 아닌 능동적 활동이다.

또 듣기 이해에서는 맥락(context)이 매우 중요하다. 맥락이 결여된 듣기에서는 모어 사용자도 듣기 이해 과정에 어려움을 겪는다.[2] 그리고 맥락과 함께 청자와 화자의 배경지식, 문화에 대한 이해 정도에 따라 이해가 달라질 수 있다. 제2언어 사용자

뿐 아니라 모어 사용자의 경우에도 배경지식이나 문화에 대한 이해 여부에 따라 이해의 성패가 달라질 수 있음을 볼 때 맥락이나 배경지식이 중요하다는 것은 두말할 필요가 없을 것이다.

이와 같은 관점에서 볼 때 듣고 '이해' 한다는 것은, 청자가 화자의 말소리를 확인하고 그 말소리들이 청자가 이미 알고 있는 어휘나 문법 지식에 부합하는 것들인지 그 의미나 내용을 확인하는 것 이상을 의미하는 것이다. 모어 화자의 듣기 활동도 음운을 인식하고 음절을 인식하고 단어를 인식하고 문장을 인식한 후 전체 담화를 이해하는 것이 아니다. 청자는 듣기 활동을 하면서 화자의 의도가 무엇인지, 어떠한 정보를 그가 취해야 하는지, 다음에 그가 취해야 하는 행동이 무엇인지 등을 파악하려고 다양한 활동을 하게 된다.

따라서 수동적 · 보조적 기능으로서의 듣기, 혹은 음성을 인식하고 어휘를 인식한 후 전체적 담화의 이해에 근접하는 전통적 방법으로서의 듣기로는 실제 의사소통 상황에서의 목적을 달성하기 힘들다[3]. 전통적 방법으로의 듣기 이해, 즉 학습자가 음성이나 지엽적인 어휘 처리에 얽매이거나 그것의 어려움에 빠져 담화 전체의 이해에 방해를 받지 않게 하기 위해서는 제2언어 학습의 초기 단계에서부터 듣기 활동에 관한 전략을 교수하는 것이 바람직하다. 앞서도 언급하였듯이 듣기 활동의 동일한 정보가 청자가 어떠한 목적으로 듣느냐, 정보에 대해 어떤 예측을 하느냐 등에 따라 해석이 달라지며 의사소통이 실패할 수도 성공할 수도 있기 때문에 효과적인 듣기 이해를 위해서는 문화적, 사회적 능력의 배양과, 학습자들이 담화 내용이나 맥락에 대한 지식, 문법 등을 활용하여 곧 듣게 될 담화 혹은 문장이나 낱말의 내용을 예측하게 하는 훈련이 필요하다. 특히 듣기 이해 능력에 대한 교육은 일회적, 제한적인 한계가 있기 때문에 교실 활동만으로는 충분한 능력 신장을 기대하는 데 한계가 있으므로 듣기 이해 전략에 대한 체계적인 지도가 필요하다고 할 수 있다.

2. 듣기 이해 교육의 방법과 원리

1) 듣기 이해 교육의 기본 원리

제 2언어에서의 듣기 이해 교육은 모어의 듣기 활동과 유사해야 한다. 그러기 위해서는 학습자의 동기화가 중요하다. 학습자의 내재적 동기화를 유도하고 강화할 수 있어야 한다. 이를 위해서는 각 수업 시간별 목표가 분명해야 하며 교육 목표에 적합한 자료의 선정 및 이의 효율적인 활용 방안의 구성이 필요하다. 또한 듣기 이해 교육은 학습자 중심(learner-centered)이어야 한다. 학습자 중심의 듣기 교육은 학습자의 동기를 진작시킬 수 있다. 학습자 중심의 듣기 활동이란 교사가 학습자가 들어야 할 것이라고 추측한 듣기 활동이 아닌, 학습자의 요구에 부합하는 듣기 활동이다.

듣기 이해 교육의 자료는 실제적이어야 하며 과제 중심적이어야 한다. 자료의 실제성은 중요한 요소이다. 실제로 제2언어 학습자가 혹은 모어 화자가 들을 가능성이 있는 자료인지가 중요하다. 문어 자료를 음성화한다고 하여 듣기 자료가 되는 것이 아니라는 점을 명심해야 한다. 또한 듣기 자료에는 구어로서의 특성이 잘 나타나 있어야 한다. 발음이나 억양, 어휘, 문법, 표현 등 구어의 특성이 드러난 실제적 자료의 구성이 중요하다.

다음으로 듣기 이해 교육은 일회적 제한적이므로 학습자가 스스로 듣기 이해를 향상시킬 수 있도록 듣기 전략을 개발시켜 줄 수 있어야 한다. 교사는 학습자가 부딪칠 모든 듣기 상황에 대해 연습시킬 수는 없다. 교사는 최대한 학습자에게 여러가지 듣기 경험을 시킬 뿐이다. 따라서 교사는 학습자가 무수한 듣기 상황에서 어떻게 듣기를 해야 하는지 전략을 개발할 수 있도록 교육해야 한다.

2) 듣기 자료 선정 및 구성의 기본 원리

교사가 듣기 자료를 준비할 때는 우선 학습자의 수준보다 어렵거나 너무 쉽거나 하지 않아야 한다. 그리고 듣기는 학습자의 동기가 없으면 학습자의 활발한 참여를 유도하기 어렵기 때문에 학습자의 동기화가 필요한데 그러기 위해서는 무엇보다 해당 수업 시간의 교육 목표에 부합하는 것으로 준비하는 것이 중요하다. 그리고 듣기는 학습자에게 짧은 시간 동안 고도의 집중력을 요구하게 되는데 이 경우 내용이 너무 지루하거나 고루하다면 학습자의 흥미와 집중력을 끌 수 없다. 또한 자료의 내용이나 활동이 현실에 부합하지 않는다면 학습자의 흥미도가 떨어지게 된다. 그러므로 무엇보다도 듣기 자료를 선정하거나 준비할 때는 자료와 과제의 실제성을 점검해 보아야 한다. 또 듣기 활동은 어느 정도의 기억력도 요구하기 때문에 기억 능력을 넘어서는 너무 긴 내용의 듣기는 집중력과 흥미를 떨어지게 한다. 따라서 듣기 자료는 적절히 통제된 양이어야 한다. 듣기 자료를 구성하기 위해 점검해 볼 사항을 간단히 살펴보면 다음과 같다.

· 자료는 학습자의 수준에 맞는가?
· 자료가 해당 수업 시간의 교육 목표에 부합하는가?
· 자료가 학습자의 흥미를 유발할 수 있는가?
· 자료의 내용이 현실적이고 실제적인가?
· 자료의 활동은 목적 있는 활동인가?
· 자료의 활동과 과제가 실제적인가?
· 자료의 양은 적절히 통제되었는가?
· 자료 및 활동은 듣기 전략을 개발시켜 줄 수 있는가?

듣기 활동은 말하기나 쓰기, 읽기 등의 활동보다 학습자에게 짧은 시간 집중력을 요구하기 때문에 학습자에게 많은 부담을 주는 활동이다. 따라서 듣기 자료를 구성할 때는 학습자가 스스로 듣기에 자신감을 얻을 수 있도록 구성하는 게 좋다. 이렇게 하기 위해서는 교사가 듣기 자료를 구성할 때 어느 정도의 난이도를 조절해 주어야 한다. 이렇게 하기 위해서는 먼저, 교사는 듣기 활동 중 쉬운 과제를 먼저 제시하는 것이 좋다. 학습자가 준비가 덜 된 상태에서 어려운 과제의 듣기에 접하게 될 경우, 듣기에 대한 자신감을 상실하고 좌절하게 됨으로써 듣기에 더 이상 능동적으로 참여하지 못하게 된다. 따라서 학습자에게 동기를 부여하고 그 이후의 복잡한 언어 입력에 대해 처리할 수 있는 방법을 제공해 줄 수 있도록 과제의 난이도를 조절하고 쉬운 과제부터 제시하는 것이 중요하다.[4)]

듣기 과제의 난이도는 입력물 언어의 난이도에 따라 달라질 수 있다. 즉 어휘나 문법의 난이도가 높다면 당연히 듣기 과제 난이도도 높아질 것이다. 그러나 이 외에도 듣기가 일어나는 맥락도 난이도에 영향을 미친다. 즉 청자가 입력물의 주제와 친숙한지 혹은 듣기가 일어나는 상황이 일상적으로 청자가 접할 수 있는 상황인지에 따라 듣기 과제의 용이성은 달라질 것이다. 또 듣기 활동의 과제나 목적 역시 난이도에 영향을 미친다. 입력물의 전체적인 요점만을 파악하는 것보다는 세부 사항에 대해 기억하게 하는 것이 훨씬 더 어려운 과제가 될 것이다. 또 들으면서 그림을 그린다거나 일치하는 내용을 선택한다거나 하는 활동이, 다 듣고 난 후 요약을 한다거나 들은 내용을 기억해서 말해야 하는 과제보다 훨씬 쉬울 것이다.

이 외에도 듣기 자료 자체의 특성도 듣기 활동의 난해성에 영향을 미친다. 처리되어야 할 정보의 양에 따라 과제 부담량이 달라질 수 있다. 또 듣기 자료가 제시하는 정보의 구성 방식이 듣기 활동의 난이도를 좌우한다. 예를 들어 사건이 일어난 순서대로 묘사된 자료가 순서를 뒤바꾸거나 되돌아가서 회상하는 것보다 듣고 이해하기 쉽다. 또 이야기의 요점이 명확하게 제시되어 있는 것이 그것을 청자가 추론해야 하는 것보다 듣고 이해하기가 쉽다.

또 듣기 자료에 주어진 정보의 명확성도 듣기 이해의 용이성에 영향을 미친다. 즉 정보의 양이 너무 많지 않고 주어진 정보의 이해를 쉽게 도와주는 여분의 내용을 담고 있다면 그러한 듣기 자료가 그렇지 않은 자료보다 듣고 이해하기 쉬울 것이다.

다음으로 듣기 자료의 종류로, 실제 듣기 상황과 유사한 듣기 자료의 확보가 중요하다. 우리는 정보를 얻거나 의견을 조율하거나 즐거움을 얻는 등 다양한 목적을 위해 듣기 활동을 하게 된다[5]. 따라서 이러한 목적에 따라 다양한 형태의 듣기가 이루어질 수 있다. 즉 실제 대화 상황을 듣거나 안내방송, 텔레비전, 라디오, 연극, 영화, 강연, 연설, 전화, 노래 등 다양한 형태의 듣기를 할 수 있다. 이러한 형태에 맞추어 교사는 학습자 수준 및 듣기 교육 목적에 맞추어 교사가 작성한 자료 프린트를 기반으로 교사의 육성을 이용한 듣기 자료의 형태에서부터 학습자 수준에 맞게 제작된 한국어 학습용 오디오 · 비디오 테이프(혹은 CD), 실제 듣기 자료에 가깝게 제작된 오디오 테이프나 공공장소의 발화를 녹음한 오디오 테이프, 실제 녹화된 비디오 테이프 등 다양한 형태의 자료를 활용할 수 있다.

3. 듣기 이해 교육의 전개

1) 듣기의 목적에 따른 과제 유형

우리는 감정을 교환한다든지 정보를 교환하기 위해 다른 사람과 대화를 하게 된다. 이러한 대화 상황에서 청자는 능동적 참여자로 대화를 조정하고 대화에 참여하게 된다. 이러한 실제적 듣기가 되게 하기 위해 청자는 언제든지 화자로 전환될 수 있어야 하며, 청자가 대화에 참여하는 경우 청자는 대화의 내용을 이해해야 할 뿐만 아니라 화자의 의도, 혹은 화자의 함의, 대화의 맥락 등을 파악해야 한다. 따라서 문장이나 대화 차원의 이해 능력뿐 아니라 담화 차원의 이해 능력도 필요하다. 또 우리는 어떠한 정보를 얻기 위해 듣기를 하기도 한다. 예를 들어 뉴스나 알리는 말씀, 일기예보 등 다양한 듣기를 하게 되는데 이 경우에는 대화에 참여하는 것과는 다른 전략을 사용하여 듣기를 하게 된다. 따라서 듣는 목적에 따라 다른 과제 유형이 설정될 수 있다. 즉 대화의 참여자로서 질문을 듣고 답하거나, 담화 상황을 파악하는 과제가 주어질 수도 있고, 필요한 정보만을 파악하는 과제 혹은 세부 내용을 파악하는 과제 등 듣는 목적에 따른 과제가 주어질 수 있다.

① 대화 듣고 맞는 대답 고르기

대화를 이해하고 이에 맞는 대답을 고르게 하는 것으로, 개인적이고 친숙한 주제에서 공식적이고 전문적인 주제에 이르기까지 학습자 수준에 맞추어 작성된 대화문에서 일정 부분을 학습자가 채우도록 과제이다. 대화의 난이도 등은 등급에 따라 조절한다. 초급에서는 언어의 구조나 형태 등의 표면적 이해 연습에 활용될 수 있으나 고급으로 갈수록 맥락 이해를 전제로 하는 담화 이해 능력을 연습시키는 데 초점을 맞추는 것이 좋다. 이 경우 맥락과 상황이 명확하게 드러나도록 대화가 구성되어야 한다.

• CD 2 : 23~27

| 1~5 | 각각의 대화를 듣고 다음에 이어질 대화 문장을 고르십시오. (4점×5=20점)

1. (　)

① 시험 끝나고 후회하면 뭐해요?
② 성적이 많이 떨어지면 뭐해요?
③ 공부 좀 하면 뭐해요?

2. (　)

① 보상금을 받는다고 해도 죽었는데 무슨 소용이 있겠어요.
② 사고로 죽은 사람에게 보상금을 2억 원씩 지급하면 돼요?
③ 보상금을 2억 원 지급한다면서요?

■ 듣기 지문

1. 여자: 시험 어땠어요? 잘 봤어요?
남자: 성적이 많이 떨어졌어. 공부 좀 할 걸 그랬어.

2. 남자: 이번 사고로 죽은 사람들이 많은가 봐요.
여자: 사망자에게는 보상금 2억 원씩 준대요.

〈한달 완성 한국어 중급 듣기〉 (2006:56)

② 담화적 요소 파악하기

담화의 전체적 이해를 전제로 담화 장소나 시간을 파악하거나, 화자의 태도를 추측하게 하거나, 주어진 담화가 전체 담화의 어느 부분인지를 파악하게 하는 활동이다. 아래는 대화를 하고 있는 사람이나 장소를 파악하게 하는 과제 유형의 예이다.

오리엔테이션을 듣고 질문에 답하십시오.

|1| 누가 누구에게 이야기했습니까?

- 말하는 사람 : ____________________
- 듣는 사람 : ____________________

■ 듣기 지문

안녕하십니까? 연세대학교에 오신 것을 환영합니다. 저는 오늘 새내기 오리엔테이션을 진행할 학생과장 김영민입니다. 낯선 곳에서 모든 것을 시작하셔야 되는 여러분은...〈중략〉

〈한달 완성 한국어 중급 듣기〉 (2006:82)

마이클 씨가 종합병원에 갔습니다.

1 대화를 듣고 질문에 답하십시오.

|1| 여기는 어디입니까? 고르십시오. (   )

■ 듣기 지문

마이클: 제가 오늘 이 병원에 처음 왔거든요. 어떻게 하면 되죠?

안내: 저기 번호표 보이시죠? 먼저 번호표를 뽑으신 후에 이 접수증을 쓰셔 가지고 접수하세요.

마이클: 근데, 제가 허리가 아픈데요, 어느 과로 가요?
안내: 정형외과로 접수하세요.
마이클: 어느 선생님이 잘 보시죠?
안내: 김기석 선생님이 허리 전문이세요.

〈한달 완성 한국어중급 듣기〉 (2006:46)

또 연설이나 안내 방송, 광고 방송, 뉴스 등 다양한 담화 유형의 듣기를 하고 이들의 담화 유형을 파악하게 하기도 한다. 다음의 예는 뉴스를 듣고 뉴스에 나타난 담화 유형을 파악하게 하는 과제 유형이다.

1 뉴스를 듣고 질문에 답하십시오.

|1| 이런 뉴스를 뭐라고 합니까? (   )

① 속보　　② 광고　　③ 일기예보

■ 듣기 지문

봄을 시샘하는 추위가 시작됐습니다. 내일 아침 서울이 영하 5도, 대관령은 영하 10도로 남해안 지역을 제외한 대부분 지역이 영하권으로 뚝 떨어지겠습니다. 〈중략〉…

〈한달 완성 한국어 중급 듣기〉 (2006:98)

③ 정보 찾기

이는 주어진 담화에서 청자에게 필요한 정보만을 선택적으로 파악하게 하는 것이다. 즉 듣기 내용의 세부 사항의 자세한 이해보다는 청자에게 필요한 정보만을 파악하게 하는 것이다. 녹음이나 안내 방송, 일기예보 등에서 필요한 정보만을 찾는 연습이 이러한 과제의 예라 할 수 있다. 다음의 예는 일기예보에서 필요한 정보인 내일의 날씨만을 정보로 파악하게 하는 것이다.

|2| 어느 계절입니까?

계절	힌트가 된 단어

|3| 내일 서울의 기온은 몇 도입니까?

• 최저 : ____________ °C • 최고 : ____________ °C

■ 듣기 지문

봄을 시샘하는 추위가 시작됐습니다. 내일 아침 서울이 영하 5도, 대관령은 영하 10도로 남해안 지역을 제외한 대부분 지역이 영하권으로 뚝 떨어지겠습니다. 또 바람도 강하게 불면서 체감온도는 더 낮겠습니다. 하지만 이번 추위는 오래 가지 않고 낮부터는 풀릴 것으로 예상됩니다. 내일은 전국이 대체로 맑겠습니다. 아침 기온은 서울과 대전, 청주가 영하 5도로 기온이 큰 폭으로 떨어지면서 춥겠습니다. 하지만 한낮에는 영상 5도를 웃돌 것으로 보여서 일교차가 크게 벌어지겠습니다. 기상캐스터 채유정이었습니다.

〈한달 완성 한국어 중급 듣기〉 (2006:98)

④ 내용 질문에 답하기

담화의 전체적 혹은 세부 내용에 대한 질문을 하는 과제이다. 이는 주관식, 선다식, 진위형으로 제시될 수 있다.

네 사람이 선물과 관계된 추억에 대해 이야기 합니다.

|1| 들은 내용과 같은 것에 √표 하십시오.

1) ① 아버지는 그날 퇴근이 좀 늦어져서 그냥 오셨다. □
② 아버지는 그날 스펀지케이크를 사 오셨다. □

2) ① 나는 아버지가 꽃도 안 사 오셔서 울었다. □
② 나는 아버지가 사 온 케이크가 예쁜 생일 케이크가 아니라서 울었다. □

〈한달 완성 한국어 중급 듣기〉 (2006:3)

|2| 들은 내용과 같으면 ○, 다르면 ×표 하십시오.

(1) 이 인기배우는 음주운전 사고를 내고 뺑소니를 쳤다. ( )
(2) 최근 1년 동안 음주운전 사고가 늘었다. ( )
(3) 이 뉴스에서 말한 연예인 음주운전 사고는 세 건이다. ( )

〈한달 완성 한국어 중급 듣기〉 (2006:53)

2) 듣기 활동과 과제 유형

① 듣기 전 활동(pre-listening)

우리가 모어에서 듣기 활동을 할 때 어떠한 담화 상황이나 앞으로 듣게 될 내용에 대한 아무런 기대 없이 듣게 되는 경우는 아주 드물다. 따라서 교실 수업에서 교사의 어떠한 사전 정보도 없이 갑작스럽게 테이프를 틀어 주면서 듣기 활동을 시작하게 되는 경우 학습자는 상당한 어려움을 느끼게 될 것이다. 반면 학습자가 전달 내용의 특징이나 담화 상황 등을 미리 듣게 된다면 과제는 상당히 쉬워질 것이다.

그러므로 듣기 전 활동은 학습자로 하여금 실제 듣기 활동과 유사한 듣기 활동을 구성하고, 듣기에 자신감을 가질 수 있게 한다는 면에서 매우 중요하다. 또 듣기 전 활동은 학습자에게 듣기 과제를 수행하기 전에 주제를 소개하거나 듣는 데 필요한 언어 지식을 제공한다거나 주제에 대하여 이미 갖고 있는 지식, 생각 또는 의견 등을 끌어냄으로써 주제에 대한 흥미를 가지도록 하고 학습자에게 듣기의 목적을 유발시킬 수 있다. 우리는 실제 듣기 활동을 할 때 단순히 듣는 것뿐만 아니라 듣기 이해를 도와주는 시각적 도움 자료로부터 추가적인 도움을 얻는다. 따라서 이러한 시각적 자료는 듣기 과제를 수행하는 데 많은 도움을 줄 수 있다[6].

듣기 전 활동으로 할 수 있는 활동의 예로는 제목이나 그림, 사진, 도표, 실물 등 주제 관련 시각 자료로 주제를 유도한다든지, 주제와 관련된 주변적 질문이나 경험담 등 들을 내용에 대해 예비 질문을 하는 활동이 있을 수 있다. 또 앞으로 들을 내용에 어떠한 어휘가 나올지 예상되는 관련 어휘를 목록화해 본다든지, 교사가 제시한 주제 관련 어휘를 분류해 본다든지 하는 어휘 활동을 통해 필요한 언어 지식을 미리 제공할 수도 있다. 물론 주제와 관련된 읽기나 말하기에 이어 듣기를 함으로써 타 기능에서 듣기 활동으로 유도할 수도 있다. 또 주제나 출처, 등장인물 소개, 주제 관련 사전 정보 등을 제공함으로써 앞으로 들을 내용에 대한 스키마를 활성화시키는 활동도 할 수 있다.

이와 같은 활동의 일례로 초급에서는 듣기의 주제와 관련된 여러 종류의 사진이나 도표, 그림 등을 제시하고 그림에 대한 이야기를 하거나 그와 관련된 경험담을 이야기하며 학습자의 스키마를 활성화시킨 후 그림 등을 보고 생각나는 단어를 말하게 하면서 들을 내용과 관련하여 어휘를 목록화한 후 듣기 활동에 들어갈 수 있을 것이다. 또 중고급에서는 관련된 읽기 자료(이야기책, 신문 기사, 짧은 이야기 등)를 제시하고 이에 대한 이야기를 하며, 자신의 경험이나 자신의 나라와 연관 지어 이야기하게 함으로써 학습자의 스키마를 활성화시키고 읽기 자료의 삽화나 그림, 사진, 혹은 읽기 자료를 통해 단어를 들을 내용과 연관 지어 어휘를 목록화한 후 듣기 활동에 들어갈 수 있을 것이다. 실제 듣기 전 활동으로 이루어질 수 있는 활동의 예를 자세히 살펴보면 다음과 같다.

ㄱ. 시각 자료를 이용한 듣기 전 활동

그림이나 사진, 도표 등을 이용하여 들을 내용에 대해 미리 추측하게 함으로써 듣기 이해에 도움이 되도록 하는 것이다. 다음 〈자료〉에서와 같이 문제가 생겨 문제를 해결하러 수리센터 등을 찾아가는 대화를 듣기 전 그와 관련된 그림을 제공함으로써, 어떠한 상황에서 대화가 이루어지는지, 어떠한 대화가 진행될지 등을 학습자에게 미리 추측하게 하여 듣기 이해에 도움을 줄 수 있다. 그림을 보고 여기가 어디인지, 여자가 여기에 왜 왔을지, 여자와 남자가 무슨 이야기를 할지 등을 그룹으로 토의하게 한 후 대화를 듣는다면 학습자는 흥미를 가지고 훨씬 쉽게 듣기 활동을 할 수 있을 것이다. 또 그림이나 사진을 보고 말하게 하는 것은 학습자가 듣기 내용과 관련하여 반드시 필요한 어휘를 떠올리게 하거나 다시 학습하게 하는 효과적인 방법이 된다. 〈자료 2〉에서와 같이 어느 위치에 무엇을 놓아야 하는지를 들어야 할 때 '무엇'의 어휘를 미리 점검해 봄으로써 학습자의 듣기 활동을 용이하게 할 수 있다.

자료1: 〈한달 완성 한국어 중급 듣기〉 (2006:19)

자료2: 〈Exciting Korean〉 (1998:22)

ㄴ. 어휘를 이용한 듣기 전 활동

듣기 활동에서의 어려움 중 하나는 어휘의 어려움이다. 학습자들은 그들에게 익숙하지 않은 어휘가 등장했을 때 듣기에 많은 어려움을 느낀다. 따라서 들을 내용에 대한 어휘를 미리 점검하거나, 관련된 어휘를 목록화해 보는 것은 들을 내용에 대한 스키마도 활성화시킬 수 있다. 이미 위에서 살펴본 바와 같이 듣기 활동의 자료에 드러난 그림을 이용하여 어휘를 확인하거나 점검하기도 하고, 아래와 같이 어휘 목록을 미리 제시하기도 한다.

첫째 마당 CD 1 : 34~37

단어 탈수 짜다 속도 다운이 되다 시동이 걸리다 얼룩

자료10: 〈한달 완성 한국어 중급 듣기〉 (2006:20)

또 다음과 같이 듣기 활동을 하기 전 어휘 활동만을 위한 그림을 이용하여 어휘를 확인하기도 한다. 즉 듣기에 앞서 그림을 보면서 앞으로 들을 내용과 관련된 어휘를 미리 연습하는 것으로, 학습자들이 짝활동이나 그룹으로 할 수 있으면 사전을 이용하여 모르는 어휘를 미리 학습하게 할 수도 있다. 그리고 듣기 전의 텍스트를 이용하기도 하고, 듣기 활동의 질문을 이용하여 어휘를 점검하기도 한다. 또 〈자료3〉에서와 같은 빈칸 채우기 과제의 듣기 활동에서는 듣기 전 텍스트를 미리 보면서 빈칸에 들어갈 어휘를 예측하게 할 수도 있다. 이러한 경우 예측하는 어휘를 제시할 수도 있고 제시하지 않을 수도 있다. 듣기 전에 어휘를 예측하고 들은 후 자신이 예측한 것과 맞았는지 확인하게 한다.

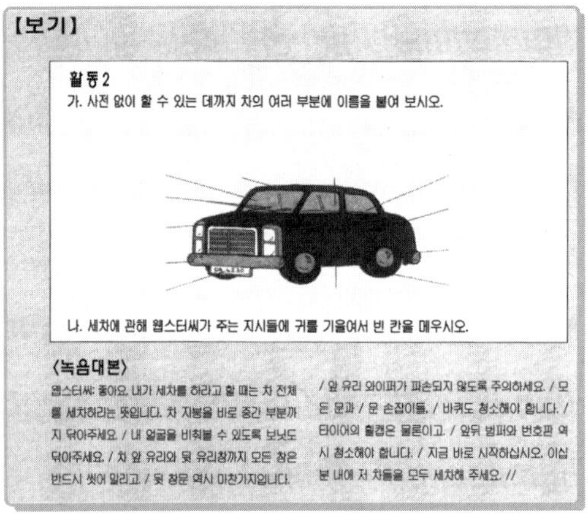
[보기]

활동 2

가. 사전 없이 할 수 있는 데까지 차의 여러 부분에 이름을 붙여 보시오.

나. 세차에 관해 웹스터씨가 주는 지시들에 귀를 기울여서 빈 칸을 메우시오.

〈녹음대본〉

웹스터씨: 좋아요. 내가 세차를 하라고 할 때는 차 전체를 세차하라는 뜻입니다. 차 지붕을 바로 중간 부분까지 닦아주세요. / 내 얼굴을 비춰볼 수 있도록 보닛도 닦아주세요. / 차 앞 유리와 뒷 유리창까지 모든 창은 반드시 씻어 말리고, / 뒷 창문 역시 마찬가지입니다. / 앞 유리 와이퍼가 파손되지 않도록 주의하세요. / 모든 문과 / 문 손잡이들, / 바퀴도 청소해야 합니다. / 타이어의 휠캡은 물론이고, / 앞뒤 범퍼와 번호판 역시 청소해야 합니다. / 지금 바로 시작하십시오. 이십 분 내에 저 차들을 모두 세차해 주세요. //

〈듣기 교육〉 (1999:63)

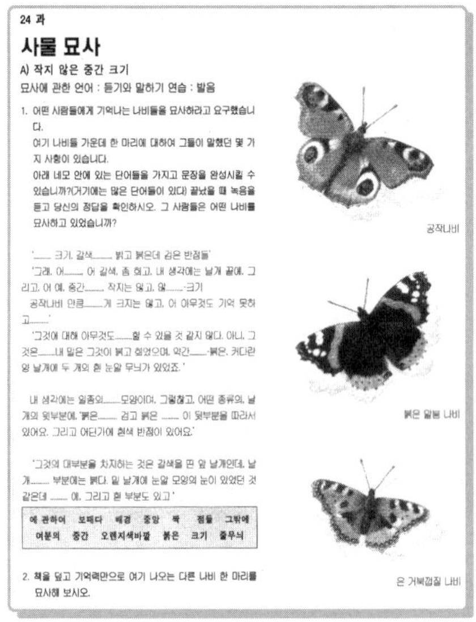
24 과

사물 묘사

A) 작지 않은 중간 크기

묘사에 관한 언어 : 듣기와 말하기 연습 : 발음

1. 어떤 사람들에게 기억나는 나비들을 묘사하라고 요구했습니다.
   여기 나비들 가운데 한 마리에 대하여 그들이 말했던 몇 가지 사항이 있습니다.
   아래 네모 안에 있는 단어들을 가지고 문장을 완성시킬 수 있습니까?(거기에는 많은 단어들이 있다) 끝났을 때 녹음을 듣고 당신의 정답을 확인하시오. 그 사람들은 어떤 나비를 묘사하고 있었습니까?

'...... 크기. 갈색...... 밝고 붉은데 검은 반점들'

'그래. 어...... 어 갈색. 좀 희고. 내 생각에는 날개 끝에. 그리고. 어 예. 중간...... 작지는 않고. 않......-크기

공작나비 만큼......게 크지는 않고. 어 아무것도 기억 못하고......'

'그것에 대해 아무것도......할 수 있을 것 같지 않다. 아니. 그것은......내 말은 그것이 붉고 희었으며, 약간......-붉은. 커다란 앞 날개에 두 개의 흰 눈알 무늬가 있었죠.'

내 생각에는 일종의......모양이며, 그렇잖고. 어떤 종류의. 날개의 윗부분에. '붉은...... 검고 붉은 ...... 이 뒷부분을 따라서 있어요. 그리고 어딘가에 흰색 반점이 있어요.'

'그것의 대부분을 차지하는 것은 갈색을 띤 앞 날개인데. 날개...... 부분에는 붉다. 밑 날개에 눈알 모양의 눈이 있었던 것 같은데 ...... 예. 그리고 흰 부분도 있고'

에 관하여	보태다	배경	좋앙	쪽	점들	그밖에
여분의	중간	오렌지색바깥	붉은	크기	줄무늬	

2. 책을 덮고 기억력만으로 여기 나오는 다른 나비 한 마리를 묘사해 보시오.

자료3: 〈듣기 교육〉 (1999:61)

ㄷ. 사전 질문을 이용한 듣기 전 활동

듣기 활동에 앞서 듣기 상황과 유사한 경험을 질문한다든지, 앞으로의 일을 예측하게 함으로써 듣기 이해 활동을 도울 수 있다. 다음과 같이 전화 대화를 듣기 전에 주제와 관련된 질문을 할 수 있다.

전화를 자주 하십니까? 주로 어떤 일로 전화하십니까?

1 대화를 듣고 다음을 완성하십시오.

| 1 |

_______ 에게
전화하신 분 _______
☐ 전화왔었습니다
☐ 전화바랍니다
☐ 다시 전화 하시겠답니다
☎ _______
메모

| 2 |

_______ 에게
전화하신 분 _______
☐ 전화왔었습니다
☐ 전화바랍니다
☐ 다시 전화 하시겠답니다
☎ _______
메모

| 3 |

_______ 에게
전화하신 분 _______
☐ 전화왔었습니다
☐ 전화바랍니다
☐ 다시 전화 하시겠답니다
☎ _______
메모

〈한달 완성 한국어 중급 듣기〉 (2006:62)

또는 듣기 활동지의 어휘나 표현을 이용하여 학습자의 경험을 질문하고 앞으로의 대화에서 어떠한 내용이 나올지 예측하게 할 수도 있다. 다음의 예에서 보통 이웃집 사이에 어떤 문제가 발생할 수 있는지 [보기]의 목록을 보면서 학습자의 경험이나 지식에 대해 질문할 수 있다.

8. 윗집과 아랫집은 어떤 불만이 있습니까? 각각 보기에서 고르십시오. (5점)

| 보기 |

① 밤에 목욕을 한다.　　② 개가 짖는다.
③ 정신이 없다.　　④ 물소리 때문에 신경이 쓰인다.
⑤ 잠을 못 잔다.

〈한달 완성 한국어 중급 듣기〉 (2006:57)

ㄹ. 다른 기능에서의 유도를 통한 듣기 전 활동

말하기나 읽기, 쓰기 등 다른 기능에서 듣기 활동으로 진행할 수도 있다. 주제와 관련된 말하기 활동 후 듣기 활동으로 이어지기도 하고, 주제와 관련된 읽기 활동 후 듣기 활동을 할 수도 있다.

② 듣기 본 활동(While-listening)

듣기 활동에서는, 학습자가 과제 내용을 잘 이해할 수 있도록 과제를 구성하고 제시하고 교사는 학습자가 과제를 잘 수행하도록 도와주어야 한다. 듣기 과제를 잘 수행하기 위해서는 학습자가 과제를 명확하게 파악할 수 있도록 과제가 구성되어야 하며, 과제의 수행이 듣기 활동에 도움이 되도록 구성되어야 한다. 듣기 활동은 다음과 같이 선긋기, 일치하는 그림 선택하기, 대화에서 대답 고르기, 표 완성하기, 메모하기, 내용 질문에 답하기 등 다양한 방법으로 이루어질 수 있다.

ㄱ. 일치하는 그림 선택하기

담화나 대화 내용과 관련된 그림을 선택하는 활동으로 초급 단계에서 활용할 수 있는 과제 유형이다. 이 활동은 듣기 내용을 들으면서 학습자가 머릿속으로 어떠한 이미지를 떠올리는 자료일 경우 가장 적합하다. 즉 굳이 이미지가 그려지지 않는 내용은 그림 선택하기 활동의 과제를 구성할 필요는 없다. 그리고 실제 듣기 활동과 유사하게 과제를 구성해야 한다. 실제로 듣기에서 그림 선택과 유사한 활동을 하게 하는 듣기 활동이어야 학습자가 듣기 활동을 할 때 목적을 가지고 듣기 활동을 할 수 있다. 이 활동에서는 무엇보다도 그림이 명확해야 학습자가 듣기 이해 활동이 아닌 다른 요인으로 어려움을 겪지 않게 할 수 있다. 아래와 같이 여러 상황을 듣고 각각 일치하는 그림을 고를 수도 있고, 대화 상황을 묘사한 그림을 선택하게 할 수도 있으며, 대화 내용에 나타난 주요 내용과 일치하는 그림을 선택하게 할 수도 있다.

1 이야기를 듣고 어떤 가방을 이야기하는지 □에 번호를 쓰십시오.

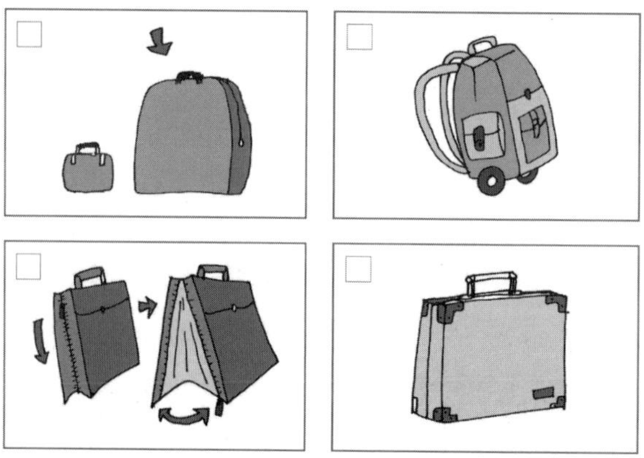

■ 듣기 지문

1. 이 가방은 배낭인데, 바퀴가 달려 있어서 끌고 다닐 수도 있어요. 그런데 한 가지 생각하셔야 할 점은 바퀴와 손잡이 무게 때문에 좀 무겁습니다.
2. 이 가방은 크기가 꽤 커서 따로 다른 가방을 준비하지 않으시고 이거 하나만 가지고 가셔도 될 겁니다. 그런데 이건 기내 반입은 안 됩니다.
3. 플라스틱 가방은 안에 들어 있는 물건에 손상이 덜 가죠. 그렇지만 가방 내부가 좀 좁아져서 물건이 많이 안 들어갑니다....〈중략〉

〈한달 완성 한국어 중급 듣기〉 (2006:26)

3 뉴스를 듣고 질문에 답하십시오.

1 이 뉴스에서 말하는 인기배우가 낸 사고의 상황을 고르십시오. (　　)

■ 듣기 지문

앵커: 다음은 주간 연예계 소식입니다. 김민석 기자와 이야기를 나누겠습니다. 이번 주에 연예계에 안 좋은 소식들이 좀 있지요?

김기자: 네, 그렇습니다. 인기 배우의 음주 운전 사고 소식입니다. 차를 몰고 가다가 길가에 세워 둔 승용차와 추돌해서 불이 났습니다.

앵커: 인명 피해는 없었나요?

김기자: 다행히 앞 차에는 사람이 타고 있지 않았습니다.

앵커: 최근에 연예인 음주 운전 사고 소식이 많은 걸로 알고 있는데요....〈중략〉...

〈한달 완성 한국어 중급 듣기〉 2006:53)

|1| 김치찌개에 들어간 재료에 √표 하십시오.

■ 듣기 지문

여러분, 오늘은 돼지고기 김치찌개를 만드는 법을 배워 보도록 하겠습니다. 자, 그럼 먼저 재료를 말씀드리겠습니다.

먼저, 배추김치 1/4포기, 돼지고기 100g을 준비하세요. 돼지고기는 기름이 좀 있는 것이 좋아요. 그리고 두부 반 모, 굵은 파 조금하고 고춧가루, 식용유, 국간장도 준비하시고요, 고기를 양념해야 하니까 다진 마늘과 후춧 가루도 준비해 놓으세요....〈중략〉....

〈한달 완성 한국어 중급 듣기〉 (2006:94)

이러한 활동의 변형으로 그림에서 듣기 내용과 불일치하는 부분을 찾게 할 수도 있다. 또 중고급에서는 다음과 같이 그림이 아닌, 듣기 내용과 일치하는 도표를 선택하는 활동도 할 수 있다.

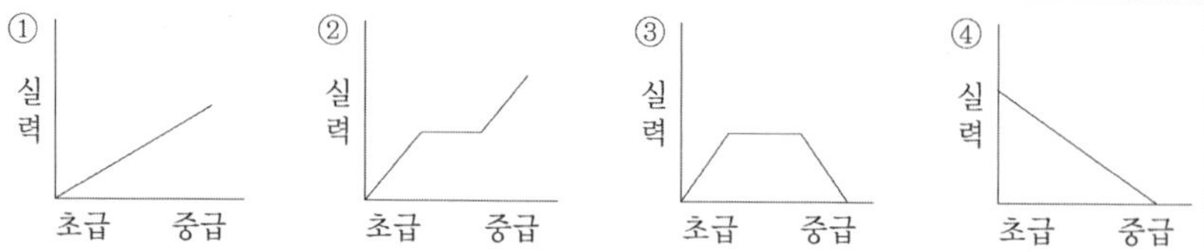

■ 듣기 지문

〈선생님: 그러시군요. 그건 토마스 씨 혼자만 하는 고민은 아니에요. 외국어를 배우는 사람이라면 누구나 겪게 되는 과정입니다. 초급 단계에서는 실력이 그야말로 일취월장이지요. 한 마디도 못 했던 사람이 '안녕하세요?' 라는 인사를 시작으로 간단한 일상 회화까지 가능하게 되니까요. 공부하는 재미에 시간 가는 줄 모를 때예요. 그런데 중급이 되면 좀 달라져요. 열심히 하기는 하지만 실력이 늘 제자리인 것 같은 느낌이 들 거예요. 〈중략〉....

〈한달 완성 한국어 중급 듣기〉 (2006:86)

ㄴ. 그림 그리기

이 활동은 들은 내용을 그리게 하는 활동이다. 단순한 사물을 그리는 활동에서부터 좀 더 복잡한 그림을 그리는 것까지 다양하게 활동할 수 있으나, 듣기 활동이 그리기 활동 때문에 침해받지 않도록 하는 것이 중요하다. 또 이 활동은 성인 학습자보다는 어린 학생들에게 더 적합한 활동이다. 이 활동을 좀 더 쉽게 하기 위해서는 어느 정도 기본적인 그림이 그려진 상태에서 약간의 세부 사항만 그리게 한다든지, 지도 등에 간단하게 건물만 그리게 한다든지, 몇 시인지 시계에 그리는 등 아주 간단하게 그릴 수 있는 것이 적합하다.

|3| 다음의 용의자 중에서 범인에 가장 가까운 사람은 누구입니까? (　　,　　)

|4| 위의 그림에 용의자의 옷차림을 그려 넣으십시오.

〈한달 완성 한국어 중급 듣기〉 (2006:73)

1. James, Sally and Sumi are making seperate appointments. What time will they meet? Listen and draw the correct times on the clocks below.

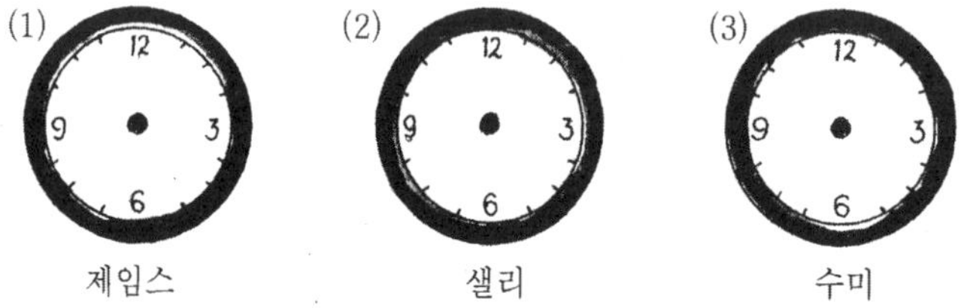

〈Exciting Korean〉 (1998:25)

ㄷ. 그림 순서대로 나열하기

들은 내용과 관련된 그림을 내용의 순서에 따라 나열하는 활동이다. 시간적 순서에 따라 진행되는 여행 이야기나, 일정한 순서를 안내하는 듣기 내용이 적당하다. 또 활동이 그림으로 이루어지는 것이 효율적인지도 이 활동을 선택하는 데 중요한 기준이다. 이러한 활동에서는 처음 시작되는 지점을 명시하는 것이 좋다. 즉 어떠한 내용을 기준으로 그 다음부터 순서 지을 것인지 명확하게 드러내야 하고 그림 또한 명확해야 한다.

|2| 다시 듣고 그림 밑에 요리순서에 따라 번호를 쓰십시오.

( ) ( ) ( ) ( ) ( )

■ 듣기 지문

...〈중략〉....준비가 다 되었으면 잘 익은 배추김치와 두부, 파를 먹기 좋은 크기로 써세요. 다음에 돼지고기는 먹기 좋은 크기로 썰어서 다진 마늘 한 큰 술, 다진 생강 한 큰 술, 후춧가루 조금 넣어 양념하세요. 냄비가 뜨거워지면 기름을 넣고 양념한 돼지고기를 넣어 볶다가 익기 시작하면 김치를 넣고 볶으세요....

〈한달 완성 한국어 중급 듣기〉 ((2006:94)

중고급에서는 그림 대신 어휘나 문장, 표현 등 문자를 이용할 수도 있다.

ㄹ. 선 긋기

이는 일치하는 그림 선택하기와 유사하며, 형식만 선으로 연결하는 것으로 바꾼 것이다. 이도 역시 초급에서 적절한 활동이며, 중고급에서는 그림 대신 어휘나 문장, 표현 등 문자를 이용할 수도 있다.

1. Listen and match the each name with the corresponding destination and mode of transportation.

다나카 •	• 춘천 •
민 호 •	• 은행 •
영 민 •	• 경주 •
필 립 •	• 중국 •

■ 듣기 지문

가: 다나카씨, 이번 방학에 뭐 할 겁니까?

나: 중국에 갈 겁니다.

가: 어떻게 갈 겁니까?

나: 배로 갈 겁니다.

가: 민호씨, 이번 주말에 어디에 가요?....

〈Exciting Korean〉 (1998:29)

ㅁ. 표 완성하기

들은 정보의 내용을 표에 채우거나 시간표나 일과표를 듣고 표를 작성하게 하는 활동이다. 표를 완성하는 것이 청자의 듣기 이해 과정과 유사한 활동이 되게 하는 것이 중요하다. 또 표에 써 넣는 것이 너무 많아 듣기 활동을 방해하지 말아야 한다. 표 완성하기 활동의 경우에는 실제성이 있는 듣기 활동일 때 학습자에게 동기와 흥미를 부여할 수 있다. 예를 들어, 경찰이 조서 형식에 사건의 자세한 경위를 써 넣어야 한다든지, 분실물 센터 직원이 분실물 신고를 적는 보고서에 자세한 상황을 적는다든지하는 것과 같은, 실제 상황과 유사한 과제를 수행하게 하는 것이 좋다. 또는 우리가 실제로 듣는 내용에 따라 비교를 통해 어떠한 결정을 해야 할 때 이를 표를 이용해 정리하는 경우가 있는데 이러한 활동과 유사한 듣기 활동을 구성할 수도 있을 것이다. 아래는 다양한 표 완성하기 활동의 예를 보인 것이다.

듣고 표를 완성하십시오.

가깝다　　값이 싸다　　음식이 많다　　조용하다　　깨끗하다

이름	식당	이유
웨이		
제임스		
미선		

〈연세 한국어1〉 (2007:111)

2 이야기를 다시 듣고 각각의 가방이 어떤 장점과 단점이 있는지 쓰십시오.

1		장점 단점	2		장점 단점
3		장점 단점	4	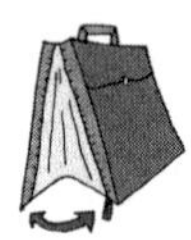	장점 단점

〈한달 완성 한국어 중급 듣기〉 (2006:26)

대화를 듣고 다음 표를 완성하십시오.

| 1 |

이름 : ____________

한국말을 공부한 기간 : ____________

한국말을 배운 장소 : 대학교 □ 학원 □ 한글학교 □ 혼자서 □

기타 ____________

한국말을 배우는 이유 : ____________

이전에 한국을 방문한 경험 : 있다 □ 없다 □

가장 어려운 부분 : 말하기 □ 듣기 □ 읽기 □ 쓰기 □

〈한달 완성 한국어 중급 듣기〉 (2006:77)

ㅂ. 메모하기

들으면서 메모하는 활동이다. 이도 역시 실제성 있는 활동으로 구성하는 것이 좋다. 즉, 실제로 들으면서 주요 사항을 메모한다든지, 누군가에게 들은 내용을 전달해야 할 때 주요 사항을 메모한다든지 하는 활동을 하게 된다. 다음은 전화를 듣고 내용을 다른 사람에게 전달하게 하는 활동의 예이다.

전화를 자주 하십니까? 주로 어떤 일로 전화하십니까?

1 대화를 듣고 다음을 완성하십시오.

| 1 |

______ 에게

전화하신 분 ______

□ 전화왔었습니다

□ 전화바랍니다

□ 다시 전화 하시겠답니다

☎ ______

메모

| 2 |

______ 에게

전화하신 분 ______

□ 전화왔었습니다

□ 전화바랍니다

□ 다시 전화 하시겠답니다

☎ ______

메모

| 3 |

______ 에게

전화하신 분 ______

□ 전화왔었습니다

□ 전화바랍니다

□ 다시 전화 하시겠답니다

☎ ______

메모

〈한달 완성 한국어 중급 듣기〉 (2006:62)

ㅅ. 참, 거짓으로 답하기/일치하는 내용 고르기

이 활동은 들은 내용을 점검하는 가장 손쉬운 방법이며 가장 보편적으로 쓰이고 있는 활동이다. 이 활동이 학습자에게 어려운 활동이 되지 않게 하기 위해서는 속임수를 쓴다든지, 실제 듣기 상황에서는 사소하게 넘어갈 수 있는 정보를 목표로 삼아 참, 거짓을 구분하게 하지 않아야 한다. 또 들은 내용과 다른 부분을 바로잡게 하는 활동으로 이루어지기도 하고, 여럿 중에서 맞는 내용을 고르는 선다형으로 이루어지기도 한다.

• CD 2 : 29

|7| 이야기를 듣고 맞는 것에 ○표 하십시오. (3점×3=9점)

1) ① 인라인 스케이트를 타고 싶었지만 빌려주는 곳이 없었다.
   ② 자전거를 탈 계획이었기 때문에 인라인 스케이트를 타지 않았다.

2) ① 연대 앞에서 버스를 타고 월드컵 공원에 갔다.
   ② 지하철을 타면 한번에 갈 수 있다.

3) ① 자전거를 한 시간 동안 타서 다리가 아팠다.
   ② 오래간만에 자전거를 타서 다리가 아팠다.

〈한달 완성 한국어 중급 듣기〉 2006:57)

1985년 9월 20일에 일어난 멕시코 지진에 대한 뉴스 보도를 들으시오.
그리고 1~5의 문장에서 잘못을 바로잡고 올바른 문장으로 써 보시오.

보기 : 멕시코 지진은 1906년에 일어난 샌프란시스코 지진보다 작은 것이었습니다.

1. 첫번째 보도에서 수천 명의 사람이 죽었다고 합니다.
2. 1500만의 인구를 가진 멕시코 시는 세계에서 가장 큰 도시입니다.
3. 지금 당장에는 멕시코에서 나오는 유일한 소식이 전화에 의한 것입니다.
4. 지진은 사람들이 막 퇴근하려고 하는 저녁 7시 19분에 멕시코를 강타했습니다.
5. 지진은 15초 동안 지속되었습니다.

〈듣기 교육〉 (1999:96)

ㅇ. 빈칸에 쓰기

내용을 듣고 들은 어휘를 빈칸에 써 넣는 활동이다. 이 활동을 하기 전에는 반드시 학습자가 지문을 충분히 읽을 수 있는 시간을 주면 활동을 더 쉽게 할 수 있다. 이 활동은 학습자들이 많은 부담을 느끼는 활동이므로 내용에 흥미가 있어야 하며, 듣기 전 활동을 충분히 해 주는 것이 중요하다.

> 제 고향은 부산입니다. 부산은 (　　　　　)고 사람들이 (　　　　　).
> 부산에는 바다가 있습니다. 그래서 생선이 (　　　　　).
> 대학교하고 (　　　　　)도 있습니다.
> 겨울에는 (　　　　　)고 여름에는 (　　　　　).
> 부산 (　　　　　)들은 친절하고 (　　　　　).
> 저는 제 (　　　　　)을 아주 사랑합니다.

〈연세 한국어〉 (2007:89)

③ 들은 후 활동 (Post listening)

들은 후 활동은 듣기가 끝난 후 들은 내용을 정리한다거나 요약한다거나, 들은 내용을 확인함으로써 이해를 확인하는 것이다. 이해를 확인하기 위해, 들은 후 활동으로 초급에서는 질문지를 이용하여 내용과 관련된 질문에 대답을 하게 할 수도 있고, 간단히 들은 내용을 요약하게 하기도 하며, 어휘와 문법이 중요하게 부각된 듣기 활동이라면 중요한 문법과 어휘를 간단히 점검하는 것으로 들은 후 활동을 마무리하기도 한다. 또는 들은 대화와 유사한 상황의 역할극을 하게 하거나 들은 내용을 자신의 상황과 연결 지어 이야기하게 하여 말하기 활동으로 연계할 수도 있다. 고급에서는 들은 내용을 정리하거나 요약하기도 하고, 내용을 학습자의 지식, 흥미 또는 견해와 관련시켜 비평하기, 비판하기, 토의하기, 문제 해결하기 등 말하기 활동으로 연계할 수도 있다. 이러한 들은 후 활동의 구체적인 활동의 예로는 다음과 같은 것들이 있다.

ㄱ. 제목 붙이기

듣기가 끝난 후 들은 내용에 가장 적당한 제목을 고르게 하는 활동을 할 수 있다. 제목을 고르거나 선택하는 경우, 짝활동으로 서로 협의하여 가장 적당한 제목을 고르거나 정하게 할 수도 있고, 학생들로부터 나온 제목 중에서 (혹은 교사가 제시한 여러 제목의 대안 중에서) 전체 학생이 토의를 거쳐 가장 적절한 제목을 고르거나 정할 수도 있다. 물론 제목을 정할 때 정답이 있는 것은 아니므로 가장 적당한 것에서 그 다음 적당한 것 등 순서를 매길 수도 있다.

ㄴ. 메모하기

듣기가 끝난 후 들은 내용을 기억하여 간단히 메모하는 활동을 할 수도 있다. 메모는 들으면서 하는 활동일 수도 있고 다 듣고 난 후 하기도 한다.

ㄷ. 정리, 요약하기

듣고 난 후 내용을 정리하고 요약하게 하는 활동이다. 이는 듣고 난 후의 활동이므로 지나치게 자세한 사항을 요구해서는 안 된다. 이는 아래와 같이 단순히 어떠한 담화를 들은 후 그 내용을 정리, 요약할 수도 있고, 담화의 내용에 따라 우열이나 비교를 통해 선택을 해야 하는 상황이라면 우열이나 비교점을 정리 요약하게 하거나 순위를 매기게 할 수도 있다.

| 3 | 오늘의 수업 내용을 요약하십시오.

1. ____________________을/를 놓치지 마십시오.
2. 이미 놓친 부분에 ____________________
3. 모르는 단어는 ____________________하십시오.
4. ____________________에도 주의해서 들으십시오.
5. 메모는 ____________________하게 하십시오.

〈한달 완성 한국어 중급 듣기〉 (2006:80)

ㄹ. 추측, 추론하기

듣고 난 후 담화 이전 혹은 이후에 어떠한 일이 있었을지, 혹은 있을 것인지를 추측하게 하거나, 담화 상황이나 대화에 참여하는 사람의 관계 등을 추론하게 할 수 있다. 또는 담화를 듣고 난 후 뒤에 이어질 내용을 추론할 수도 있다. 다음과 같이 대화를 듣고 대화에 참여한 사람이 뒤에 어떻게 행동할지, 또는 이야기 전체의 내용으로 미루어 짐작할 수 있는 추론적 사실에 대해 질문할 수도 있다.

|5| 남자는 못 본 첫 부분을 어떻게 볼 것 같습니까? (　　)

① 집에서 비디오로 볼 것이다.
② 이 여자와 같이 볼 것이다.
③ TV 영화 소개프로에서 볼 것이다.

〈한달 완성 한국어 중급 듣기〉 (2006:10)

|3| 이 이야기는 무엇에 대해 이야기하고자 합니까? (　　)

① 개와 고양이의 특징
② 행동과 오해의 관계
③ 인간 관계에서 오해를 줄이는 방법

|4| 개와 고양이가 싸우게 될 경우 보통 누가 먼저 공격을 받을까요?

〈한달 완성 한국어 중급 듣기〉 (2006:29)

ㅁ. 문제 해결하기

담화에 제기된 내용을 공동으로 해결하는 활동이다. 즉 듣고 난 후 담화에서 제기된 문제를 어떻게 해결하면 좋을지 짝 활동 혹은 그룹 활동으로 토론하고 가장 좋은 해결 방법을 찾는 활동이다. 예를 들어 어떠한 고민이나 상담 내용을 들은 후 적절한 해결 방법을 찾을 수 있다.

ㅂ. 논평하기, 주장하기

일정한 견해를 피력하는 담화나 대화를 들은 후 그에 대한 자신의 의견을 피력하는 활동이다. 이는 양쪽의 상반된 견해를 들은 후 이를 정리하게 하고 그 다음 그에 대한 자신의 견해를 짝활동 혹은 그룹 활동으로 토론하게 할 수 있다. 또는 드라마나 영화를 보면서 등장 인물의 성격이나 행동에 대해 논평하게 할 수도 있다.

Ⅲ. 읽기

1. 읽기와 읽기 교육이란 무엇인가?

'읽을 수 있다'라고 할 때 과연 '읽는다'는 것은 무엇을 의미하는가? '저희 아이는 이제 다섯 살인데 한글을 읽을 수 있어요'라고 하는 경우와 '이 작가의 글은 정말 읽기 어려워'라고 할 때의 '읽는다'는 의미는 다르다. 전자는 단순히 문자 언어를 음성 언어로 해석해 내는 것을 의미한다면 후자는 문어 텍스트에서 의미를 추출할 수 있고, 그 결과로 어떠한 행동까지도 끌어내는 것이다. 이에서는 주로 후자의 의미로 '읽기'를 사용할 것이다.[7] 즉 읽기는 의사소통의 한 부분으로서 문어 텍스트의 작자는 어떠한 의사소통적인 의도를 가정하고 있으며, 독자는 문어 텍스트를 이해하고 이에 반응하는 것이다.

그렇다면 독자는 모든 문어 텍스트를 대할 때 동일한 해석 방법을 사용하는가? 그렇지 않을 것이라는 대답이 바로 나올 것이다. 신문의 구인난에서 정보를 얻으려고 읽는 사람과 여가 시간을 이용해 소설책이나 만화책을 읽는 사람, 보고서를 쓰기 위해 교재나 자료를 읽는 학생이 문어 텍스트를 다루는 방식은 모두 다를 것이다. 즉 읽기의 목적에 따라 독자의 읽는 행위가 달라질 수 있다. 효율적으로 읽는 독자는 문어 텍스트를 다룰 때 모든 것을 다 주목하여 읽는 것은 아니다. 그의 목적에 따라 부적절한 정보는 버리고 그가 찾는 정보만 선별적으로 찾을 것이고, 어떤 경우는 요점만을 이해할 것이고 어떤 경우는 좀 더 세부적 이해를 필요로 할 수도 있을 것이다. 즉 독자는 텍스트 해석의 선택권을 가진다. 이와 같이 독자가 문어 텍스트에 따라 읽는 행위를 선별하고 텍스트의 의미 해석에서도 정보를 선택적으로 취합한다는 면에서 읽기 활동은 쓰기나 말하기 활동과 같이 능동적 활동이다. 읽기 활동이 능동적이라는 것은 독자의 목적에 따라 그 반응과 결과적 산출물이 달라질 수 있음에 의해서도 드러난다. 따라서 효과적인 독자가 갖추어야 할 가장 중요한 것은 언어를 어떠한 방법으로 사용하는지에 대한 지식이다.

다음으로 듣기와 마찬가지로 읽기에서도 맥락이 중요하다. 문어 텍스트가 어떠한 상황에서 나온 텍스트인가에 따라 독자의 해석이 달라질 수 있다. 즉 간판인지 편지인지 광고인지 등 어떠한 상황에서 나온 텍스트인지, 또 길거리, 학교 등 어디에서 볼 수 있는 텍스트인지, 어떠한 목적으로 누구를 독자로 하여 쓰여진 것인지는 읽기 해석에 영향을 미친다. 작가는 독자와 더불어 대화를 진행하며, 일정한 독자 집단을 가정하고 글을 쓰게 되기 때문이다.[8)]

또 읽기 활동은 정적인 활동이 아니라 동적인 활동이다. 독자는 텍스트에서 의미 해석을 만들어낼 수 있는 잠재력을 지닌다. 따라서 의미 해석이 작자에게만 주어지는 것이 아니라 독자에게도 주어지는 것이며, 독자는 작자와의 상호작용 속에서 의미를 만들어가는 것이다.[9)]

2. 읽기의 목적과 텍스트 유형

우리는 왜 읽는가?[10)] 먼저 우리는 정보를 얻기 위해 읽기를 한다. 예를 들어 '주차장, 화장실, 출구' 등과 같은 표지판이든 '위험, 사고다발지역, 금연' 등과 같은 주의 사항이든 일상생활에 꼭 필요한 정보를 읽어야 하는 경우가 있다. 또 읽기는 세상에 대한 일반적 지식을 넓혀주는 역할을 한다. 날마다 이러한 배움을 목적으로 많은 읽기를 한다. 새로운 것을 알기 위해서 뿐만이 아니라 약간 알고 있거나 모호한 것을 더 보충하기 위해 읽기도 한다. 우리가 논문이나 책을 쓸 경우에도 이러한 목적으로 읽기를 하기도 한다. 이것도 넓은 의미에서 정보를 얻기 위해 읽기를 하는 것이라 할 수 있다. 그리고 또 우리는 즐거움을 위해 읽는다. 즐거움을 위한 읽기는 읽기 자체가 목적이 된다.

그렇다면 이러한 목적을 위해 우리는 무엇을 읽는가? 정보를 얻거나 즐거움을 얻기 위해 우리는 다양한 읽기를 하는데 일반적으로 다음과 같은 텍스트 유형들이 있다[11)].

- 소설, 전설, 동화, 우화, 수필, 일기, 일화, 전기 등
- 희곡, 시나리오, 방송 대본 등
- 시, 동시, 노래 가사 등
- 편지, 전보, 엽서, 메모 등
- 신문과 잡지의 글: 머릿기사, 기사, 편집자주, 독자편지, 광고, 일기예보, 라디오나 TV, 연극 프로그램 등
- 전문적인 글, 보고서, 서평, 중수필, 직업적인 편지, 요약문, 발췌문, 주석 등
- 조리법, 사용법, 주의 사항, 게임 설명서 등

- 광고, 여행 책자, 카탈로그, 안내 책자 등
- 각종 표지판, 경고문, 안내문, 법률 조례문, 지도나 도표 등의 범례, 형식문(이력서, 지원서, 출입국 확인서 등), 낙서, 메뉴, 가격표, 영화표 등
- 만화
- 통계, 다이어그램, 차트, 시간표, 지도
- 전화번호부, 각종 사전

앞서 읽기의 목적을 크게 정보를 얻거나 즐거움을 얻기 위해서라고 하였다. 그런데 제 2언어 교육에서 읽기는 어휘를 문맥 안에서 자연스럽게 습득하게 하는 부수적 효과도 가져온다[12]. 특히 문맥을 통해 관용어나 관용구, 비유적 표현에 대한 이해를 높일 수 있다. 또한 다양한 유형, 다양한 분야의 문장 학습이 가능하므로 문맥을 통한 문법 지식에 대한 이해력도 증진시킬 수 있다. 또한 읽기 텍스트는 많은 정보를 함유하므로 제 2언어 문화에 대한 정보의 습득과 이해도 가능하게 한다.

3. 읽기의 종류

우리는 어떻게 읽는가? 이는 읽는 목적과 텍스트의 종류에 따라 다를 것이다. 만일 우리가 신문의 구직난을 읽는다면 전체 텍스트를 재빨리 훑어보고 내가 원하는 특정 정보가 있는 부분을 찾으려 할 것이다. 그리고 특정 정보를 찾으면 좀 더 정확한 정보를 위해 자세히 읽게 될 것이다. 또 즐거움을 위해 소설책을 읽는 것은 학술서를 읽을 때와는 달리 전체적 이해만을 목적으로 술술 읽어내려 갈 것이다. 읽기의 주요 방법을 소개하면 다음과 같다.

① 훑어 읽기(skimming)
② 뽑아 읽기(scanning)
③ 전체 읽기(extensive reading)
④ 집중 읽기(intensive reading)[13]

훑어 읽기는 대충 읽어도 되는 경우, 빠르게 전체를 살피며 읽는 것으로 텍스트를

눈으로 재빨리 훑어보고 요점만을 파악한다. 예를 들어 엘리베이터 안에서 안내문을 읽을 경우나 신문을 자세히 읽기 전에 이러한 과정을 거치는데 짧은 시간 안에 전체적인 내용이 무엇인지 파악해야 하므로 이러한 읽기를 하게 된다. 뽑아 읽기는 텍스트를 쭉 훑으며 정보가 있는 특정 부분을 찾는 것이다. 예를 들어 서점에 가서 책을 고르려고 할 때 목차만을 뽑아 읽는다든지, 신문 기사를 읽을 때 필요한 도표나 통계, 숫자 등 일부 필요한 것만을 뽑아서 읽는다든지 하는 것이다.

다음으로 전체 읽기는 보통 즐거움을 위해 다소 긴 텍스트를 읽는 것으로 이는 술술 읽는 활동이며 주로 전체적인 이해를 수반한다. 그리고 집중 읽기는 특정 정보를 얻기 위해 다소 짧은 텍스트를 읽는 것으로 이는 좀 더 정확함을 요하는 활동이며 세부적인 이해를 수반한다.

그런데 이들 방식들이 상호배타적이지는 않다. 예를 들어 신문을 읽을 때 찾는 특정 정보가 어디에 있는지 뽑아 읽기(scanning) 위해 전체를 훑어 읽는다. 또 다소 긴 텍스트인 학술적 텍스트를 읽을 경우에도 전체적인 이해를 위해 전체 읽기를 하다가 자신이 흥미를 가지게 되거나 유의해야 할 정보가 있는 부분에서는 세부적 이해가 수반되는 집중 읽기를 하게 될 것이다.

이 외에 읽기의 방식으로 낭독과 묵독이 있을 수 있다. 일반적으로 읽기를 할 때는 묵독을 하게 되지만, 읽기에 집중이 안 된다거나 어린 아이가 읽기를 학습하는 경우에는 낭독을 하는 경우도 있다. 그러나 낭독은 소리 읽기가 중심이 되므로 이해는 묵독보다 느린 편이다. 이에 반해 묵독은 발음 등에 신경을 쓰지 않고 이해가 중심이므로 낭독보다 이해 속도가 빠르다[14].

위와 같이 실생활에서는 읽는 목적에 따라 읽는 방법이 다양하므로 교실 수업에서 연습문제를 고안할 때도 텍스트 유형과 목적에 따라 질문과 활동이 다양화되어야 한다. 예를 들어 교실에서 광고를 가지고 수업을 할 때 광고의 세부적 이해를 요구하는 문제를 만드는 것은 실제 읽기와는 다른 방식이 되기 때문에 아주 인위적인 읽기가 되며, 학생들의 사기를 떨어뜨리며, 읽기에 적절한 전략을 개발시키는 것을 저해하는 것이 될 것이다.

4. 읽기 이해 교육의 방법과 원리

1) 읽기 이해의 상향식 모형과 하향식 모형

우리가 읽기를 할 때, 철자 단위에서 어휘로, 문장으로, 담화로 이해가 이어진다고 즉 이해가 낮은 수준으로부터 높은 수준으로 한 단계씩 나아가면서 수행된다고 가정하는 것이 상향식 모형이다. 상향식 모형에서는 읽기의 과정이 개개의 철자에서 시작하여 음운 수준에서 해독하고, 단어를 인지하고 그 다음에 문장, 담화, 배경지식이나 경험 수준으로 나아가는 과정으로 본다. 읽기 과정이란 독자가 개개 철자를 하나씩 이해한 후 점차 높은 단계로 나아가면서 주어진 글을 이해하게 되는 과정을 거친다고 보는 것이다.

이는 어린 아이가 처음 읽기를 접할 때와 유사하게 접근하는 방식으로, 어린 아이가 읽기를 배울 때 처음엔 문자를 소리로 해독하는 기술을 배우고 다음엔 어려운 단어를 읽고 이해하고 전체 내용을 파악하고 텍스트의 의미를 깨닫게 된다.

이와 같이 읽기를 상향식 모형으로 가정했을 경우에는 읽기를 일종의 기술로 보며, 철자를 읽는 방법을 연습시키고 단어에 대한 지식을 주는 것이 읽기 교육에서 매우 중요한 것이라고 믿는다. 또 이러한 가정 하에서는 각 단계별로 철저하게 어휘와 양이 통제된 텍스트를 고집한다.

읽기 과정을 언어 형태를 해독(decoding)하는 과정이라고 보는 위와 같은 견해와 반대로 읽기 과정을 의미를 재구성하는 과정으로 보는 것이 하향식 모형이다. 즉 읽기는 예측의 과정으로서, 주어진 글을 읽기 전에 자신의 배경지식이나 경험에 근거하여 그 글의 내용을 예측하고, 글을 읽어나가면서 예측한 것을 확인하고 수정해 나가면서 의미를 획득하는 것이라고 본다. 따라서 상향식 모형은 독자가 글(문자)에 주의를 집중하고 그 다음에 여기에 알맞은 자신의 스키마를 끌어들이는 것으로 보는 반면에, 하향식 모형은 독자가 자신의 스키마를 활성화시키고 주어진 글의 내용을 예측하거나 추론하는 데 이 스키마를 적용할 것을 강조한다. 읽기를 하향식 모형으로 가정하는 경우에는 읽기를 일종의 전략이라고 보며, 이에서는 맥락에서 유추한다거나 중요하지 않은 단어는 건너뛰는 등 다양한 텍스트의 처리 방식의 교수가 중요하다고 믿는다. 따라서 이러한 읽기 교수에서는 읽기 전 활동, 읽기 본 활동, 읽은 후 활동이 중요해진다.

2) 읽기 이해 교육의 기본 원리

제 2언어에서의 읽기 이해 교육 역시 모어 화자의 읽기 과정과 유사하게 교육되어야 한다. 그러기 위해서는 앞서도 설명하였듯이 읽기 과정을 동적인 과정으로 파악하는 것이 중요하다. 즉 읽기는 동적이며, 과정 중심이고 독자가 어떻게 해석에 이르게 되는지가 중요하며, 텍스트의 내용은 독자와 작가의 상호작용으로 만들어가는 것이다.[15] 따라서 읽기 이해 교육에서는 학습자인 독자가 스스로의 텍스트 의미를 구축할 수 있도록 읽기 전략을 교수하는 다양한 활동의 개발이 이루어져야 한다.

텍스트에는 저자와 독자 간의 믿음, 가치, 지식, 기대 행동 등이 들어 있다. 이러한 사회적 요소는 독자가 텍스트를 해석할 때 영향을 미치게 되므로 읽기 교육에서는 읽기 텍스트의 사용 맥락의 제시가 중요하다.

무엇보다도 읽기 이해 교육에서 중요한 것은 학습자 중심의 교육이 이루어져야 한다는 것이다. 이에는 학습자의 텍스트에 대한 흥미의 고려가 필수적이다. 그리고 학습자의 모어에서의 읽기 학습 환경도 제 2언어 읽기 학습에 영향을 미친다. 학습자에 따라 모어인 국어에서 어떠한 읽기 접근법을 사용했는지에 따라 제 2언어 읽기 교수에서도 동일한 방법을 기대하고 그것에 익숙하기 때문이다.

3) 읽기 자료 구성 및 선정의 기본 원리

읽기 이해 교육을 위해서는 읽기 자료를 선별하고 이를 어떻게 구성할 것인지가 중요하다[16].

먼저 읽기 자료의 선정에 있어서 중요한 것은 읽기 자료가 학습자의 수준에 적절한가 하는 점이다. 이는 텍스트나 자료 구성의 난이도와 관련이 있다. 번서 언어 수준의 난이도로서 어휘, 문법 사항, 문장의 길이 등의 난이도가 고려되어야 한다. 어린 모국어 학습자든 외국어 학습자든 읽기 텍스트에 일정 숫자 이상의 모르는 어휘가 있을 때 그 글이 어렵다고 느낀다.[17]

또 학습자가 텍스트 내용에 대한 배경지식이 없는 경우 읽기를 어려워하기 때문에 학습자에게 익숙한 내용 혹은 장르의 읽기 텍스트를 선정하는 것은 학습자의 읽기에 대한 어려움을 경감시켜 주게 될 것이다[18]. 또 제목이나 표제의 제시는 독자로 하여금 스키마 접근이 용이하도록 하여 읽기를 쉽게 하므로 이도 읽기 텍스트의 난이도를 낮추는 효과를 가져 온다. 읽기 과제 자체의 난이도도 학습자가 읽기를 어려워하게 하는 데 영향을 미친다. 예를 들어 동일한 텍스트를 가지고 전체적인 요점만을 파악하거나 필요한 정보만을 파악하게 하는 과제는 세부 내용을 파악하게 하는 과제보다 훨씬 쉬울 것이기 때문이다. 텍스트 자체의 특성 또한 난이도에 영향을 미친다. 시나 정서적인 수필 같은 심미적인 텍스트는 이해가 어려우며, 어떤 것은 당대의 문화를 단적으로 보여주기도 하지만 그 문화에 대한 배경 지식이 없을 경우에는 매우 어려운 텍스트가 될 가능성이 높다.

읽기 자료의 선정에 있어서는 학습자의 흥미에 대한 고려가 있어야 한다. 먼저 읽기 자료의 내용 측면에서의 흥미를 고려해야 한다. 이에서는 학습자가 모어로서 흥미로웠던 것이 제 2언어 텍스트에서도 흥미를 줄 것이라고 가정할 수 있다. 다음으로 학습자의 흥미는 학습자의 읽기 학습 목적과 관계가 깊다. 학습자의 읽기 학습 목적에 부합하는 텍스트 혹은 읽기 방식이 학습자의 흥미를 유발할 수 있다. 예를 들어 학습자가 특정 목적을 위한 읽기 학습을 한다면 학문적 텍스트만의 고유 특성에 주의를 기울이게 한다든지 학문의 보편적 의사소통 방식에 관심을 가지게 하는 교수를 해야 할 것이며, 일반 목적을 위한 읽기 학습을 한다면 생활문뿐 아니라 정치, 경제, 사회, 문화 예술, 스포츠 등 다양한 주제에 걸친 여러 텍스트에 접하게 하는 것이 중요하다.

읽기 자료를 선정할 때 읽기의 다양한 전략을 개발시킬 수 있는 자료의 선택이 중요하다.[19] 그리고 읽기 자료는 실제적이어야 한다.[20] 많은 교사들은 일상생활과 관련된 다양한 실제 읽기 자료를 접하거나 사용하는 데 한계를 느낀다. 따라서 교사들이 직접 텍스트를 쓰거나 혹은 교육적 목적으로 제작된 교재를 사용할 수밖에 없다. 이때, 글의 장르와 상황의 실제성을 유지하는 것이 중요하다. 우리는 사회적 역할과 목적 때문에 다른 장르를 산출하게 되며, 장르와 담화는 상호작용한다. 따라서 모어 화자들은 장르를 알면 어떠한 담화가 일어날지 예측 가능하다. 즉 담화의 특징을 알고 있으면 장르를 알 수 있다. 따라서 제 2언어 학습자에게도 장르에 관한 인식이 필요하며 텍스트를 교사가 직접 제작한다 할지라도 장르의 특성을 실제적으로 유지해야 하는 것이다. 또 텍스트를 교사가 직접 제작하거나 수정할 때는 학습자들에게 입력 자료로 사용 가능한 텍스트의 실제성, 그러한 텍스트에 대한 학습자의 해석의 실제성, 언어 학습을 유도하는 과제의 실제성, 언어 학습 교실에서의 실제 사회적 상황의 실제성이 유지되어야 한다.[21]

이 외에도 교실의 분위기 즉, 소수의 교실인지 다수의 교실인지, 모어로 수업을 할 수 있는지, 목표 언어로만 이루지는 수업인지에 따라 읽기 자료의 선택은 달라질 수 있다.

4) 교실에서의 읽기 절차

① 읽기 전 활동(Pre-reading)

읽기 전 활동은 학습자에게 읽는 이유가 무엇이며 어떻게 읽어야 하는지 전략을 제공해 줌으로써 읽기 활동의 난점을 극복하게 하는 것이다. 예를 들어 주제를 소개하거나 주제에 대한 흥미를 가지도록 하여 학습자에게 읽기의 목적을 유발시킨다. 읽기 전 활동은 독자에게 텍스트를 읽는데 적합하고 독자의 목적과 일치된 전략을 선택하는 데 도움을 준다. 읽기 전의 사전 지식이 읽기 이전 준비 과제에 의해 활성화되면 독자는 텍스트 상의 낱말들에 덜 의존하게 될 것이고 이것은 모어 화자보다 언어적으로 덜 유창한 단점을 최소화하게 할 것이다.

읽기 전 활동은 글을 읽는 데 필요한 언어지식의 제공 뿐 아니라 내용 이해를 위해 스키마를 활성화시켜 글의 주제에 대하여 이미 갖고 있는 지식, 생각 또는 의견을 끌어내는 것이다.[22]

읽기 전 과제를 준비할 때는 독자가 실생활에서 이 텍스트에 어떤 식으로 접근할 수 있는지 고려해야 한다. 즉 작자는 일정한 독자를 가정하고 글을 쓰며, 독자는 가장 효율적인 방법으로 텍스트를 읽어야 한다. 따라서 교실에서는 실제 생활과 동일하지 않지만 실생활에서 독자가 특정한 장르를 읽게 되는 이유를 생각하여 최대한 이와 유사하게 읽기 활동을 할 수 있게 이끌어야 한다.

읽기 전 활동으로는 질문을 제시하거나 문화적, 개념적 난점을 제공하고, 기존 지식을 이끌어 내는 활동이나, 그림이나 도표 등의 제시를 통한 다양한 어휘 활동이 있을 수 있다. 읽기 전 활동으로 질문을 제시하는 경우 묘사적이고 사실적인 텍스트에서는 읽기 전 퀴즈 형태로 '사실' 에 대한 질문을 할 수 있으며, 주제나 견해가 포함된 텍스트에서는 특정 과제에 대한 자신의 고유한 생각 등 '의견' 에 대한 질문을 할 수 있다.

또 브레인스토밍(brainstorming)을 이용한 어휘 활동도 가능하다. 예를 들어 특정한 핵심 단어나 핵심 개념을 주거나 신문의 머릿기사나 책 제목 등을 제시한 후 학생들에게는 교사가 제시한 핵심 단어나 단어들과 결합하는 단어, 개념들을 말하도록 요구할 수 있다. 그리고 이를 기반으로 의미지도 만들기(semantic mapping)를 할 수 있다. 그리고 학급 구성원이나 교사로부터 추가되는 항목들도 기존개념을 넓히는데 추가하고 모아진 어휘들의 하위 분류도 가능하다. 이러한 절차의 잇점은 교사가 준비할 것이 거의 없으며, 학습자에게 상당한 자유를 허용하고, 특정 주제에 영향을 미치는 학습자 자신의 사전 지식과 의견들을 끌어낼 수 있고, 학습자가 활동에 두려움을 느끼지 않고 자신의 임의적인 시도가 어느 정도 허용되므로 전체 학급의 참여를 이끌어낼 수 있다. 또 시각 자료를 통해 읽기에 대한 학습자의 흥미를 유발할 수도 있다. 이러한 것들의 예를 보이면 다음과 같다.

ㄱ. 사전 정보 제시하기

텍스트의 출처나 지은이 소개 등을 통해 텍스트의 사전 정보를 제시함으로써 읽기 텍스트의 이해에 도움을 줄 수 있다. 또 텍스트에 필요한 언어 지식을 미리 제공할 수도 있다. 이는 주제나 제목을 이용하여 브레인스토밍을 통해 예상 관련 어휘를 모으고 이를 분류화하는 활동을 한다든지 교사가 필요한 어휘를 더 확장하여 제시해 주기도 한다.

ㄴ. 시각 자료 이용하기

텍스트의 시각적인 자료를 이용하는 것이다. 텍스트에 삽입된 삽화는 물론이고, 도표나 주제와 관련된 사진이나 실물을 이용하여 앞으로 읽을 텍스트에 대한 이해를 돕게 하는 것이다. 물론 제목의 크기나 글씨체, 텍스트의 레이아웃 등의 텍스트 자체가 지닌 시각적 정보도 읽기 전 활동에서 충분히 이용되는 정보가 된다.

ㄷ. 예비 질문하기

읽을 내용과 관련된 주제 관련 질문을 통해 독자의 경험담을 끌어냄으로써 스키마를 활성화시킬 수 있다. 주제나 핵심문장을 제시하고 질문을 학생들이 만들고 읽으면서 이에 대한 답을 찾도록 할 수도 있고, 내용과 관련된 질문을 교사가 미리 제시한 후 학습자가 읽으면서 답을 찾아가도록 할 수도 있다.

ㄹ. 훑어 읽기

훑어 읽는 섯 자체가 읽기 활동이 될 수도 있으나, 세부 읽기를 위한 전 단계 활동으로 훑어 읽기 활동을 할 수도 있다. 독자에게 필요한 정보를 탐색하기 위해 텍스트를 훑어 읽고 필요한 정보가 있는 곳을 찾게 하는 것이다.

② 읽기 본 활동(while-reading)

읽기 본 활동은 글의 내용이 무엇인지 분명히 하며, 작가의 의도를 이해하고 글의 구조를 파악하는 단계이다. 이 단계에서는 텍스트의 기능과 유형이 무엇인지, 텍스트가 어떻게 조직되어 있으며 전개되고 있는지, 텍스트를 통해 어떤 정보나 내용을 끌어낼 수 있는지, 독자는 텍스트에서 무엇을 추론할 수 있는지 등을 파악하게 하는 활동을 할 수 있다.

읽기 활동에서는 새로운 어휘나 어구, 문법을 지도하고 내용 이해를 효과적으로 하는 여러 가지 방법이 강구되어야 한다. 이는 교사의 설명이나 학습자의 그룹 활동, 각종 자료를 이용할 수 있다. 학습자가 텍스트를 읽으면서 모르는 단어의 의미를 추측하고, 앞으로 전개되는 글의 내용을 예측하게 하는 것이 중요하다. 그리고 학습자가 과제 내용을 잘 이해할 수 있도록 과제를 구성하고 제시해야 한다. 읽는 동안의 본 활동 과제는 대부분 능동적이고 효율적인 독서를 장려할 목적으로 독자와 작자 사이에 있을 만한 종류의 대화를 시도하는 것이 좋다.

읽기 본 활동으로는 여러 가지 가능한 독자의 반응을 상상하면서 텍스트 중간 중간 자연스럽게 중단하면서 지금까지의 상황과 앞으로의 상황을 예측하게 하는 등 스스로에게 질문을 던지게 하는 것이다. 실제 교실 상황에서는 스스로에게 질문을 던지기보다는 교사가 학생들에게 질문을 던짐으로써 활발한 학습자의 참여와 학습자 사이의 상호작용을 높일 수 있다.[23)]

그리고 다음과 같이 텍스트의 구조를 파악하게 하는 활동을 하기도 한다.

〈보기〉 ① 보내는 사람　② 끝 인사　③ 내용　④ 추신(P.S.)
⑤ 날짜　⑥ 안부 인사　⑦ 받는 사람

(　) → 그리운 유코 씨에게
(　) → 그동안 잘 지냈어요?
연락을 자주 못해서 미안해요.

( ) → 저는 어제 친구들과 같이 설악산에 왔어요.
설악산은 강원도에 있는 유명한 산이에요.
이곳은 지금 날씨도 좋고 단풍도 아주 아름다워요.
어제는 등산을 6시간 동안 했어요.
그래서 지금 좀 피곤하지만 기분은 아주 좋아요.
이 엽서에 있는 사진이 아름답지요?
이곳이 바로 설악산이에요.
산을 좋아하는 유코 씨에게 주려고 이 엽서를 샀어요.
시간이 있을 때 한 번 오세요.
유코 씨도 좋아할 거예요.
( ) → 그럼 안녕히 계세요.

( ) → 10월 30일
( ) → 설악산에서 지수가

(④) → 참, 한국에 오기 전에 꼭 저에게 연락하세요.

〈연세 한국어 읽기1〉 (2008예정)

계속되는 사건들이 진행되는 텍스트에서는 각 단락마다의 핵심 문장 고르기, 핵심 단어 찾기, 또는 순서가 뒤죽박죽 뒤섞인 문장이나 단락을 재조합하여 의미가 연결된 텍스트로 만들기 등의 활동을 할 수도 있다. 이는 학습자들끼리 짝활동 혹은 그룹으로 문장이나 단락들을 순서 짓는 이유를 말하게 하여 활발한 토론으로 이끌어 학습자들의 활발할 참여를 이끌 수도 있다.

3. 다음 글을 읽고 순서대로 번호를 쓰십시오.

① 5001번 버스를 탔습니다.
자리에 앉고 싶었지만 빈 자리가 없었습니다.

② 지하철을 탔습니다.
강남역까지 지하철로 40분쯤 걸렸습니다.

③ 오늘 시험이 끝났습니다.
피곤해서 일찍 집에 가고 싶었습니다.

④ 버스에서 내려서 집까지 걸어서 갔습니다.
집까지 가는 길은 아주 힘들었습니다.

⑤ 7번 출구로 나와서 버스 정류장으로 갔습니다.
버스를 기다리는 사람들이 많았습니다.

글의 순서
(④)→ (　　)→ (　　)→ (　　)→ (　　)

〈연세 한국어 읽기1〉

읽기 본 활동으로 빈칸 채우기 활동도 할 수 있다. 빈칸이 있는 텍스트를 가지고 학습자들은 의미 있는 텍스트를 산출하기 위해 자신의 스키마와 언어적 지식을 이끌어내면서 텍스트를 완성시킨다. 그리고 미완성 텍스트를 학습자가 자신의 스키마와 상상력을 동원하여 완성시킬 수도 있고, 문맥에서 추론하여 완성시키는 텍스트 완성하기 활동도 할 수 있다.

웨이 씨는 토요일에 제임스, 마이클 씨와 같이 인왕산에 등산을 가고 싶었습니다. 먼저 제임스 씨에게 전화를 걸었습니다. 그런데 제임스 씨가 계속 전화를 받지 않았습니다. 전화를 끊고 마이클 씨에게 전화를 걸었습니다. 마이클 씨도 전화를 받지 않았습니다. 그래서 웨이 씨는 제임스 씨에게 문자메시지를 보냈습니다.

(가) "제임스 씨, ______________________________
______________________________ 연락해 주세요."

제임스 씨는 웨이 씨 메시지를 보고 좋아했습니다. 제임스 씨도 웨이 씨에게 문자메시지를 보냈습니다.

(나)" 네, 좋습니다. ______________________________"

웨이 씨는 마이클 씨에게도 문자메시지를 보냈습니다. 10분 후에 마이클 씨가 웨이 씨 메시지를 보았습니다. 그런데 마이클 씨는 토요일에 다른 약속이 있습니다. 마이클 씨가 웨이 씨에게 문자메시지를 보냈습니다.

(다) "미안해요.______________________________"

〈연세 한국어 읽기1〉

다음으로 소극적이고 교실활동에 잘 참여하지 않고 자신이 없는 학생들의 참여를 이끌어낼 수 있는 활동으로 정보 간격(information gap) 메우기 활동도 할 수 있다. 이는 서로 다른 정보를 가진 둘 이상의 텍스트를 준비하여 짝 활동 혹은 그룹 활동으로 서로에게 필요한 정보를 얻게 하는 것이다.

초급 단계에서는 텍스트를 읽으면서 텍스트의 내용과 일치하는 그림을 선택하거나, 그림 순서대로 나열하기, 그림에서 텍스트의 내용과 다른 부분 찾기, 텍스트 내용에 따라 그림 그리기, 도표 그리기 등의 활동을 할 수 있다.

정희 씨 가방이 큽니다. 이 가방에는 지갑하고 사전이 있습니다. 수첩도 있습니다. 이 가방은 주머니가 많습니다. 이 가방은 좋습니다.

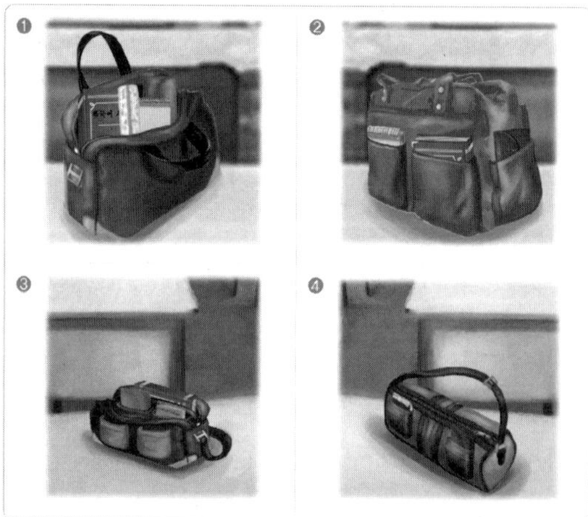

〈연세 한국어1〉 (2007:45)

한국에서는 주말이나 휴일에 집에서 TV를 보거나 쉬는 사람이 제일 많습니다. 2000년 조사 (1999. 7. 16 ~ 2000. 7. 15)를 보면 주말과 휴일을 보내는 방법으로 TV 보기가 62.7%, 집에서 쉬기가 50.7%, 집안일이 33.5%였습니다. 그리고 친구를 만나는 사람은 32.3%, 여행은 15.1%, 컴퓨터 12.5%, 극장 10.1%, 스포츠 8%, 취미 활동은 3.2%였습니다.
그리고 여행을 가는 사람들은 관광지에 가는 사람(43%)이 제일 많았고, 다음은 놀이 공원(28.3%), 해수욕장(21.8%), 온천(21.8%), 산(11.4%), 스키장(4.6%)이었습니다.

표를 완성하십시오.

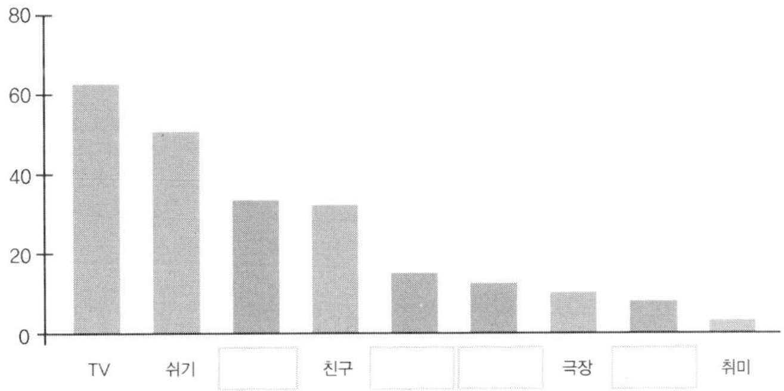

〈연세 한국어1〉 (2007:366)

그리고 비교나 대조 혹은 선택을 요하는 텍스트의 경우에는 표 만들기 활동을 할 수 있다. 모어 화자의 경우에도 비교와 대조가 다소 복잡한 경우에는 이를 정리하기 위해 표를 만드는 경우가 있다. 따라서 표 만들기 활동이 읽기 이해에 도움이 되는 경우에는 이러한 활동을 함으로써 이해에 많은 도움을 얻을 수 있다.

읽고 대답하십시오.

어제 호수공원에 갔습니다. 지하철로 갔습니다.
친구들을 서울역에서 만났습니다.
서울역에서 호수공원까지 40분 걸렸습니다.
지하철은 좀 복잡했습니다.
서울역에는 버스도 있었습니다.
버스에는 자리가 많았지만 버스를 타지 않았습니다.
보통 호수공원까지 버스로 1시간 10분쯤 걸립니다.
값도 조금 비쌌습니다.

1) 표를 완성하십시오.

어디에?	무엇으로?	얼마나? (시간)

〈연세 한국어1〉 (2007:237)

이 외에도 읽으면서 메모를 한다거나, 필요한 정보를 찾는 활동을 할 수 있다.

③ 읽은 후 활동(post-reading)

이는 이해를 확인하고 통합적 기능으로 연계시켜, 읽은 내용을 강화시키거나 정리하고 그 내용을 학습자의 지식, 흥미 또는 견해와 관련시키는 활동이다. 읽은 후 활동도 읽기 전과 읽기 본 활동에서와 같이 장르나 학습 맥락, 학습자의 목적에 의해 동기화될 필요가 있다. 읽은 후 활동으로는 새로 나온 문법 구조나 단어, 표현, 발음, 억양에 대한 간단한 점검이 이루어지기도 하고, 제시된 텍스트와 비슷한 상황을 알고 있는지 학습자의 지식이나 흥미와 연관시키기도 하며, 말하기나 관련된 글쓰기를 하는 등 다른 활동으로 연계시키는 활동도 하지만, 읽기 후 활동의 가장 전통적인 마무리 활동은 텍스트에 뒤따르는 질문들에 답하는 활동이다. 텍스트에 뒤따르는 질문은 내용 이해를 확인하고 이를 분석하는 질문들로서 진위형, 선다형, 주관식 등의 형식으로 이루어진다.[24] 내용 이해 질문은 교사에 의해 주어지거나 텍스트에 제시되기도 하지만 학습자 스스로 질문을 작성하여 대답하게 하거나 학습자들끼리 짝 활동이나 그룹 활동으로 적절한 질문을 만들어 서로 질문하고 답하게 할 수도 있다.

읽고 대답하십시오.

우리 가족은 모두 여섯 사람입니다.
저는 언니가 하나, 남동생이 한 명 있습니다.
할머니하고 부모님은 고향에 계십니다. 아버지는 선생님이십니다.
어머니는 주부이십니다. 할아버지는 안 계십니다.
남동생도 고향에 있습니다. 남동생은 고등학생입니다.
언니하고 저는 서울에 있습니다. 언니는 회사원입니다. 저는 대학생입니다.
저는 할머니를 아주 좋아합니다. 우리 할머니는 재미있으십니다.

1) 맞는 것을 고르십시오.

❶ 언니 – 회사원 ❷ 아버지 – 은행원
❸ 남동생 – 대학생 ❹ 어머니 – 선생님

2) 맞으면 O, 틀리면 X 하십시오.

❶ 우리 가족은 모두 같이 삽니다. (　　)
❷ 할아버지하고 할머니 그리고 부모님은 고향에 계십니다. (　　)
❸ 저는 여자입니다. (　　)
❹ 언니는 서울에서 일합니다. (　　)

〈연세 한국어1〉 (2007:83)

저는 수업이 끝나고 신문사에 갑니다.
보통 버스나 지하철을 타고 갑니다.
버스 정류장과 지하철역은 조금 멉니다.
오늘은 시간이 없어서 학교 앞에서 택시를 탔습니다.
운전기사 아저씨는 여러 가지 이야기를 하셨습니다.
조금 어려웠지만 재미있었습니다.
"어디에 세워 드릴까요?"
"신문사 앞은 복잡하니까 저기 횡단보도 앞에 세워 주세요."
저는 횡단보도 앞에서 내렸습니다.
10분 걸렸습니다.
택시요금은 5,000원이었습니다.
조금 비쌌지만 편했습니다.

4. 위 글을 읽고 〈보기〉와 같이 묻고 대답하십시오.

〈보기〉 가: 수업이 끝나고 어디에 갑니까?
나: 신문사에 갑니다.

1) 가: ______________________?
나: ______________________
2) 가: ______________________?
나: ______________________
3) 가: ______________________?
나: ______________________

〈연세 한국어 읽기1〉 (2008예정)

읽은 후 활동으로는 글의 주제를 파악하거나 글의 종류를 파악하거나 텍스트의 특성을 파악하는 활동이 이루어지기도 한다.

읽고 대답하십시오.

한국에는 봄, 여름, 가을, 겨울 사계절이 있습니다.
봄에는 꽃이 많이 핍니다.
주말이면 사람들은 아름다운 꽃이 핀 공원이나 산에 갑니다.
여름에는 사람들이 산이나 바다로 휴가를 갑니다.
가을에는 단풍이 아름답습니다.
그래서 등산하는 사람들이 많습니다.
겨울에는 눈이 오고 바람이 많이 붑니다.

1) 무엇에 대한 글입니까?

❶ 한국의 계절 ❷ 취미생활
❸ 주말여행 ❹ 한국의 날씨

〈연세 한국어1〉 (2007:305)

■ 읽고 대답하십시오

유키 씨와 저는 한식을 좋아합니다.
회사 근처 한식집에 자주 갑니다.
그 한식집에는 갈비, 불고기, 냉면, 김치찌개, 순두부찌개, 비빔밥, 갈비탕이 있습니다.
김치찌개하고 순두부찌개는 조금 맵습니다.
유키 씨는 고기를 좋아합니다.
생선은 싫어합니다.
유키 씨는 갈비탕을 자주 먹습니다.
저는 순두부찌개를 자주 먹습니다.

1. 이 글은 무슨 이야기입니까?

① 친구 ② 음식 ③ 값 ④ 고향

〈연세 한국어 읽기1〉 (2008예정)

■ 읽고 대답하십시오

토모미 씨, 안녕하십니까?
저는 지금 제주도에 있습니다.
제주도는 제 고향입니다.
제주도에는 한라산과 바다가 있습니다.
공기도 좋고, 경치도 아름답습니다.
귤도 참 맛있습니다.
토모미 씨, 요즘도 많이 바쁘십니까?
방학 잘 보내십시오.

12월 20일
김 정우

1. 이 글은 무엇입니까?
① 시 ② 소설 ③ 편지 ④ 일기

〈연세 한국어 읽기1〉 (2008예정)

■ 읽고 대답하십시오

아름다운 음악의 세계로 여러분을 초대합니다.

단풍이 아름다운 계절입니다.
아름다운 이 계절에 아름다운 음악을 듣고 싶으십니까?
'하모니' 에서는 올해도 개교기념 음악회를 엽니다.
사랑하는 사람과 함께 오셔서 좋은 음악을 즐기십시오.

때: 2007년 10월 23일(금요일) 저녁 7시
곳: 한국대학교 기념관
연락처: ☎ 3456-7890 harmony@hankook.ac.kr

공연은 무료입니다.
10월 20일까지 인터넷으로 예약해 주십시오.
인터넷으로 예약한 분만 입장 가능합니다.
공연 시작 15분 전까지 들어와 주십시오.

하모니 드림

1. 무슨 초대장입니까?

① 결혼식 ② 음악회 ③ 생일 파티 ④ 전시회

〈연세 한국어 읽기1〉 (2008예정)

그리고 읽은 후 전체 내용을 정리하거나 요약하는 활동도 있을 수 있다. 정리나 요약은 텍스트에 나오는 어휘를 다시 반복하거나 진술하는 형식으로 이루어지기도 하고 읽은 내용을 학습자의 어휘로 다시 표현하는 형식으로 이루지기도 한다. 또 말하기 활동만이 아니라 쓰기 활동으로 연계되기도 하고, 표나 도표 등 다른 형식으로 이루어지기도 한다. 그리고 안내문 등에서 필요한 정보만을 파악하는 활동도 할 수 있다.

■ 읽고 대답하십시오

저는 이번 주 토요일에 친구들과 같이 부산에 가려고 합니다.
부산은 한국에서 두 번째로 큰 도시입니다.
부산에는 바다가 있어서 여름에 부산으로 휴가를 가는 사람이 많습니다.
그래서 우리는 일주일 전에 기차표를 예매했습니다.
우리는 토요일 오전 8시에 출발하는 기차를 타려고 합니다.
10시 50분에 부산역에 도착하면 해운대 해수욕장에 가겠습니다.
거기에서 수영도 하고 수족관도 구경하겠습니다.
잠은 콘도에서 자려고 합니다.
다음날에는 자갈치시장을 구경하고 생선회와 매운탕을 먹겠습니다.
오후에는 금정산에 가서 유명한 절을 구경하겠습니다.

그리고 오후 5시에 출발하는 기차로 서울에 돌아오려고 합니다.
조금 바쁘지만 재미있는 여행이 될 것 같습니다.

4. 위 글을 읽고 여행 일정표의 빈 칸을 채우십시오.

장소	일정	
서울–부산	(토) 8:00	( ) 출발(KTX)
	( )	부산역 도착
	11:30~17:00	( )에서 ( )
	17:30	콘도 도착
	19:00	저녁식사
	(일) 8:00	아침식사
	11:00~13:00	자갈치 시장에서 ( )
	14:00~16:00	금정산 산책 및 ( )
	16:40	부산역 도착
	( )	부산역 출발(KTX)
	( )	서울역 도착

〈연세 한국어 읽기1〉 (2008예정)

지난 수요일에 우리는 그림을 보러 인사동에 갔습니다.
학교 앞 버스 정류장에서 272번 버스를 탔습니다.
"아저씨, 이 버스 인사동에 가지요? 인사동을 잘 모르니까 좀 가르쳐 주세요."
"네, 안내방송을 하니까 걱정하지 마세요."
우리는 버스에 빈 자리가 있어서 그 앞으로 갔습니다.
그렇지만 그 자리는 노약자석이어서 앉지 않았습니다.
조금 후에 안내방송이 나왔습니다.
"다음 정류장은 인사동입니다. 내리실 분은 미리 문 쪽으로 나오십시오."
우리는 버스에서 내렸습니다.
학교에서 인사동까지 버스로 15분 쯤 걸렸습니다.

위 글을 읽고 다음 빈 칸을 채우십시오.

출발 장소	
교통수단	
도착 장소	
시간	

〈연세 한국어 읽기1〉 (2008예정)

■ 읽고 대답하십시오

아름다운 음악의 세계로 여러분을 초대합니다.

단풍이 아름다운 계절입니다.
아름다운 이 계절에 아름다운 음악을 듣고 싶으십니까?
'하모니' 에서는 올해도 개교기념 음악회를 엽니다.
사랑하는 사람과 함께 오셔서 좋은 음악을 즐기십시오.

때: 2007년 10월 23일(금요일) 저녁 7시
곳: 한국대학교 기념관
연락처: ☎ 3456-7890 harmony@hankook.ac.kr
공연은 무료입니다.
10월 20일까지 인터넷으로 예약해 주십시오.
인터넷으로 예약한 분만 입장 가능합니다.
공연 시작 15분 전까지 들어와 주십시오.

하모니 드림

1. 음악회는 언제입니까?
2. 음악회는 어디에서 합니까?
3. 음악회의 입장료는 얼마입니까?

4. 음악회에 가고 싶으면 어떻게 합니까?
   ① 인터넷에서 표를 삽니다.
   ② 인터넷에 예약 신청합니다.
   ③ 전화로 표를 삽니다.
   ④ 전화로 예약 신청합니다.

〈연세 한국어 읽기1〉 (2008예정)

내용 이해에 대한 질문은 텍스트의 내용에 대한 질문뿐 아니라 텍스트의 어휘나 문맥을 통해 유추를 하는 활동도 할 수 있고 텍스트의 어휘나 내용을 토대로 상황적 전제나 함축을 묻는 활동도 이루어질 수 있다.

읽고 대답하십시오.

한국에는 봄, 여름, 가을, 겨울 사계절이 있습니다.
봄에는 꽃이 많이 핍니다.
주말이면 사람들은 아름다운 꽃이 핀 공원이나 산에 갑니다.
여름에는 사람들이 산이나 바다로 휴가를 갑니다.
가을에는 단풍이 아름답습니다.
그래서 등산하는 사람들이 많습니다.
겨울에는 눈이 오고 바람이 많이 붑니다.

2) 어느 계절에 하는 말입니까? 연결하십시오.

봄 •	• "여의도로 벚꽃 구경 가요."
여름 •	• "이 산은 빨간 단풍이 정말 아름다운데요."
가을 •	• "눈이 오는 날 학교 앞에서 만나요."
겨울 •	• "이번 휴가는 바다로 가요."

〈연세 한국어1〉 (2007:305)

그리고 텍스트의 내용과 관련하여 학습자의 경험이나 지식, 흥미와 연계시키는 활동을 할 수 있다. 즉 읽기와 관련된 내용, 어휘나 개념을 이용하여 개인적인 질문을 함으로써 읽은 내용을 개인화하는 것이다.

읽고 대답하십시오.

한국에는 봄, 여름, 가을, 겨울 사계절이 있습니다.
봄에는 꽃이 많이 핍니다.
주말이면 사람들은 아름다운 꽃이 핀 공원이나 산에 갑니다.
여름에는 사람들이 산이나 바다로 휴가를 갑니다.
가을에는 단풍이 아름답습니다.
그래서 등산하는 사람들이 많습니다.
겨울에는 눈이 오고 바람이 많이 붑니다.

여러분 나라의 계절을 소개하십시오.

〈연세 한국어1〉 (2007:305)

중고급에서는 텍스트의 내용에 대한 확인 외에도 그에 대한 학습자의 가치 평가를 요구하는 활동도 할 수 있다. 즉 읽은 내용을 토대로 추측이나 추론을 요구할 수도 있고, 그에 대한 비평이나 논평, 토론을 요구할 수도 있으며, 문제의 해결책을 요구할 수도 있다.

● 읽고 대답하십시오.

내일부터 두 달 동안 수업이 없습니다. 이번 6월과 7월에 저는 하고 싶은 일이 많습니다. 밀린 공부도 하고 친구도 만나고 운동도 하고 싶습니다. 시간이 있으면 이곳 저곳 구경도 하고 싶습니다. 그래서 오늘 방학 계획을 세우려고 합니다. 한 달은 공부를 하고 한 달은 여행을 하려고 합니다. 친구를 만나고 운동을 하는 것은 틈틈이 하겠습니다. 그런데 저는 지금 공부도 하고 싶고 여행도 하고 싶습니다. 어제 시험이 끝났으니까 지금 저는 모르는 것을 빨리 공부하고 싶습니다. 그렇지만 지금은 한 학기가 끝나서 좀 피곤합니다. 그리고 다음달인 7월은 휴가철입니다. 휴가철에는 이곳 저곳 아주 복잡할 거예요. 그러니까 6월에 여행을 하고 7월에 공부를 할까요? 아니면 6월에 공부를 하고 7월에 여행을 할까요?

이 사람은 어떻게 하는 게 좋을까요?

______________________________는 게 좋겠어요.

이유는 ______________________________

____

____

〈연세 한국어 읽기1〉 (2008 예정)

그리고 사건의 선후 관계가 확실한 텍스트의 경우에는 텍스트의 앞부분만 제시하고 뒷부분은 예측하는 활동을 할 수도 있다. 예측을 한 후 토론을 거쳐 가장 훌륭한 예측을 찾는 활동도 할 수 있으며, 원래의 텍스트를 제시하고 그것과 비교하게 할 수도 있다. 이 활동은 동화나 옛이야기 등 서사성이 있는 텍스트의 경우 적합하며, 무엇보다도 흥미로운 주제의 텍스트여야 한다.

스티븐 씨는 월요일에 미영 씨에게 전화를 걸었습니다.
"토요일 저녁에 시간이 있어요? 같이 연극도 보고 저녁도 먹을까요?"
"네, 낮에는 약속이 있지만, 저녁에는 괜찮아요."
"좋아요. 그럼 그날 7시에 만나요."
두 사람은 약속을 했습니다. 그런데 스티븐 씨는 토요일 오후에 다시 미영 씨에게 전화를 걸었습니다.
"미영 씨, 여기 김포 공항이에요. 급한 일이 생겨서 지금 부산에 갑니다. 정말 미안해요. 내일 저녁에 시간이 있으세요?"
"글쎄요, 내일 다시 전화하세요."
미영 씨 목소리가 좋지 않았습니다.
'미영 씨가 화가 났을까?' 스티븐 씨는 걱정을 했습니다.

스트븐 씨는 다음에 어떻게 했을 것 같습니까? 짝과 이야기해 보십시오.
다음은 스티븐 씨의 다음날 이야기입니다.
여러분의 이야기와 같습니까? 다릅니까? 어떤 이야기가 더 마음에 드십니까?

스티븐 씨는 다음 날 부산에서 돌아와서 미영 씨에게 전화를 했습니다.
미영 씨가 기침을 많이 했습니다.
많이 아픈 것 같았습니다.
스티븐 씨는 약과 죽을 가지고 미영 씨 집에 갔습니다.
미영 씨는 몸은 아프지만 마음은 행복했습니다.

〈연세 한국어 읽기1〉 (2008예정)

그리고 텍스트의 특성에 따라 읽기 후 활동으로 자연스럽게 쓰기 활동으로 연계되는 경우도 있는데, 편지에 대한 답장을 쓴다거나, 신문 기사에 대한 독자의 글을 쓴다거나 책을 읽고 서평을 쓰는 등 텍스트를 읽은 후 독자의 반응으로 이루어지는 쓰기 활동이 이루어질 수 있다. 또 텍스트의 장르를 바꿔 쓰는 활동도 이루어질 수 있다. 광고문, 안내문, 표, 도표 등을 일반문으로 고쳐 쓴다거나 그 반대의 경우도 가능하다.

■ 다음을 읽고 초대장을 써 보십시오.

제임스 씨는 오늘 웨이 씨에게 전화를 걸었습니다.
"웨이 씨 계십니까?"
"네, 바로 전데요."
"이번 크리스마스에 시간이 있으세요? 저녁 6시에 우리 집에서 파티를 해요."
"그래요? 초대해 줘서 고마워요. 그런데 집이 어디예요?"
"우리 집은 학교 근처에 있어요. 지하철 2호선 신촌역에서 내리세요.
내려서 전화하세요."
제임스 씨는 리에 씨에게도 전화를 했습니다.
그런데 리에 씨는 전화를 받지 않았습니다.
그래서 리에 씨에게 문자메시지를 보냈습니다.
[이번 크리스마스 저녁 6시에 우리 집에서 파티를 합니다.
꼭 오세요. ^ ^ – 제임스] ______________에 초대합니다.

안녕하세요?
그 동안 잘 지냈습니까?
크리스마스 날 저녁 6시에 우리 집에서 파티를 합니다.
꼭 오세요.
시간과 장소는 아래에 있습니다.

시간:
장소:
전화 번호: 010-8765-4321
오는 방법:

_______ 드림

〈연세 한국어 읽기1〉 (2008예정)

■ 저의 오늘 계획입니다. 읽고 수첩에 오늘의 계획을 쓰십시오.

오늘은 금요일입니다. 바쁜 하루입니다.
저는 아침 일곱 시부터 여덟 시까지 수영을 합니다.
아홉 시부터 오후 한 시까지는 한국어 수업이 있습니다.
오늘은 수업이 끝나고 학생식당에서 섬심을 먹겠습니다.
점심을 먹고 회사에 가겠습니다.
두 시부터 여섯 시까지 회사에서 열심히 일하겠습니다.
여섯 시 반에 약속이 있습니다.
명동에서 친구를 만나겠습니다.
친구와 같이 저녁을 먹고 영화를 보겠습니다.
이야기도 많이 하겠습니다.

7:00	
8:00	
9:00	
10:00	
11:00	
12:00	
1:00	

2:00	
3:00	
4:00	
5:00	
6:00	
7:00	

〈연세 한국어 읽기1〉 (2008예정)

이 외에도 텍스트를 읽고 그에 따른 후속 활동으로 연극이나 역할극을 하는 등 말하기 활동으로 자연스럽게 연계시키는 활동도 할 수 있다. 또 소극적인 학습자의 적극적인 참여를 이끌 수 있는 활동으로, 서로 견해나 내용이 조금씩 다른 읽을 거리를 주고 각자의 읽은 것에 대해 이야기하고 차이점을 찾아내게 한다든지, 짝활동으로 텍스트의 앞과 뒤를 나누어 가지고 그 순서를 맞춘다든지, 그룹으로 여러 순서의 텍스트를 나누어 가지고 원래 텍스트의 순서에 맞춰 순서를 짓는다든지 하는 다양한 활동이 이루어질 수 있다.

5) 실제 수업 예

앞 절에서는 교실에서 읽기 전, 읽기, 읽은 후 활동의 다양한 활동의 예를 살펴보았다. 이 절에서는 실제로 초급과 고급에서 읽기 수업을 어떻게 진행하는지 간단한 실례를 보이도록 하겠다.

〈초급에서의 읽기의 예〉

읽기 전 단계	① 삽화나 그림 사진을 이용하여 주제와 관련해서 지식이나 경험을 질문한다. ② 주제와 관련된 어휘를 수집하고 이를 분류화한다. ③ 글의 내용을 예측하게 한다.
읽기 단계	① 본문을 2-3회 읽힌다. 묵독을 할 수도 있고, 낭독을 할 수도 있다. 낭독을 할 경우에는 학생들이 모두 읽을 수 있도록 적절히 나누어 읽힌다. 읽을 때 학생들의 발음 오류를 정정해 주고 발음지도를 한다. ② 문장 읽기에 어느 정도 능숙해 지면 본문을 설명하면서 어휘를 확장시킨다. ③ 중간 끊기를 통해 학생들에게 내용을 질문하고 다음 내용을 예측하게 한다.

읽은 후 단계	① 글의 내용에 대한 확인을 한다. 이 경우 교사가 준비한 질문지를 이용할 수 있다. 혹은 학생들에게 내용과 관련된 질문지를 직접 만들게 할 수도 있다. ② 학생들의 질문지가 불충분한 경우 교사가 보충한다. 짝활동을 통해 서로에게 질문하고 답하게 한다. ③ 학생들의 이해가 부족한 부분에 대해 보충 설명한다. ④ 학생들에게 글의 내용 전체를 요약하도록 한다. ⑤ 어휘나 문법 등 중요한 부분이 있다면 이를 다시 한번 확인시키고 연습한다. ⑥ 학생의 수준에 따라 내용을 보충할 부교재를 사용하기도 하고, 말하기나 쓰기 활동으로 연계한다.

〈고급에서의 읽기의 예〉

읽기 전 단계	① 주제와 관련해서 지식이나 경험을 질문한다. 삽화나 그림을 이용하여 도입할 수도 있고 듣기나 간단한 읽기 등 다른 기능에서 도입을 유도할 수 있다. ② 주제와 관련된 어휘를 수집하고 이를 분류화한다. ③ 글의 내용을 예측하게 한다. ④ 글을 훑어 읽게 하여 전체적인 내용에 대해 추측하게 한다. ⑤ 훑어 읽은 후 교사가 핵심 내용에 대한 질문을 한다. 학생이 틀린 대답을 하더라고 고쳐주지는 않는다.(이에 대한 대답의 확인은 읽기 후 단계에서 확인한다.)
읽기 단계	① 본문을 1-2회 정독하게 한다. 고급은 내용 이해 중심이므로 주로 묵독을 한다. ② 핵심적인 문장이나 단어를 찾아가면서 읽기를 하게 할 수도 있다. ③ 초급에서와 같이 본문을 설명하면서 어휘를 확장시킬 수도 있으나, 학생들에게 모르는 어휘만 질문을 받아 이를 설명하는 것으로 대신할 수도 있다. ④ 교사가 본문을 읽으면서 설명하는 경우에는 초급에서와 같이 중간 끊기를 통해 학생들에게 내용을 질문하고 다음 내용을 예측하게 한다.
읽은 후 단계	① 글의 내용에 대한 확인을 한다. 이 경우 교사가 준비한 질문지를 이용할 수 있다. 혹은 학생들에게 내용과 관련된 질문지를 직접 만들게 할 수도 있다. ② 학생들의 질문지가 불충분한 경우 교사가 보충한다. 짝활동을 통해 서로에게 질문하고 답하게 한다. ③ 학생들의 이해가 부족한 부분에 대해 보충 설명한다. ④ 학생들에게 글의 내용 전체를 요약하도록 한다. ⑤ 어휘나 문법 등 중요한 부분이 있다면 이를 다시 한번 확인시키고 연습한다. ⑥ 학생의 수준에 따라 내용을 보충할 부교재를 사용하기도 하고, 말하기나 쓰기 활동으로 연계한다.

주)

1) 우리는 일상생활에서 말하는 것의 두 배, 읽는 것의 네 배, 쓰는 것의 다섯 배를 듣는다고 한다. 또 Barker, Edwards, Gains. Glandnes & Holly(1980)의 연구에서도 대학생들은 의사 소통의 16%를 말하기에, 17%를 읽기에, 14%를 쓰기에, 53%를 듣기에 할애한다고 한다.(전은주(1999:69)재인용)

2) 예를 들면, 우리가 길을 가다가 어떠한 화제에 대해 이야기하는 친구들을 만나 그 대화에 갑작스럽게 끼어들게 되었을 때, 한참을 듣고 있어도 그들이 무엇에 대해 이야기하고 있는지 모호해서 "너희 도대체 뭐에 대해 말하고 있는 거야?" 하는 경우가 있다. 즉 이는 맥락의 결여가 듣기 이해에 장애가 될 수 있음을 보여 주는 예이다.

3) Ann Anderson & Tony Lynch(1988:42)에 따르면, 학습자에게 듣기가 수동적 기능이 아니라 능동적인 기능임을 이해시키고 듣기의 성취가 읽기나 쓰기, 말하기에 능숙해지는 것만큼의 노력을 요구함을 깨닫도록 해야 한다고 하고 있다. 또 성공적인 제 2 언어 듣기를 하기 위해서 음성에 근거한 접근은 오히려 학습자에게 장애가 될 수 있다고 하였다. (Ann Anderson & Tony Lynch(1988:42))

4) 또 그룹을 구성하여 과제를 수행하는 것도 듣기 과제의 어려움을 덜어 주기도 한다.

5) 이 외에도 우리는 기념식, 졸업식 등 사회적 의식에 참여하기 위해 기념식사 등을 듣기도 하고 어떠한 통제를 받기 위해 주의사항이나 규율을 듣기도 하며, 단순히 즐거움을 얻기 위해 영화를 보거나 라디오를 듣기도 한다.

6) 그러나 학습자가 이용할 수 있는 풍부한 시각적인 자료가 많은 정보를 제공해 주는 반면 혼란과 산만함에 대한 잠재적인 근원이 된다는 점은 주의를 기울일 필요가 있다. 녹화 자료가 학습자의 동기와 흥미를 유발한다는 합리적인 주장에도 불구하고, 지금까지 녹화 테이프를 이용함으로써 이해의 어떤 측면이 더 효율적으로 실습되는지에 대한 연구는 거의 없다고 한다.(Ann Anderson & Tony Lynch(1988:58)

7) 물론 전자의 의미, 즉 문자를 음성으로 해석해 내는 것도 '읽기'의 한 부분으로 보고 실제 제 2언어 교실 수업에서 그러한 것에 기반한 '읽기 활동'이 이루어지기는 하지만 이러한 읽기는 진정한 의미의 읽기 '이해' 활동으로 볼 수는 없다.

8) 예를 들어 동일한 주제의 글을 쓰게 되더라도 전공자를 대상으로 하는 경우와 비전공자를 대상으로 하는 경우 글이 달라질 것이다.

9) 이와 관련하여 읽기에서는 텍스트 자체보다 독자의 진보가 더 중요하다고 할 수 있다. 이러한 관점에서 볼 때 읽기는 결과 중심이 아니라 과정 중심으로 보아야 한다. 읽기를 결과 중심 관점에서 보는 경우에는 독자가 얻어낸 것에 관심이 있지만, 과정 중심으로 보는 경우에는 독자가 어떻게 특정한 해석에 이르게 되는지가 중요하다. 즉 과정 중심으로 읽기를 보는 경우에는 텍스트가 단순히 의미를 담은 것이 아니라 의미를 만들어낼 수 있는 잠재력을 지닌 것으로 본다.(Catherine Wallace(1992:39))

10) 제 2언어 교육에서는 말하기, 듣기, 쓰기, 읽기, 그 어떤 것이든 상관없이 그 자체가 학습이나 즐거움을 주는 직접적인 목적이 있다.

11) 이는 Françoise Grellet(1981:4-5)의 것을 약간 수정한 것이다.

12) 즉 읽기 이해 능력에 대한 교육은 목표 언어의 구조와 형태에 대한 이해를 촉진시킬 수 있으며 어휘의 학습 및 확장에도 효과적이다.

13) 읽기의 분류는 Françoise Grellet(1981:4)를 참조하였다.

14) 그러나 실제 한국어 교실 수업에서는 낭독 수업이 많이 이루어지기도 한다. 이는 교사가 학생들의 텍스트 이해 속도의 통제를 위해, 그리고 정확한 발음과 억양을 익히게 하려는 목적으로 실시되는 것이다.

15) Catherine Wallace(1992:40)에서는 Goodman(1967)을 인용하면서 읽기는 일종의 심리학적 추측게임이라고 하였다. 그리고 독자는 텍스트를 읽으며 의미를 예측하기 위해서 문자음성체계와 통사 체계, 의미체계의 3가지 단서를 이용한다고 한다. 그리고 읽기 능력은 그 기술을 하나하나 계층적으로 찾아내어 분석할 수 없는 일체화된 능력이며, 독자는 읽기 과정에서 모든 단서를 다 이용하는 것이 아니라 자신의 예측과 일치하는 정보만을 선택적으로 이용한다고 한다.

16) Catherine Wallace(1992:71)에서는 텍스트 선정 기준을 다음과 같이 제시하고 있다.

1. 텍스트는 특정 언어 구조나 어휘를 교육하는 도구가 되어야 한다.
2. 핵심적 읽기 전략의 향상을 위한 기회를 제공해야 한다.
3. 글의 내용이 학습자에게 흥미롭고 익숙한 주제여야 한다.
4. 학습자의 언어 수준에 적절해야 한다.
5. 교육적 목적으로 쓰여진 자료가 아닌 실제(authentic) 자료여야 한다.
6. 교실에서 활용하기에 적절해야 한다. 즉, 다양한 교실 활동을 이끌어낼 수 있어야 한다.

17) 어휘의 난이도는 단순히 모르거나 익숙하지 않은 어휘 때문만은 아니다. Catherine Wallace(1992:76)에 의하면 어휘의 의미를 모른다거나 새로운 어휘라는 것은 단순히 처음 접하는 어휘를 뜻하는 것은 아니라는 것이다. 즉 영어에서 컴퓨터에 나오는 메뉴가 매우 친숙한 단어이지만 그 상황에서 이 단어를 사용해 보지 않은 사람에게는 그것이 새로운 어휘가 될 수 있다고 한다.

18) 장르나 주제의 선정도 교사가 주의하여 고려할 사항인데, 장르나 문화가 특정 문화적이면 같은 텍스트에서 다른 해석을 할 수 있다.

19) 실제적인 읽기 전략의 개발을 위한 자료가 있는가 하면 읽기 자체를 위한 텍스트라기보다 언어의 구조 즉 어법을 교수하기 위한 전형으로서의 텍스트도 있다. 언어 교육을 위해 특별히 쓰여진 텍스트들이 이에 속한다. 이러한 텍스트는 특정 구조나 어휘를 반복해서 사용하는 것이 특징이다.

20) Catherine Wallace(1992:79)에 의하면, Meinhof(1987)에서의 실제성 개념은 매우 엄격하다고 한다. Meinhof(1987)에서는 실제적 자료란 “모국어 화자들 사이에 자연스럽게 발생되는 입말이나 글말로 “진정한 의사소통 행위”로 받아들여질 만한 것의 원래 도막”이라는 것이다. 따라서 교

사가 신문, 잡지, 소설 등의 실제적 원문에서 텍스트를 선택했다고 할지라도 정보 제공이나, 오락, 설득 등의 실제적인 사회 문화적 환경을 벗어나서 그것이 교실 환경에 도입되면서 그 실제성을 잃었다고 할 수 있다고 하였다.

21) 자료의 실제성에 대해서는 여러 견해가 있을 수 있다. Widdowson (1979)은 '실제성'을 텍스트 자체가 실제성을 갖고 있다고 간주하기보다는 과정 중심적인 관점을 취하여 상황에 따라 학습자의 목적과 관련 있게 재구성되는 것으로 보아야 한다고 제안하였다. 따라서 외국어 학습 교실 역시 텍스트를 재구성할 수 있는 맥락으로 인정되며 결국 교사는 학습자와 텍스트 사이의 상호작용을 촉진하는 데에 관심을 갖게 된다고 한다. 그리고 실제성을 텍스트와 독자 사이의 상호작용에 놓여 있다고 받아들이면 제 2언어 학습자에게 특별히 쓰여진 텍스트를 사용하는 것에 거리낄 필요가 없다고 했다. 또한, 제 2언어 학습자는 스스로 의사소통을 목적으로 하여, 다른 그룹을 위한 이야기 쓰기, 학급 일기 쓰기 등 텍스트를 작성함으로써 여러 가지 유익을 누릴 수 있다고 한다.(Françoise Grellet(1981:81)참조) 그러나 Françoise Grellet(1981:7)에서는 교사가 단순화한 텍스트가 담화 표지나 잉여적 표현, 반복적 표현, 지시 표현 등을 삭제하거나 바꿔 놓기 때문에 실제 자료보다 오히려 더 어려울 수 있다고 하였다. 따라서 Françoise Grellet(1981)에서는 가능한 한 실제 자료를 그대로 사용하는 것이 더 좋다고 하고 있다. 만일 불가피하게 수정을 해야 한다면 수정보다는 아예 다시 쓰는 것이 낫다고 하고 있다.

22) Catherine Wallace(1992:86)에 의하면 이전에 읽기 전 과제들은 텍스트에서 언어상으로 어려울 것 같은 부분들을 준비시키는 데 초점을 맞추는 경향이 있었으나, 최근에 들어서는 문화적 난점이나 개념상의 난점들의 해결에 초점을 맞추는 것으로 바뀌었다고 하고 있다. 이러한 관점에서는 단순히 제2언어 독자들에게 언어적 또는 사회문화적 부적절성만을 보상하는 것을 읽기 전 활동으로 보는 것이 아니고 독자의 기존 스키마 지식을 환기해 줄 수 있는 것을 진정한 읽기 전 활동이라고 본다.

23) 이에 대해, 경험이 많은 독자는 예측이 무의식적이기 때문에 실제 읽기 활동과는 다른 활동이라는 비판이 있기도 한다. 또 중간 중간 질문을 하는 것이 시간적인 낭비가 많고 질문이 자연스럽지 않으며, 읽기 흐름을 간섭한다는 비판이 있기도 하다.(Catherine Wallace(1992:95) 참조)

24) 선다형의 문제들은 가끔은 텍스트를 전혀 참고하지 않고서도 대답이 가능한 경우가 있다. 즉 텍스트의 내용에 대한 질문이라기보다는 독자의 기존 스키마 지식에 대한 질문처럼 제시하지 않도록 주의를 해야 한다. 진위형 질문 역시 텍스트 내용에 대한 진위라기보다는 독자의 스키마 지식, 혹은 이해와는 전혀 상관없는 어휘나 문법의 정확성에 대한 판단을 요하는 질문이 되지 않도록 주의하여야 한다.

참고문헌

- 박경자 외(1994). 언어교수학. 박영사
- 이해영(1999). "한국어 듣기 교육의 원리와 수업 구성." 한국어 교육 제 10권 1호. 국제 한국어 교육학회.
- 이해영, 이미혜(1996). Task를 기초로 한 한국어 듣기 교육." 교육 한글10. 한글학회.
- 임병빈 외 역(2000). 영어 읽기의 새로운 기법을 활용한 교실 수업 지도 방법. 한국문화사
- 입말교육연구모임 옮김(1999). 듣기교육. 나라말
- 전은주(1999). 말하기 듣기 교육론. 박이정
- 정길정 · 연준흠 편(1996). 외국어 읽기 지도의 이론과 실제. 한국문화사
- 조항록(1993). "외국어로서의 한국어 듣기 교육에 관한 일 고찰." 말 제18집. 연세대학교 한국어학당.
- 최길시(1998). 외국인을 위한 한국어 교육의 실제. 태학사
- Ann Anderson & Tony Lynch(1988). *Language Teaching: Listening.* Oxford University Press.
- Catherine Wallace(1992). *Language Teaching: Reading.* Oxford University Press.
- Françoise Grellet(1981). *Developing Reading Skills.* Cambridge University.
- Krashen, S.(1981). *Second Language Acquisition and Second Language Learning.* Oxford: Pergamon.
- Mainhof, U.(1987). 'Predicting aspects of a strategic model of text comprehension ' in T. Bloor and J.Norrrish(eds.): *Written Language.* London:CILT
- Mary Underwood(1989). *Teaching Listening.* Longman Inc.
- Widdowson, H.G.(1979). 'Discourse and text'. Paper given at Ealing College of Higher Education Conference on 'The Reading Skill'.

〈교재〉

- 연세 한국어 1(2007). 연세대학교 출판부
- 연세 한국어 읽기 1(2008 예정). 연세대학교 출판부
- 한달 완성 한국어 중급 듣기(2006). 연세대학교 출판부
- Exciting Korean.(1998) 오미라 외 지음. 이화여자대학교

제 7 장 한국어 표현 교육론

곽지영

Ⅰ. 들어가기

인간의 언어활동은 음성을 매개로 하는 듣기와 말하기, 문자를 매개로 하는 읽기와 쓰기, 이 네 가지 기능으로 이루어진다. 일반적인 모국어 화자의 경우 듣기와 말하기는 특별한 가르침 없이 모국어 환경에서 자연스럽게 습득되고 읽기와 쓰기 능력은 기본적인 학교 교육을 통해 자연스럽게 배양된다.

외국어 학습의 경우에는 제한된 언어적 환경과 교실이라는 특수 상황에서 네 가지 기능을 의식적으로 가르치며 배우게 되는데 모국어 화자에 비해 훨씬 부족한 언어적 환경과 시간 속에서 일정 수준의 목표에 도달하기 위해서는 효과적인 교수와 학습이 중요하다.

언어의 네 기능은 각각 독립되어 있는 것이 아니다. 일상생활에서부터 전문적인 분야에서의 활동에 이르기까지 음성 언어와 문자 언어는 모두 중요하며, 의사소통 상황에서 이해 기능과 표현 기능은 사실상 따로 떼어 생각하기 어렵다. 그러나 본 논문에서는 외국어로서 한국어를 가르치는 현장에서, 표현 기능인 말하기와 쓰기에 초점을 맞추어 이를 어떻게 지도할 것인가에 대해, 간략한 이론 소개와 함께 실제적인 예를 중심으로 살펴보고자 한다.

Ⅱ. 말하기

1. 일반적 목표

최근 30년가량 외국어 학습 및 교육 이론에서는 외국어 학습의 궁극적인 목표를 의사소통 능력의 습득으로 파악해오고 있다.

20세기 중반에는 구조주의 언어학의 영향으로 언어를 구조적, 과학적으로 분석하여 기술하거나 개별 언어들을 비교 · 분석하는 일이 활발히 이루어졌으며 외국어 학습이란 모국어와 목표어 간의 차이를 극복해 나가는 것으로 보았다. 이후 1960년대, 1970년대에는 언어교수 분야에서 학습의 인지적, 정의적 과정, 학습자 언어 체계의 발달, 학습자 오류 분석 등이 주요 연구 대상이었고 외국어 학습이란 학습자가 자신의 내적인 언어 체계를 지속적으로 발달시켜 나가는 것으로 이해했다.

1980년대 이후 새로이 등장한 흐름은 사회적 구성주의자(Social Constructivist)의 관점으로, 인간의 개별적인 인지 · 언어 발달보다는 학습자가 타인과의 상호작용으로 인해 갖게 되는 효과에 더 관심을 갖는다. 사회적 구성주의에서는 언어를 개인 간의 의사소통으로 이해하고 담화, 상호작용, 화용론, 협상 등에 관심을 갖는다. 교실은 언어 사용자(학습자) 간에 유의미하고 실제적인 상호작용이 일어나는 장이며 외국어 학습은 학습자 간에 상호작용적으로 협상을 통해 의미를 창조해 나가는 과정으로 이해한다. 이러한 관점에서 외국어 학습에서 학습자가 성취해야 할 중요한 목표는 의사소통 능력이다. 이 개념은 Chomsky(1965)가 주장한 언어능력(Competence) 개념이 너무 제한적이라 생각한 사회언어학자 Hymes(1972)가 제안한 개념으로 '인간이 특정 상황에서 메시지를 전달하고 해석하며 인간 상호 간에 의미를 타협할 수 있게 해주는 능력'을 의미한다. 의사소통 능력의 개념에 대해서는 Hymes 이후 여러 학자들이 조금씩 상이한 나름대로의 정의를 내렸는데 여기에서는 Canale & Swain(1980), Canale(1983)의 정의를 언급하고자 한다.[1] 이들에 따르면 의사소통 능력은 다음 4가지 하위 범주로 이루어져 있다.

1) 의사소통 능력

① 문법적 능력(Grammatical Competence):

음운, 형태, 어휘, 문법, 의미에 관한 언어 규칙에 대한 지식을 말한다.

② 담화적 능력(Discourse Competence):

담화 속의 문장들을 연결하여 일련의 발화(utterance)로부터 전체적인 의미를 형성하게 하는 능력을 말한다. 담화란 간단한 구두 대화에서부터 신문 기사, 책 등과 같이 상당한 길이의 문어 텍스트를 모두 포함하는 개념으로 문법적 능력이 문장 단 위의 문법을 다루는 것인 반면 담화적 능력은 문장 사이의 상호관계를 다루는 것이라 볼 수 있다.

③ 사회언어학적 능력(Sociolinguistic Competence):

언어와 담화의 사회문화적 규칙에 대한 지식을 말하는 것으로 언어가 사용되는 사회적 상황에 대한 이해를 필요로 한다. 사회적 상황이란 대화 참여자들의 역할, 이들이 공유하는 정보, 상호작용의 기능인데 이 모든 것들이 충분히 드러나는 상황에서만 특정한 발화가 적절한지 판단할 수 있다.

④ 전략적 능력(Strategic Competence):

언어 수행 상의 변인이나 불완전한 언어 능력 때문에 의사소통이 중단되는 경우 이를 보완하기 위해 사용하는 언어적, 비언어적 의사소통 전략을 말한다.[2)]

즉 학생들이 한국어 의사소통 능력을 갖추기 위해서는 한국어의 문법에 맞는 문장을 담화 차원에서 자연스럽게 생산해낼 수 있어야 하며 한국 사회와 한국 문화에 관한 지식을 습득해야 하고 언어 수행 상의 변인이나 불완전한 언어 능력 때문에 의사소통이 중단되는 경우 이를 보완하기 위해 언어적, 비언어적 전략 또한 사용할 줄 알아야 한다는 것이다. 따라서 교사가 학습자들에게 낯선 언어인 한국어로 의사소통을 정확하게 할 수 있도록 지도하기 위해서는 위 4가지 부분을 모두 고려해야 할 것이다.

2. 등급별 목표

학습자의 언어적 수준에 따라 그 학습자가 처하는 의사소통 상황은 달라진다. 한국어 학습 시간이 불과 두어 달밖에 되지 않은 학습자가 대학 강의실에서 교수와 질문 대답을 하는 상황은 벌어지지 않을 것이다. 따라서 학습자의 언어적 능력에 따라 학습자가 습득해야 하는 의사소통 능력도 달라지는데 각 교육 기관마다 자체 내의 기준을 확립해 놓고 있다 하더라도 아직까지 말하기의 경우 이를 공식적으로 체계화한 표준이 없다. 본 논문에서는 한국어능력검정시험의 등급별 총괄 기준으로 이를 대신하고자 한다. 이는 교재나 교육 자료 제작 시 학습자의 언어적 수준에 맞춰 구체적으로 어떤 장면이나 기능들이 포함되어야 하는지를 고려할 때도 도움이 될 것이다.

[표 1] 한국어능력시험의 등급별 총괄 기준

시험 종류	평가 등급	총괄 기준
초급	1급	자기 소개하기, 물건 사기, 음식 주문하기 등 생존에 필요한 기초적인 언어 기능을 수행할 수 있으며, 자기 자신, 가족, 취미, 날씨 등 매우 사적이고 친숙한 화제에 관련된 내용을 이해하고 표현할 수 있다. 약 800개의 기초 어휘와 기본 문법에 대한 이해를 바탕으로 간단한 문장을 생성할 수 있다. 또한 간단한 생활문과 실용문을 이해하고 구성할 수 있다.
	2급	전화하기, 부탁하기 등의 일상생활에 필요한 기능과 우체국, 은행 등의 공공시설 이용에 필요한 기능을 수행할 수 있다. 약 1,500~2,000개의 어휘를 이용하여 사적이고 친숙한 화제에 관해 문단 단위로 이해하고 사용할 수 있다. 공식적 상황과 비공식적 상황에서의 언어를 구분해 사용할 수 있다.
중급	3급	일상생활을 영위하는 데 별 어려움을 느끼지 않으며 다양한 공공시설의 이용과 사회적 관계 유지에 필요한 기초적 언어 기능을 수행할 수 있다. 친숙하고 구체적인 소재는 물론, 자신에게 친숙한 사회적 소재를 문단 단위로 표현하거나 이해할 수 있다. 문어와 구어의 기본적인 특성을 구분해서 이해하고 사용할 수 있다.
	4급	공공시설 이용과 사회적 관계 유지에 필요한 언어 기능을 수행할 수 있으며 일반적인 업무 수행에 필요한 기능을 어느 정도 수행할 수 있다. 또한 뉴스, 신문 기사 중 비교적 평이한 내용을 이해할 수 있다. 일반적인 사회적 · 추상적 소재를 비교적 정확하고 유창하게 이해하고 사용할 수 있다. 자주 사용되는 관용적 표현과 대표적인 한국 문화에 대한 이해를 바탕으로 사회 · 문화적인 내용을 이해하고 사용할 수 있다.

시험 종류	평가 등급	총괄 기준
고급	5급	전문 분야에서의 연구나 업무 수행에 필요한 언어 기능을 어느 정도 수행할 수 있으며 정치, 경제, 사회, 문화, 전반에 걸쳐 친숙하지 않은 소재에 관해서도 이해하고 사용할 수 있다. 공식적 · 비공식적 맥락과 구어적 · 문어적 맥락에 따라 언어를 적절히 구분해 사용할 수 있다.
	6급	전문 분야에서의 연구나 업무 수행에 필요한 언어 기능을 비교적 정확하고 유창하게 수행할 수 있으며, 정치, 경제, 사회, 문화 전반에 걸쳐 친숙하지 않은 주제에 관해서도 이용하고 사용할 수 있다. 원어민 화자의 수준에는 이르지 못하나 기능 수행이나 의미 표현에는 어려움을 겪지 않는다.

3. 의사소통 중심 언어교수법의 특징

2.1에서 언급한 바와 같이 1970년대 이후 외국어 교수와 학습에서 의사소통이 중요한 개념으로 대두되면서 의사소통 중심의 언어교수법(Communicative Langauge Teaching)이 등장하였는데 Richards & Rodgers(1985)는 의사소통 중심 언어교수법의 이론을 다음과 같이 특징지었다.

1) Richards & Rodgers(1985)

① Language is system for the expression of meaning.

② The primary function of language is for interaction and communication.

③ The structure of language reflects its functional and communicative uses

④ The primary units of language are not merely its grammatical and structural features, but categories of functional and communicative meaning as exemplified in discourse.

또한 Brown(2001)은 의사소통 중심 언어교수법의 특징을 다음과 같이 들고 있다.

2) Brown(2001)

① 교실 수업의 목표는 의사소통 능력의 모든 구성요소들(문법적, 담화적, 기능적, 사회 언어학적, 전략적 능력)에 초점을 맞춘다. 따라서 수업 목표는 언어의 구조적인 면과 화용적인 면이 서로 얽히게 해야 한다.

② 언어 교수 기법은 학습자로 하여금 의미 있는 목적을 달성하기 위해 활용적이고 진정성이 있고 기능적으로 언어를 사용할 수 있도록 설계한다. 언어 조직 형태들은 관심의 중앙에 있지 않고 그런 목적을 달성하기 위한 일면이다.

③ 유창성과 정확성은 의사소통적 기법에 깔려 있는 상호보완적인 원리들로 본다. 때로는 학습자가 의미 있는 언어를 사용하도록 하기 위해서 유창성을 정확성보다 더 중요하게 여겨야 한다.[3)]

④ 의사소통적 수업을 받은 학생은 궁극적으로는 교실 밖에서 연습을 하지 않은 상황에서 이해하고 표현하는데 언어를 사용하여야 한다. 교실에서 하는 과제는 따라서 그런 상황에서 필요한 기술을 학생들에게 갖춰 주어야 한다.

⑤ 학생들에게 자신의 학습과정에 주의를 집중할 기회를 주어야 하는데 이것은 자신의 학습 유형에 대한 이해와 자율학습을 위한 적절한 전략을 개발함으로써 가능하다.

⑥ 교사의 역할은 촉진자, 안내자의 역할이지, 지식을 베푸는 증여자의 역할이 아니다. 따라서 남들과 진정한 언어적 상호작용을 통하여 의미를 형성할 것을 학생들에게 권장하여야 한다.

이밖에도 의사소통 중심 교수법의 원리나 특징에 대해서는 많은 학자들이 의견을 제시하였으나 그 주된 내용을 정리하면 다음과 같이 요약할 수 있을 것이다.

부자연스러운 예문의 연습이 아니라 실제의 자연스러운 언어 자료를 사용하여 짝 활동과 같은 협력 학습을 통해 유의미한 과제를 수행함으로써, 언어의 구조나 형식보다는 의미 · 기능 · 담화에 초점을 맞춰 상호작용과 의사소통이 일어나도록 하고, 정확성보다는 유창성을 강조하여 학습자의 오류 수정을 최소화하는 학습자 중심의 교수를 지향한다고 할 수 있다.

4. 교사의 역할과 교사 말, 오류 수정

외국어 학습과 교수에서는 교사의 수업 설계와 운영이 중요하며 이를 위해 사전 준비가 철저히 이루어져야 하고 교실에서는 수업을 체계적이고 효율적으로 이끌어나가야 한다. Brown(2001)은 언어 교수에서 교사의 역할을, 통제자(controller), 감독자(director), 관리자(manager), 촉진자(facilitator), 자원(resource)으로서의 교사, 이렇게 5가지로 분류하였다. 즉 교사는 교실에서 학습자의 학습 내용, 발화시기, 언어 형식 등을 결정하는 통제자이고[4] 학습자가 연습을 하거나 자연발생적인 언어수행을 할 때 그 과정이 자연스럽게 효율적으로 흘러갈 수 있도록 지도하는 감독자이다. 관리자로서의 교사는 수업을 설계하고 각 수업 내에서 학습자가 목표를 지향하도록 장려하면서 지속적으로 그들을 평가하고 피드백을 준다. 또한 교사는 촉진자로서 학습자들이 보다 쉽게 학습할 수 있도록 학습과정에서 발생하는 장애 요소를 제거하고 성공적인 학습 방법을 찾을 수 있도록 안내하고 따뜻하게 격려해야 한다. 아울러 교사는 학습자의 문화적 배경과 학습자 개인의 성격 등을 고려하여 학습자가 최상의 정의적 상태에서 수업에 임할 수 있도록 배려해야 할 것이다. 자원으로서의 교사는 통제의 정도가 가장 낮은데 이 경우 학습자가 주도적이 된다는 것을 의미하며 학습자들은 필요할 때 교사와 상담하고 조언을 구할 수 있다.

교사의 지시나 설명과 같은 교사 언어는 학습자에게 입력(input)이 되므로 특히 중요하다. 교사 발화는 그 언어적 수준과 길이에 있어서 학생의 급에 맞게 적절해야 하며 장황해지는 것을 피해야 한다. 또한 교사의 발화는 학생을 자극하여 학생으로부터 발화를 끌어내는 역할을 수행해야 하고 교사의 일방적 지시보다는 교사와 학생 간의 유의미한 상호작용을 지향해야 하는데 이 과정에서 교사는 학습자에게 효과적인 질문을 던지고 학습자가 대답을 하기까지 적절하게 기다려 주어야 하며[5] 학습자의 발화에 적절한 피드백을 주어야 한다.

외국어 교실에서 많은 학습자들은 언어의 형태에 자신이 없기 때문에 말하는 내용에 대한 상대방의 반응을 생각하기 이전에 자신이 얼마나 정확하게 표현하느냐에 집중하게 된다. 한번 말을 하기 위해서는 속으로 여러 번 되풀이하게 되고 실수에 대한 두려움 때문에 말하기를 기피하게까지 된다. 그러나 언어란 시행착오를 거치며 학습하는 것이므로 실수를 두려워하지 않고 시도하는 노력이 중요하다. 교사는 교실 안에서 학습자가 말할 때는 실수에 대한 부담감을 갖지 않도록 편안하고 수용적인 분위기를 조성하여 자아를 보호하려는 정의적인 벽을 없애거나 낮추어 주는 것이 중요하다.

그리고 학생의 오류를 수정하는 문제에 있어서, 학생의 오류에 지나치게 주의를 기울여 간섭하고 교정하면 학습자들이 의기소침하여 의사소통 활동에 참여하지 않을 수 있다. 반면 오류를 교정해 주지 않고 지나칠 경우 학습자의 오류가 굳어져 화석화될 수 있다. 굳어진 실수는 잘 고쳐지지 않을 뿐만 아니라 보다 유창한 의사소통 능력을 저해하는 요인으로 작용한다. 교사는 이 두 지점 사이에서 적절한 위치를 유지해야 할 것이다. 즉 의사소통이 유지되도록 충분히 장려하되 결정적인 오류를 간과해서는 안 되며 결정적인 오류를 지적하되 학습자가 발화 시도를 포기할 정도가 되어서는 안 될 것이다.[6)]

5. 교육 자료의 선택 또는 제작

교육 과정이 확립되어 있고 자체 교재를 개발 · 사용하고 있는 기관 내에서의 교육이라면 교재는 이미 결정되어 있을 것이고 이 경우 국내 많은 기관의 주 교재가 통합교재의 성격을 띄고 있다. 본 논문에서는 제한된 시간에 말하기 중심의 수업을 위한 교육 자료의 선택과 개발을 의미한다. 교육 자료의 선택 또는 개발 시 유의할 사항은 다음과 같다.

1) 교육 자료의 선택 또는 개발 시 유의 사항

① 학습자의 언어 수준에 맞는가?

② 수업 시간에 소화해 낼 수 있을 만큼의 분량인가?

③ 학습 목표에 부합하는가?

④ 학습자의 동기를 유발시킬 수 있는 내용인가?

⑤ 실제성(authenticity)을 지니고 있는가?

6. 말하기 수업의 구성

말하기 수업을 어떤 순서로 어떻게 조직 · 구성해야 하는지에 대한 몇 가지 견해를 살펴보고자 한다.

1) 전통적인 모델

말하기 지도의 가장 전통적이고 보편적이고 일반적인 지도 절차는 언어 자료의 제시(presentation)→연습(practice)→창의적인 표현 활동(production, performance)이다.[7)]

제시 단계는 새로운 어휘나 구조로 이루어진 담화가 실제 상황에서 어떻게 쓰이는지를 보여주는 단계로 교사의 모범 발화나 비디오, 오디오를 통해 제시할 수 있고 그림 등을 보조 자료로 이용할 수 있다. 교사는 학생들이 상황 또는 맥락 속에서 그 의미와 사용법을 유추하여 이해할 수 있도록 흥미 있고 이해하기 쉽게 언어 자료를 구성하여 대화체로 제시해 주는 것이 바람직하다. 대화문은 의사소통 기능과 언어 구조 소개에 유용하며 문화적 배경을 지도하는 데에도 많은 도움이 된다.

두 번째 연습 단계의 목적은 제시된 언어 자료를 학생들이 정확하게 이해하고 모방할 수 있도록 하는 데 있다. 즉 의미의 이해는 물론이고 언어 구조를 습득할 수 있도록 정확성에 중점을 둔 지도가 이루어져야 한다. 일정한 모델을 따라 정확하게 반복하는 연습은 처음에는 학생 전체를 대상으로 실시하고 그 다음에는 교사와 학생이, 그리고 그 다음에는 학생들이 짝과 함께 혹은 조별로 연습할 수 있다.

셋째 창의적인 표현 단계는 제시 단계에서 제시되었던 새로운 언어 자료와 그 동안 배운 언어 요소들을 사용하여 학생들로 하여금 말을 해 보게 하는 단계로서 의사소통의 수단으로서 언어를 창조해 보는 단계이다. 이 단계에서는 교사는 학생들이 방금 배운 언어 자료를 사용하여 그들이 새로운 문장을 만들어 사용하는 것을 보고 학생들이 새로운 언어 자료를 올바로 이해했는지 점검할 수 있고 의사소통에서 성공하는 정도를 보고 학생들이 한국어를 어느 정도 익혔는지 확인해 볼 수 있다. 만일 이들의 이해 정도가 미흡하다면 다시 연습 단계로 돌아가 지도할 필요가 있다. 창의적인 표현 단계의 초기에는 학생들에게 필요한 지침이나 방법 등을 명확하게 알려주는 통제 혹은 유도가 필요하며 나중에는 보다 자유롭게 말해 볼 수 있도록 하는 과제나 활동을 준비하는 것이 효과적이다.

창의적인 말하기가 이루어지기 위해서는 학생들이 말을 하고 싶은 충동이 일어날 수 있도록 하는 활동, 그리고 그들이 말을 할 수 있는 기회가 주어지는 활동이 제시되어야 한다. 따라서 교사는 학생이 배운 어휘 항목, 언어 구조 등을 창의적인 말하기로 자연스럽게 전환하기 위한 활동을 고안하여 학생에게 제시하여야 할 것이다.

2) Rivers & Temperley(1978)

Rivers & Temperley(1978)는 말하기 활동의 모델을 다음과 같이 제시한다.[8]

① 의사소통 학습의 과정(Process involved in learning to communicate)

- skill-getting
  - cognition(knowledge)
    - perception
    - abstraction
  - production(pseudo-communication)
    - articulation
    - construction
- skill-using – interaction(real communication)
  - reception
  - expression

(motivation to communicate)

이 모델에 따르면 말하기 활동은 의사소통을 위해 기초를 닦는 기능습득(skill-getting)의 단계에서 실제로 의사소통을 하는 기능사용(skill-using)의 단계로 발전된다고 볼 수 있다. 기능 습득의 단계는 의사소통을 위한 도구라 할 수 있는 언어의 단위(음소, 단어, 구, 절 등), 범주, 문법 기능 등을 인지하고 이들에 관한 규칙을 내재화하는 훈련의 단계를 말하며 기능사용의 단계는 내재화된 규칙에 의해 자신의 의견이나 생각을 표현하고 상대방의 말을 이해하며 상호 의사소통을 위해 언어를 사용하는 단계라 할 수 있다. 따라서 기능 습득의 단계는 교사의 통제에 의하여 특정 언어 기능을 연습을 통해 숙달시키는 과정으로 실제적인 의사소통은 될 수 없고 기능사용의 단계에서 실제적인 의사소통의 상호작용이 일어난다고 할 수 있다.

3) Paulston & Bruder(1976)

Paulston과 Bruder(1976)은 말하기의 단계를 1차적으로 기계적 연습, 유의적 연습, 의사소통적 연습으로 나누고 2차적으로는 의사소통 행위로 나누어 이들은 단계적으로 발전되어 간다고 하면서 다음처럼 제시하였다.[9]

② Paulston & Bruder(1976)

ㄱ. 1단계: mechanical drill → meaningful drill → communicative drill

ㄴ. 2단계: communicative activities: problem solving, role-play

이 때, 기계적인 연습은 꼭 필요한 경우에 짧게 해야 할 것이며 가능한 한 유의적인 연습, 나아가 의사소통적인 연습을 주로 하는 것이 효과적이다.

4) Littlewood(1981)

Littlewood(1981)는 의사소통 활동을 의사소통 전 활동(pre-communicative activities)과 의사소통 활동(communicative activities)으로 나누고 전자는 언어의 부분적인 기능(part skill)을 훈련하고 후자는 종합적인 기능(total skill)을 훈련하는 단계로 보았다. 따라서 의사소통 능력을 신장시키는 학습은 구조적 활동(structural activities)에서부터 시작하여 사회적 상호 교류 활동(social interaction activities)으로 진행되어야 한다고 주장하였다.[10]

① Littlewood(1981)의 의사소통 활동 단계

- pre-communicative activities
  - structural activities
  - quasi-communicative activities
- communicative activities
  - functional communicative activities
  - social interaction activities

의사소통 전 활동의 첫 번째 구조 활동 단계에서는 문법 구조를 중심으로 언어 항목들을 결합하는 전형적인 연습에 의해 학습이 이루어진다. 어휘나 문법 구조에 대한 학습을 통하여 구조 활용 능력을 향상시켜 의사소통 능력의 기초를 만든다. 준 의사소통 활동 단계에서는 대화와 같은 고정된 형식의 연습 방법을 통해 특정 의미, 의사소통 기능, 사회적 상황과 연계된 표현을 반복 연습하는 활동을 한다. 이때는 문법이나 어휘와 같은 형태(form)보다는 의미를 전달하는 표현 중심으로 학습 내용이 변화하지만 학습 방법은 유의미한 방법보다는 기계적인 방법에 가까운 활동을 한다. 기능적 의사소통 활동은 목표어를 사용하면서 문제 해결을 해 나가는 활동으로 구성되는데 주

로 원활한 의미 전달을 주목적으로 한다. 마지막으로 사회적 상호 교류 활동은 역할극과 같은 활동을 통해 일상생활에서 접할 수 있는 언어사용 상황을 만들고 상황과 연계된 표현을 적절히 사용해 보는 활동이다.

이상 몇 가지 수업 모델의 공통점은 수업 초반 교사의 통제를 받는 연습에서부터 시작하여 유도 연습을 거쳐 마지막에는 학습자 자신의 완전한 의사소통 활동까지 점진적으로 이루어진다는 점이다. 이러한 모델을 실제 수업에 적용할 때 어느 하나만을 고집할 필요는 없으며 학습 목표, 장면, 목표 어휘나 문법항목에 따라 적절한 방식을 선택하거나 혼합하여 수업을 전개해나가면 될 것이다.

7. 과제(task)와 활동(activity)

과제란 학습자가 의사소통을 목적으로 형태가 아닌 의미에 중점을 두고 언어를 이해, 처리, 생산하는 모든 활동을 말한다.[11] 즉 과제란 학습자에게 언어적, 또는 비언어적 입력 자료를 제공하고 그 입력으로부터 어떤 것을 끌어내어 그 입력과 관련된 일을 하도록 만드는 활동이다. 이는 특별한 목적, 적절한 내용, 구체적인 활동 절차, 그리고 그 과제를 수행하는 사람들을 위한 일련의 결과들을 포함한 구조화된 언어 학습 노력이다. 활동(activities)은 과제를 구성하는 요소로서, 수업에서 입력된 자료를 가지고 과제가 가지고 있는 목표를 달성하기 위해 학습자가 수행하는 구체적인 행위를 말한다.

최근의 외국어 교실에서는 과제(task) 수행 중심의 수업이 많이 이루어지고 있다. 교실에서 학습자에게 목표어를 사용해서 해결해야 할 과제를 부과하면 그 과제를 수행해 나가는 과정에서 자연스럽게 목표어를 사용함으로써 언어적 능력과 대화를 이끌어 나가는 의사소통적 능력을 동시에 신장시킬 수 있는 방법이다.

즉 맥락 없이 암기하고 반복하는 엄격한 정확성 성취를 위한 활동이나 연습을 하기보다는 학생들이 보다 실제적으로 의사소통을 할 수 있는 상황을 만들어 줌으로써 자연스럽게 목표어를 배우게 한다는 것이다.

1) 과제 구성의 원리와 의사소통 활동

의사소통적인 말하기 수업을 위한 과제 구성의 원리는 다음과 같다.

① 과제 구성의 원리

ㄱ. 의사소통 능력의 개발이라는 말하기 학습 목표에 맞게 발화의 유창성을 증진시킬 수 있는 구성이어야 한다.

ㄴ. 교실 환경(학습자의 수준, 학습자의 수, 학습자의 학습 동기 등)에 맞게 계획되어야 한다.

ㄷ. 학습자에게 활동의 방법이 명료하게 이해될 수 있는 단순한 구성이어야 한다.

ㄹ. 말하기 수업이므로 이해 어휘보다 생산 어휘를 중심으로 구성되어야 한다.

ㅁ. 숙달도를 증진시킬 수 있도록 학습하고자 하는 표현의 반복이나 재사용이 적절하게 고려된 구성이어야 한다.

ㅂ. 선수 학습된 내용과 유기적으로 관련된 내용이어야 한다.

ㅅ. 학습자의 흥미를 유지시킬 수 있도록 재미있고 실제적인 내용으로 구성되어야 한다.

이렇게 구성된 과제는 소집단 게임(group work game), 역할극(role play), 모의행위(simulation) 등과 같은 의사소통 활동을 통해 수행될 수 있다.

2) 말하기 활동의 유형

말하기 활동의 유형으로는 다음과 같은 것들이 있다.

① 말하기 활동의 유형

ㄱ. 어휘, 문형 연습을 위한 통제된 활동(controlled activities)

ⓐ 따라 하기, 반복하기

ⓑ 교체하기

ⓒ 완성하기

ⓓ 변형하기(conversion): 하나의 구문 형태를 다른 형태로 바꾸는 것

ⓔ 질문 대답하기:

ㄴ. 바꿔 말하기(paraphrase)

ⓐ 다른 표현으로 말하기

ⓑ 풀어 말하기

ⓒ 요약하기

ㄷ. 묘사 설명하기: 그림, 사진 이야기

ㄹ. 발표하기

ⓐ 이야기하기: 자기소개, 장소 소개, 주말 이야기, 가족 이야기, 하루 일과 말하기, 개인적 경험 이야기하기 등

ⓑ 말하기 대회: 이야기 마당, 웅변대회

ⓒ 조사 발표: 인터뷰 발표, 인물 조사, 사건 조사

ⓓ 연구 발표: 졸업 논문 발표

ㅁ. 정보 차(infromation gap) 활동: 의사소통을 통해 결함이 있는 정보를 메우는 활동[12)]

ㅂ. 의견차(opinion gap) 활동: 다른 의견을 가지고 있는 학습자들이 자유로운 토론을 거쳐 의견의 접근이나 합의에 도달하게 하는 활동

ⓐ 의사 결정하기: 휴가 계획하기, 생일 파티 계획 짜기, 교통편 정하기 등

ⓑ 토론하기(설득하기, 주장하기, 논리적으로 말하기): 좌담회

ㅅ. 역할극(role play): 소개하기, 물건 사기, 전화하기. 길 찾기, 하숙집 찾기, 예약하기, 음식 주문하기, 공공기관 이용하기, 상담하기 등

ㅇ. 모의 행위(simulation): 모의 티파티 같은 것

ㅈ. 프로젝트(언어를 실제적으로 사용할 수 있도록 특정 과업을 학습자 그룹에 부과하여 이를 수행하도록 하는 활동): 신문 만들기, 연극, 촌극, 주제 발표회, 안내문 제작 등

ㅊ. 게임: 단어 게임(끝말이어가기, 숨겨진 단어 찾기, 십자말풀이), 스무 고개, 이야기 잇기

ㅋ. 자유롭게 말하기

ㅌ. 접촉 과제: 명시된 목적을 가지고 목표어로 사람들과 얘기해 보도록 학생들을 교실 밖으로 내 보내는 것

8. 수업의 실제

1) 초급의 예

① 학습 목표: 식당에서 주문할 음식을 정하기

__겠습니까? / __겠습니다.

② 제시 대화

가: 무엇을 드시겠습니까?
나: 저는 냉면을 먹겠습니다.
가: 저는 비빔밥을 먹겠습니다.
나: 그럼, 냉면하고 비빔밥을 시킵시다.

③ 학습 자료: 냉면과 비빔밥 사진, 식당 사진, 메뉴판(다양한 식당, 다방, 빵집, 술집)

차림표

냉면	5000원	삼계탕	7000원
된장찌개	4000원	순두부찌개	4000원
비빔밥	5000원	만두국	5000원
김치찌개	3500원	불고기(1인분)	9000원

〈메뉴〉

김밥	2000원	라면	1500원
떡볶이	1500원	칼국수	3000원
우동	2500원	쫄면	2500원
냄비국수	2500원	수제비	3000원

＊ 메뉴 ＊

스파게티	7000원	피자	15000원
오무라이스	5000원	돈까스	5000원
비후까스	8000원	햄버그 스테이크	8000원
생선까스	7000원		

메뉴			
맥주	3000원	소주	1500원
정종	10000원	포도주	20000원
양주	50000원	마른안주	25000원
과일안주	30000원	막걸리	5000원

~ 차림표 ~			
커피	2500원	홍차	2500원
녹차	2500원	인삼차	3000원
주스	3500원	콜라	2500원
사이다	2500원	생강차	3000원

④ 교수 절차

ㄱ. 복습

ㄴ. 도입: 사진 보여주면서 질문하기(여기는 어디입니까?, 두 사람이 무엇을 합니까?)

ㄷ. 단어 제시: 냉면, 비빔밥

ㄹ. 문형 제시: 의사 묻고 말하기

가: _____겠습니까?

나: _____겠습니다.

뭘 잡수시다/마시다, 어디에 가다, 무엇을 하다

ㅁ. 의사소통 연습: 학생들에게 식당, 다방, 빵집, 술집에서 주문하는 것을 익히게 한다.

가: 뭘(무엇을) 잡수시겠습니까?

나: 저는 ___을/를 먹겠습니다./마시겠습니다.

가: 그럼, ___하고 ___을/를 시킵시다.

나: 여보세요, 여기 ___하고 ___좀 주십시오.

ㅂ. 의사소통을 위한 활동: 역할극(role play)

- 식당, 다방, 빵집, 술집에 필요한 메뉴를 준비한다. 학생들을 두 명씩 짝을 지어 준 다음에 장소를 한 곳씩 정해주고 그곳에 필요한 메뉴를 찾아서 모으게 한다.
- 메뉴를 가지고 서로 의논한 후 시키게 한다.

■ **의사소통 활동을 활성화하는 말하기 자료 초급 I -1**[13)]

___에 있다/없다, 위치 어휘, 단위 명사 등을 종합하여 복습할 수 있는 그림 자료

■ 의사소통 활동을 활성화하는 말하기 자료 초급 I -2

3. 다음 그림을 보고 이야기를 만드십시오.

1)

2)

3)

4)

5)

6)

■ 의사소통 활동을 활성화하는 말하기 자료 초급 I -3

제 목	옆 반 친구하고 말하기				
급	1급	단원	1-3과	기능	말하기
학습목표	자기소개, 하루 일과를 말하기, 들은 것 소개하기				

1. 친구에게 질문하기

질문 내용	질문 \ 친구 이름		
이름	이름이 무엇입니까?		
나라 도시	어디에서 왔습니까?		
취미	취미가 무엇입니까?		
음식	무슨 음식을 좋아합니까?		
한국 생활	한국 생활이 어떻습니까? 한국에서 무엇을 하고 싶습니까?		
집(한국)	집이 어디에 있습니까? 집 근처에 무엇이 있습니까?		
친구			
어제 하루			
주말 계획			

2. 친구 소개하기

이 분은 ______씨입니다. _________에서 왔습니다. ……

■ 의사소통 활동을 활성화하는 말하기 자료 초급 I –4

제 목	어디에서 ________?				
급	1급	단원	4과 〈4〉	기능	말하기
학습목표	'–에서'를 사용하여 묻고 대답하기, 한국 생활 이야기하기, 소개하기				

1. 친구에게 질문하기

질문 : 어디에서 삽니까?

존슨 : 이태원에서 삽니다.

질문 내용	질문 ＼ 친구 이름	존슨			
집	어디에서 삽니까?	이태원			
숙제	어디에서 _____을/를 합니까?	도서관			
친구	어디에서 ______________?	신촌			
점심		학생식당			
데이트		극장			
옷가게		현대백화점			

2. 소개하기

존슨 씨는 이태원에서 삽니다. 존슨 씨는 도서관에서 숙제를 합니다. 존슨 씨는 신촌에서 친구를 만납니다. 존슨 씨는 학생식당에서 점심을 먹습니다. 존슨 씨는 여자 친구하고 극장에서 데이트를 합니다. 존슨 씨는 이 청바지를 현대백화점에서 샀습니다. …

■ 의사소통 활동을 활성화하는 말하기 자료 초급 I-5

제 목	무엇이 다릅니까?				
급	1급	단원	5과 〈5〉	기능	말하기
학습목표	'-지만' 을 사용하여 비교하기				

1. 다음 표를 보고 좋은 점과 나쁜 점을 이야기해 봅시다.

가 : 시장 물건이 어떻습니까?

나 : 시장 물건은 싸지만 질이 안 좋습니다.

	좋은 점	나쁜 점
시장 물건		
백화점 물건		
롯데 월드		
기숙사		
하숙집		
한국 대학생		
인천 공항		
내 남자(여자) 친구		
우리 집		

2. 서울과 _____씨 고향은 무엇이 다릅니까? 세 가지를 쓰고 말해 보십시오.

예) 제 고향은 부산입니다.

서울은 바다가 없지만 부산은 바다가 있습니다.

서울은 춥지만 부산은 따뜻합니다.

서울 지하철은 복잡하지만 부산 지하철은 복잡하지 않습니다.

■ 의사소통 활동을 활성화하는 말하기 자료 초급 I -6〉

제 목	길 찾기(A)				
급	1급	단원	5과	기능	말하기
학습목표	약도를 보고 길을 설명하기, 설명을 듣고 길 찾기				

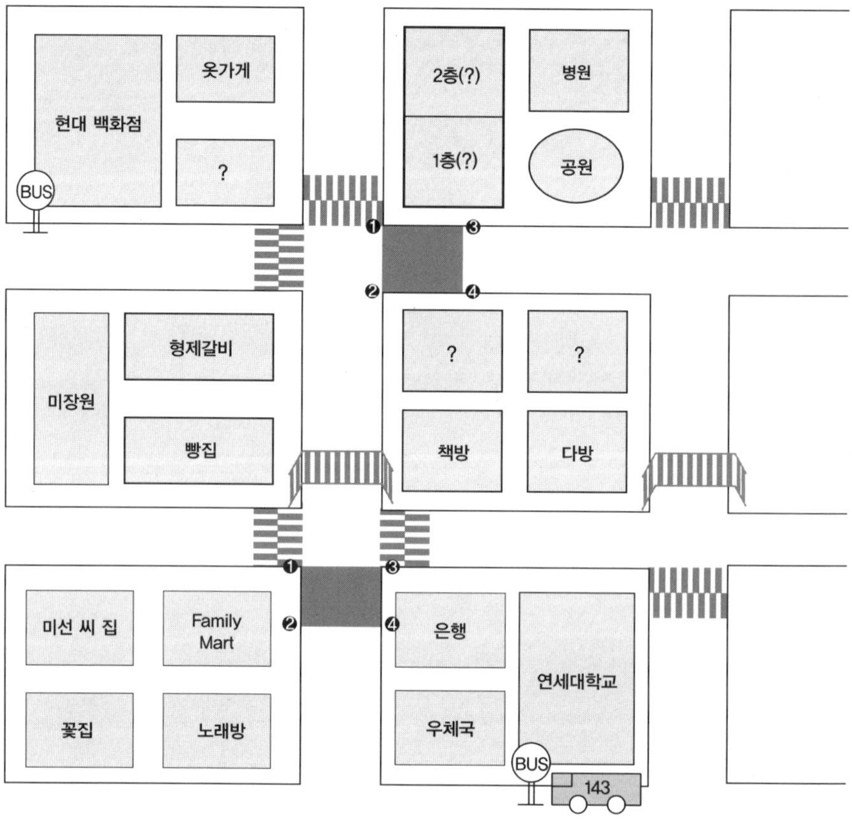

〈단어〉 : 횡단보도, 육교, 지하도, __번 출구, 똑바로, 왼쪽으로, 오른쪽으로
__을/를 타고 가다, __에서 내리다, __(으)로 가다/돌아가다,
__(으)로 건너가다

A : ____에 어떻게 갑니까?

B : …

(찾을 곳: 세탁소, 약국, 목욕탕, 신촌 극장, 존슨 씨 하숙집)

제 목	길 찾기(B)				
급	1급	단원	5과	기능	말하기
학습목표	약도를 보고 길을 설명하기, 설명을 듣고 길 찾기				

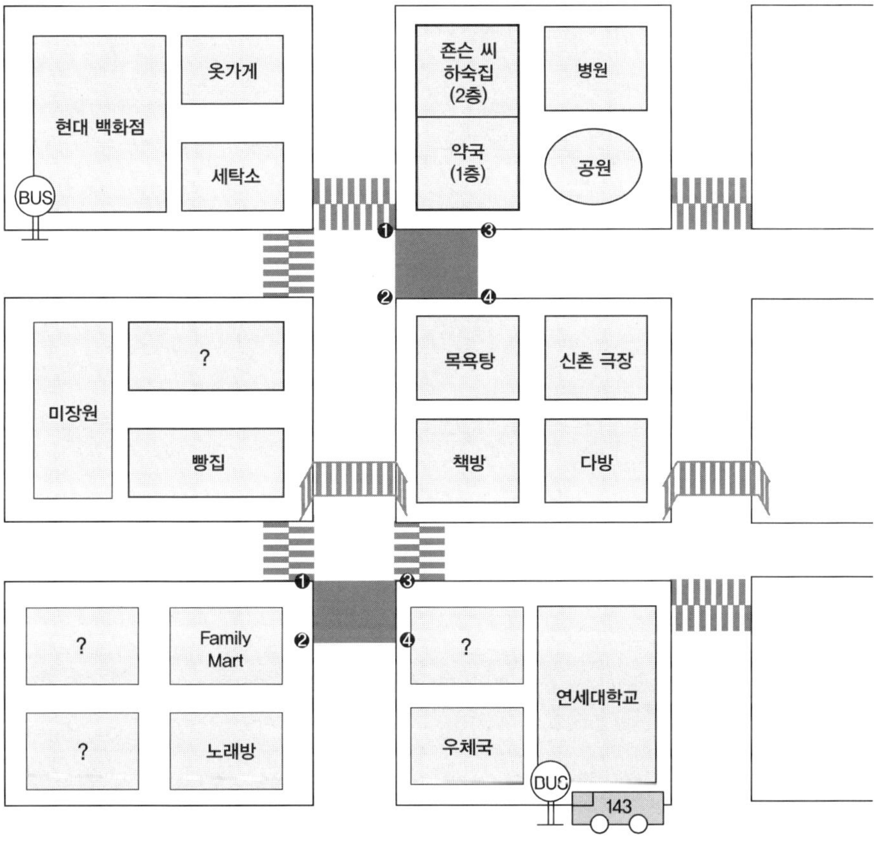

〈단어〉 : 횡단보도, 육교, 지하도, __번 출구, 똑바로, 왼쪽으로, 오른쪽으로
__을/를 타고 가다, __에서 내리다, __(으)로 가다/돌아가다,
__(으)로 건너가다

B : ____에 어떻게 갑니까?

A : …

(찾을 곳: 형제갈비, 은행, 미선 씨 집, 꽃집)

■ 의사소통 활동을 활성화하는 말하기 자료 초급 I-7

제 목	우리 교실에서				
급	1급	단원	6과 〈4〉	기능	말하기
학습목표	'-(으)ㄴ/는/(으)ㄹ'을 사용하여 우리 교실 학생에 대해 말하기				

※ 다음 표와 같이 질문하고 대답해 보십시오.

질문	____(으)ㄴ ____는 ___은/는 ___이에요/예요. ____(으)ㄴ ____(으)ㄹ
누가 제일 바빠요?	(우리 교실에서) 제일 바쁜 사람(분)은 선생님이에요.
누가 성격이 좋아요?	
누가 머리가 길어요?	
누가 집이 제일 멀어요?	
누가 제일 열심히 공부해요?	
누가 노래를 잘 불러요?	
누가 담배를 피워요?	
누가 결혼했어요?	
누가 어제 술을 마셨어요?	
오늘 누가 제일 일찍 학교에 왔어요?	
누가 제일 빨리 결혼하겠어요?	
누가 6급까지 공부하겠어요?	
누가 한국에 오래 살겠어요?	

■ 의사소통 활동을 활성화하는 말하기 자료 초급II-1〉

제 목	Vst-(으)려면 -어(아,여)야 해요				
급	2급	단원	12과 1항	기능	말하기
학습목표	친구의 말을 듣고 조언을 할 수 있다			개발자	

※ 다음 친구의 말을 듣고 친구한테 좋은 방법을 가르쳐 주세요.

("_(으)려면 ___어(아, 여)야 해요"를 사용해서)

저는 어학당 학생이에요. 이번 시험을 너무 못 봤어요. 저는 특히 말하기하고 듣기 성적이 나빠요. 다음에 꼭 3급에 가야 해요. 그렇지 않으면 고향으로 가야 해요.

저는 날마다 수업이 끝나면 집에 가요. 한국말을 잘 못 하니까 밖에 나가기 싫어요. 주말에는 고향 친구들과 놀러 나가지만 한국어는 연습하지 않아요. 집에서는 인터넷으로 고향 뉴스나 메일을 보고 밤 늦게까지 게임을 해요.

제가 3급에 가려면 어떻게 해야 해요?

〈 왕미남(25살) - 연세어학당 2급 학생 〉

저는 3년 동안 사귄 여자 친구가 있는데요, 그 여자 친구가 요즘 저를 만나주지 않아요.

여자 친구는 저한테 " 당신은 나보다 술, 담배를 더 좋아해요",

"돈을 너무 많이 써요", " 취직할 생각을 안 해요"

또 "전화도 자주 하지 않고 친절하게 받지도 않아요"

"제 생일날도 항상 잊어버려요"라고 말하면서 만나 주지 않아요.

제가 여자 친구를 다시 만나려면 어떻게 해야 해요?

〈 전나태 (26살) - 학교 졸업 후 놀고 있음 〉

■ 의사소통 활동을 활성화하는 말하기 자료 초급II-2

제 목	"Vst-(으)ㄹ 테니까"를 사용하여 말하기				
급	2급	단원	15과 3항	기능	말하기
학습목표	다양한 상황에서 "Vst(으)ㄹ 테니까" 사용하기			개발자	

1. 준비 연습 : 다음의 질문에 맞는 대답을 찾아 –표로 연결하십시오.

〈1인칭 연습〉

질문			대답
① 존슨 씨, 영어를 배우고 싶은데 좀 가르쳐 주시겠어요?	•	•	㉮ 내가 케이크를 사 가지고 갈 테니까 넌 꽃을 사 가지고 와.
② 선영 씨, 지금 어디에 계세요? 왜 아직 안 오세요?	•	•	㉯ 싸게 해 드릴 테니까 사세요.
③ 제가 몇 시쯤 전화하면 돼요?	•	•	㉰ 죄송해요. 곧 도착할 테니까 조금만 기다려 주세요.
④ 아저씨, 이 옷이 마음에 들지만 너무 비싸요	•	•	㉱ 저는 오늘 하루 종일 집에 있을 테니까 아무 때나 하세요.
⑤ 내일 시험인데 배운 문법을 이해하지 못 하겠어요. 어떻게 하지요?	•	•	㉲ 좋아요, 제가 영어를 가르쳐 드릴 테니까 미선 씨는 한국말을 가르쳐 주세요.
⑥ 내일이 미선이 생일 파티인데 무엇을 사 가지고 가면 좋을까?	•	•	㉳ 제가 도와 드릴 테니까 걱정하지 마세요.

〈2,3 인칭 연습〉

질문			대답
① 이번 주말에 같이 영화를 볼까요?	•	•	㉮ 영국에서 오래 살아서 영어를 잘 할 테니까 괜찮을 거예요.
② 미선이가 왜 이렇게 안 오지? 먼저 출발할까?	•	•	㉯ 택시로 가면 제시간에 도착할 테니까 걱정하지 마.
③ 광화문으로 해서 가면 복잡할까요?	•	•	㉰ 내일은 맑을 테니까 걱정하지 마세요.
④ 소풍 가기로 했는데 내일도 비가 오면 어떻게 하지?	•	•	㉱ 네, 그 길로 가면 차가 밀릴 테니까 신촌으로 해서 갑시다
⑤ 지금 출발하면 늦을까?	•	•	㉲ 아니야. 미선이는 꼭 올 테니까 조금만 더 기다려 보자.
⑥ 그분에게 영어로 설명해도 될까요?	•	•	㉳ 주말에는 사람이 많을 테니까 수요일에 보러 가는 게 어때요?

2. 주제 있는 말하기: 다음 상황을 보고 두 사람이 이야기를 해 보십시오.

① 여행 계획 세우기

〈보기〉 7월에는 관광객이 많을 테니까 9월에 가자.

_____________(으)ㄹ 테니까 기차를 타고 가자.

_____________(으)ㄹ 테니까 …

② 친구와 식당에 가서 음식 주문하기

〈보기〉 김치찌개는 매울 테니까 시키지 마.

나는 볶음밥을 시킬 테니까 너는 _____을/를 ________

________(으)ㄹ 테니까 …

③ 친구와 등산 계획 세우기

〈보기〉 내가 음료수를 가지고 갈 테니까 너는 과일을 가지고 와.

___________(으)ㄹ 테니까 아침 일찍 출발하자.

________(으)ㄹ 테니까 …

④ 아픈 친구 병문안 가기

〈보기〉 혼자 누워 있으면 심심할 테니까 CD를 사 가지고 가자.

___________(으)ㄹ 테니까 넌 꽃을 사.

______________(으)ㄹ 테니까 …

⑤ 같은 방을 쓰게 된 친구와 규칙 정하고 집안일 나누기

〈보기〉 내가 음식을 만들 테니까 너는 설거지를 해.

______________(으)ㄹ 테니까 너는 청소를 해.

______________(으)ㄹ 테니까 …

⑥ 이사하려고 하는 친구와 대화하기

〈보기〉 짐 싸는 것은 내가 도와 줄 테니까 옮기는 것은 민호에게 부탁해 봐.

______________(으)ㄹ 테니까 주말에 이사해.

______________(으)ㄹ 테니까 …

■ 의사소통 활동을 활성화하는 말하기 자료 초급II-3〉

제 목	-기도 하고 -기도 합니다				
급	2급	단원	17과 2항	기능	말하기
학습목표	선택적인 내용 말하기			개발자	

1. 그림을 보고 위의 문형을 사용하여 대답하십시오.

(1) 가: 아침에 무엇을 먹습니까?

나: ____________________

(2) 가: 식사 후에 무엇을 먹습니까?

나: ____________________

(3) 가: 친구 생일에 무엇을 줍니까?

나: ____________________

(4) 가: 주말에는 친구들과 같이 무슨 운동을 합니까?

나: ______________________

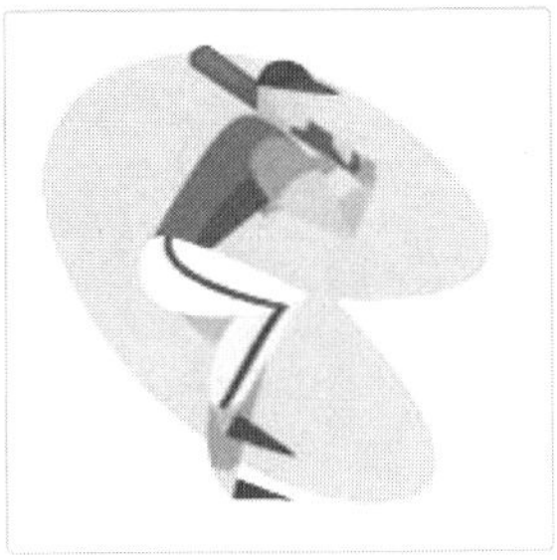 

(5) 가: 심심하면 무엇을 합니까?

나: ______________________

2. 1번의 질문에 대답해 보십시오. 여러분은 어떻게 합니까?

2) 중급의 예

15 직장생활

어떤 직장을 원해요?

학습 목표 직장생활에 대한 다양한 의견을 말할 수 있다.

■ 같이 이야기해 봅시다.

- 직장을 선택할 때 제일 중요한 것이 뭐예요?
- 직장에서 인정받으려면 어떻게 해야 할까요?
- 요즘 사람들이 가장 희망하는 직업이 뭘까요?

어휘				
	직장	동료	상사	연봉
	야근	이직	전망	업무량
	업무태도	선호도		

연습 1 옆 사람에게 질문해 봅시다.

취직을 원하는 사람한테	무슨 일을 하고 싶어요? 왜 그 일을 하고 싶어요? 그 일을 하기 위해 어떤 준비를 하고 있어요?
취직을 한 사람한테	지금 하고 있는 일은 어떤 일이에요? 그 일이 적성에 맞아요? 지금 하는 일은 전망이 밝은 편이에요?
직장을 바꾸고 싶어하는 사람한테	어떤 회사로 옮기고 싶어요? 그 이유는요? 직장을 옮기려는 시도를 해 봤어요?

연습 2 다음은 직장인들을 인터뷰한 것이에요. 글을 읽고 이야기해 봅시다.

1) 어떤 직장을 원해요?

김성원 : 저는 무엇보다도 적성에 맞는 일을 할 수 있는 곳이 제일 중요하다고 봅니다. 적성에 맞지 않으면 일을 하는 즐거움도 느낄 수 없고 결국 다른 곳으로 옮길 수 밖에 없을 겁니다.

윤지원 : 직장은 하루의 대부분을 보내는 곳입니다. 다른 무엇보다도 동료와 선, 후배 사이에 믿음과 정이 있어야 한다고 생각합니다. 그런 분위기라면 일도 더 잘 되지 않겠습니까?

박성수 : 그러나 역시 연봉을 무시할 수 없지요. 열심히 일한 만큼 거기에 맞는 보수가 중요하다고 봅니다. 그렇지 않다면 일을 열심히 안 하거나 다른 곳으로 떠날 수도 있습니다.

● 여러분은 누구의 말에 동의하세요?

2) 윗사람에게 인정받으려면 어떻게 해야 할까요?

김성원 : 무슨 일이든지 적극적으로 하는 자세가 중요하다고 생각합니다. 그래야 윗사람들도 믿고 일을 맡길 게 아닙니까?

윤지원 : 요즘은 능력보다도 의사소통 능력(커뮤니케이션 능력)이 더 중요한 시대입니다. 이것은 자신을 표현하는 수단이며 일을 성사시키는 데 중요한 것입니다.

박성수 : 이제 21세기로 들어섰습니다. 그런 것으로는 앞서갈 수 없습니다. 무엇보다도 톡톡 튀는 아이디어와 창의적인 사고가 절실히 요구되는 시대입니다.

● 여러분은 윗사람에게 인정받으려면 어떻게 해야 한다고 생각하세요?

3) 직장생활을 하고 있는 내가 지금 고쳐야 할 가장 중요한 문제는?

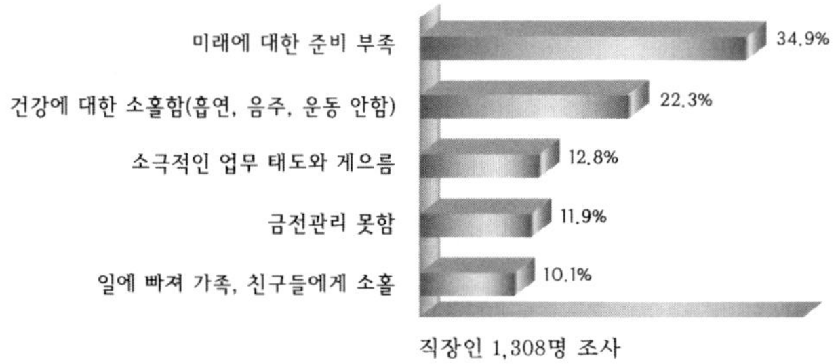

● 여러분은 지금 자신이 고쳐야 할 가장 큰 문제가 뭐라고 생각하세요?

	고쳐야 할 가장 큰 문제
학교생활	
직장생활	
한국생활	

4) 직장을 바꾸려는 사람들에게 물어 봤습니다. 이직을 생각하는 가장 큰 이유는?

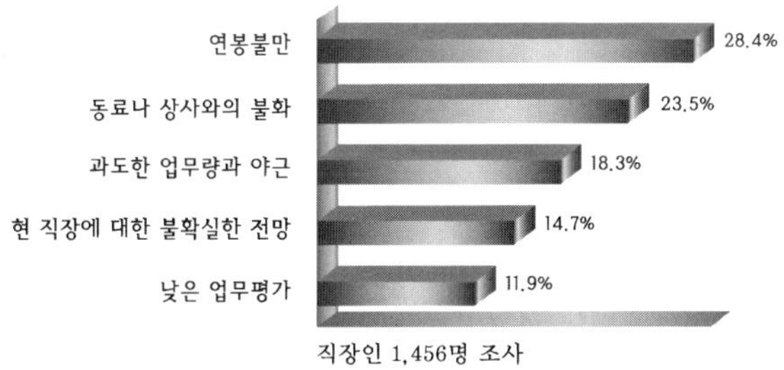

● 여러분은 직장을 바꾸는 것에 대해서 어떻게 생각하세요?

● 만약 직장을 옮긴다면 어떤 이유때문일까요?

연습 3 다음은 시대별(1970년대/2000년대) 직업 선호도를 조사한 것입니다.

1) 어떻게 다른지, 왜 다른지 비교해서 말해 봅시다.

	시기	1위	2위	3위	4위
남성직업	1970년대	대기업 사원 (33%)	법조계 (16.1%)	금융계 (12.5%)	공무원 (10.5%)
	2000년대	인터넷, 정보통신 관련직 (38.7%)	공무원 (24.3%)	금융계 (14.3%)	의사 (9%)
여성직업	1970년대	교사 (39.4%)	은행원 (15.6%)	가정 주부 (15.2%)	회사원 (7.6%)
	2000년대	교사 (29.7%)	인터넷, 정보통신 관련직 (28.7%)	디자인 관련직 (11%)	공무원 (7.3%)

2) 여러분 나라에서는 직업 선호도가 어떻게 바뀌었어요? 그리고 그 이유는요?

	예전에 인기있었던 직업	현재 인기있는 직업
1위		
2위		
이유		

3) 고급의 예

■ 의사소통 활동을 활성화하는 말하기 자료 중 · 고급-1

B5급 좌담회 제 1 회 황혼 이혼

〈좌담회 진행 방식〉

1. (5분)- 도입단계

교사가 토론 주제의 실제 사례를 기록한 자료를 전 날 숙제로 나눠주고 읽어오게 한다. 교사는 실제 사례에 대한 내용 질문을 간단히 하고 좌담회 진행 방식을 소개한다.

2. (10분)

2-3명의 소그룹으로 나눠 실제 사례에 대한 그룹별 토론을 한다. 이 때 학생 개개인은 자기 입장을 정립한다.

3. (10분)

찬,반으로 그룹 재구성해서 그룹별로 의견을 제시하여 양 그룹의 입장을 정립한다. 이 때 사회자를 뽑는다.

4. (15-20분) - 사회자가 진행

찬,반그룹을 통합하여 반 전체 토론을 하도록 한다. (앞에서 그룹별로 제시한 의견을 전체 앞에서 밝히는 과정임)

5. (5분)

사회자가 양 팀의 의견을 종합해서 정리, 마무리하도록 한다.

6. (5분)

교사가 평가지에 기록한 내용을 바탕으로 간단한 평가를 해 준다.

〈찬반이 가능한 좌담회 주제〉

· 국제 결혼
· 군필자 가산제도
· 낙태
· 남북한은 통일되어야 한다
· 남자 교사 할당제
· 대리 출산
· 대학 교육의 필요성
· 동성 커플의 입양
· 동성연애 결혼 합법화
· 마약(마리화나) 합법화
· 매춘 합법화
· 무역 자유화
· 미인 선발 대회
· 사형제도
· 성형수술
· 신의 존재(있다, 없다)
· 안락사
· 여자가 결혼 후 일하는 것
· 영어 공용화
· 영어 조기 교육
· 입양
· 조기 유학
· 체벌
· 해외 입양
· 혼전 동거
· 기타 학생들이 원하는 주제로 가능함

■ 〈의사소통 활동을 활성화하는 말하기 자료 중 · 고급-2〉

B-5급 말하기 수업(프리젠테이션 1)

〈제 1일〉 프리젠테이션의 절차와 도입

1. 프리젠테이션이란?

프리젠테이션이란 세미나, 학회, 국제 회의 등에서의 발표를 포함해서 직장에서 동료들을 대상으로 하는 브리핑, 상사에게 하는 보고, 학교 수업 시간에 하는 발표 등을 모두 포함하는 말이다. 대상을 기준으로 나눌 때 소수를 대상으로 하는 프리젠테이션으로는 회사 내 회의, 간부 회의, 부서 모임, 비공식 회의 등을 들 수 있고, 다수를 대상으로 하는 프리젠테이션으로는 학회, 시사회, 국제 회의, 공식 회의 등을 들 수 있다.

2. 프리젠테이션의 절차

도입

안녕하십니까?...

↓

개요

말씀 드릴 내용은 ...

↓

(질문 시간에 대한 업급)

질문이 있으시면 ...

↓

본론

우선 첫 번째로 ...

↓

요약

다시 한 번 정리하면...

↓

마무리

이상으로...

3. 도입

1) 도입에 포함되어야 할 내용

인사말

이름과 직업

프리젠테이션의 제목/주제

프리젠테이션의 목적

시간(몇 분쯤 걸릴 것인가)

프리젠테이션의 주요 내용(간단한 언급)

질문 시간에 대한 언급

2) 도입에서의 중요 표현

인사, 이름, 직책

· 안녕하세요? 제 이름은 ......입니다. 저는 연세대학교 한국어학당 학생입니다.
· 안녕하십니까? 경리과에서 일하고 있는 ......입니다.
· 안녕하세요? 만나서 반갑습니다. 저를 아시는 분도 계시겠지만 모르시는 분을 위해서 잠깐 소개를 드리겠습니다. 저는 ......

제목/주제

· 저는 오늘 ......에 대해서 말씀드리고자 합니다.
· 오늘 제가 말씀 드릴 주제/제목은 ......
· 오늘 여러분들께서 들으실 주제는 ......에 관한 것입니다.

목적

· 오늘 드리는 발표/프리젠테이션의 목적은 ......
· 지금부터 제가 하고자 하는 발표/프리젠테이션은 ......기 위한 것입니다.
· 오늘 이 발표는 여러분께 ......을/를 말씀드리고자 하여 준비했습니다.

길이

· 발표 시간은 ...... 분쯤이니까 끝까지 경청해 주시면 감사하겠습니다.

주요 내용

· 프리젠테이션의 내용은 첫 번째로(첫째), ...
두 번째로(둘째), ...
마지막으로(셋째), ...

질문

· 질문이 있으신 분은 발표 후에 질문을 해 주시면 감사하겠습니다.

3) 프리젠테이션의 도입 부분을 쓰고 말하는 연습을 해 보세요.

(1) 1)번의 도입에 포함되어야 할 내용(인사말, 이름과 직업, 제목/주제, 목적, 시간, 주요 내용, 질문 시간에 대한 언급)을 2)번의 중요 표현을 사용 해 도입의 절차에 맞게 써 보세요.

(2) 쓴 내용을 발표해 보세요.

■ 고급의 문형 연습을 위한 통제 · 유도 연습의 예-1

U. 44-〈3〉 : Avst자니 __고 Avst자니 __고 어떻게 하지(요)?

Avst는/(으)ㄴ 김에 __________는 게 어때(요)?

1. Avst자니 __________고 Avst자니 __________고 어떻게 하지(요)?

*어떻게 해야 해요? 가르쳐 주세요.

1) 상황 1

김영수 씨는 얼마 전에 결혼한 새 신랑입니다. 회사 사람들은 매일 김영수 씨에게 언제 집들이를 할 거냐고 물어봅니다. 그런데 김영수 씨 아내인 박미선 씨는 요리를 조금도 할 줄 모릅니다.

김영수:

여러분:

2) 상황 2

박선영 씨는 회사에서 인기가 많은 여사원이어서 끊임없이 박선영 씨와 관련된 소문이 회사에 나고 있습니다. 어느 날 퇴근 시간에 갑자기 비가 왔습니다. 마침 우산을 가져 온 박선영 씨가 회사를 나오려고 할 때 박선영 씨는 총각 사원 장동건 씨가 우산이 없어서 퇴근을 하지 못 하고 있는 것을 봤습니다.

박선영:

여러분:

3) 상황 3

제임스 씨는 내일 한국어 쓰기 시험이 있습니다. 그런데 오늘 여자 친구가 갑자기 에버랜드에 놀러가고 싶다고 했습니다.

제임스:

여러분:

4) 상황 4

지금은 오전 11시 30분입니다. 아침을 안 먹은 최진욱 씨는 너무 배가 고팠습니다. 그러나 오늘은 벌써 점심 약속을 했기 때문에 그때까지 참아야 합니다.

최진욱:

여러분

5), 6), ...

■ **고급의 문형 연습을 위한 통제 · 유도 연습의 예-2**

U.49 〈3〉-2: 막상 Avst고 보니_________

어떤 일이든지 해보기 전에는 그 일을 잘 알 수 없지요? 아래 표에 여러분이 경험하기 전에 가지고 있던 선입견과 그것을 경험한 후에 바뀐 생각을 써 봅시다. 그리고 3-4명씩 그룹을 지어 '막상 __고 보니' 로 자기의 경험을 이야기해 봅시다.

보기) 제가 한국말을 배우기 전에는 한국말이 쉬울 거라고 생각했는데 막상 배우고 보니 한국말이 아주 어렵다는 걸 알겠어요.

선입견		경험 후 생각
한국말이 쉽다	한국말 배우기	어렵다
사랑하는 사람과 함께 사니까 재미있고 즐겁다	결혼	가족관계도 복잡해지고 한 가정을 책임져야 하니까 힘들고 어렵다
우리 부모님이 왜 내 일에 자꾸 간섭하고 걱정하는지 모르겠다	부모가 되다	
하고 싶은 일은 다 할 수 있다	어른이 되다	
	아이를 낳다	
	회사에 다니다	
	한국에 오다	
	____영화	
	____ 씨	

Ⅲ. 쓰기

1. 쓰기 지도의 필요성

쓰기는 자모를 정확하게 쓰는 것에서부터 시작하여 궁극적으로는 자신의 느낌이나 생각을 문자로 자유롭게 표현함으로써 타인과 의사소통하는 것을 의미한다. 실생활에서 쓰기를 수행해야 하는 상황은 다양하게 존재하므로 의사소통 능력을 배양하기 위해서는 쓰기 학습이 필요하다. 말과 글은 의사소통의 도구라는 점에서는 같으나 서로 다른 특성과 기능을 지니고 있으며[14] 특히 쓰기는 모국어 화자의 경우도 그 지도가 상당히 어려운 기능으로 외국어 학습자는 더 어려움을 느끼고 지도 방식에 있어서도 말하기만큼 다양하지 못하므로 효율적인 지도가 필요하다.

2. 쓰기의 목표

인간은 쓰기를 통해 사고를 정확하고 논리적으로 표현할 수 있으며 사회 공동체 내에서 시·공간을 뛰어넘어 타인과 체계적이고 효율적인 의사소통을 할 수 있고 따라서 문화를 축적할 수 있다. 외국어 교육에서 쓰기의 목표는 일반적인 언어 능력의 습득뿐만 아니라 학업이나 전공과 관련된 전문적인 숙달까지도 의미할 수 있는데 다음은 쓰기 교육의 목표를 등급별로 체계화한 한 예이다.

[표2] 한국어능력시험 등급별 쓰기 영역 평가 기준

급	목 표
1	– 글자 구성 원리를 이해해 철자법에 맞게 글씨를 쓸 수 있다. – 정형화된 표현이나 외운 표현을 주로 사용하여 문장을 구성할 수 있다. – 기본적인 문장 구조를 이해하여 간단한 문장이나 대화를 구성할 수 있다. – 짧은 생활문을 쓸 수 있다.
2	– 사용 빈도가 높은 조사와 연결 어미를 사용하여 문장을 구성할 수 있다. – 일상생활과 관련 있는 대화를 완성할 수 있다. – 일상적이고 친숙한 소재에 대해 짧은 문단을 쓸 수 있다. – 간단한 메모, 편지, 안내문 등의 실용적인 글을 쓸 수 있다.
3	– 사적인 친숙한 소재의 글을 유창하고 정확하게 쓸 수 있다. – 자신에게 친숙한 사회적 소재에 대해 글을 쓸 수 있다. – 간단한 글의 구조를 이해하여 설명문을 쓸 수 있다. – 문어와 구어의 기본적인 특성을 구분할 수 있으며 문어체 종결 표현을 사용해 글을 쓸 수 있다.

급	목 표
4	- 일반적인 사회적, 추상적 소재에 대해 글을 쓸 수 있다. - 일반적인 업무와 관련된 간단한 보고서 등을 작성할 수 있다. - 설명문, 수필, 감상문 등을 쓸 수 있다.
5	- 자신의 생활과 관련이 적은 사회적, 추상적 소재에 대해 어느 정도 글을 쓸 수 있다. - 업무적, 학문적 영역에서 요구되는 글을 쓸 수 있다. - 어휘, 문체 등에서 격식에 맞게 글을 쓸 수 있다. - 다양한 표현법 중 적절한 표현을 선택해 사용할 수 있다. - 설명문, 감상문, 수필, 보고서, 논설문 등을 쓸 수 있다. - 설명문, 감상문, 수필, 보고서, 논설문 등을 요약해서 쓸 수 있다.
6	- 자신의 업무나 전문 분야와 관련된 글을 정확하고 유창하게 쓸 수 있다. - 다양한 표현법 중 가장 적절한 표현을 선택해 사용할 수 있다. - 논문, 연설문, 공식적인 문서 등을 쓸 수 있다.

3. 쓰기 지도의 단계

1) 자모 쓰기

첫 단계의 쓰기 수업에서는 문자 체계, 즉 한글의 모음과 자음을 익히는데 한글 자모는 다음과 같은 순서로 지도한다.

① 한글 지도의 순서

ㄱ. 한글 음절의 기본 구조를 소개

ㄴ. 단모음

ㄷ. 자음과 단모음의 결합 형태

ㄹ. 쌍자음, 경음, 격음과 단모음의 결합 형태

ㅁ. 받침

ㅂ. 중모음

먼저 발음을 들려주고 따라하게 하며 읽고 쓰게 하는데 베껴 쓸 수도 있고 듣고 쓸 수도 있다. 획순 등을 정확히 지도한다.

2) 어휘 및 문법 요소의 의미와 기능 익히기

어휘나 문법항목의 의미와 기능을 익히는 단계로 장차 자유로운 글쓰기(작문)의 언어적 바탕을 마련하는 단계이다. 이때는 어휘와 기본적인 문법 요소들, 즉 연결어미나 종결어미, 조사와 같은 기능어, 시제, 부정법, 존대법, 관형어, 부사어, 불규칙 동사, 화법, 피 · 사동과 같은 문법 요소들을 익히는 단계이다. 이때의 쓰기 지도는 학생이 배운 어휘와 문법 요소들을 활용해서 한국어의 문법 구조에 맞는 문장들을 생산해내게 하는 것이 주를 이룬다. 이 단계에서 학습자가 생산해내는 쓰기의 결과물은 아직 완성된 글이라기보다는 문장 단위인 경우가 많다. 연습의 유형은 다음과 같다.

[표3] 쓰기 연습의 유형

내용	연습 유형
한글 익히기	자모 익히기, 베껴 쓰기, 받아쓰기
맞춤법	받아쓰기, OX 선다형 문제, 틀린 것 고치기
문장 구조	어순 맞추기
문법	( )에 조사 넣기, 틀린 문장 고치기, 동사 활용하기, 문장형식 · 긍정 · 부정 · 사동 · 피동 · 화법 등 변형, OX, 사지선다형 문제, 표로 문법 규칙 연습하기
문형 연습	문장 연결하기, 문장 완성하기, 대화가 되도록 완성하기, 짧은 글짓기, 이야기 듣거나 읽고 질문에 답 쓰기
어휘	그림 보고 단어 쓰기, 보기에서 적당한 단어나 숙어 찾아 넣기, 단어와 뜻이 맞는 것끼리 연결하기, 단어와 연관된 단어를 생각해서 쓰기, 단어 뭉치를 만들어 무엇 하는 사람인가 어디에 있는가를 알아서 쓰기

3) 글쓰기(작문)

① 작문 지도 시 유의점

어휘와 문법에 대한 연습을 한 후에는 문장 단위 이상, 담화 차원의 유의미한 텍스트를 생산해내는 연습, 즉 글을 쓰는 연습이 필요하다.

전통적인 작문 지도 방법으로는 과제제시 오류 점검형과 방임형이 있다. 과제제시 오류 점검형은 교사가 학생들에게 주제를 제시하고 학생이 쓴 글을 모아서 점검하는 역할을 하는 것이다. 방임형은 과제제시 오류점검형의 수업이 학생이 능동적인 입장이 되지 못하고 따라서 학습자에게 유의미한 학습이 될 수 없다는 단점 때문에 나온 방법인데 교사는 학생에게 주제, 형식, 시간, 문체 등에 대해 어떤 요구도 하지 않고 학습자 자신의 개인적인 흥미나 관심에 따라 자유롭게 글을 쓰도록 내버려두는 것이다. 그러나 이 두 방법 모두 좋은 글을 쓰기 위한 지도는 전혀 이루어지지 않고 작문에 대해서 아무 것도 가르치지 못하며 쓰기 능력 향상에 도움이 되지 못한다.

과거에는 작문이 예비 작문하기, 작문하기, 재작문하기 등이 순차적으로 이루어지는 것으로 보았으며 작문의 과정보다는 결과를 중요시했다. 그런데 점차 작문의 과정을 쓰는 사람의 내부에서 바라보는 노력을 하게 되면서 학습자가 글을 쓰는 동안 학습자 내부에서 일어나는 인지작용에 관심을 갖게 되었다. 즉 과정 중심의 쓰기 지도 모형에서는 계획하기, 작성하기, 재고하기, 조정하기, 글쓰기 모든 과정이 역동적으로 상호작용하고 여러 층위에서의 인지작용이 함께 일어난다고 보는 것이다. 과정 지향적 쓰기 지도에서는 쓰는 과정에 지도의 초점을 두며 학습자의 흥미를 자극하는 다양한 자료를 제시하고 타 기능과 연결하여 다양한 수업활동을 강조하여 결과적으로는 완성된 하나의 글을 써보게 한다.

작문 지도 시에는 첫째, 유의적 학습이 되게 하는 것이 중요하다. 단순히 연습을 하기 위한 작문이 아니라 학습자의 실생활과 관련이 있는 글의 형식, 예를 들면 쪽지, 편지, 일기 등의 작문 양식을 많이 사용한다. 어휘나 문법 학습을 통해 얻은 언어적 지식, 개인의 사고력, 한국의 문화적 지식 등을 활용하여 글쓰기를 지도한다.

유의적 학습을 강조한다고 해서 처음부터 자유 작문을 시킬 수는 없으며 학습자의 수준을 고려해 단계적 학습이 되도록 해야 하는데 대체로 다음 3단계로 나누는 것이 일반적이다.

ㄱ. 통제 작문(controlled writing)-유도 작문(guided writing)-자유 작문(free writing)

통제 작문과 유도 작문은 교사의 의도대로 학습자가 글을 쓰게 하는 것으로 문장 구조, 글의 체계를 익히는데 초점이 주어지는 반면 자유 글쓰기는 학습자 자신의 의도와 생각에 따라 글을 쓰게 하는 것이다. 통제, 유도 작문 지도 시 교사는 학생이 무엇을 써야 하는지 구체적으로 알려줘서 학생이 교사의 지시를 잘 따라가면 어떤 일정한 목표에 도달할 수 있도록 유도하는 역할을 해야 한다.

자유 작문의 단계에 이르면 학습자는 정해진 주제에 대해 스스로 생각하고 어떻게 쓸 것인가 계획을 세워 자신의 감정이나 견해를 그 글의 성격에 맞도록 조리 있게 표현할 수 있어야 할 것이다. 이 때 글을 쓴다는 것은 자신이 경험한 언어적 문화적 여러 지식들을 특정 목적에 따라 선택해서 재구성하는 작업이다. 글을 쓰는 것은 자신의 머리 속에서 일어나는 사고의 흐름을 표현하는 것이기 때문에 글쓰기의 과정은 곧 사고의 과정이라고 할 수 있고 따라서 학습자들이 글을 수월하게 써나갈 수 있도록 도와주기 위해서는 사고의 흐름이 원활하고 자유로울 수 있도록 해주는 것이 필요하다. 다양한 시각 자료(그림, 사진, 도표, 그래프)나 적절한 이해자료(듣기, 읽기 자료), 쓰기 전 충분한 말하기 연습 등은 학습자의 흥미를 유발하고 글쓰기에 동기를 부여하게 된다. 쓰기 교재나 교육자료 제작 시에는 이를 충분히 고려하해야 한다.

초 · 중 · 고급을 거치면서 급이 낮을수록 어휘와 문법 연습이 차지하는 비중이 상대적으로 크고 고급으로 올라갈수록 자유 작문이 많아지는 경향이 있으나 낮은 급에서도 얼마든지 자유작문이 가능하다. 예를 들면 일과와 시간에 대해 배웠다면 그날의 일기를 쓰게 할 수 있고 가족 명칭을 공부했다면 자신의 가족에 대해 써보게 할 수 있다. 따라서 글쓰기는 지금까지의 학습을 복습하고 정리하여 사용해보는 의미를 지니기도 한다.

그 다음 작문 지도 시 유의할 점은 쓰기를 의사소통의 한 체계로 익힐 수 있도록 하는 것이다. 여러 단계의 학습 활동을 통해 궁극적으로는 글을 이용하여 실생활에서 어떻게 의사소통을 하는지, 또 말하기와 쓰기가 어떻게 다른지 학생들이 인식할 수 있도록 해야 한다. 사실 모든 글은 독자나 글의 길이에 관계없이 어떤 의사소통 목적을 갖는 경우가 대부분이다. 학생들은 이런 의사소통 목적을 어떻게 표현하는가를 익힐 필요가 있다. 따라서 글의 양식도 일상생활에서 많이 접할 수 있는 우편엽서 쓰기, 초청 카드 쓰기, 광고문 쓰기, 편지 쓰기, 일기 쓰기, 이야기 쓰기 등 다양하게 할 수 있다.

작문 지도 시 단계별로 다양하게 사용할 수 있는 연습의 유형은 다음과 같다.

ㄴ. 작문 연습 유형

ⓐ 상황에 맞는 대화 만들기

ⓑ 대화를 산문으로 만들기

ⓒ 산문을 대화로 만들기

ⓓ 이야기 잇기

ⓔ 이야기 요약하기

ⓕ 이야기 만들기

ⓖ 주제에 따른 짧은 글 쓰기

ⓗ 실용문(일기, 편지, 초대장) 쓰기

ⓘ 기사 논설문 쓰기

ⓙ 독후감 등 감상문 쓰기

ⓚ 연구 논문 쓰기

② 오류 교정

교사가 일방적으로 학습자의 오류를 교정하는 것뿐만 아니라 상황에 따라 학습자 간의 교정, 학습자 스스로의 교정 등 다양한 방법을 사용할 수 있다. 특히 자유 작문에서, 글을 완전히 완성하고 나서 일방적인 교정을 하는 것보다 학습자가 글을 쓰는 과정을 지켜보고 어휘 선정이나 문법적 오류를 학습자가 인지하게 한 후 스스로 글을 고칠 수 있게 하는 것이 바람직하다. 이 경우에도 모든 오류를 다 고치게 하는 것이 아니라 중요한 것은 의미 전달이 얼마나 되느냐이다. 따라서 의미 전달에 문제가 있는 중대한 오류에 주로 주목하도록 해야 하며 학습자가 글쓰기에 흥미와 자신감과 성취감을 유지하게 하는 것이 중요하다.

4. 쓰기의 실제

1) 초급의 예

■ 어휘연습 초급 I

제 목	중간 단어 연습 (1과 – 4과)				
급	1급	단원	1과–4과	기능	쓰기
학습목표	1과–4과의 중요 단어 활용				

I. (　) 안에 알맞은 말을 순서대로 쓰십시오.

〈보기〉 한 시 – (두 시) – 세 시

1) 아침 – (　　　) – 저녁
2) 수요일 – 목요일 – (　　　) – 토요일
3) (　　　) – 십일월 – 십이월
4) (　　　) – 오늘 – 내일
5) 하나 – 둘 – (　　　)

II. (　　)에 <u>들어갈 수 없는</u> 단어를 고르십시오.

1) (　　　　　)을/를 먹습니다.
① 사탕　② 밥　③ 약　④ 담배

2) (　　　　　)을/를 봅니다.
① 텔레비전　② 잠　③ 책　④ 영화

3) (　　　　　)을/를 듣습니다.
① 춤　② 라디오　③ 노래　④ 이야기

4) (　　　　　) 한 대에 얼마입니까?
① 시계　② 텔레비전　③ 자동차　④ 컴퓨터

III. 보기와 같이 반대말을 쓰십시오.

〈보기〉 교실 안에 달력이 있습니다. 시계는 (없습니다).

1) 백화점은 옷이 비쌉니다. 시장은 옷이 (   ).
2) 신촌에 차가 많습니다. 학교 안에는 차가 (   ).
3) 존슨 씨는 바쁩니다. 미선 씨는 (   )
4) 저는 개를 좋아합니다. 고양이는 (   )
5) 한국말을 압니다. 중국말을 (   )

Ⅳ. 보기와 같이 관계있는 단어를 쓰십시오.

〈보기〉 과일 : 수박, 사과, 배, 바나나, 딸기

1) 시간 :

2) 색깔 :

3) 운동 :

4) 음식 :

Ⅴ. 보기에서 관계있는 단어를 고르십시오.

〈보기〉
바쁘다, 덥다, 힘들다, 싱겁다, 재미있다, 싸다, 선선하다, 짜다, 예쁘다, 피곤하다,
시원하다, 시다, 한가하다, 비싸다, 쓰다, 작다, 달다, 춥다, 크다, 어렵다,
따뜻하다, 맵다, 재미없다.

1) 날씨 :

2) 음식 :

3) 한국 생활 :

Ⅵ. ________에 들어갈 알맞은 단어를 고르시오.

1) 가 : ________ 책을 읽고 싶습니까?
나 : 역사책을 읽고 싶습니다.
① 무엇　② 무슨　③ 누구　④ 어디

2) 가 : ________ 기다립니까?
나 : 여자 친구를 기다립니다.
① 누가　② 어느　③ 언제　④ 누구를

3) 가 : ________ 공부하십니까?
나 : 한국말을 공부합니다.
① 무엇을　② 어디에　③ 누구를　④ 무엇이

4) 가 : 도서관이 ________ 있습니까?
나 : 병원 옆에 있습니다.
① 누구의　② 어디에　③ 어느　④ 무엇을

5) 가 : 생일이 ________ 입니까?
나 : 10월 10일입니다.
① 언제　② 어느　③ 어떤　④ 어디

Ⅶ. (　　)에 알맞은 단어를 보기에서 찾아 이야기를 만드십시오.

〈보기〉
삽니다, 떡국, 어제, 시켰습니다, 벌, 버스,
약속, 음식값, 멀지 않았습니다, 저녁

나는 (　　) 남대문 시장에 갔습니다. 나는 신촌에 (　　).
나는 ( )를 탔습니다. 남대문 시장은 ( ). 나는 시장에서 바지와 셔츠 한 ( )을 샀습니다. 모두 만 삼천 원이었습니다.
나는 오후 6시에 ( )이 있었습니다. 명동에서 존슨 씨를 만났습니다. 우리는 ( )을 먹었습니다. 존슨 씨는 비빔밥을 (　　).
나는 (　　)을 먹었습니다. 그 식당 음식은 아주 맛이 있었습니다.
(　　)도 쌌습니다.

■ 문법 연습 초급 I

제 목	중간 쓰기 복습 (1과 – 4과)				
급	1급	단원	1과–4과	기능	쓰기
학습목표	1과–4과의 단어, 문법을 복습하고 문제 유형을 익힌다.				

1. 보기에서 골라 쓰십시오.

(보기) –이/가, –을/를, –에, –에서, –도
–은/는, –와/과, –에는, –마다

1) 저( ) 중국( ) 왔습니다.
2) 이 사과 한 개( ) 얼마입니까?
3) 무슨 운동( ) 좋아하십니까?
4) 이 선생님( ) 같이 점심( ) 먹고 싶습니다.
5) 아침 8시 반( ) 집( ) 나왔습니다.
6) 독수리 다방( ) 친구( ) 만나겠습니다.
7) 일요일( ) 교회( ) 갑니다.
8) 쓰기시험( ) 어렵고 듣기 시험( ) 쉬웠습니다.
9) 어제 남대문 시장( ) 구두( ) 가방( ) 샀습니다.
남대문 시장( ) 사람이 많았습니다.
10) 교실( ) 3층( ) 있습니다. 사무실( ) 1층( ) 있습니다.
11) 가: 누가 냉면( ) 시켰습니까?
나: 제( ) 냉면( ) 시켰습니다.
12) 우리 교실에 일본 사람( ) 있습니다. 미국 사람( ) 있습니다.
중국사람( ) 없습니다.

2. 동사를 알맞게 고치십시오.

(보기) 어제 4시간 (공부하다) → 공부했습니다.

1) 저는 기숙사에 (살다) ______________.
2) 어제 친구와 같이 63빌딩에 (가다) ______________.
3) 선생님, 안녕히 (있다) ______________.

4) (한국말 듣다) ______________________ 가 어렵습니다.

5) 부모님께서 미국에 (있다) ______________________.

6) 수업이 (끝나다) ______________________ 점심을 먹겠습니다.

7) 내일 친구를 (만나다) ______________________.

8) 책을 (빌리다) ______________________ 주십시오.

9) 순두부찌개가 (맵다) ______________________ 짭니다.

10) 할아버지께서 (자다) __________. 조용히 (하다) __________.

11) 칠판에 (쓰다) ______________________ 주십시오.

12) 오늘 아침에 편지를 (보내다) ______________________.

13) 지난 주말에 친구와 같이 맥주를 (마시다) ______________.

3. 맞는 것을 고르십시오.

보기) 저는 한국사람있습니다.
입니다.

1) 저분이 누가입니까?
누구

2) 누가 전화했습니까?
누구

3) 김 선생님이 좋습니다.
좋아 합니다.

4) 존슨 씨는 구두를 사고 싶습니다.
사고 싶어 합니다.

5) 영화를 보고 싶지 않습니다.
보지 않고 싶습니다.

6) 어느 나라에서 왔습니까?
무슨

7) 도서관에 책을 읽겠습니다.
에서

8) 교과서를 안 빌리십시오.
빌리지 마십시오.

9) 다음 주말에 공원에 가겠습니다.
갔습니다.

10) 책상 위에 책이 삼 권 있습니다.
세

11) 여기는 도서관입니다.
있습니다.

12) 우리 집은 연희동에 있습니다.
입니다.

13) 선생님, 질문이 있습니다.
입니다.

4. 대화를 완성하십시오.

1) 가: ______________________________?

나: 김영수입니다.

2) 가: ______________________________?

나: 지금 여섯 시 반입니다.

3) 가: ______________________________?

나: 오늘은 수요일입니다.

4) 가: 생일이 언제입니까?

나: ______________________________.

5) 가: ______________________________?

나: 오늘은 10월 21일입니다.

6) 가: 그것이 소설책입니까?

나: 아니요, ______________________________.

7) 가: 날마다 어디에 갑니까?

나: ______________________________.

8) 가: ______________________________?

나: 배를 좋아합니다.

9) 가: 가방 안에 무엇이 있습니까?

나: __________ 하고 ______________________.

10) 가: 뭘 잡수시겠습니까?

나: 저는 ______________________________.

11) 가: ______________________________?

나: 아니요, 담배를 피우지 않습니다.

12) 가: 어제 친구들을 만났습니까?

나: 아니요, ______________________________.

13) 가: 이 옷을 사시겠습니까?

나: 아니요, ______________________________.

■ 통제 유도 작문 초급-II

1. 자기 소개서를 써 봅시다.

저는__________에서 온 ____입니다.

현재(지금)____에서 살고 있습니다.

저는 ____한국에 왔습니다.

한국에 오기 전에 ____

____

저의 가족은 ____

____.

제가 좋아하는 것은 (제 취미는)____

____.

저는 앞으로 ____

____고 싶습니다.

제가 선택반에서 쓰기반을 고른 이유는 ____________________________________

____.

제가 한국에서 꼭 하고 싶은 일은 ____

____.

여러분을 만나게 되어서 반갑습니다.

어학당에서 우리가 서로 도우면서 즐거운 시간을 보냈으면 좋겠습니다.

■ 문법 연습과 통제 작문 초급II

B-2 제11과 쓰기 연습 I

'AVst고 , AVst어(아,여)서' 연습

*** 다음 문장을 읽고 ( )안의 단어를 알맞게 고치세요.**

〈보기〉 · 편지를 ( ) 친구에게 부쳤어요. (쓰다)
→ 편지를 (써서) 친구에게 부쳤어요.
· 영화를 ( ) 집에 왔습니다. (보다)
→ 영화를 (보고) 집에 왔습니다.

1. 백화점에 ( ) 언니 생일 선물을 샀어요. (가다)

2. 친구를 ( ) 탁구를 치고 싶어요. (만나다)

3. 수업이 ( ) 친구를 만났습니다. (끝나다)

4. 학교에 ( ) 제일 먼저 무엇을 합니까? (오다)

5. 선생님 댁에 먼저 전화를 ( ) 갑시다. (하다)

6. 그 사람의 전화번호를 모르니까 친구에게 ( ) 물어야 해요. (전화하다)

7. 은행에서 돈을 ( ) 친구를 만났어요. (찾다)

8. 예쁜 장미꽃을 ( ) 여자 친구에게 주었어요. (사다)

9. 집에 가서 샤워를 ( ) 잤어요. (하다)

10. 연세대학교 도서관에서 이 책을 ( ) 읽으세요. (빌리다)

B-2 제11과 쓰기 연습 II

'AVst고 , AVst어(아, 여)서' 연습

*** 보기의 내용으로 '___고' 와 '____어(아, 여)서' 를 사용하여 일기를 써 보세요.**

〈보기〉 오늘 오후에 제인의 생일 파티가 있었다.
아침에 다른 날보다 일찍 일어났다.
다나까에게 전화를 했다
다나까와 함께 제인의 생일 선물을 사기로 했다.
백화점에 갔다.
화장품 코너와 악세사리 코너에 갔다.
예쁜 머리띠가 있었다.
멋있는 목도리가 있었다.
나는 머리띠를 샀다.
다나까는 목도리를 샀다.
제인의 집에 갔다.
친구들이 많이 와 있었다.
친구들과 많이 웃고 많이 먹었다.
노래방에 갔다.
친구들과 같이 한국 노래를 불렀다.
정말 재미있는 하루였다.

나는 오늘 ____

____

____

____

____

____

■ 유도 작문 초급II

16과 말하기, 쓰기 연습

다음 질문에 대해서 경험을 이야기 하십시오. 그리고 여행 이야기를 쓰십시오.

질문1) 지금까지 여행한 곳 중에서 가장 인상적인 곳은 어디입니까?

질문2) 어떻게 그곳에 가게 되었습니까? 누구와 같이 갔습니까?

질문3) 무엇을 타고 갔습니까? 어디에서 얼마동안 지냈습니까?

질문4) 그곳의 자연과 날씨는 어땠습니까?

질문5) 왜 그곳이 인상적입니까?

■ 자유 작문-편지 쓰기 초급II

13. 다음 편지를 읽고 가족이나 친구에게 편지를 써 보십시오.

김 선생님께

그 동안 안녕하셨어요?

가족들도 모두 건강하시지요? 저도 잘 지내고 있습니다. 서울은 좀 쌀쌀한데 부산은 어떻습니까?

제가 벌써 한국에 온 지 3개월이 지났습니다. 아직도 한국 생활에 익숙해지지 않아서 실수가 많아요. 버스를 잘못 타기도 하고 입에 맞지 않는 음식들을 시켜서 못 먹을 때도 있었어요.

하숙집에 혼자 있을 때는 외롭기도 했어요. 그러나 지금은 외롭지 않습니다. 학교에서 여러 나라 친구들을 사귀었기 때문입니다.

요즘은 그 친구들과 같이 여기저기를 구경하기도 하고 주말에는 가까운 교외로 나가기도 합니다. 이번 학기가 끝나면 그 친구들과 같이 제주도에 가려고 합니다. 그 때 부산에도 들러서 김 선생님과 가족들을 모두 만나고 싶어요.

김 선생님, 제 걱정 많이 하셨죠? 이젠 걱정하지 마세요. 한국말을 빨리 배우려고 열심히 공부하고 있어요. 처음에 한국말로 말할 땐 부끄러워서 말을 별로 하지 않았지만 지금은 이야기를 많이 하려고 노력하고 있어요. 그러면 한국말이 빨리 늘겠죠?

그럼, 오늘은 이만 쓰겠습니다. 여행가기 전에 다시 편지를 쓸게요. 그 동안 건강하십시오.

2006년 10월 26일

마틴 올림

______________에게

*** 편지 봉투에 주소를 적어 보십시오.**

〈보내는 사람〉
서울 특별시 서대문구 창천동
400-8
마틴 올림
120-180

〈받는 사람〉
부산 광역시 사하구 하단동
가락 아파트 102동 403호
김 철 호 귀하
604-020

〈보내는 사람〉

〈받는 사람〉

2) 중급의 예

13

운동장 이용에 대해서 건의하고자 합니다

|학습 목표| 건의문 쓰기 |표 현| 건의문에 사용되는 표현

I.

저는 인근 지역 주민으로 학교 **운동장 이용에 대해서 건의하고자 합니다.** 지금까지 지역 주민들은 해가 진 후나 휴일에 운동장을 **이용할 수 있었으나** 이번 학기부터는 이용할 수 없게 되었습니다. 주민들이 학교 시설물을 훼손하는 경우가 있기 때문이라고 들었습니다. 하지만 대다수의 주민들은 학교 시설을 깨끗이 이용하려고 노력해 왔고 집 근처에 운동을 할 만한 장소가 없어서 큰 불편을 겪고 있습니다. 갈 곳 없는 주민들을 위해서 주말이나 방학 기간만이라도 운동장을 **개방해 주셨으면 합니다.**

1. 위 글을 쓴 목적은 무엇입니까?

2. 다음 표를 완성하십시오.

건의 사항	현재 문제점	글쓴이가 제시한 해결책
학교 운동장 이용		

85

Ⅱ. 위 글에서 사용된 표현을 익힙시다.

1　N 에 대해서 / N 에 대한

- 기숙사 온수 사용 시간에 대해서 건의하고 싶다.
- 신세대들은 취업 문제에 대한 고민이 제일 큰 것 같다.

1) 다음 문장을 완성하십시오.

가) 부하 직원 : ____________________ 에 대해서 사과드리고 싶습니다.
상사 : 그 정도 실수는 누구나 하는 것 아닌가요? 괜찮습니다.

나) 졸업 논문은 ____________________ 에 대해서 쓰고 싶다.

다) 나는 한국의 역사는 잘 모르지만 ____________________ 에 대해서는 누구보다도 잘 알고 있다.

2) 여러분이 건의하고 싶은 것을 찾아 위의 표현으로 문장을 써 보십시오.

| 보기 |
저는 학생 식당 메뉴에 대해서 건의하고 싶습니다.

저는 ______________________________________.

2
AVst 고자 하다
AVst 고자 ______

• 새내기들의 입학을 축하하고자 환영회를 준비했다.
• 이번 회의에서는 환경 오염에 대해서 토론하고자 합니다.

1) 다음 문장을 완성하십시오.

가) 교수 : 자네, 오래간만이군. 웬일인가?
학생 : ______________________ 고자 찾아뵙게 되었습니다.

나) 다음 회의에서는 __________ 에 대해서 __________ 고자 한다.

다) ______________________ 고자 한국 대학원에 진학했다.

2) 다음 표를 완성한 후 문장으로 써 보십시오.

의도	행동
가) 학생 식당 메뉴를 개선하려고 한다.	학생들의 의견을 듣고 있다.
나)	추천서를 받았다.
다) 신문 기사의 내용을 지적하려고 한다.	신문사에 투고했다.
라)	

가) ______________________ 고자 학생들의 의견을 듣고 있다.

나) ______________________ 고자 추천서를 받았다.

다) __________ 고자 __________.

라) ______________________.

3 Vst (으)나 ______________
Vst 었(았,였)으나 ______________

- 그 작가는 재능은 있으나 운이 따르지 않는다.
- 여러 번 건의했으나 아무런 답변도 듣지 못했다.

1) 위의 표현을 사용해서 다음 문장을 바꿔 쓰거나 완성하십시오.

가) 맞춤법과 띄어쓰기는 정확하지만 내용이 엉성하다.

→ ____.

나) 완벽하지는 않지만 최선을 다했으니 만족한다.

→ ____.

다) 20세기 초까지는 부유한 나라였으나 ______________________________.

2) 다음 표를 완성한 후 문장으로 써 보십시오.

가) 품질은 우수하다.	가격이 너무 비싸다.
나)	교통이 불편하다.
다) 해결책을 찾고 있다.	
라)	

가) 품질은 우수하나 ______________________________________.

나) ______________________________________(으)나 교통이 불편하다.

다) 해결책을 찾고 있으나 ______________________________________.

라) ____.

13. 운동장 이용에 대해서 건의하고자 합니다

4 AVst 었(았,였)으면 하다

- 이 문제가 빨리 해결되었으면 한다.
- 우리 하숙집에도 에어컨이 있었으면 합니다.

1) 다음 문장을 완성하십시오.

가) 학생 식당 메뉴가 ________________ 었(았,였)으면 한다.

나) 노사 문제가 빨리 ________________ 었(았,였)으면 합니다.

다) 어휘 실력이 ________________ 었(았,였)으면 좋겠다.

2) 위의 표현으로 건의문에 필요한 희망 사항을 써 보십시오.

| 보기 |

우리 기숙사에도 에어컨이 있었으면 합니다. 그래서 무더운 여름날에도 불편 없이 공부할 수 있었으면 좋겠습니다.

가) 공원에 화장실이 모자라서 줄을 길게 서는 경우

________________.

나) 지하철 안내 방송에 외국어 안내가 없어서 불편한 경우

________________.

다) 제품 사용 설명서가 자세하지 않아서 사용하는 데 어려움이 많은 경우

________________.

Ⅲ. 여러분이 건의하고자 하는 것에 대해서 써 봅시다.

1. 현재 어떤 문제가 있으며 해결 방법은 무엇인지 다음 표에 정리해 봅시다.

건의 사항	문제점	해결책
<보기> 도서관 이용	• 너무 일찍 문을 닫는다. • 화장실에서 담배를 피우는 학생이 많다.	• 한 시간 연장 • 흡연실 설치

2. 위의 표를 참고하여 건의문을 써 봅시다.

| 보기 |

도서관 이용에 대해서 건의합니다

저는 한국말을 배우러 온 베트남 유학생 누엔입니다. 날마다 학교 도서관에서 한국말을 공부하면서 몇 가지 불편한 점을 느껴 건의드리고자 합니다. 우선 도서관 문 닫는 시간을 연장해 주셨으면 합니다. 방학 중에는 오후 9시에 문을 닫고 있으나 너무 이르다는 생각을 많이 합니다. 방학 중에도 고향에 돌아가지 않고 열심히 공부하는 학생이 많습니다. 한 시간 연장하여 10시까지는 공부할 수 있도록 해 주십시오. 그리고 도서관 안에 흡연실이 있었으면 합니다. 담배를 피우는 학생들이 화장실에서 담배를 피우는 경우가 많기 때문입니다. 화장실에 꽁초가 쌓이고 냄새가 빠지지 않아 매우 불쾌합니다. 이 두 가지 문제만 해결된다면 우리 학교 도서관은 이 세상에서 가장 훌륭한 도서관이 될 겁니다.

13. 운동장 이용에 대해서 건의하고자 합니다

3. 옆 친구와 바꿔 읽은 후 친구의 글을 평가해 봅시다.

1) 건의문에 사용된 표현이 정확하고 자연스럽습니까?

2) 건의하려는 내용과 해결책이 구체적으로 잘 드러났습니까?

3) 글을 쓴 친구에게 충고하고 싶은 것이 있으면 알려 주십시오.

여기서 잠깐!

- 한국의 식당에서 자주 볼 수 있는 맞춤법 실수

떡볶기 (×) → 떡볶이 (O)
육계장 (×) → 육개장 (O)
김치찌게 (×) → 김치찌개 (O)

3) 고급의 예

논술문 쓰기

가. 논술문의 작성 요령

1. 문제를 파악한다.
2. 논술 대상에 대해 구체적이고 정확한 이해를 한다.
3. 사실에 근거한 적절한 논지를 갖춘다.
4. 논점을 일관되게 유지한다.
5. 논거(자신의 견해를 밝히기 위해 제시하는 근거)를 적합하게 제시한다.
6. 다양한 어휘를 정확하게 사용한다.
7. 정확성과 효율성을 지닌 문장을 써야 한다.
8. 각 문단은 서로 긴밀한 관계를 가지고 있어야 한다.

나. 논술문의 내용(목차)의 예

제목: 쓰레기 문제의 원인과 대책

Ⅰ. 서론

실태 제시: 최근 나라 전역이 쓰레기 문제로 몸살을 앓고 있다.

Ⅱ. 본론

1. 문제의 중요성: 쓰레기 문제의 심각성 ; 환경오염의 주범일 뿐 아니라 지역 이기주의마저 낳을 수 있음.
2. 쓰레기 문제의 원인: 자본주의 아래 생산과 소비의 증대, 일회용 물품의 증가, 쓰레기를 아무데나 버리는 국민의 환경의식 실종 등.
3. 해결방안: 국민의식 제고, 현명한 소비의식 등.

Ⅲ. 결론

관심촉구: 환경오염의 주범인 쓰레기 문제 해결을 위해 다 같이 노력하자.

다. 논술 작성 연습

* 다음의 자료로 제복에 대한 찬반의 글을 쓰기 위한 개요를 만들었다. 빈 곳을 채워 쓰시오.

- 다양한 개성은 존중되어야 한다.
- 제복은 다양성이나 개성을 제약한다.
- 안내원, 의사, 기술사, 경찰관, 법관, 군인 등 수많은 사람들이 제복을 입고 있다.
- 제복은 전문성을 드러내 보이므로 신뢰감을 주게 된다.
- 제복은 어떤 모임에 갈 때 갈아입어야 하는 번거로움이 있다.
- 제복은 공동체 의식을 준다.
- 제복은 다른 옷이 불필요하므로 경제적으로 절약된다.

주 제	찬 성	반 대
	제복은 필요하다.	제복은 불필요하다.
Ⅰ. 서론	수많은 사람들이 제복을 입고 생활한다.	인간은 다양성과 개성이 존중되어야 한다.
Ⅱ. 본론	1. 제복의 장점 1) 제복은 전문성을 드러냄으로써 신뢰감을 준다. 2) 제복은 공동체 의식을 준다. 3) 제복은 경제적이다.	A. 1) 2) 3)
Ⅲ. 결론	B.	제복을 입으면 인간적인 개성이 사라지고 우리의 의생활은 변화가 없이 퇴보한다. 따라서 제복은 불필요하다.

Ⅳ. 마무리

지금까지 표현 기능인 말하기와 쓰기의 지도에 대해 살펴보았다. 언어 학습과 교수 이론의 변천에 따라 외국어 학습의 본질을 바라보는 시각이 달라져왔는데 지난 이삼십년간은 언어의 의미와 기능, 화행을 강조하며 상호작용과 의사소통 능력이 중요시되어 왔다. 인간 언어의 주요 수단인 음성과 문자로 의사소통을 할 때 말하기와 쓰기는 각각 표현을 담당하는 기능이다. 그러나 듣기는 구두 의사소통 과정에서 말하기와 뗄 수 없는 관계이고 쓰기도 문자를 통한 의사소통에서 읽기를 반드시 전제한다. 따라서 이해 기능과 표현 기능은 밀접하게 연결되어 있으며 언어 수행 시 동시에 이루어지므로 기능별 교수 시 이 사실을 고려해야 할 것이다. 또한 각 기능별 교재나 교육자료, 과제, 활동 등을 개발할 때에도 다른 기능들과 자연스럽게 연결되어 연습하도록 하는 것이 통합적인 언어 발달에 효과적이고 도움이 된다. 교육 자료, 과제, 활동의 소재나 내용은 학습자의 흥미를 유발하고 학습자에게 동기를 부여할 수 있어야 하며 연습의 단계는 언어적 항목을 습득하기 위한 통제 연습에서부터 점차 자유로운 의사소통 활동으로 진행시켜나가는데 통제 연습에서도 가능한 한 유의미성을 띄어야 한다. 교사가 새로운 어휘나 문법 항목을 가르칠 때는 사전적 설명을 정확하게 하기보다 자연스러운 맥락 속에서 그 의미를 학습자가 이해할 수 있게끔 제시하는 것이 효과적이며 교사의 지시 문장은 간결하고 정확하여 학습자가 혼한스러워하지 않도록 해야 한다. 이 때 교사는 일방적인 설명을 지양하고 교사와 학습자, 또는 학습자와 학습자 간의 자연스러운 상호작용과 의사소통이 활발하고 적절하게 일어날 수 있도록 수업을 운영해 나가야 한다. 마지막으로, 교사는 수업을 조직, 운영하며 정보를 제공하는 사람일 뿐만 아니라 학습자가 최적의 정의적 상태에서 수업에 참여할 수 있는 분위기를 조성하는 학생의 조력자이기도 하다는 사실을 잊지 말아야 할 것이다.

주)

1) Lyle Bachman(1990)에 이르러서 의사소통 능력은 화용적 능력을 포함하는 언어 능력에다가 세상에 관한 지식, 전략적 능력, 심리 · 생리적 기제, 상황맥락까지도 포함하는 다양한 구성 요소로 이루어져 있다.

2) Savignon(1983)은 이를 언어 규칙이 불완전하거나 피로, 주의 산만, 부주의 등을 보완하기 위해 사용하는 전략이라 하였다. 즉 실수를 수정하고 불완전한 지식을 극복하고 의사소통을 지속하게 해주는 능력으로 이는 의역, 우회, 반복, 머뭇거림, 회피, 추측, register이나 문체를 바꾸기 등을 통해 이루어진다.

3) 1990년대 들어서면서는 의사소통 중심 교수법이 언어의 의미만을 지나치게 강조하고 언어의 형태를 무시한데 대한 반성이 일어나기도 하는데 이를 후기 의사소통 접근법(Post-communicative Approach)이라 한다. 효과적인 의사소통을 위해서는 언어의 의미가 중요하지만 언어의 형태도 중시되어야 한다는 입장이 강화되고 형태 초점(Focus-on-Form) 교수법이 나타나기도 했다. 실상 정확성 지도에 대한 대책이 없이 유창성 위주의 교육을 하면 오류의 화석화 현상 등이 나타날 수 있으며 고급 수준의 학습에서는 정확성 없는 유창성을 기대하기란 어렵다.

4) 상호작용을 유도하려면 자발적이고 자연스러운 분위기를 조성하여 자연스러운 표현을 하도록 허용해야 하나 어느 정도의 통제는 상호작용을 원활하게 하는 수업 진행의 요소로서 중요하다.

5) 기다리는 시간과 학습자의 발화량에 관한 실험에 의하면 기다리는 시간을 3초에서 5초로 늘렸을 경우 학습자의 대화 참여가 양적인 측면에서뿐만 아니라 질적인 측면에서도 향상을 보인다는 결과가 있다.(Long et al.1984; Richards 1996, 제 22기 한국어교사 연수과정 강의안 한국어 교수법 이론과 실제에서 재인용)

6) Byrne(1992)는 교사는 학생들에게 정확성과 유창성의 상호보완적 수준에서 말하기 지도를 하여야 한다고 지적하고 있다. 그는 초급 단계에서는 유창성보다는 정확성에 큰 중점을 두고 수준이 향상되어 갈수록 유창성의 비중을 높여나가는 것이 바람직하다고 말하고 있다. 초등영어지도법(이완기 외 2003)

7) 초등영어지도법(이완기 외 2003), 최근에 와서 연습과 표현의 순서를 바꾸어서 학습자로 하여금 이제까지 그가 가지고 있는 언어적 지식을 총동원하여 먼저 표현을 하게 하고 그가 저지르는 실수와 잘못을 중심으로 연습을 시키는 절차가 제시되기도 한다. 이와 같은 방식은 어느 정도 한국어에 대한 지식과 경험을 가지고 있는 학생에게는 가능한 대안적인 모델이라 본다. 그러나 초급 학습자의 경우 연습을 충분히 하기 전 표현하기는 어렵다고 본다. 그러나 복습 과정에서는 대안적인 절차가 유익한 경우가 있을 수 있다.

8) 영어교육학신론 (최진황 외, 2001)

9) 초등영어교육(김진철 외 2005)

10) 조기영어교육론(정동빈 외 1999)

11) Nunan(1989), 한국어학당 제22기 한국어교사 연수과정 강의안 한국어교수법 이론과 실제(2006)에서 재인용함,

12) 조각 맞추기(jigsaw, 이야기 조각 맞추기같이 여러 사람이 가진 정보를 종합하여 하나의 완전한 정보를 구성해내는 것) 활동이 이에 속한다.

13) 이하 모든 자료는 연세대학교 한국어학당의 교재나 교육 자료에서 발췌하였다.

14) 한국어의 입말과 글말(노대규)에서 다음 8가지의 차이를 들고 있다. 다양성/단순성, 즉각성/계획성, 구체성/추상성, 순간성/영구성, 모호성/명시성, 비논리성/논리성, 비격식성/격식성, 상황의존성/문맥의존성, 제22기 한국어교사 연수과정 강의안 한국어 교수법 이론과 실제(2007)에서 재인용함

참고문헌

- Brown, Douglas. 2001. Principles of Language Learning and Teaching. Longman.
- Canale, M. & Swain, M. 1980. Theoretical bases of communicative approaches to second language teaching and testing, Applied Linguistics 1.
- Ellis, Rod. 1985. Understanding Second Language Acquisition. Oxford University Press.
- Nunan, David. 1989. Designing Tasks for the Communicative Classroom. Cambridge University Press.
- Nunan, David. 1995. Language Teaching Methodology. Prentice Hall.
- Nunan, David. 2003 Practical English Language Teaching. McGraw-Hill Companies, Inc.
- 곽지영 1996. '중급 이상에서의 쓰기교육' . 발표 요지. 국제 한국어교육학회.
- 김민성 외 2001. '쓰기 교재의 개발과 활용 방안' 발표 요지. 연세대학교 언어연구교육원 제1회 한국어 교육 학술대회.
- 김진철 외. 2005. 초등영어교육. 경문사.
- 박경자 외. 1997. 언어교수학. 박영사.
- 연세대학교 언어연구교육원 한국어교사연수소. 2005. 제22기 한국어교사 연수과정 강의안 한국어 교수법 이론과 실제.
- 연세대학교 언어연구교육원 한국어학당. 2002. 한국어 활용연습 1-3.
- 이완기 외. 2003. 초등영어지도법. (주)문진미디어.
- 이희경 외. 2006. 한달완성 한국어 중급 말하기.
- 이희경 외. 2006. 한달완성 한국어 중급 쓰기.
- 정동빈 외. 1999. 조기영어교육론. 한국문화사.
- 최진황 외. 2001. 영어교육학신론. 도서출판 문음사.

제 8 장 한국 문화 교육론

한상미

Ⅰ. 서론

제2언어 교육의 목표를 맥락에 적절한 의사소통을 할 수 있는 능력을 개발하는 것이라고 볼 때, 문화 교육은 '사용'을 위한 언어를 교수, 학습하는 언어교육 현장에서 필수적이다. 본고에서는 한국어 학습자를 위한 한국 문화 교육을 위해 필요한 주요 개념들을 정리하고 앞으로 지향해야 할 한국 문화 교육의 내용과 방법에 대해 고찰하고자 한다. 이를 위해 먼저, 언어 교육에서 '문화'의 의미를 정의하고, 문화 교육의 범위를 살펴본 후, 외국어로서의 한국어 교육을 위한 문화 교육론의 세부 영역에 대해 살펴보겠다. 또한 이와 함께 한국어 교육 현장에서 제안될 수 있는 문화 교육의 내용과 방법을 고찰하기로 한다.

1. 언어 교육을 위한 문화의 정의

제2언어 교육 분야에서 문화라는 용어는 몇 가지 다른 의미로 정의되어 왔다. 일부 언어 교사들은 이를 문학 작품이나 예술 작품과 같은 '문화적 산물'을 칭할 때 사용하고, 다른 이들은 이를 목표어가 사용되는 국가의 역사나 지형 등에 관한 사실과 같은 '배경 정보'를 일컫기 위해 사용한다. Cortazzi와 Jin(2003: 198)은 문화를 이러한 측면들을 포함해서 행동, 자세, 그리고 경험을 해석하기 위해서 사람들이 사용하는 사회적 지식을 포함하는 포괄적인 의미로 정의한다(한상미 2005: 405).

국내에서 이루어진 논의를 살펴 보면 조항록(2004: 206)은 외국어 교육에서의 문화를 언어 문화, 일상생활 문화, 그리고 성취 문화로 나누어 설명하고 있다. 언어 문화란 언어에 의하여 형성된 문화, 언어 속에 투영된 문화적 양상으로 나눌 수 있는데, 협의의 언어 문화는 형태, 음운, 통사 등과 같은 언어 내적 요소로부터 장르별 문학 작품 등과 같은 문화적 산물 등을 지칭하고, 광의의 언어 문화는 언어사회학, 사회언어학 등에서 논의하는 '언어와 사회의 관계' 속에서 형성된 문화까지를 포함한다고 본다. 일상생활 문화는 사회 구성원의 행위의 모든 것(언어적, 비언어적 행위), 신념, 가치관, 태도 등을 의미하는데, 이는 구성원의 일상생활이 어떠한지, 어떻게 생각하는지, 어떻게 행동하는지 등이 주요 대상이다. 성취 문화는 사회 구성원이 역사적으로 삶을 영위해 오면서 성취한 문물을 의미하는데, 문학, 예술, 무용, 전통 음악, 제도, 건축물 등이 대표적인 예이다.

박영순(2003: 70-71)은 문화의 내용을 정신 문화, 언어 문화, 생활 문화, 예술 문화, 제도 문화, 과학기술 문화로 분류한다. 정신 문화는 가치관, 민족성, 세계관, 정서, 상징체계, 사상 및 종교 등으로 하위분류될 수 있고, 언어 문화는 음운, 형태, 통사, 의미, 경어법, 속담 및 관용어와 같은 언어적 요소와 시, 소설, 수필, 희곡 등과 같은 장르로 나뉠 수 있다고 본다. 예술 문화는 대중 예술과 고급 예술로 나뉠 수 있는데 각각 음악, 미술, 무용, 영화, 연극 등으로 나뉘어 논의될 수 있으며, 생활 문화는 의식주 생활과 여가 생활 등으로 하위분류 된다고 본다. 또한 제도 문화는 법, 정치, 경제, 사회, 교육, 언론 제도 등을 포함한다고 보고 있으며, 과학기술 문화에 대해서는 해당 연구에서 그 내용에 대해 언급하지 않겠다고 밝히고 있다.

배현숙(2002: 183-185)은 한국어 교육을 위한 문화를 상징 문화, 사회제도를 포함한 일상 문화, 그리고 가치 문화로 분류한다. 상징 문화란 태극기, 무궁화, 김치, 불고기, 혹은 무형 문화재 등과 같이 어떤 문화를 공유하는 사람들에게만 통하는 특별한 의미를 지닌 말, 그림, 또는 대상을 말한다. 사회제도를 포함한 일상 문화란 의사소통법, 명명법, 음식문화, 의복문화, 만남의 형태 등과 같이 한국인을 특징지우는 구체적인 일상적 체험과 그 생활양식에 관련된 것을 의미한다. 그리고 가치 문화란 집단적 주체 의식, 서열 의식 등과 같이 어떤 한 상태보다 다른 상태를 선호하는 포괄적인 경향성에 관계되는 것이다. 이는 한 민족의 역사가 진행되는 동안 자연발생적으로, 또는 한 민족의 의지에 의해서 형성되어 다시 인간의 문화에 영향을 주는 순환을 하게 된다고 본다.

박경자 외(1997: 371-372)는 언어 교육에서 다룰 수 있는 문화의 유형을 정보 문화, 행동 문화, 그리고 성취 문화로 나누어 설명하고 있다. 정보 문화란 평균적인 교육을 받은 모국어 화자들이 그들의 사회, 지리, 역사, 영웅 등에 대해서 알고 있는 정보와 사실을 의미한다. 행동 문화란 일상생활의 총체를 지칭하는데, 이는 한 사회 속에서 한 민족이 행동하는 양식으로 기본적인 인간의 욕구, 환경과 전통의 상호작용으로 설명될 수 있다. 그리고 성취 문화란 목표어 문화에서 성취된 업적을 의미하는데 성취 문화와 정보 문화에 대한 인식을 기초로 행동 문화를 발달시키는 것이 중요하다고 본다.

본고에서는 제2언어 교육을 하는데 있어서 '문화'란 박경자 외(1997)가 언급한 성취 문화, 정보 문화, 그리고 행동 문화의 모든 면을 포괄적으로 포함하는 개념이라고 본다. 그리고 이 중 제2언어 교육에서 성공적인 의사소통을 위해 가장 중요한 문화 유형은 행동 문화이고, 행동 문화의 논의에 있어서 중요한 것은 개인적인 행동 양식이 아니라 전형적인 행동 양식이라고 본다(박경자 외 1997: 372).

2. 문화 교육의 범위

제2언어 교육의 목표는 목표 언어를 사용하여 학습자들이 주어진 맥락에 적절한 의사소통을 하는 것이다. 제2언어 교육에서 문화 교육의 중요성이 부각되기 시작한 것은 문화적인 요소가 의사소통 능력을 구성하는 주요한 개념으로 설정되기 시작하면서부터이다. 의사소통 능력은 목표어로 맥락에 적절한 의사소통을 할 수 있는 능력이다. 의사소통 능력을 얻기 위해서는 목표어에 대한 문법적 능력 이외에도 사회문화적 능력, 담화 능력, 그리고 전략적 능력이 필요하다(Canale과 Swain 1980; Canale 1983). 문법적 능력은 통사적, 형태·통사적, 음성적, 그리고 어휘적 차원의 능력으로, 우리가 일반적으로 좁은 의미의 언어적 능력으로 이해하고 있는 능력을 의미한다. 사회문화적인 능력은 의미의 적절성과 형태의 적절성을 포함하는 언어 사용에 관한 규칙을 말한다. 담화능력은 주어진 언어적 맥락에 적절하게 발화할 수 있는 능력인데 순서 교대나 대화의 시작과 끝내기와 같은 담화운영을 포함하는 개념이다. 그리고 전략적 능력은 의사소통에서 발생하는 문제를 보상하거나 의사소통의 효율성을 높이기 위해 사용되는 능력이다(Trosborg 1994: 10-11). 문화 교육은 의사소통 능력을 구성하는 이러한 주요한 요소들 중 특히 적절한 언어 사용에 관한 규칙과 관계있는 사회문화적 능력의 개발과 직접적으로 관계가 있다(한상미 2005: 405-406).

그렇다면 언어 교육 현장에서 학습자들에게 목표어로 의사소통할 수 있도록 하기 위해서 제시해야 하는 문화 교육의 범위는 구체적으로 어디까지인가? 일반적으로 제2언어, 혹은 외국어 교육과정에서 학습자들에게 제시되는 교수 내용은 크게 보아 두 가지로 분류될 수 있다. 그 하나는 언어 사용의 '정확성' 의 측면에 초점을 둔 발음, 억양, 어휘, 문법 등 목표언어 자체의 지식과 관련된 능력을 키워주는 범주이다. 다른 하나는 언어 사용의 '적절성' 에 관계되는 담화, 화용적 능력 혹은 사회문화적 능력을 키워 주는 범주이다. 제2언어 교육에서 '문화 교육' 은 바로 이러한 언어 사용의 적절성의 측면에 관계되는 능력을 키워줄 수 있는 범위 내에 존재하는 교육 내용과 방법들을 의미한다고 본다.

3. 문화 교육론의 세부 영역

제2언어 교육 분야에서 문화 교육의 세부 영역에 관한 주요한 논의로는 조항록(2005: 281)을 들 수 있다. 그는 지금까지 이루어진 문화 교육에 대한 논의를 '문화 교육의 내용 구성론' (문화의 정의, 문화 교육의 수준, 학습자 요구 분석, 문화 교육론의 내용 구성), '문화 교육 방법론' , '문화 교육 자료 개발론' , '문화 능력 평가론' , 그리고 '문화 교육을 위한 교사 교육론' 의 다섯 가지로 나누고 있다. 또한, 김중섭(2005)에서는 그간 이루어진 한국 문화 교육의 연구 영역을 '문화교육 일반론' , '교육 내용 및 교수법' , '교육 자료' 의 세 가지로 나누고 있다. 그는 '문화교육 일반론' 을 구성하는 내용으로, 문화교육 현황 및 과제, 문화 교육론을 들고, '교육 내용 및 교수법' 을 구성하는 내용으로 단계별 문화 교육, 행위 관련 의사소통, 문화교육 내용 및 방안, 화행 연구 등을 들고 있다. 또한, '교육 자료' 를 구성하는 내용으로 문화교육과 교재, 매체를 통한 문화교육을 소주제로 제시하여 연구물들을 정리하고 있다. 이러한 논의들은 외국어로서 한국어 교육 현장에서 문화 교육을 수행하기 위해 필요한 문화 교육 내용의 세부 영역을 나누는 데 있어서 중요한 지침이 된다.

본고에서는 이러한 논의들을 바탕으로 문화 교육론에서 다루어져야 하는 세부 영역을 크게 보아 다음과 같이 다섯 가지로 나누어 보고자 한다.

1) 문화 교육의 내용

2) 문화 교육의 방법

3) 문화 교육을 위한 교육 자료의 개발

4) 문화 능력의 평가

5) 효율적인 문화 교육을 위한 교사 교육

한편, 외국어로서의 한국어 교육 분야에서 문화 교육의 영역이 차지하는 위치는 어디쯤일까? 외국어로서의 한국어 교육의 하위 영역은 다음 표에서 나타난 바와 같이 내용론, 교수 방법론, 교재론, 평가론, 그리고 교사론으로 나누어 볼 수 있다.[1] 내용론이란 한국어 교육을 위해 학습자들에게 제시해 주는 교육 내용에 관계되는 분야로서 발음 · 억양 교육론, 어휘 교육론, 문법 교육론, 담화 · 화용 교육론, 그리고 문화 교육론으로 분류할 수 있다. 이 중 문화 교육론은 문화 교육에서 다루어야 할 주제에 관련되는 내용론, 문화 교육을 가르치는 방법에 관계되는 교수방법론, 문화 교육을 가르치기 위하여 사용하는 교재나 교수 자료에 관계되는 교재론, 문화 교육에 의해 성취된 학습자의 문화적 능력을 평가하는 평가론, 그리고 문화 교육을 현장에서 수행하는 한국어 교사들을 위한 교사론으로 다시 세분될 수 있다.

[그림 1] 한국어 교육에서 문화 교육론의 세부 영역

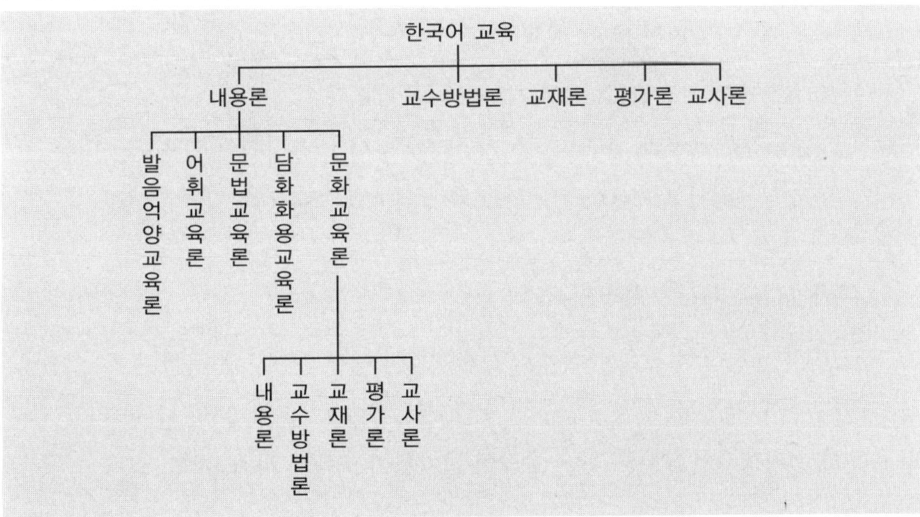

따라서 한국어 교육 분야에서 문화 교육이 차지하는 위치는 한국어 교육의 다섯 가지 하위 영역 중 하나인 내용론의 영역에 속하고, 내용론의 영역 안에서도 발음 · 억양 교육론, 어휘 교육론, 문법 교육론, 담화 · 화용 교육론과 함께 그 내용을 이루는 하나의 세부 영역에 속한다고 볼 수 있다.

Ⅱ. 문화 교육의 내용

문화 교육론을 이루는 다섯 가지 세부 영역은 효율적인 문화교육을 위해 모두 중요시되어야 할 요소들이지만, 이들 중 문화 교육의 내용과 방법은 특히 교육 현장에서 직접적인 교수를 위해 우선적으로 고려되어야 할 요소들이다.

먼저, 문화 교육의 내용적인 측면에 대하여 살펴보면, 이 분야에서는 지금까지 다양한 논의들이 있어 왔다(김정숙 1997; 김인회 외 2002; 조현용 2003; 박영순 2003; 조항록 2004, 2005; 민현식 2004 등). 이러한 논의들에서는 주로 한글과 한국 문화, 비언어적 의사소통, 분야 별 문화 요소(의식주 문화, 역사 문화, 민속 문화 등), 한국의 문학, 인물, 역사, 사고방식 등과 같이 문화 교육 내용들을 구성하는 주제를 포괄적으로 범주화하여 제시하고 있다. 그러나 이제 한걸음 더 나아가 한국어교육 현장에서 보다 효율적인 문화 교육을 수행하기 위해서는 그 내용이 실제 수업이나 교재를 포함한 교육 자료, 혹은 평가 지침 등으로 활용될 수 있도록 좀 더 구체적인 결과물들이 생산되어야 할 것이다. 예를 들어, 문화 교육 내용을 위한 문화 주제의 범주화에 있어서도 학습자의 목표어 숙달도나 학습자의 국적, 혹은 학습 동기 등과 같은 변인들이 고려되어 실제적으로 교육 현장에서 활용될 수 있는 결과물들이 필요한 시점이다. 이러한 결과물들을 바탕으로 현장의 교육자와 연구자들은 지금까지의 다소 추상적이고 포괄적인 논의를 벗어나 좀 더 구체적이고 효율적인 문화 교육과 연구를 수행할 수 있을 것이다.

1. 문화 교육 내용의 범주와 주제

본고에서는 한국어 교육 분야에서 다루어져야 하는 '문화'를 성취 문화, 정보 문화, 그리고 행동 문화를 모두 포함하는 개념으로 보았다. 앞 절에서 언급한 바와 같이 정보 문화란 평균적인 교육을 받은 모국어 화자들이 그들의 사회, 지리, 역사, 영웅 등에 대해서 알고 있는 정보와 사실을 의미한다. 또한, 성취 문화란 목표어 문화에서 성취된 업적을 의미하고, 행동 문화란 한 사회 속에서 한 민족이 행동하는 양식으로 일상생활의 총체를 지칭한다(박경자 외 1997). 본고에서는 문화 교육의 내용에 관한 논의에서도 한국어 교육 분야에서 다루어져야 할 문화 교육 내용을 이 세 가지 범주로 나누어 살펴보고자 한다.

이를 위해 먼저 각 범주에 속하는 문화적 내용을 나타내는 주제들을 Brooks (1986: 123-129), 조항록 · 강승혜(2001), 김인회 외(2002)가 선정한 문화 항목들과, 한국어 교재[2]에서 제시된 문화 교육 주제들을 참고하여 문화 교육 주제를 선정한 한상미(2005)의 내용을 개정, 보완하여 분류하였다. 보완을 위해 추가로 참고한 연구 자료는 조항록(2004, 2005), 우인혜(2004), 김정은(2005), 황인교(2006)이다. 또한, 한상미(2005)에서 참고하지 못했던 좀 더 다양한 한국어 교재[3]를 참고하였다.[4] 그 내용을 정리한 결과는 다음 [표 1]과 같다.

[표 1] 한국어 교육을 위한 문화 교육 내용 범주와 주제

문화 교육 내용 범주	주제
행동 문화	언어 예절, 의사소통 방식, 의식주, 일상생활, 풍습, 의례
성취 문화	종교, 음악, 미술, 영화, 스포츠, 건축, 문학, 제도, 대중매체, 기타 예술
정보 문화	사회, 정치, 경제, 역사, 교육, 지리, 민속, 과학, 가치관 · 태도

위의 표에 따르면, 한국어 교육에서 다루어지는 행동 문화의 내용은 언어 예절, 의사소통 방식, 의식주, 일상생활, 풍습, 의례와 같은 주제들을 포함한다. 또한, 성취 문화를 이루는 내용으로는 종교, 음악, 미술, 영화, 스포츠, 건축, 문학, 제도, 대중매체, 기타 예술 등이 있다. 마지막으로, 정보 문화를 구성하는 내용으로는 사회, 정치, 경제, 역사, 교육, 지리, 민속, 과학, 가치관 · 태도와 관련된 주제들이다.

[표 1] 에 제시된 각 주제들은 한국어 학습자들을 위하여 다음과 같이 소주제로 나뉘어져서 제안될 수 있다

[표 2] 한국 문화 교육 주제

문화 교육 내용 범주	주제	
	대주제	소주제
행동 문화	언어예절	사적 · 공적 인사, 호칭, 공손성의 표현 방식, 화계
	의사소통 방식	부탁, 요청, 거절, 칭찬, 공적인 대화 및 토론 방식, 발표, 농담이나 유모어, 동작학
	의식주	식생활(음식, 식사, 외식, 술, 간식, 건강식), 의생활(일상복, 예복, 제복 및 기타 의상), 주생활(주택, 주생활 문화)
	일상생활	공공기관 이용(의료시설, 공공시설, 외국인 관련 시설), 교통(대중교통수단, 개인적 이동수단), 통신(전화, 편지와 메일, 인터넷), 기기 사용, 숙박시설, 초대와 방문, 물건사기, 모임, 운동, 취미 생활, 약속과 예약, 가족 관계, 축제나 잔치, 놀이 · 전통놀이, 애완동물, 화장, 흡연, 저축, 취업, 업무, 동료관계
	풍습	미풍양속(이사떡 돌리기, 집들이 등)
	의례	생일, 결혼식, 돌, 백일, 회갑, 제사, 장례식
성취 문화	종교	불교, 유교, 기독교, 토속신앙
	음악	대중 음악, 전통 음악
	미술	전시회, 그림, 서예
	영화	영화, 연극, 드라마
	스포츠	각종 스포츠
	건축	주요 건축물, 전통 가옥
	문학	동화, 수필, 시, 소설, 시조, 만화
	제도	규율, 법
	대중매체	광고, 뉴스, 신문, 잡지
	기타 예술	공연, 전통 무용, 춤, 탈춤, 사물놀이
정보 문화	사회	화폐, 휴일, 병역 제도, 환경
	정치	근현대 정치사
	경제	경제 관련 주요 정보
	역사	근현대 역사, 위인 및 주요 인물
	교육	학교 제도
	지리	지리적 특성, 행정구역 및 주요 도시, 주요 관광지
	민속	민간요법, 토정비결, 관상, 굿, 사주팔자, 미신
	과학	과학 관련 주요 정보
	가치관 · 태도	숫자 관념, 청결 의식, 공중도덕, 고정관념, 문화충격, 타부

2. 학습자 숙달도에 따른 문화 교육 주제안

앞 절에서는 한국어 교육 현장에서 활용할 수 있는 문화 교육 내용의 범주를 분류한 후 교육 현장에서 한국어 교육을 위해 활용 가능한 주제들을 정리해 보았다. 이 절에서는 이러한 주제들을 교육 현장에서 교육 자료 개발이나 실제 수업에 활용할 수 있도록 학습자의 한국어 숙달도별로 분류하여 각 주제들을 어느 정도 범위까지 다루어 줄 것인지를 제안하고자 한다. 이러한 분류는 한국어 교육 현장에서 한국어로 의사소통할 수 있는 능력을 키우고자 하는 학습자들을 대상으로 언어와 통합된 문화 교육을 전제로 할 때 사용될 수 있다.[5)]

1) 초급 단계

① 사적 · 공적인 인사: 일상생활 수준의 공식적인 상황이나 사적인 상황에서 사용되는 인사말과 행동 및 얼굴 표정

② 호칭: 가족, 친척, 친지와 같은 일상적인 인간관계에 적절한 호칭의 사용 방식

③ 공손성의 표현 방식: 간접성의 정도, 표정, 행위 등 공손성을 표현하는 기초적 언어 사용 방식과 행동 양식

④ 식생활: 한국인의 식생활과 관련된 행동 양식

ㄱ. 음식: 김치, 된장 등 전통 음식, 대중이 즐겨 먹는 음식에 대한 이해

ㄴ. 식사: 일상적인 식사법, 식사 예절, 식사 전후의 생활 양식

ㄷ. 외식: 대중이 외식을 위해 즐겨 가는 곳에 대한 정보, 외식 관련 행동 양식

ㄹ. 술: 술과 관련된 생활 양식

ㅁ. 간식: 간식으로 즐겨 먹는 음식, 간식과 관련된 행동 양식

⑤ 의생활: 한국인의 의생활과 관련된 행동 양식

ㄱ. 일상복: 현대와 과거의 한국인이 일상적으로 즐겨 입는 복장에 관한 상식적 수준의 이해

ㄴ. 예복: 주요한 행사를 위한 예복에 관한 상식적 수준의 이해

ㄷ. 제복 및 기타 의상: 현대 한국 사회에서 착용하는 주요한 제복에 관한 상식적 수준의 이해(교복, 군복 등)

⑥ 주생활: 한국인의 주생활과 관련된 행동 양식

ㄱ. 주택: 온돌, 기와 등 전통 가옥에 대한 기초적 이해와 한국식 주택 유형의 이해

ㄴ. 주생활: 한국식 주생활 관련 문화(난방, 냉방, 통풍 등)의 이해

⑦ 공공기관 이용

ㄱ. 의료 시설: 약국과 병원 이용법 및 의약 관련 기본 용어와 이용 방식

ㄴ. 공공시설: 공항, 우체국, 은행, 공중목욕탕, 도서관 등 일반 대중들이 이용하는 공공시설에 대한 기본적인 정보와 이해

ㄷ. 외국인 관련 시설: 대사관, 출입국 관리 사무소 등 외국인 관련 시설 이용 방식의 이해

⑧ 교통

ㄱ. 대중교통 수단: 버스, 지하철, 택시, 비행기, 기차, 고속열차 등 대중교통 이용에 관련된 용어 및 표현과 이용법

ㄴ. 개인적 이동수단: 자전거, 자동차 등에 관련된 생활 양식

⑨ 통신

ㄱ. 전화: 전화 통화를 위해 사용되는 표현과 전화사용의 일상적 절차, 휴대전화 사용과 문자 보내기에 관련된 생활 양식의 이해

ㄴ. 편지와 메일: 대중들이 사용하는 문자를 통한 의사소통 방식

ㄷ. 인터넷: 인터넷 사용 양식

⑩ 기기 사용: 가전제품, 컴퓨터 등 일상생활에 필요한 기기를 사용하기 위해 필요한 최소한의 용어와 사용 양식

⑪ 숙박시설: 여관, 호텔, 민박 등 대중들이 사용하는 숙박시설 이용법

⑫ 초대와 방문: 초대 혹은 방문과 관련된 정보 및 표현과 행동 양식

⑬ 물건 사기: 쇼핑에 관련된 용어 및 표현과 쇼핑 문화의 이해

⑭ 모임: 일상적으로 자주 발생하는 모임과 관련된 행동 양식(식사 후 돈 내는 방식, 여러 사람이 모인 자리에서의 예절 등)

⑮ 운동: 건강을 위해 일상생활에서 하는 가벼운 운동과 관련된 행동 양식(조깅, 산책, 등산, 헬스클럽 이용 등)

⑯ 취미 생활: 대중들이 즐겨하는 취미 생활의 내용과 이와 관련된 행동 양식

⑰ 약속과 예약: 개인적인 약속이나 예약과 관련된 표현 및 행동 양식

⑱ 가족 관계: 가족에서의 역할과 가족 간의 관계 이해

⑲ 의례(1): 생일, 결혼식과 같이 상대적으로 빈번하거나 일상적인 행사에서의 행동 양식
⑳ 스포츠: 대중들이 일반적으로 즐기는 스포츠와 이와 관련된 행동 양식
㉑ 화폐: 화폐의 단위 및 모양에 대한 인식
㉒ 휴일: 휴일의 종류와 주중과 주말의 행동 양식
㉓ 숫자 관념: 특정한 숫자에 대한 대중들의 일반적인 관념

2) 중급 단계

① 사적 · 공적인 인사: 직장이나 사회 생활에서 발생할 수 있는 다양한 상황에 맞는 인사말과 행동 및 얼굴 표정
② 호칭: 사회적 관계에 적절한 호칭의 사용 방식
③ 공손성의 표현 방식: 중급 단계에서 공손성을 표현하는 언어 사용 방식과 행동 양식
④ 부탁: 사적 혹은 공적으로 할 수 있는 일상적인 부탁의 내용과 방식
⑤ 요청: 사적 혹은 공적으로 할 있는 요청의 내용과 방식
⑥ 거절: 사적 혹은 공적으로 받은 부탁이나 요청의 거절 방식
⑦ 칭찬: 사회적 관계나 상황에 적절한 칭찬과 이에 대한 적절한 반응의 내용과 방식
⑧ 건강식: 대중들이 건강을 위해 즐겨 먹는 음식에 대한 이해
⑨ 축제나 잔치: 공식적인 국경일, 가족이나 친지 간의 잔치 및 축제의 내용과 방식
⑩ 놀이 · 전통놀이: 대중에게 보편적으로 알려져 있는 놀이 · 전통 놀이의 이해와 수행 방식
⑪ 애완동물: 애완동물로 받아들여지는 동물과 이들의 집안에서의 역할 이해
⑫ 화장: 화장이 허락되고, 격려되고, 혹은 요구되는 나이, 성, 상황에 대한 이해와 행동 양식
⑬ 흡연: 흡연에 대한 사회적인 통념과 흡연 양식
⑭ 저축: 대중들이 일반적으로 하는 저축과 절약을 위한 행동 양식 이해
⑮ 취업(1): 취업과 관련된 대중들의 의식과 행동 양식의 이해
⑯ 업무(1): 직장 생활에서 일반적으로 행해지는 업무의 범위와 수행 양식의 이해
⑰ 동료 관계(1): 사회적 집단 내에서의 인간 관계와 관련된 행동 양식

⑱ 미풍양속: 이사떡 돌리기, 집들이 등과 같은 풍습의 이해

⑲ 의례(2): 돌, 백일과 같이 상대적으로 특별한 행사에서의 행동 양식

⑳ 대중 음악 · 전통 음악: 대중들에게 인기 있는 음악과 관련된 생활 양식

㉑ 전시회: 대중들에게 알려진 예술 작품 전시회의 내용, 이를 감상하는 방식

㉒ 영화 · 연극 · 드라마(1): 중급 단계에서 이해 가능한 영화, 연극, 드라마와 관련된 정보와 이를 감상하는 방식

㉓ 문학(1): 대중들에게 보편적으로 알려져 있는, 상대적으로 난이도가 낮은 문학작품의 이해(동화, 수필 등)

㉔ 규율: 가정, 학교, 직장 등 사회의 대표적 집단에서 준수되어야 할 일반적 규율

㉕ 광고, 뉴스, 신문, 잡지(1) : 중급 단계에 적절한 대중매체의 내용과 이에 관련된 정보

㉖ 지리적 특성: 한국의 지리적 특성에 관한 상식적 수준의 이해

㉗ 행정구역 및 주요 도시: 한국의 행정구역 및 주요 도시에 관한 상식적 수준의 이해

㉘ 주요 관광지: 한국의 주요 관광지에 관한 상식적 수준의 이해

㉙ 민간요법: 일상적으로 사용되는 민간요법의 내용과 이에 관련된 행동 양식

㉚ 청결 의식: 대중에게 일반적으로 받아들여지는 청결에 대한 관념과 위생에 관한 의식 및 이를 준수하기 위한 행동 양식

㉛ 공중도덕: 공중도덕에 관한 일반적인 의식과 행동 양식의 이해(쓰레기 분리 수거, 교통 규칙 등)

3) 고급 단계

① 사적 · 공적인 인사: 문상, 문병 등과 같이 다양하고 특수한 상황에 적절한 인사말과 행동 및 얼굴 표정

② 화계: 대화 상대자의 나이, 사회적 지위, 친밀도에 적절한 발화 양식의 이해 및 사용

③ 공적인 대화 및 토론 방식: 한국 문화에서 일반적으로 받아들여지는 공적인 대화나 토론의 방식에 대한 이해

④ 발표: 다양한 상황에서 이루어지는 발표 방식에 대한 이해(수업 발표, 보고, 프리젠테이션 방식 등)

⑤ 농담이나 유모어: 일상적으로 발화되는 농담이나 유모어의 이해

⑥ 동작학: 대화에서 나타나는 비언어적 요인들이 대화에 미치는 영향이나 의미 이해(동작, 자세, 얼굴 표정, 눈맞춤, 시선, 근접성에 대한 정도 등)

⑦ 취업(2): 취업과 관련된 구체적인 행동 양식의 이해

⑧ 업무(2): 직장 생활에서 수행해야 하는 일반적 업무 내용 및 개인이 추구하는 특정 업무에 필요한 정보의 이해

⑨ 동료관계(2): 직장 생활과 관련된 일반적인 행동 양식의 이해(상사와의 관계, 동료 및 후배와의 관계 등)

⑩ 의례(3): 회갑, 제사, 장례식과 같이 특수한 의례에서의 행동 양식

⑪ 불교, 유교, 기독교 및 토속 신앙: 대중들이 일반적으로 믿고 있는 종교에 대한 상식적 수준의 이해

⑫ 그림, 서예: 대중들에게 보편적으로 알려진 미술 작품에 관련된 상식적 수준의 이해

⑬ 영화 · 연극 · 드라마(2): 대중에게 인기 있는 영화, 연극, 드라마와 관련된 정보와 이를 감상하는 방식

⑭ 주요 건축물, 전통 가옥: 한국인에게 일반적으로 알려져 있는 주요 건축물의 이해

⑮ 문학(2): 고급 단계에 적절한 문학, 혹은 유사 문학 작품들의 감상과 이해(시, 소설, 시조, 만화 등)

⑯ 제도 · 법: 제도나 법률에 관한 상식적인 수준의 이해

⑰ 광고, 뉴스, 신문, 잡지(2): 대중들에게 인기 있는 대중매체의 내용과 이에 관련된 정보

⑱ 전통 무용, 춤, 탈춤, 사물놀이: 한국인들이 즐기는 대중적인 공연의 이해

⑲ 병역 제도: 한국에 존재하는 군입대 제도에 대한 이해와 이에 대한 한국인들의 일반적인 의식의 이해

⑳ 환경: 한국의 환경에 대한 일반적인 이해(자연 환경, 도시 환경, 공해 등)

㉑ 사회: 한국 사회에서 발생하는 사회 문제에 대한 상식적인 수준의 이해

㉒ 정치사: 한국의 정치에 대한 상식적인 수준의 이해(남한과 북한의 관계 등)

㉓ 경제 관련 주요 정보: 한국의 현대 경제에 대한 상식적인 수준의 이해

㉔ 한국 근대 · 현대사: 보편적으로 알려진 한국의 역사에 대한 상식적인 수준의 이해

㉕ 위인 및 주요 인물: 과거 혹은 현대의 한국 사회에서 일반적으로 알려져 있는 위인이나 주요 인물에 대한 이해
㉖ 학교 제도: 한국의 학교 제도에 대한 이해(입시, 교육열, 학제 시스템 등)
㉗ 토정비결, 관상, 굿, 사주팔자: 대중들에게 보편적으로 알려져 있는 민속과 관련된 행동 양식의 이해
㉘ 미신: 대중에게 일반적으로 알려져 있는 미신과 이와 관련된 생각에 관한 이해
㉙ 과학 관련 주요 정보: 대중들이 공유하고 있는 과학에 관한 일반적 정보의 이해
㉚ 고정관념: 한국인들이 지니고 있는 일반적인 고정관념에 대한 이해와 이에 대한 자신의 입장 정리
㉛ 문화충격: 학습자가 한국 문화에 적응하는 과정에서 자신의 문화와 한국 문화와의 차이에 의해서 느낄 수 있는 충격에 대한 의식과 이해
㉜ 타부: 대중들이 공유하는 언어적 타부와 행동적 타부에 대한 이해

3. 소결론

지금까지 학습자의 숙달도에 따라 제시한 문화 교육 주제들을 문화 교육 내용의 범주와 그 범주에 따른 대주제, 소주제로 분류하여 정리한 내용은 아래 [표 3]과 같다. 이 표에 제시된 바에 의하면, 문화 교육 내용의 범주 면에서 초급의 한국어 숙달도를 지닌 학습자들에게는 주로 행동 문화 범주의 주제들이, 그리고 중급의 숙달도를 지닌 학습자들에게는 행동 문화와 성취 문화 범주의 주제들이, 마지막으로 고급의 한국어 숙달도를 지닌 학습자들에게는 성취 문화와 정보 문화 범주의 주제들이 상대적으로 높은 비중으로 편성되어 있음을 알 수 있다. 이는 한국어 학습자들을 대상으로 하는 문화 교육의 경우 문화적 내용의 제시에 있어서 학습자의 한국어 숙달도 수준에 따라서 제시되어야 하는 문화 교육 내용의 범주가 달라져야 함을 의미한다. 이러한 결과는 문화 교육 주제나 내용에 관한 그간의 연구들이 문화 교육을 위해 학습자의 목표어 숙달도 수준에 관계없이 그 주제만을 제시해 온 것과 다르게 초, 중, 고급 별로 차별화된 내용들을 다루어야 함을 시사한다.

[표 3] 학습자 숙달도에 따른 문화 교육 주제 안

주제 / 범주	대주제	소주제		
		초급	중급	고급
행동 문화	언어 예절	사적 · 공적 인사(일상생활 수준), 호칭(가족, 친척, 친지), 공손성의 표현 방식	사적 · 공적인 인사(직장, 사회 생활 수준), 호칭(사회적 관계), 공손성 표현 방식	사적 · 공적인 인사(다양하고 특수한 상황), 화계
	의사 소통 방식		부탁, 요청, 거절, 칭찬	공적인 대화 및 토론 방식, 발표, 농담이나 유모어, 동작학
	의식주	식생활(음식, 식사, 외식, 술, 간식), 의생활(일상복, 예복, 제복 및 기타 의상), 주생활(주택, 주생활 문화)	건강식	
	일상 생활	공공기관 이용(의료시설, 공공시설, 외국인 관련 시설), 교통(대중교통수단, 개인적 이동수단), 통신(전화, 편지와 메일, 인터넷), 기기 사용, 숙박시설, 초대와 방문, 물건사기, 모임, 운동, 취미 생활, 약속과 예약, 가족 관계	축제나 잔치, 놀이 · 전통놀이, 애완동물, 화장, 흡연, 저축, 취업(1), 업무(1), 동료관계(1)	취업(2), 업무(2), 동료관계(2)
	풍습		미풍양속(이사떡 돌리기, 집들이 등)	
	의례	의례1(생일, 결혼식)	의례2(돌, 백일)	의례3(회갑, 제사, 장례식)
성취 문화	종교			불교, 유교, 기독교, 토속신앙
	음악		대중 음악, 전통 음악	
	미술		전시회	그림, 서예
	영화		영화, 연극, 드라마(1)	영화, 연극, 드라마(2)
	스포츠	스포츠		
	건축			주요 건축물, 전통 가옥
	문학		문학1(동화, 수필 등)	문학2(시, 소설, 시조, 만화 등)
	제도		규율	제도, 법
	대중매체		광고, 뉴스, 신문, 잡지(1)	광고, 뉴스, 신문, 잡지(2)
	기타 예술			공연, 전통 무용, 춤, 탈춤, 사물놀이

범주 \ 주제	대주제	소주제 초급	소주제 중급	소주제 고급
정보 문화	사회	화폐, 휴일		병역 제도, 환경
	정치			정치사
	경제			경제 관련 주요 정보
	역사			근대 · 현대 역사, 위인 및 주요 인물
	교육			학교 제도
	지리		지리적 특성, 행정구역 및 주요 도시, 주요 관광지	
	민속		민간요법	토정비결, 관상, 굿, 사주팔자, 미신
	과학			과학 관련 주요 정보
	가치관 · 태도	숫자 관념	청결 의식, 공중도덕	고정관념, 문화충격, 타부

[표 3]에 제시된 문화 교육 주제 안은 한국어 교육 현장에서 이를 실제로 사용할 경우 '유연성' 을 전제로 할 때 더욱 의미 있어진다. 왜냐하면 교육 현장이란 수많은 교수, 학습 변인들이 존재하는 곳이어서 그러한 변인들이 고려되지 않은 채 선정되는 교수 내용이란 교육 효과가 떨어지기 때문이다. 예를 들어, 이러한 결과물은 교육 현장에서 필요한 경우 하나의 주제를 여러 항목으로 세분화하여 사용할 수 있고, 교육 환경 및 학습자 변인에 따라 재조정하여 사용할 수 있다. 행동 문화 범주에 속하는 일상생활 관련 주제의 경우, 공공기관 이용, 교통, 통신, 기기 사용, 숙박시설, 초대와 방문, 물건사기, 모임, 운동, 취미 생활, 약속과 예약, 가족 관계 등과 같은 소주제로 분류하여 제시될 수 있다. 또한 이러한 소주제는, '공공기관 이용' 의 경우 약국, 병원, 은행, 우체국, 공중목욕탕, 출입국관리사무소 등과 같은 세부 항목으로, '교통' 의 경우 버스, 지하철, 택시, 비행기, 기타 이동수단 등으로, '통신' 의 경우 전화, 편지, 메일, 휴대전화, 인터넷, 기타 통신 수단으로, '기기 사용' 의 경우 컴퓨터, 가전제품으로, '숙박시설' 의 경우 '여관, 호텔, 민박 등으로 각각 세분화되어 제시될 수 있다. 이러한 세부 항목은 학습자의 학습 동기, 학습자의 배경 문화, 연령대 등과 같은 변인에 따라 하나의 소주제가 위에서 제시된 것보다 더욱 정밀하게 분류되어 제시되거나, 제시된 항목들 중 일부만 선택되어 사용될 수 있다.

다른 한편으로, 위에서 제시된 주제들은 학습자의 한국어 숙달도가 높아짐에 따라 동일한 주제를 조금씩 난이도를 높여 상위 단계에서 재사용될 수 있다. 예를 들어, 행동 문화 범주에 속하는 대주제인 '언어 예절'의 경우, 초급 단계에서는 일상생활 수준의 사적인 인사와 공적인 인사, 그리고 가족이나 친척, 친지와 관련된 간단한 호칭으로 하위분류되어 제시될 수 있으나, 중급 단계에서는 직장 생활과 같은 다양한 상황에서의 사적인 인사, 공적인 인사를 포함하여 공손성 표현 방식, 그리고 사회적 관계에서 사용되는 호칭으로 확장되어 제시될 수 있다. 또한, 고급 단계에서는 보다 다양하고 특수한 상황에서의 사적인 인사와 공적인 인사, 화계(speech level) 등으로 그 주제가 심화되어 제시될 수 있다.

Ⅲ. 문화 교육의 방법

문화 교육의 방법론적인 측면에서도 언어와의 통합성에 기초한 문화 교육을 전제로 할 때 이를 위한 구체적인 교수 방법들을 제안하는 연구물들이 필요하다. 지금까지 한국어교육 분야에서 제시되었던 문화 교육 방법들의 토대 위에 다양한 방법론들을 활용하여 교육 현장에서 문화 교육이 좀 더 다양하고 적극적인 양상으로 이루어져야 할 것이다. 또한, 학습자의 자율성을 고양시킬 수 있는 문화 교육 방법과 문화간 의사소통을 고려한 문화 교육 방법들이 모색되어야 한다.[6]

다음은 언어와 문화의 통합적인 수업을 위해 교실에서 사용할 수 있는 문화 교육의 방법들이다.[7] 이러한 내용은 주로 Hughes(1986: 167-168)를 바탕으로 하되 한상미(1999), 조항록(1998, 2000, 2002), 김인회 외(2002), 손은경(2002) 등 최근 한국어 교육 분야에서 제안된 내용들을 참조하였다.

1. 비교법

비교법(comparison method)은 학습자들에게 문화 간에 존재하는 차이점을 비교해 볼 수 있도록 유도하는 기술이다. 교사는 학습자의 문화와 현저히 다른 목표 문화 중 하나 이상의 항목을 교실에 제시한다. 교실에서 문화 학습을 위해 비교법을 수행하기에 적합한 활동(activities)[8]으로는 토론, 발표하기, 프로젝트 등이 있다. 토론을 예로 들어 보면, 교사는 토론의 내용 중 왜 이러한 차이가 문제를 일으킬 수도 있는지에 초점을 두고 토론이 이루어지도록 유도한다(Hughes 1986). 다음은 비교법을 사용한 수업의 예이다.

[예 1] 비교법을 활용한 수업 예

· 학습자 숙달도: 중급
· 수업 시간: 50분
· 학습 목표: 민간요법에 관련된 어휘와 표현을 익힌다.
문화 간 차이를 통해 한국의 민간요법의 특징을 이해한다.
· 주제: 민간요법
· 교수 방법: 비교법
· 활동: 조사하기, 발표하기
· 수업 절차

1. 교사는 수업 일주일 전에 학생들에게 감기에 걸렸을 때 자신의 나라 혹은 문화권에서 주로 하는 민간요법이 무엇인지를 조사해 오게 한다. 특별한 민간요법을 쓰지 않는 나라가 있을 경우나 한국의 민간요법에 대해 관심이 있는 학생이 있을 경우 그 학생은 한국에서 전해 오는 민간요법을 조사해 오게 한다.
2. 교사는 각 학생의 발표 전에 한국에서 감기에 걸렸을 때 일반적으로 행하는 민간요법에 대해 [표 1]의 내용과 같이 설명한다.
3. 조사한 내용을 한 학생 당 약 2분-3분의 시간을 주고 발표하게 한다.
4. 각자의 발표가 끝나면 그 내용에 대해 언어 혹은 문화적 측면에서 질문이 있을 경우 간단하게 질의 응답을 하도록 한다.
5. 발표가 모두 끝난 후 각자 들은 내용을 다음의 표에 정리한 후 한국의 민간요법과의 차이점이나 공통점을 찾아내어 이야기하도록 한다.

[표 1] 학생용 표(여러분의 나라에서는 감기에 걸렸을 때 어떤 민간요법을 씁니까?)

발표자	국적	민간요법 내용	어휘	차이점 · 공통점
〈예〉 홍길동	한국	한국에서는 감기에 걸렸을 때 콩나물 국을 먹거나 따뜻한 유자차를 마십니다. 목이 아플 때는 생강차를 마시기도 합니다.	콩나물 국 유자차 생강차	

2. 문화 동화장치

문화 동화장치(culture assimilators)는 학습자들에 의해서 오해될 가능성이 있는 문화 간 상호작용의 결정적인 사건들을 간결하게 기술하는 것으로, 이는 외국 문화에의 적응을 촉진시키기 위해 사회 심리학자들에 의해서 개발되었다. 문화 동화장치에서는 해당 사건의 기술 후에 학습자들에게 네 개의 가능한 해석이 제시되는데, 학습자들은 이 네 개의 해석들 중 올바른 것을 하나 골라야 한다. 만일 이들이 정답을 선택하지 못했다면, 올바른 결론을 내릴 수 있게 해주는 부가적인 정보를 찾아야 한다. 문화 동화장치는 Albert(1983)에 의해 피훈련자들이 자신들의 문화 유형을 포기하고 다른 문화로 동화되는 것을 피하기 위해 문화감지도구(ICS: Intercultural Sensitizer)라는 이름으로 재명명되었는데, 이는 이문화를 배우기 위해 개발된 프로그램화된 문화 훈련법(programmed culture training manuals)을 말한다(Hughes 1986; 손은경 2002).

문화감지도구는 피훈련자가 목표 문화권에서 보편적으로 경험할 수 있는 전형적인 사례들을 기술한 후 그러한 상황에 처했을 때 피훈련자가 반응할 수 있는 선택 문항을 3~4개 정도 제시해 준다. 다음은 문화감지도구의 예이다.

[예 2] 문화감지도구 문항의 예(손은경 2002: 106)

◎ 주어진 상황을 읽고 당신이 생각하는 가장 알맞은 답에 표시하십시오.

〈상황〉 나는 한국의 대학에 교환학생으로 온 일본 대학원생이다.

문항 예1: 같은 과 친구와 점심을 먹었는데 특별한 일이 없는데도 친구가 나의 점심값까지 다 계산을 했다. 식사 후 차를 마시러 갔다. 어떻게 할까?

① 내가 친구의 차 값까지 같이 계산한다.

② 각자 차 값을 계산한다.

③ 친구의 차 값까지 내고 밥값보다 차가 싸면 남는 돈을 친구에게 돌려준다.

④ 기타: ________________________________.

문항 예2: 나는 한국 문화에 관한 여러 가지 자료들을 많이 모았는데 친구가 필요한 것이 있다고 해서 복사해 주기로 했다. 약 10쪽 정도의 자료를 복사해서 다음 날 친구에게 전해 주었다. 친구는 매우 고마워하면서 내게 커피를 사겠다고 했다. 나는 괜찮다고 했지만 끝까지 나에게 자판기 커피를 뽑아 주었다. 그런데 그는 끝까지 복사비는 주지 않았다. 어떻게 할까?

① 복사비를 달라고 말한다.

② 복사비에 대해 말하고 싶지만 참는다.

③ 친구는 복사비 대신 커피를 샀다고 생각한다.

④ 기타: ________________________.

문화감지도구를 작성하는 데 있어서 중요한 것은 이러한 문항을 읽은 피훈련자들이 각각의 선택 문항에 대해 효과적인 피드백을 받아 그러한 사례에 대해 다양한 각도에서 문화 차이를 인식할 수 있게 하는 것이다. 다음은 위에 제시된 사례에 대해 학습자에게 제시될 피드백의 예이다.[9]

[예 3] 문화감지도구 피드백의 예

◎ 다음은 [예 2]의 '문항 예1'에 대한 피드백입니다.

선택 1: 내가 친구의 차 값까지 같이 계산한다.

정답입니다. 한국에서는 특별한 날이 아니어도 친구 사이에서는 한 사람이 다른 사람의 식사비를 내 주곤 합니다. 물론 두 사람 모두 각자 부담하는 것을 원하고, 이러한 사실을 서로 알고 있다면 각자 부담할 수도 있습니다. 그러나 만일 친구가 먼저 식사비를 지불했다면, 보통 대접을 받은 사람은 다음 기회에 그 친구의 식사비를 내 주는 것이 일반적입니다. 만일 이 경우 식사에 이어 바로 차를 마시러 간다면 식사 대접을 받은 사람이 식사 대접을 해 준 사람의 차 값을 내 주는 것도 자연스러운 행동입니다.

선택 2: 각자 차 값을 계산한다.

정답이 아닙니다. 한국에서도 요즘 친구끼리 식사를 하면 식사비를 각자 부담하는 경우도 있습니다. 그러나 문항에 제시된 예는, 특별한 날이 아닌데도 이미 점심 식사에서 먼저 친구가 식사비를 계산한 경우입니다. 이러한 경우에는 만일 그 다음에 이어 이들이 같이 차를 마시러 갔다면 식사비를 내지 않았던 사람이 차 값을 지불하는 것이 일반적입니다.

선택 3: 친구의 차 값까지 내고 밥값보다 차가 싸면 남는 돈을 친구에게 돌려준다.

정답이 아닙니다. 한국에서는 친구 사이에서 식사비를 계산할 경우 너무 작은 액수까지 정확하게 따지는 것은 보기 좋지 않다는 인식이 어느 정도 있습니다. 따라서 친구 A가 친구 B의 점심값을 내 주었고, 그 금액이 뒤에 마시는 차 값보다 비싸다 할지라도 친구 A는 친구 B에게 그 차액을 받을 생각을 하지 않는 것이 일반적입니다. 그러므로 이 경우 친구 B는 친구 A에게 남은 돈을 돌려주는 것보다는 다음 기회에 친구 A를 위해 좀 더 많은 비용을 지불하는 등의 다른 방법을 찾는 것이 더 자연스럽습니다.

학습자들은 이러한 피드백을 통해 목표 문화에 대한 이해를 발전시켜나갈 수 있으므로 이러한 피드백의 내용은 개인의 주관성을 가능한 한 탈피하여 객관성을 지닐 수 있도록 충분히 검토되어야 한다. 문화감지도구는 이처럼 읽기 자료를 통해 직접적인 문화 정보를 제공하는 데 활용되기도 하지만, 언어와 문화의 통합적인 수업을 지향하는 교실에서 다양한 활동과 연결하여 사용될 수도 있다. 즉, 교사는 학습자의 언어 수준에 맞는 문화 주제를 선정하고 이와 관련된 문화감지도구를 만들어 이를 말하기, 듣기, 쓰기, 읽기와 같은 언어 기술 (language skills)과 관련된 활동에 통합적으로 활용할 수 있다.[10)]

3. 문화 캡슐

문화 캡슐(culture capsule)은 문화 동화장치와 다소 유사하나 문화 동화장치가 주로 읽기 자료를 조용히 읽는 연습의 형태인 반면, 문화 캡슐은 다양한 시각 자료나 실물 자료들을 포함한다. 문화 캡슐은 대개 교사가 목표어 문화와 외국의 풍습 간에 근본적인 차이를 보이는 측면에 대해 간결한 프리젠테이션을 제시한다. 프리젠테이션의 과정에서 두 문화 간의 차이점을 보여주는 시각 자료가 제시되고, 이와 관련된 교실 토론을 자극하는 일련의 질문들이 제시된다.

4. 문화 섬

문화 섬(the culture island)이란 교사가 교실 주변을 포스터, 그림, 자주 바뀌는 게시문 등을 사용하여 목표 문화의 전형적인 측면들을 보여줄 수 있는 공간으로 만들어 유지하는 것을 말한다. 문화 섬은 학습자들의 주의를 끌어 질문과 논평을 유도하기 위해 기획된다. 따라서 교사는 학습자의 언어 숙달도를 고려하여 이와 연결될 수 있는 수준의 다양한 문화적 주제들을 선정하여 문화 섬을 만들어 주는 것이 바람직하다.

5. 인터넷

최근에 인터넷은 정보 문화, 성취 문화, 그리고 행동 문화와 같은 다양한 유형의 문화들을 포괄적으로 담고 있는 중요한 자료의 보고로 등장했다. 따라서 목표 문화의 학습을 위해 인터넷을 적절하여 활용할 수 있도록 유도하는 것이 필요하다. 목표 언어와 문화 학습을 위해 인터넷에 접근하도록 하기 위해서는, 먼저 초급 단계에서 목표 언어의 자판 익히기에서부터 시작하여, 단계적으로 통제된 노출을 유도하는 것이 바람직하다. 인터넷을 문화 수업으로 끌어들이기 위해서는 교사에 의해 학습자 숙달도에 적절한 문화적 주제의 선정과 그 주제와 관련된 인터넷 사이트의 검색과 같은 사전 준비가 철저히 이루어져야 한다.

6. 참여 관찰

참여 관찰(participant-observation)은 민족지학 연구의 특징을 가장 잘 반영하는 연구 방법으로, 민족지학적 데이터를 수집하는 가장 대표적이고 보편적인 방법이다(Saville-Troike 1982). 이는 연구자가 특정 언어공동체에서 그 공동체의 구성원으로의 역할을 하면서 1, 2년간 그 공동체에 몰입하여 그 사회에서 유형화된 문화적 행위를 인지하고 이해할 수 있게 하는 것이다. 이는 목표어 문화권에서 목표어를 습득하고자 하는 외국인 학습자들에게 특히 문화 학습을 위해 적용할 수 있다. 따라서 이 방법은 목표어 문화권에서 장기간 목표어를 학습하고 있는 외국어 학습자들에는 효과적인 방법이다. 그러나 이 방법을 계획적인 교과과정에 의해 진행되어야 하는 성인 학습자의 언어 교육에 적용시킬 때는 참여 기간 및 관찰 대상 등의 측면에서 학습자의 상황에 맞는 적절한 변형이 필요하다(한상미 1999: 351).[11]

7. 관찰

관찰(observation)도 참여 관찰과 더불어 의사소통민족 지학에서 주로 사용하는 연구 방법의 하나인데, 이는 학습자가 특정 의사소통 행위를 관찰자로서 주의 깊게 지켜보는 방법이다(Saville-Troike 1982). 이 방법은 연구자가 공동체에서 특정 역할을 가지고 의사소통 상황에 참여하는 참여 관찰과는 달리 실험실과 같이 방해받지 않고 관찰만이 허용되는 장소일 경우에 적용할 수 있는 방법이다. 비디오 테이프로 녹화된 의사소통 행위의 관찰은 세부 분석을 위한 재생이 편하기 때문에 관찰에 유용하다. 사진, 녹음, 받아쓰기 등도 상황에 따라서 사용될 수 있는 관찰 방법이다. 관찰 과정에서 학습자가 견지해야 할 태도는 관찰하고 있는 특정 행위에 대해 가치 판단이나 결론을 내리지 않고 단지 관찰 가능한 행위만을 보고하며, 관찰자 자신의 제1문화의 경험에서 오는 선입견을 배제하는 것이다. 관찰은 목표어 문화권에서 목표어를 학습하는 학습자가 비교적 수월하게 수행할 수 있는 문화 학습 방법이다(한상미 1999: 351).

8. 영상물의 활용

드라마, 영화, 광고, 다큐멘터리(documentaries), 또는 슬라이드(slides)와 같은 영상물을 활용하는 것은 학습자의 흥미를 유발시킴과 동시에 매우 효율적인 문화 수업 방법이 될 수 있다. 드라마나 영화는 분량이나 난이도를 조정함으로써 초급, 중급, 고급의 숙달도를 지닌 모든 학생들에게 활용될 수 있는 기술이다. 영상이 학습자의 언어적 한계를 보완해 줌으로써 해당 주제에 대해 학습자가 부족한 이해를 언어와 문화적 측면에서 모두 도움을 받을 수 있다. 이 기술은 목표 문화에서 발생하는 오해를 보여주는 장면을 포함하는 내용을 선택함으로써 학습자들을 문화 간 오해에 직접적으로 연루시키는 데 특히 유용하다. 단, 초급이나 중급의 학습자를 대상으로 할 경우 학습자의 언어 숙달도에 맞게 해당 주제가 부각될 수 있도록 교사의 적절한 편집이나 내용 선정 작업이 요구된다.

사진이나 그림 등의 시각적 자료를 담은 각종 슬라이드는 교실 활동의 다양성뿐만 아니라 문화적 통찰을 제공해준다.[12] 문화적으로 관련된 주제에 관한 다큐멘터리 필름들은 학생들의 흥미를 유발시키는 훌륭한 문화 자료로 기능할 수 있다. 또한, 대중매체를 통해 높은 빈도로 제시되는 광고를 선정하여 그 내용과 그 내용을 표현하는 언어 형식을 토론해 보는 것도 비교문화적 측면에서 유용한 문화수업이 될 수 있다.

9. 출판물의 활용

신문, 잡지 등과 같은 출판물에는 교재에 포함되지 않는 문화의 많은 측면들이 나타나 있다. 신문의 활용은 주로 고급 학습자들을 대상으로 유용하나, 부분적으로는 중급의 숙달도를 지닌 학습자들에게도 활용될 수 있다. 신문은 읽고 요약하기나 읽고 기사 완성하기와 같이 쓰기 수업에도 활용될 수 있고, 읽고 토론하기나 읽고 요약하여 발표하기 등과 같이 말하기 수업으로도 활용 가능하다. 또한, 고급 학습자들을 대상으로 하여 듣기 수업이나 프로젝트 수업과 같은 통합적인 활동을 수반하는 수업으로도 활용될 수 있다. 신문을 문화적인 측면에서 활용하기 위해서는, 교사가 학습들에게 외국 신문에 있는 특정 기사를 자기 나라 신문의 대응물과 비교하게 하거나 특정 내용의 기사에 대해 비교문화적인 관점에서 토론하게 하는 등의 수업을 유도하는 것이 바람직하다. 또한, 머리기사나 광고, 논평, 스포츠, 만화, 혹은 일기 예보 등과 같이 특정한 내용을 정하여 그곳에서 나타나는 문화적 특징을 말하기, 듣기, 쓰기, 읽기의 수업을 통하여 이해 혹은 생산하도록 유도할 수 있다.

10. 목표어 화자와의 접촉

목표어 화자와의 접촉은 제2언어 · 문화 습득을 위해 매우 효과적인 방법이다. 이는 교실 안에서 교사와 학습자들 간의 제한된 의사소통을 보완하고, 목표어와 목표 문화에 대한 실제적인 지식을 습득할 수 있게 해 준다. 목표어 화자와의 접촉은 교실 내에서 혹은 교실 밖에서 이루어질 수 있는데, 구체적으로 다음과 방법들을 사용할 수 있다.

1) 방문객과 만나기: Seelye(1974)는 매달 적어도 한 명의 목표어 화자가 수업시간에 초청되는 것을 제안했다. 이 때 주의사항은 교사는 그 방문객을 미리 접견하여 그 사람의 태도, 발음법 등을 관찰하여 그 적합성을 판단해야 하고, 학생들은 그 사람의 배경과 출신국가에 대해서 미리 조사하고 토의하여 대화에 필요한 어휘 목록과 질문 내용 등을 미리 준비해야 한다는 것이다(박경자 외 1997: 382).

2) 편지, 메일, 문자 교환하기: 과거에는 주로 편지를 교환하는 것으로 활자를 활용하여 목표어 화자와의 접촉이 이루어졌으나, 최근에는 각종 통신 매체의 발달로 전자 메일(e-mail)이나 휴대폰 문자와 같은 의사소통 수단을 활용할 수 있다. 교사는 이 경우에도 학습자의 숙달도 수준에 따라 어떤 수단에 먼저 노출시키는 것이 좋을지를 판단하여 유도한다.

3) 언어 교환(language exchange): 교사는 학습자와 목표어 모어 화자와의 정기적인 만남을 통해 언어 교환이 이루어질 수 있도록 유도할 수 있다. 언어 교환의 방법은 다양하게 제안될 수 있으나, 가장 전형적인 방법은 일주일에 정해진 횟수를 규칙적으로 만나면서 학습자의 모국어나 목표어로 정해진 시간 동안 의사소통을 하게 하는 것이다. 이러한 만남은 학습자의 연령, 배경, 숙달도 수준 등을 고려하여 교실 수업을 보완해 주는 방향으로 유도되어야 한다.

4) 버디 프로그램(buddy program): 버디 프로그램은 최근 몇몇 국내의 대학 기관을 중심으로 시행되는 외국인과 국내 학생의 친구 맺어 주기 프로그램이다. 이를 제2언어 교육에 적용할 경우 외국인 제2언어 학습자와 목표어 모어 화자를 개별적으로 연결하여 목표어 모어 화자가 외국인 제2언어 학습자의 학교 생활 및 문화 적응을 도울 수 있도록 유도할 수 있다. 언어 교환이 주로 목표 언어의 교환에만 초점이 맞추어진 데 비해 버디 프로그램은 홈스테이(homestay)나 가정 방문 등의 기회를 제공함으로써 보다 직접적인 문화 체험에 도움을 줄 수 있다.

11. 여행

여행은 목표어 문화권에서 목표어를 학습하는 학습자나 자신의 모국어 문화권에서 목표어를 학습하는 학습자 모두에게 유용한 문화 학습 방법이다. 두 경우 모두 목표어 문화권에 속한 지역들을 방문하여 그곳의 풍습이나 역사적 의미 혹은 지역적 특성을 익힘으로써 문화적 정보들을 얻을 수 있다. 가능하다면 그러한 여행이 정규 개설 과목으로 설정되거나, 학점이 인정되는 선택과목으로 개설되는 것이 문화학습을 위해서 바람직하다. 이러한 목표에 부합되는 장기계획으로는 교환학생 제도, 외국여름학교 등을 들 수 있다(박경자 외 1997: 383).

Ⅳ. 문화 교육의 결과

이 절에서는 지금까지 살펴 본 문화 교육의 내용과 방법을 활용하여 문화 교육이 궁극적으로 이루어야 할 목표에 대해 살펴보고자 한다.

1. 문화 고정관념 탈피

문화 고정관념(culture stereotype)이란 타민족에 대해 지니고 있는 틀에 박힌 관념들로, 타문화 혹은 타문화의 구성원을 과장하거나 지나치게 단순화시켜 인식하는 것을 말한다. 예를 들어, '영국 사람들은 내성적이고 정중하다.', '독일 사람들은 근면하고 규율을 중시하며 강인하다.', '프랑스 사람들은 지적이고 온순하다.' 등과 같은 고정된 생각들을 말한다. 이러한 고정관념이 존재한다는 사실은 인정하지만 그 고정관념에 지나치게 집착하는 것은 각 민족 내부에 존재하는 다양성을 흐려 놓을 수 있는 위험이 있다(박경자 외 1997: 372-373). 또한, 고정관념은 긍정적인 방향과 부정적인 방향 모두를 가질 수 있는데 사람들은 일반적으로 부정적인 문화 고정관념을 가지고 있는 상대와의 의사소통이나 접촉을 회피하려는 경향을 보이므로 부정적인 문화 고정관념은 의사소통에 있어서 장애 요소가 된다(장윤정 2002: 14). 따라서 제2언어 교육에서 문화 교육을 수행함에 있어서 중요한 일은 다른 문화에 대한 지나친 고정관념으로 인해 목표어의 문화 학습이 방해를 받지 않도록 하는 일이다.

언어와 문화의 통합적인 교육을 받은 학습자들은 목표어를 구사함에 있어서 언어의 형식적인 정확성뿐만 아니라 내용적인 측면에서의 정확성도 필요하다. 이러한 정확성은 자신이 이해하고 있는 목표어와 목표 문화에 대한 온전한 이해를 바탕으로 한다. 따라서 제2언어 학습자는 언어 · 문화의 교육을 통해 목표 문화에 대한 이해를 방해하는 고정관념을 극복할 수 있도록 해야 한다.

2. 문화충격의 극복

문화충격(culture shock)이란 제2언어를 배우는 학습자가 제2문화에서 느낄 수 있는 불편함, 공포, 혹은 불안정과 같은 보편적인 경험이다. 문화충격은 약한 정도의 과민함(mild irritability)에서 깊은 정도의 심리적 공황 상태나 위기감(deep psychological panic and crisis)에 이르는 현상으로 나타난다(Brown 1986: 35). 문화충격은 문화변용의 과정에서 발생하는데, 문화변용(acculturation)이란 언어 학습자가 자신의 모국어 집단과는 다른 새로운 집단의 언어, 문화, 가치 체계에 접하게 될 때 이에 적응하는 과정을 말한다. 이를 위해서는 의사소통은 물론 사고와 감정의 재조정(reorientation)이 필요하다. 문화변용의 단계는 크게 네 가지로 나누어질 수 있다. 첫 번째 단계는 주변 환경의 새로움에 대해 흥분과 행복감을 느끼는 시기이다. 두 번째 단계는 문화적인 차이로 인해서 자신의 새로운 자아나 안전에 대해 공격이나 불안함을 느끼는 단계로 이는 곧 문화충격의 단계이다. 세 번째 단계는 처음에는 잠정적이나, 점진적으로 이러한 위기의 상태가 변화하는 회복의 단계이다. 네 번째 단계는 근접하거나 혹은 완전한 회복단계로, 동화나 적응을 하여 해당 문화에서 개발된 새로운 인격으로서 자신감과 새로운 문화를 받아들이는 단계이다(박경자 외 1997: 373).

문화변용의 과정에서 나타나는 문화충격은 제2언어 학습자들이 경험하게 되는 보편적인 경험이지만 이것이 제대로 극복되지 못할 경우 제2언어 학습자의 심리 상태에 부정적인 영향을 주어 제2언어의 온전한 습득에 걸림돌이 될 수 있다. 따라서 교사는 교실 안팎에서 이루어지는 문화 학습의 과정이 이러한 문제들을 보완해 줄 수 있는 내용과 방법이 되도록 가능한 주의를 기울일 필요가 있다.

3. 언어와 문화의 통합적 습득

제2언어 학습자와 모어 화자들 간의 대화에서 발생하는 의사소통의 문제는 발음, 억양, 어휘, 문법과 같은 언어적인 측면에서 비롯되는 문제들도 있지만, 제2언어 학습자가 목표어에 대한 사회문화적인 지식이 부족하여 주어진 맥락에 적절하게 반응하지 못함으로써 발생하는 문제들도 상대적으로 매우 높은 것으로 나타났다(한상미 2006). 이러한 사실은 제2언어 교육에서 사회문화적인 측면의 교육이 목표어의 의사소통 능력을 배양시키는 데 필수적인 요소라는 것을 다시 한 번 환기시켜 주는 결과이다.

제2언어 교실에서 학습의 목표가 되는 언어란 추상적인 체계로서의 언어가 아니라 사용을 위한 언어이다. 따라서 언어 사용의 맥락이 배제된 의사소통이란 무의미하듯이 사회문화적 능력이 배재된 언어 능력이란 실제 생활에서 사용하기 어려운 것이다. 이러한 관점에서 본 연구는 의사소통을 위한 제2언어 교육은 가능한 한 언어와 문화를 통합적으로 습득하도록 하는 것이 바람직하다고 본다. 이를 위해서 한국어 교육 현장에서는 문화 교육의 내용과 방법 면에서 뿐만 아니라 교사나 학습자들의 자세나 의식에서도 언어와 문화의 통합성을 지향하는 변화가 필요하다고 본다.

Ⅴ. 마무리

본고에서는 지금까지 언어와 문화의 통합적 습득을 지향하는 한국 문화 교육론에 대해서 고찰해 보았다. 이를 위해 먼저 언어 교육에서 말하는 '문화' 의 의미를 정의하고 문화 교육의 범위를 살펴본 후 외국어로서의 한국어 교육을 위한 문화 교육론의 세부 영역에 대해 살펴보았다. 또한 이와 함께 한국어 교육 현장에서 적용할 수 있다고 판단되는 문화 교육의 내용과 방법을 제안하였다. 이러한 제안은 한국어 교육 현장에서 실제로 언어와 문화 수업을 수행하고 있는 교사나 현장 기반 연구자들을 위해 제시되었으나 이는 후속 연구들을 통해 더욱 정교하게 다듬어질 필요가 있다. 한국어 교육 현장에서 이루어지는 문화 교육은 학습자의 언어 숙달도, 학습 동기, 모국 문화 등과 같은 변인에 따라 그 내용과 방법이 다소 차이가 있을 수 있다. 그러므로 현장의 교사들은 한국 문화 수업에서 이러한 변인들을 고려하여 그 구체적인 내용과 방법을 적절하게 조정해 나가야 할 것이다.

주)

1) 민현식(2004: 88)에서는 한국어 표준 교육과정을 위한 모형을 제안하면서 한국어 교육과정의 내용으로 교육 내용, 교수학습법, 교재, 평가의 네 가지를 들고 있고, 교육 내용의 하위 영역으로 선수 시간, 주제 영역, 상황 영역, 담화 영역, 문법 영역, 그리고 문화 영역을 들고 있다.

2) 참고한 한국어 교재는 한국어 1-6(연세대학교 한국어학당, 2001), 100시간 한국어 1 · 2(연세대학교 한국어학당, 2004), 100시간 한국어 5(연세대학교 한국어학당, 2005), 한국어(Korean through English) 1-3(이상억 외, 2001), 말이 트이는 한국어 I-III(이화여자대학교 언어교육원, 2000), 한국어 초급 1 · 2(경희대학교 국제교육원, 2000, 2001) 이다.

3) 한국어 읽기 1-5(연세대학교 한국어학당, 1999), 100시간 한국어 3 · 4(연세대학교 한국어학당, 2007), 연세 한국어 1(연세대학교 한국어학당, 2007), 한국어 1-4(서울대학교 어학연구소, 1993), 한국어 중급1 · 2, 한국어 고급 1 · 2(경희대학교 국제교육원, 2003), 서강 한국어1-6(서강대학교, 2000-2004)

4) 한국어 교재에 나타난 문화 항목의 비교에 관한 논의는 우인혜(2004), 김정은(2005), 김수현(2005) 참조 요망.

5) 초, 중, 고급 단계별 문화 교육 주제는 한상미(2005)를 기초로 하여 개정 보완함.

6) 그밖에 목표어에 대한 사회문화적인 능력을 개발시킬 수 있는 교재 및 수업 보조 자료의 개발과, 한국어 학습자의 사회문화적인 능력을 측정할 수 있는 평가 도구의 개발, 그리고 한국어 신임 교사 연수와 한국어 교사 재교육을 위한 문화 교육 지도안 개발 및 적용 등이 보다 발전적인 문화교육을 위해 한국어 교육 현장에서 더불어 이루어져야 할 과제이다.

7) 이하의 내용은 한상미(2005)를 재인용 혹은 보완함.

8) 제2언어 교육에서 '활동(activities)' 은 과제(task)를 구성하는 요소로서, 수업에서 입력된 자료를 가지고 과제가 가지고 있는 목표를 달성하기 위해 학습자가 수행하는 구체적인 행위를 말한다(Nunan 1989). 예를 들어, 말하기 수업의 경우 교실에서 이루어질 수 있는 활동의 유형으로는 바꿔 말하기, 묘사 · 설명하기, 발표하기, 숨은 정보 찾기, 역할극, 의사 결정하기, 모의 행위, 토론하기, 프로젝트, 게임 등이 있다(한상미 외 2005). 과제(tasks)란 학습자가 의사소통을 목적으로, 형태가 아닌 의미에 중점을 두고 언어를 이해, 처리, 생산하는 모든 활동을 말한다(Nunan 1989).

9) 여기에 제시된 피드백의 예는 손은경(2002)이 제안한 사례에 대해 본 연구자가 작성한 것이다.

10) 문화감지도구를 활용한 한국어 수업의 예는 손은경(2002: 83-94) 참조하기 바란다.

11) 참여 관찰, 관찰 등의 민족지학적 연구 방법론을 적용한 문화 수업의 예는 한상미(1999: 355-363)를 참조하기 바란다.

12) 이러한 사진이나 그림 등은 슬라이드로서 뿐만 아니라 사진집이나 화보집 자체로서 교실 수업에 활용될 수 있다. 예를 들어, 최근에 출판된 백봉자 외(2005)의 '한국언어문화 사진집' 은 교실 수업에서 듣기 활동 등 다양한 언어 수업 내용과 연계하여 활용될 수 있다.

참고문헌

- 김수현(2005), 외국인을 위한 문화 교육으로서의 한국어 교재 분석과 교재 구성의 방향, 한국어교육 제16권 2호, 국제한국어교육학회, 25-44
- 김정숙(1997), 한국어 숙달도 배양을 위한 한국 문화 교육 방안, 교육 한글 10권, 317-325
- 김정은(2005), 문화 교육의 연구사와 변천사, 한국어교육론2, 한국문화사, 353-386
- 김종철(2005), 문화 교육의 과제와 발전 방향, 한국어교육론2, 한국문화사, 387-402
- 김중섭(2005), 외국인을 위한 한국 문화 교육 연구의 현황 및 과제, 이중언어학 27, 이중언어학회, 59-85
- 김인회 · 조철현 · 남기심 · 조항록 · 강승혜(2002), "외국인과 해외교포를 위한 한국문화 보급 방안 연구" 최종 보고서
- 김하수(2004), 외국어로서의 한국어교육학, 이중언어학회 제16차 전국 학술대회 춘계대회, 13-22
- 민현식(2004), 한국어 표준교육과정 기술 방안, 한국어 교육 제15권 1호, 국제한국어교육학회, 51-92
- 박경자 · 강복남 · 장복명(1997), 언어교수학, 박영사
- 박영순(2003), 한국어교육으로서의 문화 교육에 대하여, 이중언어학 제23호, 이중언어학회, 67-90
- 백봉자 · 최정순 · 지현숙(2005), 한국언어문화 사진집, 도서출판 하우
- 백봉자(2006), 문화 교육 자료의 개발 방향, 외국어로서의 한국어교육 31집, 연세대학교 언어연구교육원 한국어학당, 1-24
- 배현숙(2002), 한국어 교육에서 문화교육 현황 및 문제점, 이중언어학 제21호, 이중언어학회, 177-198
- 손은경(2002), 문화감지도구(Intercultural Sensitizer) 개발 연구-일본인 한국어 학습자를 대상으로-, 연세대학교 석사학위 논문

- 우인혜(2004), 외국인을 위한 한국 문화 항목 선정, 이중언어학 제25호, 이중언어학회, 149-186
- 장윤정(2002), 한국어 교재에서의 문화 교육 분석, 연세대학교 석사학위 논문
- 조항록(1998), "한국어 고급 과정 학습자를 위한 한국 문화 교육 방안", 한국어교육 제9권 2호, 국제한국어교육학회, 223-237
- 조항록 · 강승혜(2001), 초급 단계 한국어 학습자를 위한 문화 교수요목 개발(1), 한국어교육 특집호(미국한국어교사협회 · 국제한국어교육학회 연합학술대회 발표 논문집)
- 조항록(2002) 한국어 문화 교육론의 주요 쟁점과 과제, 박영순 편, 21세기 한국어교육학의 현황과 과제, 한국문화사, 441-472
- 조항록(2004), 한국어 문화교육론의 내용 구성 시론, 한국언어문화학 1-1, 국제한국언어 문화 학회, 199-219
- 조항록(2005), 한국어 학습자를 대상으로 하는 문화교육의 새로운 방향, 한국어교육 제16권 2호, 국제한국어교육학회, 279-306
- 조현용(2003), 한국어문화 교육 방안에 대한 연구, 이중언어학 제22호, 이중언어학회, 345-366
- 한상미(1999), 한국어 교육에서 언어와 문화의 통합적인 교육 방안-의사소통 민족지학 연구 방법론의 적용-, 한국어 교육 제10권 2호, 국제한국어교육학회, 347-366
- 한상미 · 황인교(2005), 한국어 표현 교육법, 한국어 교수법 이론과 실제(제23기 한국어교사 연수과정 강의안), 연세대학교 언어연구교육원 한국어교사연수소
- 한상미(2005), 문화 교육 방법론, 한국어교육론 2, 한국문화사, 403-426
- 한상미(2006), 한국어 학습자의 의사소통문제 연구, 커뮤니케이션북스
- 홍윤혜(2005), 한국어 학습자의 교실 문화 의식 차이, 연세대학교 석사학위 논문
- 황인교(2006), 한국어 교육과 문화 교육, 외국어로서의 한국어교육 31집, 연세대학교 언어연구교육원 한국어학당, 207-228
- Brooks, N.(1986), "Culture in the classroom", in J. M. Valdes(1986), Culture Bound: bridging the cultural gap in language teaching, Cambridge University Press, 123-129

- Brown, H. D.(1986), "Learning a second culture", in J. M. Valdes(1986), Culture Bound: bridging the cultural gap in language teaching, Cambridge University Press, 33-48
- Brown, H. D.(1994), Principles of language learning and teaching, Prentice Hall Regents, New Jersey
- Canale, M., & Swain, M.(1980), Theoretical bases of communicative approaches to second language teaching and testing, Applied Linguistics 1, 1-47
- Canale, M.(1983), From communicative competence to communicative language pedagogy, in J. C. Richards & R. W. Schmidt(eds.), Language and Communication, 2-27, Harlow, England: Longman
- Cortazzi, M. and Jin, Lixian(2003), "Cultural mirrors: Materials and methods in the EFL classroom", in E. Hinkel(2003)(ed.), Culture in Second Language Teaching Learning, Cambridge University Press, 196-219
- Dresser, N,(1996), Multicultural Manners, John Wiley & Sons, Inc.
- Gannon, M. J.(1994), Understanding Global Cultures, Sage Publications
- Gudykunst, W. B.(1983), Intercultural Communication Theory, International and Intercultural Communication Annual Vol. 7, Sage Publication
- Hammerly, H.(1986), Synthesis in language teaching: An Introduction to Linguistics, Blaine, WA: Second Language Publication
- Hinkel, E.(2003)(ed.), Culture in Second Language Teaching and Learning, Cambridge University Press
- Hughes, G. H.(1986), "An argument for culture analysis in the second language classroom", in J. M. Valdes(1986), Culture Bound: bridging the cultural gap in language teaching, Cambridge University Press, 162-169
- Jin, L. & Cortazzi, M.(1998), "The culture the learner brings: a bridge or

a barrier?", in M. Byram & M. Fleming(eds.), Language Learning in Intercultural Perspective, Cambridge University Press, 98–118

- Klopf, D. W. & Park, M.(1992), Intercultural Communication Fundamentals, Hanshin Publishing Co.
- Nunan, D.(1989), Designing Tasks for the Communicative Classroom, Cambridge University Press
- Saville-Troike, M.(1982), The Ethnography of Communication, Basil Blackwell Inc.
- Trosbog, A.(1994), Interlanguage Pragmatics, New York: Mouton de Gruyter
- Valdes, J. M.(1986), Culture Bound: bridging the cultural gap in language teaching, Cambridge University Press

제 9 장 한국어 평가론

김미옥

Ⅰ. 머리말

교수 학습의 과정에서 불가피하게 따라다니는 것은 바로 평가이다. 한국어를 배우고 가르치는 수업에서도 역시 평가를 빼놓을 수는 없다. 그런데 평가라고 하면 어떤 판단을 하기 위한 것이고, 그러려면 일정 기준이 필요하다. 그렇다면 한국어 능력은 무엇을 가지고 어떻게 평가를 해야 할 것인가?

일반적으로 언어 능력은 여러 가지의 하위 능력이나 기능들로 이루어졌으며, 이러한 여러 가지의 하위 능력과 기능이 복합적으로 작용하여 나타나는 것이 언어 능력이다. 따라서 한 사람이 가지고 있는 언어 능력을 측정하고 평가하기 위해서는 여러 가지 하위 능력들을 종합적으로 측정해야 할 것이다. 이 장에서 우리는 먼저 평가를 왜 해야 하며, 평가는 교육에서 어떤 기능을 가지고 있는지, 또 평가의 종류와 각 기능별 구성 요소 및 평가 유형, 그리고 대체적 평가로서의 수행평가와 마지막으로 한국어 능력 평가는 현재 어떻게 시행되고 있는지를 국내와 국외의 경우로 나누어 살펴볼 것이다.

Ⅱ. 평가의 정의와 기능

평가라고 하면 가장 먼저 머릿속에 떠오르는 말은 시험이다. 그렇다면 평가란 시험인가? 평가란 등수를 매기는 것인가? 실력을 수치화하는 것이 평가인가? 물론 부분적으로 다 맞는 말이다. 그러나 이것이 평가의 다는 아니다. 평가란 주어진 영역 안에서 개인이 가지고 있는 능력이나 지식, 수행 등을 측정하여, 어떤 대상에 대하여 가치 판단을 내리는 것을 말한다. 즉 교육에서 이루어진 활동과 교육 대상에 대하여 어느 정도의 성과가 있었는지 그 정도를 가치 판단하는 행위이다. 평가가 어떤 대상의 가치를 헤아려 판단하는 일이라고 본다면 평가 대상의 가치를 바르게 헤아리기 위해서는 그 대상에 대한 여러 가지 정보나 자료를 먼저 수집해야 한다. 이를 위해서는 정보나 자료 수집을 위한 도구가 있어야 하고, 또 그 도구를 사용하여 실제로 정보나 자료를 수집하는 과정과 절차가 있어야 한다. 이렇게 수집된 여러 가지 정보나 자료를 바탕으로 그 대상의 좋고 나쁨, 가치가 있고 없음, 혹은 그 정도를 판단하게 되는 것이다. 그리고 이 판단에 근거하여 어떤 의사결정을 내리게 된다. 이 전체 과정을 좀 더 구체적으로 살펴보면, 어떤 수험자(평가 대상)의 언어 능력(가치)을 알아보기 위해서는 그 수험자의 언어 능력을 알아볼 수 있는 시험(정보나 자료 수집의 도구)을 실시한 다음, 채점 결과 나온 성적을 보고(정보 수집의 과정과 절차) 그 수험자의 언어 능력의 높고 낮음, 혹은 그 정도를 파악한다. 그 다음 그 정도의 언어 능력으로는 어떤 일을 할 수 있겠다, 없겠다 등의 판단을 하게 되는데, 그 판단 결과를 수집하는 것부터 결과를 해석하고 판단하기까지의 일련의 전체적인 과정을 통틀어서 평가라 부르기도 하고 그 중의 어느 한 단계를 가리켜 평가라고 부르기도 한다.

그렇다면 평가는 왜 하는 것인가? 많은 사람들이 평가라고 하면 될 수 있는 대로 피하고 싶고, 긴장되고, 두려움의 대상으로 느끼는데 이러한 시험, 평가를 왜 해야 하는가? 이러한 질문은 곧 평가가 가지는 목표가 될 수도 있으며, 동시에 평가가 가지는 기능에 대한 질문도 될 수 있을 것이다.

평가가 가지는 기능은 평가의 목적에 따라 달라지겠지만 일반적으로 교수적 기능과 관리적 기능, 동기적 기능, 진단적 기능 그리고 교과과정 기능을 갖는다.

교수적 기능이란 좋은 평가는 학생들에게 가르침을 주어 능력을 증진시켜주는 기능을 가진다. 즉 평가는 교수의 한 부분으로서의 기능을 가지는데 학생들은 평가를 위하여 공부를 하게 되고 평가의 과정을 통해서 새로운 부분을 깨닫게 되며 학습 목표와 강조점을 숙지하게 되어 실력이 향상하게 된다.

관리적 기능은 교사와 학생에게 피이드백을 제공하여 교수와 학습을 관리하는데 도움을 주는 기능을 말한다. 평가를 통해서 개별 학습자 또는 학급이 느끼는 제반 문제점들을 적시에 발견하여 그에 따른 조치를 마련해 줌으로써 교육의 과정이 부드럽고 원활하게 될 수 있도록 돕는 역할을 담당해야 한다.

동기적 기능은 학생과 교사 모두에게 자극제적인 기능을 하여 동기 유발적인 작용을 한다. 평가를 통해서 교사와 학생은 성취감을 느끼고 자신의 부족한 부분을 깨닫게 됨으로써 스스로를 독려하게도 한다.

진단적 기능은 교사와 학생, 특히 개별적 학생의 문제점을 파악하게 하여 특정의 교수ㆍ학습 문제에 주의를 집중시키는 역할을 함을 의미한다.

마지막으로 교과과정 기능이란 평가를 통해 교육 제반 문제를 이해하고 교과 과정의 올바른 방향을 설정하는 데 도움을 줄 수 있다. 즉 전체적인 교과 과정 구성에 총괄적인 도움을 주는 것을 의미한다.

Ⅲ. 평가의 유형

평가의 유형은 방법이나 목적에 따라 여러 가지로 나누어진다. 먼저 방법에 따라 상대 평가와 절대 평가, 객관식 평가와 주관식 평가, 직접 평가와 간접 평가, 분리 평가와 통합 평가, 속도 평가와 능력 평가로 구분할 수 있다.

[평가의 여러 가지 유형]

방법에 따른 평가 유형	목적에 따른 평가 유형
· 상대평가/절대평가 · 객관식평가/주관식평가 · 직접평가/간접평가 · 분리평가/통합평가 · 속도평가/능력평가	· 배치평가/진단평가/형성평가/총괄평가 · 성취도평가/숙달도평가

• **상대 평가와 절대 평가 :** 교육 평가의 유형은 검사 점수에 가치를 부여하기 위해 어떤 평가 기준을 사용하는가에 따라 상대 평가와 절대 평가로 구분된다. 일반적으로 학생들의 성취 정도를 평가 집단 내의 평가 대상들 간에 상대적으로 비교하는 평가 방식인 상대 평가를 규준 지향 평가(norm-referenced test)라 하고, 학습 목표 등의 절대적인 준거에 비추어 학생들의 성취 정도를 확인하는 절대 평가를 준거 지향 평가(criterion-referenced test)라고 한다. 상대 평가의 경우 한 학생이 획득한 점수는 그 자체로 별 의미를 갖지 못한다. 상대 평가에서는 평가의 기준이 개별 학생이 무엇을 얼마나 성취했느냐보다는 학생들 사이에서 상대적으로 어느 정도의 성취도를 보이느냐에 있기 때문이다. 따라서 상대 평가는 평가 대상들 간의 성취도상의 변별을 강조하며, 선발을 목적으로 하는 입시 등과 같은 평가에 유용하게 사용될 수 있다. 그러므로 상대 평가에서는 평가도구의 신뢰도가 무엇보다도 중요하다. 이에 반해 절대 평가는 개별 학생이 무엇을 얼마나 성취했는지에 관심을 갖는다. 상대적인 성취 정도는 중요하지 않으며 교육 목표나 학습 목표 같은 절대적 준거에 따라 학생의 성취도가 결정된다. 따라서 절대 평가는 선발보다는 특정한 자격 요건의 확인과 인정을 목적으로 하는 평가에 적합한 평가 방식이며 대체로 자격시험 등이 이에 해당된다. 그렇기 때문에 절대 평가에서는 평가 도구의 내용 타당도가 가장 중요시된다. 절대 평가는 원리상 평가의 목적이 교육의 목적과 일치해야 하기 때문에 절대 평가에서 다수의 학생이 정해진 기준에 도달하지 못 하는 결과가 나왔을 경우에는 평가 문항이 아니라 교사의 교수 방법, 교수 내용, 교사 혹은 교육의 목표 자체를 수정할 필요가 있다.

• **객관식 평가(objective test)와 주관식 평가(subjective test) :** 객관식 평가와 주관식 평가는 채점하는 방법에 따른 분류인데, 객관식 평가는 주로 선택형 문제로 제시된다. 객관식 평가는 채점을 위한 훈련이 특별히 필요하지 않고 채점 결과가 항상 일정할 수 있다는 장점을 가진다. 반면 주관식 평가는 통찰력과 전문 지식에 기초한 주관적 판단에 의거하여 채점하는 형식의 평가를 가리킨다. 채점 결과가 채점자에 따라서, 혹은 동일 채점자라 하더라도 시간과 장소, 환경에 따라서 일정하지 않을 가능성이 매우 크다는 것이 약점인데, 이 약점을 극복하기 위해서는 자세하게 규정된 채점 기준이나 복수의 채점자를 활용하고, 또 사전에 채점자 훈련을 실시함으로써 채점 결과를 객관화하려는 노력이 필요하다.

• **직접 평가(direct test)와 간접 평가(indirect test)** : 직접 평가는 실제적이고 자연적인 의사소통 상황에서의 언어 사용 능력을 직접적으로 측정하는 방식을 말한다. 마치 길에서 직접 운전을 해보게 함으로써 수험자의 운전 능력을 평가하고 합격 여부를 결정하는 것과 같이 실제로 언어를 사용할 수 있는 상황과 조건을 만들어 주고 실제로 언어를 사용하는 모습을 평가하는 것이다. 반면에 간접 평가는 언어 사용 능력을 간접적인 수단과 방법으로 측정하는 방식을 말한다. 물론 언어 평가의 경우, 언어에 관한 지식을 많이 가지고 있다는 것과 실제로 잘 사용을 할 수 있다는 것은 서로 같지 않지만 언어 능력 평가의 경우 평가라는 행위가 가지는 본질적인 인위적 성격 때문에 언어 능력을 항상 직접적으로 평가한다는 것이 현실적으로 어려운 것이 사실이다. 그래서 언어 능력 평가에서는 간접 평가가 가지는 한계에도 불구하고 간접 평가의 형식을 어느 정도 사용할 수밖에 없다.

• **분리 평가(discrete-point test)와 통합 평가(integrative testing)** : 분리 평가는 언어의 세부적 요소에 대한 지식 정도를 측정하는 것으로 문법 구조, 어순, 음운 구조나 발음, 어휘, 철자 등을 통제하는 능력을 측정한다. 분리 평가는 언어 기능별로 듣기, 읽기, 말하기, 쓰기로 나누어 문항을 제작할 수 있는데, 기능간의 구성 성분 즉, 음운, 형태, 통사, 의미 및 어휘 등으로 나누어 문항을 구성하고 이해 기능과 표현 기능으로 나누어 측정할 수 있다.

통합 평가는 학생들이 상황에 적합하게 언어를 이해하고 사용하는 능력의 정도를 측정하는 방법이다. 통합 평가는 특정한 구문이나 문법, 어휘 등의 세부적 사항에는 별로 관심을 두지 않고 학생들이 의사소통을 얼마나 성공적으로 하느냐를 알아보는데 초점을 둔다. 따라서 통합 평가는 언어의 전체적인 사용을 측정하기 위해 한번에 두 가지 이상의 기능을 동시에 측정한다. 통합 평가에는 토론, 보고, 묘사, 받아쓰기, 구술 면접시험, 규칙 빈칸 메우기(cloze test), 작문 시험 등이 있다.

• **속도 평가와 능력 평가** : 속도 평가란 시간만 충분히 주어지면 모든 수험자가 다 풀 수 있을 정도의 문제들을 상당히 많은 분량으로 출제하여 주어진 시간 내에 제시된 문제를 얼마나 많이 풀 수 있는가를 측정하는 즉, 수험자의 문제 풀이 속도를 비교하는 방식의 평가이다. 반면 능력 평가는 충분한 시간이 주어진다 해도 모든 문제를 다

해결할 수 없을 정도의 수준에 해당하는 문제들을 출제하여 수험자가 평가 당시에 가지고 있는 지식이나 능력을 측정하는 방식의 평가를 가리킨다. 즉 충분한 시간을 주고 마음껏 실력을 발휘해 보도록 하는 방식의 평가이다.

두 번째로 평가는 평가하고자 하는 목적에 따라 다양한 형태의 절차와 과정을 거치게 된다. 언어 평가도 다양한 목적과 그에 따른 다양한 평가의 형태가 있다. 예를 들면 배치 형가, 진단 평가, 형성 평가, 총괄 평가, 성취도 평가, 숙달도 평가 등 목적에 따른 다양한 평가가 존재한다.

배치 평가는 학생이 가지고 있는 지식이나 기능의 수준을 측정하여 비슷한 수준의 학생들끼리 같은 반에 배치하기 위한 목적으로 실시한다. 일반적으로 어떤 교육 프로그램을 실시하기 직전에 실시하며, 학생을 적절한 수준의 반에 배치하는 것으로 끝난다. 따라서 특정한 학습 내용에 관한 지식보다는 학생의 전반적인 능력을 탐색하고 추정하는데 중점을 둔다.

진단 평가는 주어진 학습 과제를 성공적으로 달성하기 위해서 학생들이 가진 배경과 특성이 되는 지적, 정의적 시발 행동을 진단하고 파악하기 위한 평가이다. 교수할 대상인 학생이 어떠한 특성을 지니고 있으며, 과거의 학습 정도, 적성, 준비도, 흥미, 동기 상태 등 학습이 시작되기 이전의 초기 상태에 대한 진단이 교수와 학습의 능률을 향상시키는 데 중요한 정보의 역할을 한다. 즉 진단 평가는 어떤 학습 과제를 해결하기 위하여 이미 선행되었어야 할 기본적 기능이나 시발 행동에 결함이 있는지, 학업 성취에 어떤 누적된 결함이 있는지, 성취 수준은 어떠한지, 학습 부진의 원인이 무엇인지 등을 전반적으로 진단하여 교수 활동이 투입되기 전에 적절한 처방이나 치료, 교정하려는 데 뜻이 있다. 따라서 이 경우 성적을 점수화하거나 등급화하지 않고 학생들의 취약점을 지적하고 제시해 주는 것이 일반적이다.

형성 평가는 교수 학습 중에 수시로 학생들의 학습 정도를 측정하는 것으로 주로 앞으로의 교수 학습 계획을 수립하려는 목적으로 실시한다. 즉 형성 평가란 학습 교수가 진행되는 과정에서 학생에게 피드백을 주고 그 진보의 상태를 수시로 확인 · 평가하고, 교육 과정을 개선하며 수업 방법을 개선하기 위해 실시하는 평가라고 할 수 있다. 이 평가는 성취도 평가보다는 적은 양을 소학습 단위가 끝날 때마다 수시로 실시하는 것이 특징이다. 이를 위해서는 평가의 목표를 여러 개로 작게 나누어서 각 목표

별로 평가 문항을 구성하는 것이 좋다. 예를 들면 수업을 시작하기 전에 이전 수업 시간에 배운 내용에 대해 간단한 퀴즈 형태로 제시하는 시험이 이에 해당한다.

총괄 평가는 교수 학습이 끝난 다음 교수 목표의 달성과 성취 여부를 종합적으로 평가하는 방법이다. 이 때의 평가는 주로 수업을 시작할 때 세웠던 수업 목표에 비추어 학생들이 목표에 달성한 정도를 파악하는 것이다. 평가 결과는 학생들의 학업 성취도의 수준을 상대적으로 변별하여 등급을 매기거나 성적을 산출하는 데에 이용된다. 이처럼 일정 기간의 수업이 지난 뒤 학기말이나 학년말에 학생들의 성취 정도를 판단하기 위해 수행되는 평가가 총괄 평가이다. 총괄 평가는 일반적으로 공식적인 의사결정을 위한 목적으로 사용된다.

이들 평가는 목적도 다르지만 평가를 실시하는 시기도 다르다. 그러나 이 외에 성취도 평가와 숙달도 평가로도 목적에 따른 분류를 할 수 있다.

성취도 평가란 교육 과정에 의거하여 일정 기간동안 일정한 내용을 가르친 다음 학생들이 얼마나 잘 배웠는가 즉, 학습 목표를 얼마나 잘 성취했는지를 측정하는 평가를 말한다. 단위 수업 시간마다 성취해야 할 작은 단위의 목표들을 여러 개로 묶어서 평가하므로 상당 기간에 걸친 과거의 학습을 되돌아보고 점검하는 총괄 평가적 기능을 한다. 월말고사, 중간고사, 기말고사 등이 이에 해당하며 대개 총괄평가의 형태로 실시된다.

숙달도 평가는 학생이 가지고 있는 전반적인 언어 능력을 측정한다. 이것은 이전에 배운 교육과정이나 교과서의 내용 등과는 관계없이 한 사람이 현재 가지고 있는 전체적인 숙달도, 혹은 숙련도를 측정하는 것이다. 즉, 어떤 사람이 특정한 목적을 수행하기에 충분한 언어 구사력을 갖추고 있는가, 또는 어떤 능력에 관해 미리 정해져 있는 기준에 도달하는가 못 하는가를 측정한다. 일반적으로 실제 상황에서의 언어 사용 능력을 측정하는데 이를 위해 평가 상황에서도 실제 상황에 있거나 혹은 아주 유사한 언어 사용 과제를 부과하여 배워서 알고 있는 내용을 실제 상황에 얼마나 잘 적용할 수 있는가, 미리 정해진 기준에 도달했는가 못 했는가, 도달했다면 그 정도는 어느 정도인가를 평가하는데 한국어 능력 시험(TOPIK)이 이에 해당된다.

Ⅳ. 평가 도구의 조건

평가를 하려면 평가를 하기 위한 적절한 평가 도구가 있어야 할 것이다. 평가 도구는 평가의 목적에 맞아야 하고 믿을 만한 결과를 나타내 주어야 한다. 또 평가 도구는 평가를 시행할 수 있는 현실적인 여건에 맞아야 한다. 이 중 어느 하나라도 부족하거나 적절하지 않으면 평가 도구는 쓸모없는 것이 되고 만다. 그래서 일반적으로 평가 도구는 타당도, 신뢰도, 실용도가 높아야 한다.

타당도란 어떤 평가 도구가 측정하고자 의도하는 것을 얼마나 효과적으로 측정하느냐에 관한 것이다. 즉 그 평가 도구가 재려고 하는 것을 제대로 재고 있느냐를 말한다. 그러므로 타당도를 통하여 시험 문항이나 내용이 측정하려는 목적과 일치하며 측정하고자 하는 내용을 실제로 정확히 측정하고 있느냐의 여부를 알 수 있다. 예를 들어 말하기 능력을 평가할 때 '낭독' 을 가지고 말하기 능력을 측정한다면 그것은 말하기 능력을 제대로 측정하고 있다고 보기 어렵다. 왜냐하면 말하기 능력이란 자연스러운 의사소통능력을 의미하는데, 낭독은 말이 아닌 글자를 읽을 수 있는 능력이나 발음 억양들의 정확성을 측정하는 것이기 때문이다. 물론 발음이나 억양도 말하기 능력을 구성하는 부분적 요소이긴 하나 그것이 말하기 능력의 전체를 나타낼 수 있는 구성 요소는 아니므로 타당도가 낮다고 할 수 있다.

타당도에는 크게 내용 타당도와 준거 관련 타당도, 그리고 구인 타당도가 있다. 내용 타당도란 평가의 문항들이 평가하려는 내용 영역을 얼마나 잘 대표하느냐의 정도를 나타내는 것으로 다시 말하면 교육의 목표를 어느 정도나 제대로 적절하게 측정하고 있느냐를 의미한다. 준거 관련 타당도란 한 검사의 점수와 어떤 준거의 상관계수로 검사 도구의 타당성을 나타내는 말인데 예를 들어 한국어 능력 시험 점수와 대학에서의 평량 평균간의 상관 계수가 높다면 한국어 능력 시험은 학습자들의 대학 입학 후 수학 능력을 예언하는 타당도가 높다고 할 수 있다. 마지막으로 구인 타당도란 그 평가가 측정하려고 하는 어떤 특성의 개념이나 이론과 관련된다. 구인이란 구성 요인을 말하는 것으로 예를 들어 의사소통능력이 문법적 능력과 담화적 능력, 사회 언어적 능력과 전략적 능력으로 구성되어 있다고 한다면 의사소통능력을 측정하기 위한 평가가 이러한 구인을 제대로 측정하고 있는지를 밝히는 것이 구인 타당도이다.

평가의 타당도는 높을수록 좋다. 그러므로 평가의 타당도를 높이기 위해서는 타당도를 저해하는 요인이 무엇인지를 알고 이에 대처하는 것이 현명한 일이다.

그러기 위해서는 먼저 첫 번째로 평가하고자 하는 영역을 제대로 평가할 수 있는 적절한 평가 방법을 채택해야 한다. 말하기 능력을 지필 검사로만 평가할 수는 없을 것이다.

두 번째로는 평가 내용을 적절하게 선정해야 한다. 평가 문항이 교육의 목표나 내용과 일치하는지 교육 내용의 범위가 균형 있게 포함되었는지 등을 잘 고려해야 한다.

세 번째로는 수험자가 어떤 이유에서건 평가에 대해 잘못 알고 있거나 불성실한 태도로 임하거나 평가의 지시문을 바르게 이해하지 못 한 경우, 평가의 결과는 원래 평가 의도한 목적과 목표를 달성할 수 없을 것이다.

네 번째로 준거 집단이 평가 목적에 맞는 집단인지를 고려해야 한다. 특정 수험자 집단에 대해 높은 변별도를 나타내거나 또는 반대로 아주 낮게 나타날 수 있기 때문이다.

다섯 번째는 평가 기준 선정의 적절성으로 평가의 내용이나 방법 등이 적절하다 하더라도 평가 기준 자체가 부적절하다면 그로 인해 그 평가 전체는 타당성을 잃을 수가 있다.

여섯 번째는 평가 내용의 과대 간소화인데, 언어 능력의 구성 요소는 매우 복잡하고 다양하다. 이런 언어 능력을 한 번의 평가로 충실하게 측정하기는 현실적으로 어렵다. 그렇다고 해서 그 복잡한 언어 능력을 평가의 편이를 위해 인위적으로 지나치게 간소화하여 평가의 대상으로 삼는다면 그것은 인간의 복잡한 언어 능력의 구성 요소 중 상당 부분을 평가의 대상에서 제외하는 결과를 초래하게 될 것이다.

일곱 번째는 구인 요소 선정의 적절성이다. 평가에서 측정의 대상으로 삼는 구성 요인이 애당초 잘못 정의되었거나 부적절하게 규정되었다면 그 평가는 처음부터 타당도가 높은 평가가 될 수 없을 것이다.

신뢰도는 평가의 결과가 얼마나 일정하게 나오느냐에 관한 것이다. 앞서 말한 타당도가 무엇을 측정하고 있느냐의 문제라면 신뢰도는 어떻게 재고 있느냐의 문제라고 할 수 있다. 평가 도구가 어떤 특성을 측정할 때마다 점수가 다르게 나온다면 이 평가 도구는 신뢰할 만한 도구라고 할 수 없다. 그러므로 신뢰도란 측정하려는 것을 안정성 있고 일관성 있게 그리고 오차 없이 측정하고 있는가의 문제라 할 수 있다.

신뢰도에는 크게 두 가지가 있는데 하나는 채점자 신뢰도이고 다른 하나는 평가 자체의 신뢰도이다. 채점자 신뢰도란 하나의 평가에 대해 여러 사람이 채점을 할 경우 채점자간에 평가가 얼마나 일치하는가를 의미하며, 평가 자체 신뢰도란 기본적으로 평가 도구 자체가 가지는 신뢰도로서 어떤 평가를 반복적으로 시행했을 때 비슷한 결과가 나오는 정도를 가리킨다. 신뢰도에 영향을 끼치는 요인으로는 평가 문항의 수와 문항의 난이도, 문항의 변별도 등이 있다. 평가 문항의 수는 많으면 많을수록 수험자의 취득 점수 분포가 넓어지고 수험자 간의 차별성이 분명히 나타나게 되며, 결과적으로 취득한 점수의 순위가 바뀌게 될 가능성은 적어진다. 문항의 난이도는 평가 문항이 너무 어렵거나 너무 쉬우면 취득 점수의 분포가 한 쪽으로 몰리게 된다. 즉 문제가 너무 어려우면 점수는 낮은 쪽에 몰리게 되고, 반대로 너무 쉬우면 점수는 높은 쪽에 몰린다. 점수 분포가 어느 쪽이든 한 쪽으로 몰리면 각 수험자의 점수를 잘 변별해 낼 수가 없어서 개인 분리도를 확보할 수 없게 되고 그 결과 평가의 신뢰도는 낮아지게 된다. 문항의 변별도는 학생들의 실력이 우수한지 그렇지 않은지를 구별해 주는 변별력을 의미하는데 이것이 크면 개인 분리도가 커지게 되고 수험자가 취득한 점수의 순위가 바뀔 가능성이 적어지게 때문에 결과적으로 평가의 신뢰도는 높아진다.

실용도란 한 평가가 실제 상황에서 효과적으로 시행될 수 있는 여건의 구비 정도를 가리킨다. 평가가 실제로 시행될 수 있기 위해서는 시간, 인력, 자원 등 여러 가지 조건이 구비되어야 한다. 예를 들어 인터뷰 평가를 하기 위해서는 자격이 있는 평가자의 확보, 적합한 장소의 확보, 수험자들을 인터뷰하는 데 걸리는 시간, 이를 위한 재정적 비용의 확보, 대기 수험자들의 관리와 같은 문제가 현실적으로 대두된다. 그러므로 어떤 평가가 아무리 타당도와 신뢰도가 높다고 하더라도 실제의 상황과 여건이 평가의 실시를 어렵게 만든다면 그 평가는 아무 소용없는 것이 되고 만다. 그러므로 평가가 실용도를 갖추기 위해서는 경제성이나 실시의 용이성, 채점의 용이성 등을 따져 봐야 한다. 경제성은 평가를 제작하거나 선택할 때는 평가의 관리와 채점에 어느 정도의 시간이 걸리는지, 또 시험지의 복사 비용, 몇 명의 시험 관리자와 채점자가 필요한 지 등의 제반 비용을 고려해야 함을 말한다. 실시의 용이성이라 함은 평가를 실시하는데 있어서 평가가 신속하고 효과적으로 수행될 수 있는지, 또 사용하기 어려운 기계적인 장치가 필요하지는 않은지 등 실시하는데 있어서의 문제점은 없는가를 고려해야 함을 의미한다.

채점의 용이성은 채점 과정이 평가의 실용도에 중요한 영향을 미치는 만큼, 특히 아주 많은 수험생을 대상으로 시험을 치를 경우 객관식 평가인지 주관식 평가인지도 고려해야 하는데, 이 경우 주관식 문항이 많으면 채점하는데 시간이 많이 걸릴 뿐만 아니라 채점자간 신뢰도를 확보하기도 쉽지 않다. 그러므로 주관식 평가의 경우 채점이 용이하도록 명확한 평가 기준을 세우는 등 철저한 대책을 마련해야 한다.

Ⅴ. 평가 도구의 개발 절차

평가 도구의 개발 과정은 평가의 목적과 규모에 따라 달라질 수 있다. 소규모의 학교 평가는 비교적 간단하게 개발되는 경우가 많으나 대규모의 평가는 그 개발 과정이 복잡하고 시간이 많이 걸린다. 그러나 대규모 평가가 되었든 소규모 평가가 되었든 간에 평가의 신뢰도, 타당도, 실용도 등을 높이기 위해서는 좀 더 계획적이고 체계적인 평가 개발 과정이 이루어져야 한다. 평가 개발 과정을 요약하면 먼저 평가 도구 개발의 필요성이 대두되고 이에 따라 전반적인 계획을 수립하게 된다. 다음은 평가의 내용과 방법, 평가 도구의 형태, 그 밖의 여러 가지 고려 요소 등을 포함한 평가 세부 계획서를 만든다. 이렇게 만들어진 평가 세부 계획서에 따라 본격적인 개발 단계로 들어간다. 개발 단계에서는 평가 문항을 직접 작성하게 되는데 이렇게 해서 평가 도구가 개발되면 다음 단계로 평가 도구에 대한 검증 작업이 이루어져야 한다. 검증 작업은 대개 다른 동료 교사의 검토라든지 사전 검사를 거쳐 이루어진다. 검증 작업이 끝나면 개발된 평가 도구를 실제 상황에 실시하는 실시 단계에 들어가게 된다. 실시 단계가 끝나면 수험자나 교사들의 의견을 수렴하고 수험자의 평가 수행을 분석하여 다음 평가에 반영하도록 한다. 이를 각 단계별로 살펴보면 다음과 같다(이완기, 2007).

1. 평가 계획의 수립

평가 계획을 수립할 때는 먼저 명확한 평가 목표를 확인하고 평가하고자 하는 것이 무엇인지를 가능한 구체적으로 파악한다. 평가 목표에 따라 평가 내용을 선정하게 되는데 문법, 어휘, 기능, 상황 등이 어떠한 것들이 있는지 목록을 작성한다.

2. 계획 단계 : 평가 세부계획서 작성

평가 세부 계획서는 평가의 내용과 실시에 관한 실제적이고 구체적인 개요를 잡는 것으로 평가 내용에 관해서는 평가 목표, 문항의 측정 목표, 자료의 유형과 출처, 평가 실시에 관해서는 평가 일시와 장소, 전체 문항 수, 시험 시간, 총점과 각 문항 배점 등에 관한 계획을 작성한다.

3. 개발 단계 : 평가 문항의 작성

평가 목표와 세부 계획서에 따라 본격적으로 평가 문항을 작성한다. 평가 문항을 작성할 때는 각 문항에서 평가하고자 하는 것이 무엇인지, 어떠한 유형을 선택할 지, 소요 시간은 얼마나 걸리는지 등을 고려해야 하며, 전체적 난이도 수준과 평가 범위, 다양한 주제의 선정과 배분, 평가 문항의 대표성, 쉬운 문항에서 어려운 문항 순의 문항 배치 등에 주의한다.

4. 검증 단계 : 평가 문항의 검토와 편집

평가 문항의 검토 및 편집은 평가 계획서에 근거하여 점검표를 만든 다음, 글감, 문항, 지시문, 정답 등을 하나씩 점검해 나가도록 한다.

- 선택형 문제의 경우 문제를 읽지 않고 답지만 보고도 답할 수 있는 문항이 없는지 점검 한다.
- 검토자가 직접 문제를 풀어본다. 이 때 정답이 두 개 이상인 문항은 없는지, 정답이 없거나 불분명한 문항은 없는지, 언어 표현이 잘못 된 것은 없는지, 오답인 것이 너무 드러나는 경우는 없는지 등을 점검한다.
- 읽기나 듣기의 지문은 길이, 주제의 적절성, 수준 등의 관점에서 점검한다.

평가 문항의 검토를 위해서는 다음과 같은 문항 점검표를 작성하는 것이 좋다.

점검 사항	O	X
1. 문항의 형태는 평가의 목적과 내용에 적합한가		
2. 정답은 오직 하나인가		
3. 문항의 내용은 수험생의 언어 수준에 적합한가		
4. 용어나 문항 지시문에 애매한 것은 없는가		
5. 지시문에 이중 부정어를 사용하지 않았는가		
6. 다른 문항에 해결의 실마리를 주거나 다른 문항으로부터 정답의 실마리를 얻는 것은 없는가		
7. 지문과 선택지는 모두 같은 면에 위치하고 있는가		
8. 평가 내용과 직접 관련이 있는 내용만 제시되었는가		
9. 인종, 성별, 국적 등에 대한 편견은 없는가		
10. 출제자가 아닌 사람이 문항을 검토하였는가		

5. 실시 단계 : 사전 검사 및 평가의 실시

이상적으로 보자면 실제로 시험을 치르기 전에 학생들을 대상으로 시험적 평가를 실시하는 것이 좋지만 현실적으로 쉽지 않다. 따라서 시험 실시 이전에 자신이 학생의 입장이 되어 다시 한 번 모든 항목과 지시 사항 등을 신중히 검토해 보아야 한다. 시험에 필요한 시험 시간은 충분한지, 시험지가 보기 좋게 정리되어 있는지, 듣기 평가의 경우라면 듣기 원고를 재점검하고 필요한 기자재가 있다면 다시 한 번 작동 여부를 점검하여 시험을 실시하는데 차질이 없도록 준비한다.

6. 마무리 단계 : 결과 분석 및 활용

시험을 보고 나면 문항의 적절성, 문항의 난이도, 소요 시간, 수험자 반응의 질과 경향 등에 관한 정보를 수집, 정리해 두었다가 다음 평가를 실시할 때 활용하도록 한다.

Ⅵ. 기능별 평가

언어 능력은 여러 가지 하위 요소로 구성되어 있고, 각 하위 구성 요소는 또 그들을 이루는 더 작은 단위의 하위 요소들로 구성되어 있다. 그러나 일반적으로 언어 능력은 크게 네 가지 기능, 즉 듣기, 읽기, 말하기, 쓰기 등으로 분류되는 경우가 많다. 그러므로 여기서는 언어 능력을 몇 가지 기능으로 나누고 각 기능별 평가에 대해 좀 더 구체적으로 살펴보고자 한다.

1. 듣기 평가

듣기 능력은 단일 능력이라기보다는 여러 가지의 하위 능력이나 기능들로 구성된 복합적 능력이다. 그러므로 듣기 평가는 하나하나의 하위 구성 요소들을 독립적으로 평가하기 보다는 각각의 구성 요소들을 통합적이고 복합적으로 평가하게 될 것이다. 듣기 평가는 대개 음소, 강세, 억양, 연음의 구별 등에 관한 청취력 평가(소리 듣기 평가)와 들은 말의 의미나 의도 파악, 정보나 지식의 이해, 분위기나 목적 등의 파악에 관한 청해력 평가(의미 듣기 평가)로 크게 나누어 볼 수 있는데, 듣기 평가의 주를 이루는 것은 청취력 평가보다는 청해력 평가 쪽이라 할 수 있다. 청해력 평가는 크게 사실적 이해, 추론적 이해, 평가적 이해를 묻는 세 가지의 형태로 나누어 볼 수 있다. 사실적 이해를 묻는 문항이 들려준 내용을 그대로 들었느냐 못 들었느냐를 묻는 것을 묻는 문항이라면, 추론적 이해 문항은 사실적 이해를 묻는 단계에서 한 단계 더 나아가 들은 내용의 이해를 토대로 추론하게 하는 문항을 가리킨다. 또 평가적 이해 문항은 들은 내용의 타당성이나 정확성, 말하는 사람의 태도, 대화의 분위기 등을 듣는 사람이 판단하는 형태의 문항을 가리킨다. 듣기 평가 문항의 유형을 구체적으로 살펴보면 다음과 같다.

1) 음운 듣기

저급에서 많이 사용하는 것으로 한국어의 기본적인 음운이나 억양의 식별을 평가하는 것이다. 주로 외국인 학습자에게 구분이 힘든 음운들 중, 아무 의미 없는 독립된 개별 음운이 아니라 문장 내에서 의미를 가지는 유의미한 음운을 평가 대상으로 삼는다. 그리고 평가 형식은 선다형이나 직접 받아쓰는 형식으로 제시된다.

예) 다음을 잘 듣고 맞는 답을 고르시오.

오리

① 우리 ② 오리 ③ 요리 ④ 유리

2) 어휘 듣기

들은 내용 중 핵심이 되는 어휘를 들었는지를 평가한다. 이는 초급에서 고급까지 사용할 수 있으나 주로 초급에서 많이 선호한다. 숫자를 듣는다든지 특정한 핵심 어휘에 집중하여 듣기 능력을 측정하는 것이다. 평가 형식은 한 단어, 한 문장에서부터 이야기 혹은 대화에 이르기까지 다양하게 제시될 수 있다.

예) 다음 대화를 듣고 존슨씨의 전화번호를 쓰십시오.

미선 : 영수씨, 존슨 씨 전화번호 알아요?

영수 : 네, 알아요.

미선 : 그럼 좀 가르쳐주세요. 연락할 일이 있어서요.

존슨 : 392-8401이에요.
미선 : 고마워요.

3) 문법적 특질 듣기

문법적 항목에 집중하여 듣기 능력을 평가하는 것으로 유사한 문법적 항목을 찾게 한다든가 혹은 반대로 의미가 다른 문법적 항목을 찾게 함으로써 해당 문법 항목에 대한 듣기 능력을 평가한다.

예) 다음을 듣고 뜻이 같은 하나를 고르십시오,

한국어를 배운지 6개월이 됐습니다.

① 한국어를 6개월 전에 배운 적이 있습니다.
② 한국어를 6개월 전부터 배웠습니다.
③ 한국어를 배우는 데 6개월 걸렸습니다.
④ 한국어를 6개월 전에 배웠습니다.

4) 정보 듣기

일반적으로 듣기 활동은 자신이 필요한 정보를 찾는 것이다. 따라서 주어진 대화나 이야기 속에서 자신이 필요한 정보를 집중해서 찾게 하는 형식이다.

예) 녹음기의 내용을 듣고 약속시간과 장소를 쓰시오.
안녕하세요? 영수 씨. 저는 존슨입니다. 내일 우리 만나기로 했지요?
그런데, 제가 일이 생겨서 시간을 바꿔야겠습니다. 6시에 만나기로 했는데 7시로 바꾸려고 합니다. 장소는 그대로 신촌의 연세약국 앞이고요.
혹시 문제가 있으면 전화주세요. 그럼, 안녕히 계세요.

약속 시간 : ____________________
약속 장소 : ____________________

5) 이어지는 말 찾기

대화를 완성하는 평가 유형이다. 두 사람이 대화하고 있을 때 질문 내용에 따라 뒤에 올 수 있는 내용이 무엇인지 추측하고 찾는 것이다. 이는 단순한 담화의 의미 뿐 아니라 사회 언어학적인 맥락 등 전체적인 담화를 이해할 수 있어야 하므로 전체적인 의사소통 능력을 평가할 수 있다.

예) 다음 대화의 다음에 나올 문장을 고르시오.

가: 예, 연세무역 김미선입니다.

나: 아, 미선 씨, 저 김영수인데, 길이 너무 막혀서 좀 늦을 것 같아요. 과장님께 말씀 좀 전해 주시겠어요?

가: ______________________

① 여기도 길이 너무 막히는군요.

② 예, 그렇게 하겠습니다. 걱정 마세요.

③ 예, 과장님께서 말씀 전하셨어요.

④ 아, 영수씨. 반갑습니다.

6) 핵심 내용 찾기

대화나 독백 등에서 들은 내용의 핵심 내용을 찾는 평가 유형으로 예를 들면 담화가 일어나고 있는 장소나 기능 등을 찾는 것이다. 답안 유형은 선다형이나 연결하기 등으로 제시할 수 있다.

예) 다음 대화는 어디에서 하는 대화입니까?

가: 영수 씨, 여기 웬일이세요?

나: 방학 때 여행 좀 가고 싶어서요.

가: 저도 가족하고 같이 제주도에 가려고 예약하러 왔어요.

① 호텔 ② 학교 ③ 공항 ④ 여행사

7) 내용 이해하기

들은 내용에 대해 전체적인 혹은 부분적인 이해의 정도를 평가하는 것이다. 이는 주제의 내용에 따라 등급이 정해질 수 있으며, 대화나 이야기 등으로 제시될 수 있다.

예) 다음 대화를 듣고 질문에 답하시오.

가: 어서 오세요. 뭘 찾으십니까?

나: 넥타이를 하나 사려고 하는데요.

가: 선물하실 거예요?

나: 예. 연세는 60대십니다.

가: 그럼, 이 갈색 넥타이가 어떠세요? 연세 드신 분들이 많이 찾으세요.

나: 그건 너무 화려한데요. 다른 건 없어요?

가: 그럼, 이건 어떠세요? 회색에 작은 무늬가 있어서 어른들이 부담 없이 하실 수 있죠.

나: 그거 좋군요. 그걸로 포장해 주세요.

1) 이 손님은 왜 넥타이를 사려고 합니까? (　　)

① 자기가 하려고　② 선물하려고　③ 다른 사람이 부탁해서

2) 손님은 무슨 색 넥타이를 샀습니까? (　　)

① 푸른색　② 검은색　③ 회색　④ 갈색

8) 요지 파악하기

들은 내용에 대한 중심 생각 즉 주제가 무엇인지 알아내는 평가 유형이다. 이는 주로 중고급에서 사용되는 평가 유형으로 제시되는 자료는 말하고자 하는 것 즉, 주제가 분명한 자료가 좋다.

예) 이것은 무엇에 관한 이야기입니까?

'휴가를 어디로 갈까' 하고 걱정하십니까? 제주 리조트로 오십시오. 아름다운 자연 환경과 편리한 숙박시설이 있습니다. 낮에는 아름다운 해수욕장에서 수영도 하고 배도 타십시오. 저녁에는 여러분들의 편안하고 즐거운 시간을 위해서 노래방과 조용한 커피숍, 오락실, 사우나도 준비했습니다. 또, 여러분의 행복한 식사 시간을 위해서 저희 식당에서는 매일 매일 싱싱한 재료를 사다가 맛있는 요리를 만듭니다. 저희 리조트에서는 즐거운 시간과 맛있는 식사, 최고의 서비스를 약속합니다. 이번 휴가는 여기 제주 리조트로 오십시오.

① 숙박 시설 소개　② 해수욕장 소개　③ 식당 소개　④ 음식 소개

9) 요약하기

들은 내용에 대한 대강의 내용을 요약하게 하는 평가 유형이다. 이는 말하기나 쓰기 평가와 연계하여 이루어질 수 있다. 그러나 요약이란 모국어 화자에게도 상당히 어려운 지적 활동이므로 실제적인 언어 능력보다는 다른 능력에 의존되기도 한다.

예) 들은 내용을 20자 이내로 요약하십시오.

예약은 일종의 약속입니다. 식당이나 호텔 등에 예약을 하면 반드시 약속을 지켜야 합니다. 만일 사정이 생겨서 갈 수 없게 되면 미리 연락을 해야 합니다. 연락을 할 때는 예약 시간 바로 전에 연락하지 말고 적어도 몇 시간 전에 연락해야 합니다. 그렇게 하지 않으면 여러 사람에게 피해를 주게 됩니다.

____

10) 제목 찾기

들은 내용에 맞는 제목을 찾게 하는 평가 유형이다. 이는 앞에서 말한 핵심 내용 찾기와 다소 중복되는 경향도 있으나 핵심 내용은 주로 주제어를 찾게 하는 유형이고 제목 찾기는 대화나 이야기를 대표할 수 있는 단어나 문장을 찾게 한다는 점에서 다소 차별성을 둘 수 있다.

예) 제목으로 가장 좋은 것은 무엇입니까?

세상에서 가장 잘 알려진 한국의 무술은 태권도입니다. 요즘 태권도가 많이 알려진 이유는 올림픽 종목이 되었기 때문입니다. 태권도는 발차기와 주먹 지르기가 많이 쓰이고 움직임이 빠릅니다. 태권도를 할 때는 하얀 도복을 입고 색깔이 있는 띠를 매고 운동을 합니다. 띠의 색깔은 실력에 따라 달라집니다. 띠 색깔 순서는 하양, 노랑, 초록, 파랑, 빨강, 까망입니다. 자기보다 더 높은 급의 사람에게는 꼭 예의를 지켜야 합니다.

① 태권도를 할 때 주의할 점　　② 태권도는 어떤 운동인가?
③ 태권도와 띠　　④ 태권도의 좋은 점

11) 추론적 듣기

담화에 나타나지 않은 내용에 대해서 들은 내용을 바탕으로 추론하도록 하는 평가 유형이다. 이는 고급에서 주로 사용되며, 주로 담화 표지나 전체적인 내용 파악을 통해 앞 뒤 내용을 추론하도록 한다.

예) 이 이야기의 바로 앞에는 어떤 내용이 있었을까요?

왜 이런 식으로 말할까? 이런 태도를 어떻게 설명할 수 있을까? 아마 우리나라 사람들이 인간관계를 집안의 윗사람과 아랫사람의 관계로 생각하기 때문이 아닐까? 집에서 윗사람은 항상 모범을 보이고 아랫사람은 늘 윗사람에게 감사하는 마음을 가져야 한다. 그러므로 이 안에서 특별히 따로 '고맙습니다', '미안합니다'라는 말은 자주 필요하지 않을 것이다. 이렇게 인사말을 사용하는 방식에는 그 나라의 사회적 문화적 배경이 담겨 있다. 그러나 우리나라에서도 사회가 변화해 가면서 이런 인사말을 말로 하는 것이 더 편안하다고 생각하는 사람이 많아지는 것 같다. 그래서 그런지 요즘은 길에서 부딪치거나 발을 밟히면 미안하다는 말을 기대하게 된다.

① 나라마다 다른 인사 방법　　② 나라마다 다른 사고방식
③ 다른 나라 사람들의 인사 방법과 태도　　④ 우리나라 사람들의 인사 방법과 태도

12) 담화 유형 구분하기

들은 담화의 성격과 기능을 파악하는 평가 유형으로, 담화 내에 이를 추론할 수 있는 다양한 표지나 실마리가 있어야 한다. 이는 주로 중고급에서 이용할 수 있으며, 주로 강의나 인터뷰, 소감, 연설, 토론 등의 담화 텍스트를 이용한다.

예) 어떤 종류의 이야기입니까?

어린 아이를 찾고 있습니다. 나이는 6살이고 머리가 긴 여자 아이입니다. 빨간색 세타에 청바지를 입고 있습니다. 이 어린이를 보신 분은 안내소로 연락해 주시기 바랍니다.

① 광고　　② 연설　　③ 안내 방송　　④ 상담

2. 읽기 평가

읽기는 기본적으로 글을 쓴 사람이 의미하는 바를 파악하고 이해하는 행위이다. 따라서 읽기 능력의 측정 목표는 다양한 종류의 글을 읽고, 그 글이 의미하는 바를 정확하게 찾아내는 능력이 될 것이다.

Watkins(1981)에 의하면 글을 읽고 이해하는 수준에는 세 가지의 이해 수준이 있다고 한다.

첫째는 사실적 이해로 말이나 글의 내용을 추론이나 분석, 비판할 필요 없이 진술된 그대로 파악하는 능력을 말한다. 글이 포함하고 있는 정보의 내용을 정확하게 파악하는가, 정보의 내용과 그 관계를 정확하게 이해하는가, 글 전체의 내용과 핵심을 체계적으로 이해하는가 등은 글의 내용에 대한 사실적 이해 능력을 나타낸다.

둘째는 추론적 이해로 대화, 담화, 문단에 표현된 내용과 전개 방식의 사실적 이해에 근거하여 직접적으로 명시되지 않은 사항을 논리적으로 추론해 낼 수 있는 능력을 말한다. 글 속에 포함된 사실적 정보나 내용을 근거로 다른 내용을 추측해 내는가, 다른 상황에도 적용할 줄 아는가, 주어진 내용을 바탕으로 글의 내포적 의미를 추리해 내는가, 문학적 표현이 담고 있는 함축적 의미를 적절하게 상상해 내는가 등이 이에 해당한다. 구체적으로 지칭 대상의 문맥상 의미 추론, 의도적으로 삭제한 내용이나 표현의 추론, 문단의 전후 관계 추론, 말이나 글의 요지, 제목, 견해, 주장, 의도를 알아내는 것 등이 포함된다.

셋째는 평가적 이해이다. 주어진 지문의 내용을 비판적으로 이해하고, 그 내용의 정당성이나 적절성 또는 가치 및 우열에 대해 평가하는 능력이다. 이를 위해서는 언어 또는 사고 그 자체에 포함되어 있는 정확성과 적절성, 언어 사용의 외적, 상황적 국면과 관련되어 있는 타당성과 효용성 등을 기준으로 평가할 수 있다. 따라서 사실 또는 현실과 부합하여 풍부한 의미와 교훈성 또는 심미적 가치를 지니고 있는가를 판단하는 능력 등이 측정의 요소가 된다. 주로 말이나 글의 종류, 글의 분위기, 글 쓴 목적, 필자의 어조나 태도, 느낌 파악하기 등이 이에 해당한다고 할 수 있다(이완기, 2003).

읽기 평가의 유형을 구체적으로 살펴보면 다음과 같은 것들이 있다.

1) 단어 및 문장에 맞는 그림 찾기 혹은 단어에 맞는 문장 찾기

주로 초급 단계에서 많이 사용될 수 있는 것으로, 고립된 단어나 문장을 읽고 이에 해당하는 그림을 찾는 것이다. 또는 단어를 제시하고 이에 해당하는 문장을 찾게 할 수도 있다. 이 때 제시되는 단어는 금지나 유의사항 등 실생활에서 흔히 볼 수 있는 표어나 알림사항 등이 좋다.

예) 다음이 의미하는 것은 무엇입니까?

금 연

① 이 곳에서 담배를 피우면 안 됩니다.
② 여기에서는 담배를 피워도 됩니다.
③ 이 곳에서 담배를 팝니다.
④ 이 곳에 담배를 버리지 마십시오.

2) 제목 읽고 의미 해석하기

신문 기사나 책의 제목을 제시하고 이와 관계가 있는 글이나 문장을 찾게 하는 것이다. 초급에서도 사용될 수 있으나 주로 중고급에서 많이 사용되는 유형이다.

예) 다음 책의 제목과 광고를 보고 책의 내용으로 맞는 것을 찾으십시오.
'몰랐던 크리스마스의 과학' – 크리스마스를 즐기는 새로운 즐거움! 크리스마스에 대한 진실과 거짓이 이제 과학으로 밝혀진다! 루돌프의 빨간 코는 기생충 탓이랍니다.

① 이 책은 크리스마스의 유래에 대해 쓴 것이다.
② 크리스마스의 싼타와 루돌프의 유래에 대해 쓴 것이다.
③ 크리스마스와 관련된 것들을 과학적으로 밝힌 것이다.
④ 예수를 과학적으로 분석한 것이다.

3) 글 읽고 제목 붙이기

위와는 반대로 글을 읽고 이에 대한 제목을 붙이게 하는 것이다. 이는 주관식이나 선다형 모두 가능하며, 이 경우 제시되는 자료는 제목을 분명히 상정할 수 있는 자료여야 한다.

예) 다음 글의 제목은 무엇입니까?

불고기는 대표적인 한국 음식 중의 하나입니다. 불고기를 만들 때는 먼저 소고기에 설탕, 간장, 후추, 파, 마늘을 넣고 술도 조금 붓습니다. 술을 넣으면 고기가 부드러워집니다. 이 재료들을 잘 섞어서 두세 시간 동안 두었다가 프라이팬에 올려서 알맞게 굽습니다. 불고기는 상추에 싸서 먹으면 소화도 잘 되고 맛도 좋습니다.

① 불고기에 필요한 재료　② 한국의 대표적인 음식
③ 소화가 잘 되는 음식　④ 불고기 만드는 법

4) 담화 상에서 단어, 문법, 관용어 의미 해석하기

담화 텍스트 내에서 해당 어휘나 관용어의 의미를 찾는 것이다. 이 경우 지엽적인 어휘력이나 문법 능력의 평가가 되지 않도록 하기 위해서, 담화 텍스트의 이해를 통해 그 의미를 유추할 수 있는 어휘나 관용어 항목을 선택하는 것이 바람직하다. 또 본문에서 동일한 의미로 쓰인 어휘나 표현을 찾게 할 수도 있으며 빈 칸에 들어갈 단어를 담화 텍스트 내에서 유추하여 찾게 할 수도 있다.

예) 이 글에서 '음식을 먹지 않고 굶다' 라는 뜻의 단어는 무엇입니까? (　　)

살을 빼는 여러 가지 방법을 생각해 봤는데, 먼저 단식을 하면 피부가 빨리 늙어 주름살이 생기고 탄력이 없어질 것 같았다. 그래서 굶지 않는 방법을 찾아보았다. 잡지책에서 나는 우연히 '사과 다이어트'를 알게 되어 이를 해 보기로 했다.

5) 어휘 및 담화 표지 찾기

주어진 글 안에서 글을 이해하고 적절히 완성하기 위해 필요한 어휘나 구, 담화 표지 등을 찾게 하는 것이다. 지엽적인 어휘 평가가 되지 않도록 하기 위해서는 담화 텍스트의 이해를 통해 그 의미를 유추할 수 있는 어휘나 관용어 항목을 선택하는 것이 좋다.

예) 다음 ㄴ)에 들어갈 말은 무엇입니까?

한국사람들이 자주 먹는 전통 음식 중의 하나는 약과입니다. 약과는 어른에서 아이까지 모두 좋아합니다. 제사 음식, 잔치 음식, 그리고 후식으로 사람들의 사랑을 받습니다. 약과는 건강에 좋은 꿀, 참기름과 밀가루로 만듭니다. 특히 옛날부터 한국에서는 꿀을 약으로 생각합니다. ㄴ)______ 꿀로 만든 이 과자를 '약과' 라고 한 것입니다.

① 하지만　　② 그래서　　③ 그런데　　④ 그러나

6) 담화 완성하기

초급에서 중고급에 이르기까지 폭넓게 이용할 수 있는 유형으로 담화 표지나 어떠한 표현을 단서로 담화의 뒷부분을 완성하는 것이다. 담화 유형은 대화문이나 서술문 모두 가능하게 하며, 완성 단의가 되는 단위는 구 이상이다. 그리고 완성해야 할 부분을 쓰게 하거나 고르게 할 수 있다.

예) 밑줄 친 부분에 들어갈 내용으로 적당한 것을 고르세요.

______________________________ 엄마가 부정적인 감정 변화를 일으키면 엄마의 혈액 내에 스트레스 호르몬이 증가하고 이들이 태반을 통과하여 태아에게 전해져서 태아도 똑같은 긴장감과 흥분 상태를 유발하기 때문이다. 반대로 엄마가 긍정적인 감정 변화를 일으키면 태아 뇌의 신경 전달 물질계가 자극 받아 태아의 정서가 안정되게 잘 발달한다.

① 임신부는 임신 중에 화를 내거나 흥분하면 안 된다는 사실은 많이 알려져 있다.
② 아기를 가진 엄마의 감정 상태가 태아에게 영향을 미친다는 사실은 많이 알려져 있다.
③ 임산부가 흥분을 하거나 분노에 차 있으면 태아도 비슷한 흥분 상태에 놓이게 된다.
④ 임신 중에는 호르몬의 변화가 매우 심하다.

7) 정보 파악하기

안내문, 광고, 사용 설명서, 계약서 등 실제적인 자료를 읽고 필요한 정보를 파악할 수 있는지를 평가하는 것이다. 이 경우 실생활에서 접할 수 있는 다양한 자료를 이용하는 것이 좋다.

예) 다음은 벼룩 시장 광고입니다. 광고의 내용이 맞으면 O, 틀리면 X를 하십시오.

원목 컴퓨터 책상 겸 책장
15일사용, 45만원에 샀음, 16만원에 팜
3661-9736

① 이 광고는 책상에 대한 광고이다. ( )
② 이 물건은 새 물건이다. ( )
③ 이 물건은 나무로 만들었다. ( )

8) 중심 내용 및 주제 파악하기

한 단락 이상의 글을 읽고 글의 요지나 중심 내용, 주제를 파악하게 하는 것이다. 이는 글의 전체적인 내용과 담화 구조의 이해도를 측정할 수 있다. 제시되는 자료는 주제나 핵심 내용이 분명한 글이라야 한다. 또 주제가 되는 문장을 제시문에서 직접 찾도록 하는 평가 방식도 있을 수 있다.

예) 이 글의 중심 내용은 무엇입니까?

예약은 일종의 약속입니다. 호텔이나 식당, 그리고 경기장 같은 곳은 예약을 하면 반드시 약속을 지켜야 합니다. 만일 사정이 생겨서 갈 수 없게 되면 반드시 미리 연락을 해야 합니다. 그렇게 하지 않으면 여러 사람에게 피해를 주게 됩니다.

① 예약을 했다가 사정이 생기면 안 가도 됩니다.
② 예약을 했다가 못 가게 되면 미리 알려야 합니다.
③ 호텔이나 식당 등에 갈 때는 예약을 하는 것이 좋습니다.
④ 예약을 하지 않으면 다른 사람에게 피해를 줍니다.

9) 단락 별 주제 연결하기

여러 단락의 글을 읽고 각 단락별 주제를 파악하거나, 단락과 단락 사이의 관계를 파악하게 하는 것이다. 또 단락 간의 관계를 파악하여 순서에 맞게 배열하게 할 수도 있다. 이 평가는 종합적인 이해 능력을 평가할 수 있다.

예) 글의 내용에 맞게 문단의 순서를 쓰십시오.

나는 사람과 어울리는 것을 좋아하는 편이다. 그러다 보니 자연히 많이 먹게 되어서 체중이 5kg이나 늘었다.

(가) 이 방법은 사과를 주식으로 하는 것인데 3일 동안은 사과만 먹고 다른 것을 먹지 않는 것이다. 그리고 그 뒤의 3일 동안은 부드러운 음식을 먹으며 조절하는 방법이다.

(나) 이렇게 한 결과 체중조절에 성공할 수 있었고 피부도 탄력 있게 유지할 수 있었다. 그 후로 나는 과식을 하거나 피부가 거칠어졌을 때는 아침식사로 사과를 먹기도 하고 식사 전에 사과를 먹어서 어느 정도 배가 부른 다음에 밥을 먹어 식사량을 조절한다.

(다) 살을 빼는 여러 가지 방법을 생각해 봤는데, 먼저 단식을 하면 피부가 빨리 늙어 주름살이 생기고 탄력이 없어질 것 같았다. 그래서 굶지 않는 방법을 찾아보았다. 잡지책에서 나는 우연히 '사과 다이어트'를 알게 되어 이를 해 보기로 했다.

( ) – ( ) – ( )

10) 글의 기능 파악하기

글을 읽고 글의 기능이 무엇인지 파악하게 하는 것이다. 즉 제시되는 글이 조언을 구하는 글인지, 상담을 해주는 글인지, 불만을 나타내는 글인지, 사과하는 글인지 등 의사소통의 기능을 파악하게 하는 것이다.

예) 이 글은 무엇에 대한 글입니까?

수진: 영호 씨, 무슨 일이 있어요? 안색이 안 좋은데요.

영호: 몸이 좀 안 좋아서 그래요. 속이 아파요. 어떻게 해야 될지 모르겠어요.

수진: 참기가 어려우면 우선 꿀물을 좀 드세요. 어제 마신 술 때문에 그런 것 같으니까요. 그리고 약국에 가서 약을 사 먹는 게 어때요? 길 건너편에 새로 생긴 약국이 있는데 약을 잘 지어요.

영호: 그래야겠군요.

수진: 그리고 앞으로는 술 담배 좀 줄이세요.

영호: 알았어요. 고마워요.

① 소개하기 ② 정보얻기 ③ 조언하기 ④ 약속하기

11) 글쓴이의 태도, 어조 파악하기

글을 읽고 글을 쓴 사람의 태도나 어조를 유추하여 해석하게 하는 것이다. 이 때 제시하는 자료에는 직접 드러나 있지는 않지만 바탕에 글쓴이의 관점이 분명히 드러나는 자료를 제시해야 한다.

예) 유언비어에 대한 글쓴이의 태도로 볼 수 있는 것은?

본래 유언비어는 중대하면서도 모호한 상황에서 그 상황을 보다 더 잘 이해하려는 자연스러운 노력의 소산으로 필연적인 사회적 산물이다. 유언비어는 중요하지만 모호한 상황에 대한 일반 민중의 이해를 반영한 일종의 보도이며 민중의 원망을 담은 의견이기도 하다. 따라서 유언비어는 결코 병적이거나 비정상적인 사회 현상이 아니라 자연스러운 언론 현상이다.

① 냉소적 ② 배타적 ③ 타협적 ④ 분석적

12) 문장 삽입, 삭제하기

논리적인 일관성을 위해 필요한 문장을 삽입할 곳이라든지, 반대로 불필요한 문장이나 논리적으로 내용에 맞지 않는 문장을 제거하게 하는 것으로 담화 전체의 이해력을 평가하는 것이다.

예) 이 글에서 '이런 이유로 여러 개의 신용카드를 만드는 것은 위험하다고 말하는 사람도 있다'라는 문장을 삽입하기에 가장 적당한 곳은 어디입니까?

백화점을 구경하는 것은 즐거운 일이다. 백화점에 가면 여러 가지 새로운 것을 구경할 수 있기 때문이다. 서울에는 백화점이 많고, 백화점에 슈퍼도 함께 있어서 모든 것을 살 수 있다.

그렇지만 아름답게 진열되어 있는 물건들을 보면 계획에 없는 것까지도 사고 싶은 생각이 든다. 1) 그래서 필요하지 않은 물건을 사게 되는데 이런 것을 '충동구매'라고 한다. 2) 음식을 만들 재료를 사러 백화점에 갔다가 세일하는 외투를 사거나, 장갑을 사러 갔다가 장갑과 그 장갑에 어울리는 목도리까지 샀다면, 계획하지 않았던 충동구매를 했다고 말할 수 있을 것이다. 3)신용카드를 사용하면 현금을 내지 않기 때문에 은행에 돈이 얼마나 남아 있는지 잊어버리고 너무 많은 돈을 쓰기가 쉽다. 4) 이런 점들을 주의하면서 쇼핑한다면 누구에게나 백화점 구경이 재미있는 일일 것이다.

① 1) ② 2) ③ 3) ④ 4)

13) 지시어가 지시하는 내용 찾기

글의 내용과 담화를 이해하고 지시어가 지시하는 것을 찾는 것이다. 문장 내의 의미나 문장 간의 관계나 의미, 전체적인 담화를 이해해야 하는 것으로 주로 지시대명사가 지시하는 것을 찾게 한다. 이는 전체 내용 이해와 담화 이해를 전제로 한다.

예) 다음 글에서 그런 모습이 가리키는 것은 무엇입니까? (　　)

내일이 여자 친구 생일인데 무엇을 선물해야 할지 모르겠다. 작년에 목걸이를 선물했으니까 올해는 다른 것을 사주고 싶은데 특별히 생각나는 게 없다. 사무실 동료에게 물어 봤더니 화장품 같은 걸 사 주라고 했다. 그런데 내 여자 친구는 화장을 안 한다. 나도 그런 모습이 더 보기 좋다.

14) 글의 세부 내용 파악하기

글의 자세한 내용을 파악하는 것으로 세부 내용을 얼마나 잘 이해했는지를 평가한다. 답안은 주관식, 객관식, 진위형 어느 것으로도 가능하다.

예) 아래 글의 내용과 같으면 O, 틀리면 ×를 하십시오.

한국에서는 식사할 때 젓가락과 숟가락을 모두 쓰지만 일본에서는 숟가락을 쓰지 않고 젓가락만 씁니다. 일본에서는 반찬 그릇을 사람마다 각자 준비합니다. 자기 그릇에 있는 반찬만 먹어야 합니다. 한국에서는 보통 가족들이 한 그릇에 있는 반찬을 같이 먹습니다. 하지만 어른이 식사를 시작한 후에 아이들이 먹을 수 있습니다.

① 한국 음식을 먹는 방법과 일본 음식을 먹는 방법은 비슷하다. (　　)
② 일본에서는 가족들이 반찬을 같이 먹는다. (　　)
③ 한국에서는 어른이 먼저 식사를 시작한다. (　　)
④ 두 나라 모두 숟가락과 젓가락을 사용한다. (　　)

3. 쓰기 평가

쓰기의 특징은 필자가 자신의 생각과 전달하고자 하는 메시지를 주제로 정한 후에 그것을 배경 지식과 복잡한 정신 과정을 통해 표현하는 활동이라는 것이다. 말하기의 경우는 비교적 짧고 평이한 문장으로도 의미의 협상과 맥락을 통해 의사 전달이 이루어지지만 쓰기의 경우는 일방적으로 생각과 의미를 논리적으로 표현해야 하므로 보다 복잡한 정신적 사고가 요구된다. 쓰기 능력에는 대체로 다음과 같은 몇 가지 요소가 포함된다. 즉, 글로 쓰는 언어 자체에 관한 지식, 글을 쓰는 목적에 비추어 글의 내용을 정확하고 폭 넓고 깊게 다룰 수 있는 내용 지식, 독자가 이해하기 쉬운 방식으로 글을 구성하고 조직할 수 있는 과정 지식, 글의 문체를 목적에 맞게 선택하여 사용할 수 있는 수사적 지식, 글을 문법과 맞춤법에 맞게 쓸 수 있는 기술적 세부사항에 관한 지식 등이다. 쓰기 평가의 측정 목표를 보다 구체적으로 설정하기 위해서 세계적으로 통용되는 언어 능력 평가 기관이 설정한 공통적인 쓰기 능력의 구성 요소를 살펴보면 다음의 여섯 가지로 정리된다(이완기, 2003).

1) 내용 지식

내용 지식이란 주어진 쓰기 과제의 성격과 목적, 또 그 글을 읽을 독자의 특성에 맞도록 글을 쓴 정도와 그 내용의 폭과 깊이가 얼마나 넓고 깊은가, 글의 요점을 얼마나 잘 부각시켰는가를 보여주는 정도를 가리킨다. 글에는 일반적으로 필자의 생각이 들어 있어야 하고 그것이 잘 드러나야 한다.

2) 조직성

쓰기에서는 주어진 주제에 관한 내용을 독자가 읽고 이해하기 쉽게 글 전체를 잘 조직하는 능력이 필요하다. 조직성이란 글에 나타난 필자의 생각이나 의미의 논리성, 글의 전체적인 통일성과 의미 연결성, 문장이나 문장의 연결성, 문단 구성의 적절성 등에 관한 것으로 독자가 읽고 이해하는데 혼란을 겪지 않도록 글을 쓰는 것을 의미한다.

3) 정확성

글을 구성하는 어휘와 문법 요소들의 선택과 사용이 글의 목적에 맞고 문법적으로 정확한 것과 의미의 전달이 쉽고 명료하며 유창한 정도도 쓰기 능력의 중요한 구성 요소이다. 이것은 문법 구조나 어휘 등을 문법적으로 정확하고 전후 관계에 맞게 잘 호응되도록 사용하는 능력을 포함한다. 즉 쓰기 능력에서의 정확성이란 글에 문법적인 오류가 없거나 적은 정도를 말한다.

4) 다양성

같은 단어나 같은 문장 구조가 하나의 글 속에서 여러 번 반복된다면 그 글은 단조롭고 지루해서 재미가 없을 것이다. 따라서 다양한 문장 구조와 풍부한 어휘를 사용하여 단조롭거나 지루하지 않게 글을 써야 좋은 글이 될 것이다. 이런 능력은 글을 쓰는 사람이 가진 문법 구조와 어휘에 대한 지식의 크기와 다양성에 따라 좌우되는 것이며 이것은 쓰기 능력의 중요한 구성 요소 중 하나이다.

5) 적절성

글을 쓰는 목적이나 글을 읽는 독자의 수준, 성격 등을 잘 고려하여 그에 잘 어울리는 어투와 문체를 선택하여 처음부터 끝까지 일관성 있게 글을 쓰는 능력 또한 쓰기 능력의 중요한 요소이다. 적절성이란 어휘, 문장 구조, 글의 전개 방식, 글의 문체와 장르 등 글을 쓰는 목적과 독자의 특성에 얼마나 잘 맞게 썼는가의 정도를 나타낸다.

6) 기술적 세부 사항

글을 쓰는 데 필요한 여러 가지 세부적인 기술적 문제도 글을 쓰는 일반적인 관행에 맞아야 한다. 그러기 위해서는 철자의 정확성, 정확한 구두점이나 부호의 사용 등도 중요하다.

그럼 쓰기 평가의 구체적 유형으로는 어떤 것들이 있을까?

① 그림을 통한 쓰기

그림을 보고 어휘나 문법 항목 또는 한 문장이나 그 이상을 쓰게 하는 것이다. 주어진 자료를 바탕으로 글을 쓰는 것이므로 제한된 글쓰기로 볼 수 있지만 어느 정도의 문장 구성력이나 담화 구성력을 측정할 수 있다.

예) 다음 그림을 보고 단어를 쓰십시오.

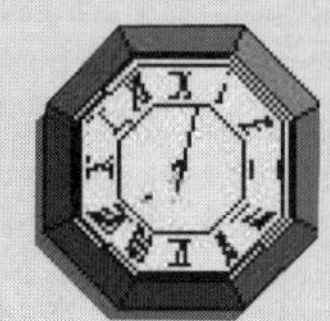

( ) ( ) ( )

② 어순 배열하기

주로 초급 단계에서 기초 문장을 생성할 수 있는지를 평가하는 것으로 어순이 자유로운 한국어의 특성 상 여러 가지 응답이 나올 수 있다.

예) 다음 단어로 문장을 만드십시오.

저는, 만나서, 근처, 친구를, 갔습니다, 공원에, 다방에서

③ 문장 연결하기

둘 또는 세 개의 단문을 하나의 문장으로 연결하도록 하는 평가 유형으로 주로 문법 항목 중 연결 어미의 숙지에 대한 평가로 이용된다. 초급부터 고급에 이르기까지 모두 이용될 수 있는데, 연결어미를 보기로 주고 그 중 하나를 골라 두 문장을 직접 연결하게 한다든지 또는 고르게 할 수 있다.

예) 보기에 있는 문형을 이용하여 다음 두 문장을 한 문장으로 연결하십시오.

〈보기〉 -어(아, 여)다가, -었(았, 였)다가, -(으)면서

은행에서 돈을 찾았습니다 / 하숙비를 냈습니다. →

④ 질문에 대답하기

질문을 읽거나 듣고 이에 대한 대답을 쓰게 하는 것이다. 입력 자료가 다소 통제된 제한된 쓰기 평가로 볼 수 있으나 문법 항목을 지나치게 제한하지 않는다면 어느 정도 문장 구성력도 측정할 수 있으며, 자유로운 쓰기 평가도 될 수 있다.

예) 다음 질문에 대답을 쓰십시오.

1) 어느 나라에서 오셨습니까?

2) 오늘이 몇월 며칠입니까?

⑤ 바꿔 쓰기

주어진 글을 특정한 문법이나 사회언어학적인 항목 등을 통해 바꾸도록 하는 것이다. 즉 일정한 시제로 바꿔 쓰게 한다든지, 반말이나 경어법 등에 맞게 바꿔 쓰게 할 수도 있다. 또 대화를 산문으로 또는 산문을 대화로 바꿔 쓰게 할 수도 있으며 특히 간접화법, 시제, 경어법, 문어와 구어 등의 항목을 평가할 때 유용하다.

예) 학교에서 있었던 대화를 어머니에게 이야기하려고 합니다. (보기)와 같이 바꾸세요.

선생님 : 여러분은 소풍을 어디로 가고 싶어요?

보기 : 선생님이 오늘 저희에게 소풍을 어디로 가고 싶냐고 물어보셨어요.

1. 나 : 서울대공원에 갑시다.
2. 선 영 : 요즘 날씨도 좋은데 등산을 가는 게 어때요?
3. 나 : 산보다는 대공원이 더 재미있어요.
4. 선생님 : 여러분이 이야기해서 내일까지 결정해 보세요.

1. 저는 ______________________________.
2. 선영이는 ____________________________.
3. ______________________________.
4. ______________________________.

⑥ 대화 완성하기

가장 보편적이고 포괄적으로 사용되는 평가 유형으로 초급에서 고급까지 이용할 수 있으며, 주관식으로 직접 쓰게 한다든지 선택형으로 고르게 할 수 있다. 대화 완성형의 경우 수험자가 대화 내용의 이해에 따라 다양한 쓰기 대답을 할 수 있는데 이를 아무 제한 없이 열어둘 수도 있으며, 수험자가 쉬운 문장만을 생성할 수 있는 가능성을 줄이기 위해 어휘나 문법 항목을 제한할 수도 있다.

예) 다음 대화를 완성하십시오.

가 : 오늘 날씨가 덥습니까?

나 : 아니오, ______________

⑦ 빈 칸 채우기

문장이나 대화 중에 빈 칸을 만들어 채우게 하는 방식으로 빈 칸에 들어갈 말은 한 단어에서 문장 단위 또는 대화에 이르기까지 다양하게 적용할 수 있다.

예) 보기에서 알맞은 말을 골라 (   )에 써서 이야기를 완성하십시오.

〈보기〉 지난, 한참, 같이, 제일, 처음, 차츰

저는 (   ) 10월에 한국에 왔습니다. 한국에서는 여러 나라 학생들과 (   ) 한국말을 공부합니다. 학교 생활은 (   ) 재미있습니다. (   )에는 한국 생활이 힘들었지만 (   ) 익숙해졌습니다.

⑧ 정보 채우기

학생증이나 서류, 이력서, 벼룩시장에 팔 물건의 제시 등 실제적인 쓰기 자료를 이용해 필요한 정보를 채우게 하거나 기사문 등의 텍스트 자료를 제 시하고 도표 등을 완성하게 하는 것이다.

예) 다음 학생증의 빈칸에 알맞은 내용을 쓰십시오.

학 생 증
학 과:
이 름:
주 소:
연 세 대 학 교

⑨ 자료를 이용한 글쓰기

자료를 접한 후 이를 이용해 요약하거나 자신의 견해를 글로 쓰는 것이다. 이때 이용할 자료는 듣기 자료로 제시될 수도 있고 또는 읽기 자료로 제시될 수도 있다.

예) 다음 광고를 보고 어느 곳에서 살지 선택하고, 선택한 이유를 쓰십시오. (6문장 이상)

"하숙생 구함"	"좋은 방 있음"	"문화대학교 기숙사"
★ 한국대앞 정문근처 조용한 주택가 ★새로 지은 단독주택 ★ 하숙비 :월 40만원 (아침, 저녁 포함) ★전화번호: 363-0000	★ 세계대학 후문 근처 오피스텔 ★ 보증금 500만원에 월 50만원 ★ 건물 안에 편의시설 있음 ★ 세계대학 후문에서 걸어서 3분 거리 ★ 전화번호 : 362-0000	★ 국제학사 ★ 기숙사비는 석 달에 30만원 ★ 2인 1실 (공동 목욕탕과 화장실) ★ 전화번호 : 361-0000

⑩ 글 완성하기

글의 앞부분이나 중간 부분, 뒷부분을 비워 놓고 완성하게 하는 것이다. 이는 담화의 맥락을 이해하고 담화 표지를 통해 어떤 내용이 들어가야 하는지 파악할 수 있도록 하는 평가 유형이다.

예) 다음 글을 읽고 내용이 잘 연결되도록 이야기를 마무리하시오. (1×5=5)
30대 중반 이후의 직장인들이 최근 '살아남으려면 전문가가 돼야 한다'는 전문가 스트레스를 앓고 있다. 하지만 이미 30대 중반을 넘어선 이들이 새로운 전문 분야를 찾기란 쉽지 않다. 너도나도 어학에 매달려 보지만 이미 '토익 800점은 기본'이라는 20대 후배들을 따라 잡을 수 없다. 어설프게 인터넷 관련 서적을 뒤적여보지만 인터넷에 대한 기본도 익히기 전에 회사는 이미 정보검색사 등 전문가를 고용해 버린다. 여러 부서를 돌아다니며 아무 일이나 별 무리 없이 해 내도록 길들여진 이들에게 갑자기 '한 분야의 전문가가 돼라'는 요구는 생소하기만 하다. 결국 이들은 '어떤 분야의 전문가가 돼야 하나'에 대해 고민만 하다가 아무 것도 이루지 못하는 경우가 대부분이다. 직장인들의 이 같은 스트레스에 대해 정신과 전문의들은 지나친 강박관념은 오히려 자기개발에 해를 준다고 지적한다. 따라서 ____________________

⑪ 제목에 따라 작문하기

제목을 주고 자유 작문을 쓰게 하는 것이다. 초급부터 고급까지 주제의 난이도에 따라 사용이 가능하다. 이 경우 주제를 제시할 수도 있고, 기능이나 담화 상황 등을 제시할 수 있다. 이는 진정한 의미에서 문장 구성 능력이나 담화 구성 능력을 특정할 수 있다.

예) 다음을 주제 중 한 가지를 골라 이야기를 쓰십시오.
* 여행 / 가족

4. 말하기 평가

말하기 능력이 무엇이냐는 정의에 따라서 말하기 평가의 방법과 내용은 달라질 것이다. 말하기 능력을 평가하기 위해서는 말하기 능력이 어떤 요소들로 구성되어 있는가를 먼저 파악해야 한다. **말하기 구성 요소**는 학자들마다 조금씩 다른 입장을 보이고 있는데, 세계의 여러 공인된 평가들이 평가의 요소로 삼는 중요한 것들을 간추려 보면 정확성, 다양성, 적절성, 유창성, 상호작용, 발음 등이다.

1) 정확성

정확성이란 말을 할 때 사용하는 문법 즉, 문장 구조의 사용이 얼마나 정확하냐에 관한 것이다. 문법에 맞지 않더라도 개별 단어들과 몸짓, 손짓 등으로 의사소통을 할 수는 있다. 그러나 문법에 맞지 않는 말을 하면 의사소통이 효과적이지 않을 뿐만 아니라 의사소통이 된다고 하더라도 그 효율성과 효과성이 떨어지게 된다.

2) 다양성

다양성이란 말하는 사람이 의미 전달을 위해 사용하는 문법이나 어휘의 수가 얼마나 크고 넓으냐의 정도를 말한다.

3) 적절성

말을 할 때 상대방과의 관계나 말을 하는 상황이나 목적 등에 따라서 같은 뜻이라도 다른 형태의 말을 쓰게 된다. 상대방이나 상황에 따라 존댓말을 해야 할 지 반말을 해야 할지 또는 공식적인 어투를 사용해야 하는지 비공식적인 어투를 사용해야 하는지 등 상황에 따라 그에 잘 맞는 종류의 언어 표현을 쓸 줄 아는 능력을 의미한다.

4) 유창성

말을 유창하게 하지 못하면 듣는 사람에게 답답함을 주고 의사소통이 원활하게 되지 못할 가능성이 커진다. 유창성이란 말을 할 때 더듬거나 망설이지 않고 자연스럽고 자신감 있게 말하는 능력을 가리킨다.

5) 상호작용

의사소통은 상대방과의 상호작용을 전제로 한다. 상대방과의 상호작용이란 상대방의 이해 정도나 반응에 맞춰서 말을 하는 것을 말한다. 상대방의 이해 정도나 반응과는 관계없이 준비한 말을 일방적으로 하는 경우는 대인간의 의사소통 상황에서는 거의 볼 수 없는 일이기 때문이다.

6) 발음

발음은 말하기 평가에서 필수적으로 고려되어야 하는 요소이다. 발음에는 개별 단어의 발음과 전체적 발화 속에서의 억양이나 강세 등이 있다. 특히 한국어 발음의 경우 전체적인 발화 속에서 개별 단어의 음가와는 다르게 발음되는 부분들이 많이 있다. 그러므로 평가에서 발음 부분은 개별 발음뿐만 아니라 발음이 전체적으로 의미를 효과적으로 전달하느냐 못 하느냐도 중요하게 다루어져야 할 것이다.

말하기의 평가 유형은 그 수가 그리 많지 않다. 그 형식에 있어서는 독백이나 토론, 묻고 대답하기 혹은 짝 활동 정도의 형식에 그치고 있다. 말하기 평가는 말하려는 목적에 따라 그 성격이 달라질 수 있고 입력 자료에 따라 그 평가 유형이 달라질 수 있다. 말하기 평가에 사용될 수 있는 입력 자료는 수험자의 모국어 지시문을 비롯하여, 한국어로 쓰여 진 지시문 즉 읽기 자료와 그림 자료, 듣기 자료와 비디오 자료 등 다양하게 제시될 수 있다. 가장 일반적으로 많이 사용되는 것은 평가자와의 인터뷰 방식이다. 말하기 평가 유형은 크게 대화식, 독백식, 토론식으로 이루어질 수 있는데 이를 좀 더 구체적으로 살펴보면 다음과 같은 유형들이 있다.

1) 개인 인터뷰

평가자가 평가의 목표나 수험자의 등급에 맞추어 개인적인 신상 정보에서부터 다양한 사회 문제에 대한 견해에 이르기까지 다양한 주제를 질문하고 이에 대한 대답으로 평가를 하는 것이다. 이 평가는 말하기 평가에서 가장 보편적으로 이루어져 왔던 것인데 이 평가의 단점은 수험자가 일방적으로 대답을 하게 되므로 의사소통의 수동적 말하기 측면 밖에 평가하지 못하게 된다는 점이다.

2) 짝 인터뷰

수험자들끼리 짝이 되어 미리 정해져 있는 주제나 상황에 대해 서로 질문하고 대답하게 하는 것이다. 수험자가 일방적으로 질문자나 응답자의 위치에 있는 것이 아니라 두 역할을 공유하게 되므로 의사소통의 다양한 측면을 평가할 수 있다.

3) 학생이 교사 인터뷰하기

개인 인터뷰의 단점을 보완하여 수험자가 평가자에게 질문을 하는 형식으로 진행되는 평가 유형이다. 수험자가 평가자에게 질문을 할 때는 학습자로 하여금 충분히 동기화할 수 있도록 상황을 이끌어내는 것이 중요하다.

4) 그림이나 지도 설명하기

그림이나 지도를 이용하여 설명하게 하는 평가 유형이다. 특히 위치와 관련된 표현을 비롯하여 다양한 상상적 활동을 통해 말하기 능력을 평가할 수 있다.

5) 토의하기

한 주제에 대하여 2인 이상이 서로의 의견을 교환하고 의논하여 이를 해결하거나 하나의 견해로 모아 사안을 결정하게 하는 평가이다.

6) 시청각 자료 내용 이야기하기

라디오나 텔레비전, 영화, 강의, 인터넷 정보 등의 다양한 입력 자료를 이해한 후에 그 내용에 대해 이야기하는 것이다. 주로 높은 등급에서 이용되며 듣기나 읽기 능력과 연계하여 평가할 수 있다.

7) 시청각 자료에 대해 토론하기

시청각 자료의 내용을 이야기하는 것을 넘어서 이에 대한 자신의 견해를 표현하는 등 다른 수험자와의 의견 교환을 하는 평가 방식이다. 주로 고급에서 이용되는 평가 유형이다.

8) 토론하기

다양한 실질적, 추상적 주제에 대하여 토론하는 것이다. 자신의 의견을 논리적으로 제시하고 서로의 의견을 반박하거나 설득하는 등 주제에 대한 언어와 언어 외적 지식이 충분히 있어야 할 수 있는 상당히 고급의 평가 유형이다.

9) 역할극

다양한 말하기 기능을 수행할 수 있는지를 평가할 수 있는 것으로 실제적인 말하기 의사소통 능력을 평가할 수 있다. 그러나 시험이라는 인위적인 상황 때문에 자연스러운 대화로 이끌기가 어렵다는 단점이 있다.

10) 발표하기

자신의 생각과 의견을 서술함으로써 말하기 능력을 평가할 수 있다. 한 가지 주제에 대하여 자신의 생각을 서술해야 하므로 높은 단계의 학습자들을 평가할 때 유용하다.

11) 통역하기

모국어로 발화된 내용을 듣거나 모국어로 쓰여 진 글을 읽고 목표어로 바꾸어 말하는 유형의 평가 방식이다.

[말하기 평가 문항 유형 예]

⊙ **개인 인터뷰**

* 주어진 쪽지를 보고 상대방에게 그 내용을 질문하고 대답하시오.

___ 씨의	___ 씨의
– 직업	– 고향
– 나이	– 취미
– 사는 곳	– 좋아하는 음식

⊙ **지도 설명하기**

* (지도를 보여주고) 지금 덕수궁에 있습니다. 교보문고에 어떻게 갑니까? 길 좀 가르쳐 주십시오.

⊙ **찬/반 입장을 주고 토론하기**

* 농촌을 떠나는 젊은이들이 많은 시골 마을에 골프장을 만든다고 합니다. 골포장을 만들게 되면 생기게 될 환경 문제, 마을 주변의 생활환경의 변화 등을 걱정하는 마을 사람과 골프장을 만들게 됨으로써 젊은이들의 일자리와 생활할 수 있는 좋은 조건을 만들어 줄 수 있다고 하는 입장 중 한 가지 입장을 선택해서 자신의 의견을 말해 보십시오.

5. 어휘 평가

우리가 어떤 언어를 가지고 상대방과 의사소통을 하려고 할 때 의사소통의 기본적인 기능과 목적은 의미를 전달하고 이해하는 것이다. 이 때 의미는 바로 문법과 어휘에서 나온다. 그 중에서도 어휘는 의미를 이해하고 전달하는데 있어서 가장 핵심적인 부분을 이룬다고 할 수 있다. 초보적인 의사소통의 경우 문법은 몰라도 어휘를 안다면 어느 정도의 의사소통이 가능하다. 그러나 문법은 아는데 어휘를 모른다면 의사소통은 처음부터 불가능할 것이다. 이처럼 어휘는 의미를 구성하는 일차적인 요소이므로 어휘를 모르고서는 알고 있는 문법을 사용할 수조차 없게 된다. 어휘의 의미는 고정되어 있는 것이 아니다. 맥락에 따라서 여러 가지 의미로 쓰이는 경우는 매우 흔하다. 맥락이나 표현하는 방법에 따라서 그 의미에 미묘한 차이가 생기거나 비유적인 목적으로 쓰이거나 또는 사회가 변함에 따라 어휘의 뜻과 쓰임이 변하기도 한다. 그러므로 어휘는 사전적 의미를 단순히 암기하기보다는 상황 속에서의 쓰임과 문장 속에서의 쓰임을 아는 것이 중요하다. 따라서 어휘 평가의 목표는 의사소통 상황과 문장 속에서의 사용에 대한 이해력과 적용력이 되어야 할 것이다. 어휘의 사전적 의미보다는 어법에 맞는 어휘, 글의 맥락 속에서의 지시적, 문맥적, 비유적, 관용적 의미의 이해 여부를 평가의 목표로 삼아야 할 것이다. 이를 구체적으로 살펴보면, 어휘의 문자적 의미, 어휘의 함축적 의미, 어휘의 비유적 의미, 어휘의 맥락적 의미, 관용적 표현의 의미, 유사 어휘의 의미 간 차이, 의미의 미묘한 차이를 가져오도록 단어를 사용하는 방법, 어휘가 구조나 맥락 속에서 사용되는 방법, 문장 내에서의 어휘의 중요성 정도 등이 평가의 주요 측정 목표가 될 수 있을 것이다.

어휘 평가는 대체로 읽기 평가나 쓰기 평가에 포함되는 경우가 대부분인데, 어휘 평가의 유형으로는 다음과 같은 것들이 있다.

1) 어휘 완성하기

대화나 문장 중 빠진 부분에 들어갈 적당한 어휘를 찾는 평가 유형이다.

2) 어휘 대치하기

대화나 문장 중 한 어휘를 대치할 수 있는 다른 어휘를 찾는 유형을 말한다.

3) 어휘 간의 관계 추론하기

몇 개의 어휘를 주고 나머지 다른 어휘들과 성격이 다른 어휘를 찾게 하거나 보기에 주어진 두 어휘간의 관계를 추론하여 제시된 어휘와 같은 관계가 있는 어휘를 찾게 하거나 같은 관계로 이루어진 어휘의 짝을 찾게 하는 방식이다. 이 때 관계는 유의어나 반의어, 원인과 결과, 부분과 전체 등 여러 관계를 이용할 수 있다.

4) 동의어, 반의어 찾기

제시된 어휘의 동의어 또는 반의어를 찾게 하는 평가 유형이다.

5) 어휘 풀이 또는 정의하기

제시된 어휘의 의미나 정의를 찾게 하는 방식을 말한다.

[어휘 평가 문항 유형 예]

⊙ 어휘간의 관계 추론하기

1) 다음 중에서 관계없는 단어를 고르시오.(　　)

① 사과　　② 배　　③ 감　　④ 비행기

2) 다음 중에서 보기와 같은 관계를 가진 단어 쌍을 고르시오.

〈보기〉 크다–작다

① 쉽다–어렵다　　② 춥다–시원하다

③ 가다–달리다　　③ 공부하다–배우다

⊙ 어휘 완성하기

다음 글을 읽고 (　) 안에 알맞은 단어를 보기에서 골라 쓰십시오(한 단어는 한번만).

〈보기〉

가장　하도　게다가　두말 않고,　훨씬　마침　평소에　겨우

지난 주말에 경복궁 안에 있는 박물관에 갔다. (①) 한국 문화를 알고 싶었는데 (②) 친구가 표가 생겼으니까 같이 가자고 해서 (③) 갔다. 주말이고 (④) 소풍을 온 학생들 때문에 박물관 안은 (⑤) 복잡했다.

① ______ ② ________ ③ ________ ④ __________

⊙ 어휘 풀이

다음 말과 뜻이 같은 것을 고르세요.

(1) 눈 코 뜰 새가 없다. (　)

① 너무 바쁘다　　② 시간이 많다

③ 몹시 피곤하다　　④ 밤을 새워 공부한다

◉ **반의어 찾기**

예) 사회의 가치관과 사회 경제적 풍토가 빠르게 변할수록 정신적 (　　　)이/가 커지므로 사람들은 어떤 식으로든 심리적 (　　　)을/를 되찾으려 한다.

① 혼동 – 심정　　② 혼란 – 안정

③ 안정 – 혼돈　　④ 혼란 – 안심

6. 문법 평가

문법이란 의미를 담는 그릇의 역할을 하는 문장을 만드는 규칙을 의미한다. 즉 문법이란 무한한 수의 문장을 만들어 낼 수 있도록 해 주는 제한된 수의 규칙 체계이며, 보다 구체적으로 본다면 문법이란 어휘를 이용하여 의미를 나타내는 규칙이라 할 수 있다. 그러므로 글이나 말을 이해하기 위해서는 어휘들이 연결되거나 나열되는 규칙을 알아야 한다. 그러나 예전의 언어 교육에서처럼 실제로 사용되지도 않는 부자연스럽고 어색한 문장을 많이 아는 것은 최근의 의사소통을 중시하는 교육 상황에서는 별 의미가 없다. 언어를 교육하는 데 있어서 가장 중요한 것은 언어의 실제 사용 능력이지 문법 지식이 아니기 때문이다.

그렇다면 문법 평가에서는 어떤 것들을 측정해야 할까? 문법이라고 하면 매우 광범위한 개념이지만 그 중에서도 여러 가지 형태의 문법 규칙과 문법 요소의 이해 여부를 알아보는 것이 문법 평가의 주요한 측정 목표가 될 것이다. 의사소통적 관점에서 볼 때, 문법적 지식이란 문법 용어와 문장 연결의 규칙 등에 관한 언어학적 지식만을 가리키는 것이 아니다. 따라서 문법 평가는 까다롭고 예외적인 문법 규칙에 관한 지식의 소지 정도를 측정하는 것에서 그치는 것이 아니라 문장이나 담화의 구성, 지시시를 포함한 응집성 등을 평가하는 데 중점을 두어야 할 것이다.이를 좀 더 구체적으로 본다면 문법 평가는 문자와 소리와의 관계를 분명히 아는 것과 언어가 작동하는 기본 원칙인 문장의 구조, 어휘 배열의 원칙 등을 아는 것 그리고 각 문장이나 어휘가 함축하고 있는 맥락적 의미를 정확하게 아는 것, 또 실제 상황에 맞게 사용하는 것 등을 포함해야 한다.

문법 평가는 대체로 쓰기 평가에 포함되는 경우가 많고 문법만을 따로 떼어 평가하는 경우는 그리 많지 않다. 문법 평가의 유형에는 대략 다음과 같은 것들이 있다.

1) 문법적 오류 인지하기

대화나 문장에서 문법적으로 잘못 쓰였거나 어색한 부분을 찾아내게 하거나 바르게 고쳐 쓰게 하는 방법이다.

2) 문장 완성하기

빠진 부분에 들어갈 말 중 문법적으로 정확하게 표현된 것을 찾아 완성하게 하는 방법이다.

3) 지시에 맞게 문장 변형하기

지시에 맞게 문장의 형태를 바꾸는 방식이다. 즉 긍정문을 부정문으로 바꾼다든지 주어진 문장을 수동문이나 사동문, 직접 화법의 문장을 간접 화법의 문장으로 바꾼다든지 하는 방식이다.

4) 주어진 어휘의 형태를 문법에 맞게 변형하기

주어진 어휘를 수동형이나 사동형, 또는 시제에 맞게 변형하는 방식이다.

[문법 평가 문항 유형 예]

⊙ 지시에 맞게 문장 변형하기

다음을 반말로 바꾸십시오.

1. 정미 씨, 안녕하세요?

→ ________________ ________________?

2. 배가 고프시지요? 점심부터 먹을까요?

→ ________________? ________________?

⊙ 문법적 오류 인지하기

밑줄 친 곳을 고치십시오.

(1) 서커스를 볼 때 <u>아슬아슬하</u>는 광경이 많지요?

(2) 어제는 이사를 <u>했느라고</u> 고생을 많이 했어요.

7. 발음 평가

1980년대 이후 의사소통 능력을 중시하면서 발음은 의사소통 능력을 기르는데 없어서는 안 될 요소로 평가받고 있다. 그러나 과거 행동주의적 교수법에서 중시했던 개별적 소리 요소보다는 그것들이 어떻게 조직되는가가 더 중요하고 과거 음소와 변이음을 완전히 습득함으로써 조음 능력을 기르는 데 치중한 상향식 접근과는 달리 오늘날에는 강세, 리듬, 억양 등을 강조하는 하향식 접근이 주를 이루고 있다. 많은 외국어 학습자들은 발음 학습의 궁극적인 목표를 원어민과 비교해 차이 없는 발화에 둔다. 그러나 그러한 목표는 완벽한 발음이 습득되는 결정적 시기가 지난 후 외국어를 배우게 되는 성인 학습자들의 경우 달성하기가 거의 불가능할 뿐만 아니라 비원어민의 액센트나 부자연스러운 억양, 발음까지도 의사소통에 별 무리 없이 수용되기도 한다. 그러므로 발음을 평가하는 데 있어서도 하나하나의 발음을 평가하기보다는 문장이나 대화 속에서의 발음을 평가하는 것이 더욱 중요하며 원어민 화자조차도 별로 관심을 두지 않는 발음의 작은 차이나 음의 고저 장단 등을 평가하는데 시간은 허비하는 것은 바람직하지 못 하다. 대부분의 경우 발음 평가는 독립적으로 평가되기보다는 말하기나 듣기 평가 속에 포함되어 몇 가지 문항으로 평가되고 있다. 듣기 평가에서 주로 사용되는 발음 평가 유형은 음 식별하기인데 발음을 듣고 문자와 연결시킨다든지 직접 쓰게 하는 방식이 있다. 말하기 평가에서는 대화 중 학습자의 발음이나 억양, 강세, 연음, 자음 변이 현상 등을 종합적으로 평가하는 방식 또는 수업 시간이나 시험 시간 중에 지문을 주고 직접 낭독하게 하면서 위의 요소들을 평가하는 방식 등이 사용되고 있다.

8. 문화 평가

문화 평가는 다소 생소하게 들릴 수 있는 부분으로 아직은 교육 현장에서 많이 이용되지는 않고 있다. 그러나 문화 교육에 대한 관심과 중요성이 점차 높아지는 추세를 볼 때 앞으로 문화 평가도 소홀히 다루어질 수 없는 부분이라 여겨진다. 문화라고 하면 크게 두 가지 요소로 나누어 생각할 수 있다. 하나는 일상 문화 즉, 인류학적 또는 사회학적 문화의 개념으로 사회 구성원들의 태도, 관습, 일상적인 활동, 사고방식, 그들의 가치 등을 의미하며, 또 다른 하나는 성취 문화로 지리, 역사, 예술이나 과학, 사회 과학 등의 성취물 등을 의미하는데 선대로부터 물려받은 유형적 또는 무형적 유물을 포함한다. 대부분의 교사들이 문화 교육의 중요성을 인지하고 있음에도 불구하고 실제로 문화 평가를 실시하고 있지 않은 이유는 무엇일까? 그것은 우선 문화 교육이 달성해야 하는 문화 수준이 명확하지 않고 또 그것을 평가하기가 애매하기 때문이다. 따라서 문화 교육의 목표를 먼저 설정할 필요가 있다. 문화 교육의 목표로는 목표 문화에 관한 지식, 목표 문화의 예절, 자기 문화와의 차이점 이해, 목표 문화의 가치 인식 등을 들 수 있다.

문화 평가의 유형으로는 성취 문화에 관한 것과 일상 문화에 관한 것을 나누어 생각할 수 있다.

1) 지리적인 위치 묻기

대표적인 도시나 장소 등이 지리적으로 어디에 위치해 있는지를 묻는 방식으로 지도를 이용하거나 줄로 연결하게 한다.

2) 위인과 그 업적 연결하기

대표적인 위인과 그 업적을 연결하게 하거나 짝짓게 한다.

3) 생활 예절 묻기

의식주와 관련된 생활 예절에 관한 것을 묻는 방식으로 예를 들어 식사 예절로 옳은 행동이나 잘못된 행동을 찾게 하는 것 등이다.

4) 가치나 태도 묻기

사고방식 속에 깊숙이 자리 잡은 가치나 태도에 관한 것을 묻는 방식으로 경로사상이나 직업에 관한 생각, 남녀에 관한 생각 등 종교나 미신, 유교 사상에 관해 질문한다.

5) 인사 예절 묻기

여러 가지 상황에서 어떤 인사말을 하는지, 새해 인사, 생일 축하 인사, 승진 인사, 문상 시의 인사 등에 관해 질문한다.

6) 언어 사용 예절 묻기

상대방에 따라 화계를 달리 해야 하는 한국어의 특성 상, 어떤 상황에서 상대방에게 어떻게 말하는 게 좋은지에 관해 질문한다.

[문화 평가 문항 유형 예]

⦿ **인사 예절 묻기**

다음 사진을 보고 어떻게 인사를 해야 하는지 쓰십시오

____

Ⅶ. 수행 평가

지금까지의 언어 평가는 주로 객관적인 지식에 관한 기억력의 측정으로 점수를 중시하는 양적인 평가였으며 무엇을 얼마나 알고 있느냐에 관한 결과 중심의 평가가 주를 이루어왔다. 그러나 학습자 중심의 교육이 강조되고 의사소통으로서의 언어가 중시되면서 학습자 스스로가 산출물을 만들거나 답안을 작성하는 등 자신의 지식과 능력을 실제로 보여주는 수행 중심의 평가가 차츰 관심을 모으고 있다. 수행 평가는 대안적 평가, 과정 중심 평가라는 이름으로 불리기도 하는데, 주로 학생이 학습 활동을 수행하는 과정 전체를 평가하는 것이며 학생 스스로가 자신의 지식이나 능력을 행동으로 나타내거나 산출물로 만들어 내거나 답을 작성하도록 요구하는 방식의 평가라고 정의할 수 있다. 이 수행 평가는 교수 학습을 하는 중에 행해지는 교육 행위를 평가하기 때문에 지속적이고 상시적으로 평가하는 것이 중요한데 수행 평가의 영역은 크게 학습과 과정에 관계되는 여러 요소들 중 수업의 준비와 진행에 관한 학습자의 학습 태도 측면과 수업 중 학습자의 언어 기능 향상 정도에 관한 성취도 측면, 학습의 과정에서 산출되는 학습 산출물에 관한 포트폴리오 측면, 학습자가 자신의 학습을 되돌아보고 스스로 평가해 보게 하는 자기 평가의 측면 등을 고려한다. 이들 영역을 좀 더 자세히 살펴보면 학습 태도 영역에서는 평소의 수업 준비도, 수업 참여도, 과제 완성도, 노력의 정도 등의 학습 태도를 평가하고, 언어 기능의 성취도 측면에서는 언어의 네 가지 기능의 발달과 성취 정도를 평가하고, 포트폴리오 영역에서는 학습 과정에서 산출되는 학습 결과물을 일정한 기준에 따라 정리하게 하여 평가한다. 또 자기 평가 영역에서는 학습자 스스로가 자신의 학습을 회고하고 평가해 보게 함으로써 자신의 학습에 책임감을 주고 자기 주도적으로 학습할 수 있도록 한다.

흔히 사용되는 수행 평가 방법으로는 서술형(주관식) 및 논술형, 구술형, 면접형, 토의 및 토론형, 역할극형, 보고형, 프로젝트형, 포트폴리오형 등이 있다.

서술형 및 논술형 : 학습자로 하여금 답을 직접 서술하도록 하는 방식이다. 이 평가의 가장 큰 특징은 학습자의 생각이나 의견을 직접 서술하도록 하기 때문에 학습자의 창의성, 문제 해결력, 비판력, 판단력, 통합력, 정보 수집력 및 분석력 등 고등 사고 기능을 쉽게 평가할 수 있다는 것이다.

구술형 : 특정 교육 내용이나 주제에 대해서 자신의 의견이나 생각을 발표하도록 하여 학생의 준비도, 이해력, 표현력, 판단력, 의사소통 능력 등을 직접 평가하기 위한 방법이다.

면접형 : 평가자와 학습자가 서로 대화를 통해 얻고자 하는 정보나 자료를 수집하여 평가하는 방법이다. 즉 평가자와 학습자가 직접 대면하여 평가자가 질문을 하고 학습자가 대답을 하는 과정을 통해 지필식 시험이나 서류만으로는 알 수 없는 것들을 알아보고 평가하는 방법이다.

토의 및 토론형 : 특정 주제에 관해 학습자들이 서로 토론하는 것을 보고 평가하는 것으로 수행 평가에서는 특히 찬반 토론법을 많이 사용한다. 이를 통해 토론 내용의 충실성과 논리성, 반대 의견을 존중하는 태도, 토론 진행 방법 등을 총체적으로 평가하게 된다.

역할극형 : 가상의 상황에서 가상적 인물이나 학습자 자신의 역할을 간략하게 극화하는 것이다. 예를 들어 전화 상황이나 길 묻기, 물건 사기 등의 가상적 상황을 제시

하고 그 상황에서 상대방의 말을 듣고 적절하게 응답하는 능력이나 발음, 어휘, 문법 등을 종합적으로 평가할 수 있다.

보고형 : 주어진 주제에 대한 연구 결과를 보고하는 방식으로 그 주제에 대해 자기 나름대로 자료를 수집하고 분석, 종합하여 연구 보고서를 작성하고 제출하도록 하는 평가 방법이다. 예를 들어 논문 제작 같은 것이 이에 해당된다.

프로젝트형 : 주로 같은 관심을 가지고 있는 학생들이 함께 모여서 소집단별로 하게 되거나 쓰기, 읽기, 듣기, 말하기 평가를 통합하며 여러 단계를 거쳐 완성되는 것을 말한다.

포트폴리오형(portpolio) : 학교 상황에서 쓸 수 있는 포트폴리오 유형은 전시 포트폴리오, 수집 포트폴리오, 평가 포트폴리오로 나눌 수 있다. 전시 포트폴리오는 학습자들이 자신의 학습 결과를 가장 잘 보여줄 수 있는 작품을 선정하여 보여주는 것이고, 수집 포트폴리오는 학습자들이 매일 매일 학습한 내용을 모아두는 서류철을 말한다. 평가 포트폴리오는 학습 활동물에 대한 체계적인 수집과 학습자의 자기 평가와 교사 평가를 포함하는데 학습자의 학습 진전 과정을 보여줄 수 있는 자료들을 중심으로 포트폴리오가 구성되며 평가 기준을 고려하여 각 자료들을 선정하고 수집하는 것이다.

Ⅷ. 한국어 능력 평가

한국어 능력 평가 시험은 숙달도를 평가하기 위한 시험인데 크게 국내에서 이루어지는 시험과 국외에서 이루어지는 시험으로 구분할 수 있다. 숙달도는 의사소통 능력의 주된 개념으로 숙달도를 평가하기 위해서는 언어 능력을 등급화하고 각각의 등급에 해당하는 등급 기준이 설정되고 이에 따른 하위 항목들이 설정되어야 하는데, 주로 의사소통 능력에 대한 측정이 평가의 주를 이루게 된다. 따라서 숙달도 평가를 논하기 전에 먼저 의사소통 능력이 무엇인지에 대한 개념을 정리할 필요가 있다.

일반적으로 의사소통 능력이라는 용어는 Chomsky가 주장한 언어 능력이 너무나 제한적인 개념이라고 여겼던 사회 언어학자 Hymes가 만든 용어이다. 그에 의하면 의사소통 능력이란 인간이 특정 상황에서 메시지를 전달하고 해석하며 인간 상호간에 의미를 타협하게 해 주는 능력이라고 하였다. 이후 여러 학자가 자기 나름대로 의사소통 능력에 대한 정의를 내렸지만 그 중 언어 교수에서 의사소통 능력을 논의할 때 가장 많이 언급되는 것은 Canale과 Swain의 연구에서 정의하고 있는 개념으로 의사소통 능력을 4가지의 하위 범주로 구분한 것이다. 그들은 의사소통 능력이란 문법적 능력과 담화적 능력, 사회 언어적 능력, 전략적 능력으로 구성되어 있는데 이 중 문법적 능력이란 어휘에 대한 지식과 형태론적, 통사론적, 의미론적, 음운론적 규칙에 관한 지식을 포함하는 능력을 의미한다. 또 담화적 능력이란 문법 능력을 보완하는 능력으로 문장들을 담화로 연결하고 일련의 의미있는 발화를 형성하는 능력으로 문장간의 관계를 짓는 능력이다. 사회 언어적 능력이란 언어와 담화의 사회 문화적 규칙에 대한 지식인데 이 능력은 언어가 사용되고 있는 사회적 상황에 대한 이해를 필요로 한다. 이 때 사회적 상황이란 언어를 사용하는 사람들이 맡은 역할, 이들이 공유하는 정보, 이들 간에 이루어지는 상호작용 기능을 의미한다. 끝으로 전략적 능력은 언어 규칙에 대한 불완전한 지식을 보완하기 위해 사용하는 것으로 불충분한 능력이나 언어 수행의 여러 변인 때문에 의사소통이 끊기는 것을 보완하는 언어적 또는 비언어적 의사소통 전략인데 쉽게 말하기, 바꿔 말하기, 반복, 주저, 회피 등을 사용해 지속적인 의사소통이 가능하게 해 주는 능력을 말한다.

1. 국내 한국어 능력 시험

국내에서 이루어지고 있는 대표적인 한국어 능력 시험으로는 한국 교육 과정 평가원이 주관하는 한국어 능력 시험(TOPIK)과 한글 학회가 주관하는 대규모의 한국어 능력 검정 시험(KLPT)가 있다. 이 중 한국어 능력 시험(TOPIK)은 2년 동안의 연구 과정을 거쳐 1997년에 최초로 실시되었다. 평가 영역은 어휘 · 문법, 쓰기(이상 표현 영역), 듣기, 읽기(이상 이해 영역)로 구성되었으며, 등급은 초급(1, 2급), 중급(3, 4급), 고급(5, 6급) 으로 되어있다. 숙달도 평가 체계는 등급제로 응시자가 선택한 등급에의 합격, 불합격 여부로 숙달도를 판정해준다. 총점은 400점으로 표현영역과 이해 영역이 각 200점이고 어휘 · 문법, 쓰기, 듣기, 읽기 각각의 하위 영역이 100점씩이다. 등급별 평가 기준은 다음 표와 같다.

등 급	총괄기준
1급	자기 소개하기, 물건 사기, 음식 주문하기 등 생존에 필요한 기초적인 언어 기능을 수행할 수 있다. 또한 자기 자신, 가족, 날씨 등 매우 사적이고 친숙한 소재와 관련된 간단한 내용을 이해하고 표현할 수 있다. 약 800개의 기초 어휘와 기본 문법에 대한 이해를 바탕으로 간단한 문장을 생성할 수 있다. 또한 간단한 생활문과 실용문을 이해하고 구성할 수 있다.
2급	전화하기, 부탁하기, 제안하기 등의 일상생활에 필요한 언어 기능과 우체국, 은행, 병원 등의 공공시설 이용에 필요한 기본적 기능을 수행할 수 있다. 약 1500~2000개의 어휘를 이용하여 일과 취미, 약속 등 사적이고 친숙한 소재에 관한 내용을 이해하고 표현할 수 있다. 공식적 상황과 비공식적 상황에서 언어를 구분해 사용할 수 있다.
3급	한국어로 일상생활을 영위하는 데 별 어려움을 느끼지 않는다. 출입국 관리 사무소, 여행사 등의 공공시설을 이용하고, 사회적인 관계를 유지하는 데 필요한 설명하기, 묘사하기, 거절하기 등의 언어 기능을 기본적으로 수행할 수 있다. 자신에게 친숙한 사적인 소재뿐만 아니라 직업, 사건, 국가, 생활 문화 등의 친숙한 사회적 소재를 문단 단위로 표현하거나 이해할 수 있다. 문어와 구어의 기본적인 특성을 구분해서 이해하고 사용할 수 있다.
4급	공공시설 이용과 사회적 관계 유지에 필요한 대부분의 언어 기능을 수행할 수 있으며, 간단한 서류 작성 및 보고 등 일반적인 업무 수행에 필요한 기능을 어느 정도 수행할 수 있다. 또한 뉴스, 신문 기사 중 비교적 평이한 내용을 이해할 수 있다. 친숙한 사회적 추상적 소재를 비교적 정확하고 유창하게 이해하고 표현할 수 있다. 자주 사용되는 관용적 표현과 대표적인 한국 문화에 대한 이해를 바탕으로 사회 문화적인 내용을 이해하고 표현할 수 있다.
5급	요약하기, 논증하기, 추론하기, 토론하기 등 자신의 전문 분야에서의 연구나 업무 수행에 필요한 언어 기능을 어느 정도 수행할 수 있다. 정치, 경제, 사회, 문화 전반에 걸쳐 친숙하지 않은 소재에 관해서도 대체적으로 이해하고 표현할 수 있다. 공식적, 비공식적 맥락과 문어적, 구어적 맥락에 따라 언어를 적절히 구분해 사용할 수 있으며, 논설문, 보고서, 문학 작품, 대담, 토론 등을 이해하고 구성할 수 있다.
6급	자신의 전문 분야에서의 연구나 업무 수행에 필요한 언어 기능을 비교적 정확하고 유창하게 수행할 수 있으며, 정치, 경제, 사회, 문화 전반에 걸쳐 친숙하지 않은 소재에 관해서도 이해하고 표현할 수 있다. 원어민 화자의 수준에는 이르지 못 하나 대부분의 기능 수행이나 의미 표현에 어려움을 겪지 않는다.

두 번째로 한국어 능력 검정 시험(KLPT) 역시 한국어를 모국어로 하지 않는 외국인 및 해외 동포를 그 평가 대상으로 하며 실제적인 의사소통 능력 수준을 판별하는 숙달도 시험이다. 시험의 구성은 듣기, 읽기, 어휘, 문법, 담화로 되어 있으며 문항수는 듣기가 40문항, 나머지 4과목이 각 15문항으로 되어 있다. 배점은 듣기가 200점, 나머지 세 과목은 각 75점, 시간은 듣기는 40분, 나머지 세 과목은 70분으로 110분 동안 총 100문항을 풀게 되어 있다. 성적 별 인증 기준은 다음과 같다.

KLPT (최종 성적)	TOPIK	한국어 의사소통 능력 척도	직장에서의 업무 수행 평가 척도
200점~245점	1급	일상생활에서 자주 쓰이는 친숙한 상황에 국한해 간단하고 고정적인 응답 표현이 가능하나 언어의 정확성이나 완성도는 부족함.	말과 글로써 자기표현을 하기 어렵고 일상생활의 제한적이고 관례화된 상황에서 한정된 의사소통만 가능함. 사회 활동을 하기에는 어려움.
250점~295점	2급	일상생활이나 대인 관계에서 기본적인 의사소통이 가능하나 여러 가지 상황에서 다양한 소재, 표현을 신속하게 구사하기는 어려움	기본적인 어휘로써 짧은 편지, 메일 쓰기, 간단한 업무 사항 기재가 가능해 단순하고 한정된 분야에서의 업무 수행이 가능함.
300점~345점	3급	여러 가지 상황에 독자적으로 대처할 수 있고, 일상적으로 통용되는 언어 표현들을 대체로 이해하고 사용할 수 있음. 신문이나 잡지의 간단한 기사는 개략적인 내용을 파악할 수 있음.	간단한 업무 보고서를 작성할 수 있고 단순하고 한정된 업무 분야는 신속히 수행할 수 있음. 일반 업무 중 사무직, 비서직, 관리직 등의 업무도 어느 정도 수행할 수 있음.
350점~395점	4급	일상생활이나 회사 등의 일반적 상황에서 다양한 표현을 큰 어려움 없이 파악하고 활용할 수 있음. 전문적 수준의 내용도 대체로 이해할 수 있어서 특정 학문 분야에서 수학도 가능함. 토론, 논의에서 자기 의사 표현이 가능함.	기본적인 보고서 작성이 가능하고 회의나 일반적 주제에 대한 토론, 토의에 참여할 수 있음. 일반 분야의 업무를 원활히 수행하고 사무직, 비서직, 관리직 등의 업무도 별 문제없이 수행 가능함.
400점~445점	5급	복잡하고 다양한 상황에서 여러 가지 표현을 적절히 활용. 원어민과도 폭넓게 교류할 수 있으며 자기 의사 표현이 명확하고 상대방을 설득할 수 있음. 한국의 사회, 문화 이해를 바탕으로 수준 높은 언어 활동도 가능함.	자신의 분야에서 상당량의 보고서 작성이 가능하고 원어민과 회의, 세미나 등에서 토론, 토의가 가능하고 문화 활동도 할 수 있음.

KLPT (최종 성적)	TOPIK	한국어 의사소통 능력 척도	직장에서의 업무 수행 평가 척도
450점~500점	6급	원어민 수준의 자연스러운 의사소통이 가능.	상대에게 자신의 의견을 납득, 설득시키고, 협상이 가능하며, 자신의 업무 분야에 대한 통역이 가능

2. 외국의 한국어 능력 시험

1) 미국의 국방 언어 능력 시험 : DLPT(Defence Language Proficiency Test)

미국의 국방 언어 능력 시험은 미국의 국방 언어 교육 센터가 개발한 일반적인 언어 숙달도 시험이다. 국방 언어 교육 센터는 1940년대에 설립 된 세계에서 가장 큰 언어 교육 기관으로 미국의 국가 이익을 실현할 수 있는 유능한 외국어 전문가를 양성하는 것을 목적으로 한다. DLPT 시험은 현재 DLPT IV까지 개발되었는데, 의사소통 중심 교수법이 등장하기 전인 70년대 이전까지 시행되었던 DLPT I은 주로 문법과 어휘에 대한 지식을 평가 하였고, 70년대에 DLPT II가 개발되었으나 관용 표현 이해 특정 등 평가 항목에 약간의 변화가 있었을 뿐 평가의 중심적인 기제는 크게 바뀌지 않았다. DLPT의 개발에 있어 가장 큰 변화를 가져온 것은 1983년에 시작된 DLPT III이다. 이 시기는 의사소통 중심 교수법이 외국어 교수법의 중심에 자리 잡고 숙달도 개념이 중요해지기 시작한 시기로 DLPT 한국어 시험 역시 숙달도 테스트로 변화하며 텍스트로서 실제 자료가 부분적으로 사용되었다. DLPT IV는 1985년에 발표된 ILR[1) 등급 기준에 맞춰 1994년에 개발이 완료되어 미국 내에서 사용되기 시작하여 현재까지 쓰이고 있는데 다양한 교수 방법론과 모델이 등장한 시기에 개발된 만큼 평가 유형이 매우 발전되었다는 평을 듣고 있다.

DLPT 시험의 평가 영역은 말하기, 듣기, 읽기에 국한하고 있는데, 쓰기 영역이 빠진 이유는 시험 대상자들이 쓰기 활동을 할 경우가 별로 없다고 판단하였기 때문이다.

문항 수는 듣기와 읽기, 각각 65문항씩이며 배정 시간은 듣기와 읽기를 3시간 20분 동안 보아야 하고, 말하기는 45분 동안 26개 질문에 대답하도록 되어 있다.

출제되는 텍스트의 종류는 실제 자료를 사용함을 원칙으로 하나 낮은 단계의 경우 실제 자료를 약간 수정한 제시문도 제시되고 있으며, 듣기에서의 음성 텍스트는 원어민 화자에 의해 표준 발음과 정상 속도로 제시된다. 측정 항목은 전체 내용 파악, 중심 내용 파악, 세부 내용 파악 등이며 문제 유형은 일률적으로 사지선다형이며 단답형이나 진위형 문제는 제시되지 않는다. 그리고 제시문 이외의 모든 지시문과 대답 문항은 모두 영어로 구성되어 있다. 등급은 세 영역 모두 0, 0+, 1, 1+, 2, 2+, 3 등 7등급으로 판정을 받는다.

2) 미국의 학업 적성 검사 : SAT II KOREAN

SAT II KOREAN은 1997년 11월에 처음으로 시행된 것으로 중학교 이상에서 2년부터 4년까지 한국어를 학습하거나 이에 상응할 만한 기간동안 한국어를 학습한 사람을 대상으로 한다. 이 시험은 듣기와 읽기 숙달도를 측정하고, 한국어 문법과 어휘, 철자법에 얼마나 익숙한 지를 측정한다.

평가 영역은 듣기 이해와 용법, 읽기 이해의 세 영역이며, 문항 수는 80~85문항으로 60분(듣기 20분, 용법과 읽기 이해 40분)동안 풀게 되어 있으며 문제 유형은 사지선다형과 클로즈 테스트(cloze test)이다.

3) 일본의 한글 능력 검정 시험

한글 능력 검정 시험은 사단법인 한글능력검정협회가 주관하며 1993년에 시작된 이래 현재까지 연 2회 실시되고 있다. 이 시험의 목적은 일본에 거주하고 있는, 혹은 일본 내에서 한국어 교육을 받은 일본인과 재일 한국인의 한국어 능력의 측정에 있다. 이 시험은 1급부터 준2급을 거쳐 5급에 이르는 6등급 체계로 구성되어 있다. 각 등급별 인정 기준은 다음과 같다.

등급	통 합 능 력
1급	광범위한 일반 사회의 상식적 범위 내에서 고도의 내용의 한국어 구사가 가능하다.
2급	일상생활이나 직업상의 용무를 수행하는 데 필요한 일반적인 한국어 구사가 가능하다.
준2급	2급과 3급의 중간 수준으로, 상급(1,2급)의 준비 단계이다. 일상생활에 필요한 일반적인 한국어 구사가 가능하다.
3급	평이한 한국어를 듣고, 말하고, 읽고 쓸 수 있다.
4급	초보적, 기초적 한국어를 듣고, 말하고, 읽고 쓸 수 있다.
5급	한국을 배우기 시작한 초보 단계이다.

평가 영역은 쓰기 · 읽기와 듣기와 받아쓰기이며, 배정 시간은 각각 90분과 30분으로 되어 있다. 상급에 해당하는 1급과 2급의 경우는 2차 시험으로 말하기 면접을 실시하는데, 평가 내용은 발음, 내용 이해, 작문 능력, 표현 및 구성의 네 가지 요소로 구성되어 있다. 발음은 개개의 단어의 발음을 비롯하여 억양에 이루기까지 모든 면을 측정하며, 내용 이해에서는 일정 예시문을 낭독하게 한 후 그에 대한 내용 이해와 시험관의 질문에 적절히 대답할 수 있는지를 측정한다. 작문 능력은 문장을 만드는 데에 오류가 없는가 하는 문법적 측면을 측정하며, 표현 및 구성은 전달해야 할 내용을 적절한 구성 형식과 적절한 표현 형식을 사용하여 표현할 수 있는 능력을 측정하는 것이다.

이 외에도 영국의 GCSE(General Certificate of Secondary Education), 호주의 HSC(High School Certificate), 국제 수능 시험이라고 할 수 있는 IB(International Baccalaureate) 시험에도 제 2외국어 시험에 한국어가 포함되어 있다.

주)

1) 미국 내 외국어 상용 정부기관의 협의체인 연방기구언어협의체(FILR: Federal Interagency Language Roundtable)가 개발 제시한 등급 기준으로 세계 각국의 외국인을 위한 자국어 능력 시험 개발에 널리 활용되어 오고 있는 평가 기준이다.

참고문헌

- 강승호 외(1996), 현대 교육 평가의 이론과 실제, 양서원.
- 김미옥(2005), 한국어, 무엇을 어떻게 평가할 것인가, 허용 외, 한국어교육학 개론, 박이정.
- 김영아(1996), 외국어로서의 한국어 능력 평가 방안 연구, 고려대학교 대학원 박사학위논문.
- 김영숙 외(2003), 영어과 교육론, 한국문화사.
- 김왕규 외(2002), 한국어 능력 시험의 평가 기준 개발 연구, 한국교육과정평가원.
- 김유정(1999), 한국어 능력 평가 연구, 고려대학교 대학원 박사학위논문.
- 김정렬(2000), 21C 영어 교육, 홍릉과학출판사.
- 김하수 외(1996), '한국어 능력 검정 제도의 실시를 위한 기본 연구'에 관한 최종 연구 보고서, 교육부 학술 연구 조성비 지원에 의한 연구 과제.
- 남명호 외(1999), 한국어 능력 시험 개선 방안 연구, 한국교육과정평가원.
- 박상옥 편저(2000), 영어교수기법, 신아사.
- 이성호(1999), 교육과정과 평가, 양서원.
- 이완기(2003), 영어 평가 방법론, 문진미디어.
- 이희경 외(2001), 한국어학당 성취도 평가 문항 개발 연구, 연세대학교 언어연구교육원.
- 임병빈 역(1992), 영어교육평가기법, 한국문화사.
- 임병빈(1995) 영어교육평가, 시사문화사.
- 임병빈 외(2003), 영어 교육의 이론과 실제, 경문사.
- 정명우, 서천수 역(1989) 새로운 언어 능력 테스팅, 한신문화사.
- 최연희(2000), 영어과 수행평가의 이론과 실제, 한국문화사.
- Arthur Hughes(2003), *Testing for Languagr Teachers*, Cambridge: Cambridge University Press.
- Cyril Weir(1995), *Understanding and Developing Language Tests*, Hemel Hempstead UK: Prentice-Hall.

- H.Douglas Brown(1994), *Principle of Language Learning and Teaching*, Englewood Clitts, Nj: Prentice-Hall.
- H.Douglas Brown(2001), *Teaching by Principle*(3rd), Englewood Cliff, NJ : Prentice Hall Regents.
- H.Douglas Brown(2004), *Language Assesment*, London: Longman.
- Pauline Rea-Dickins and Kevin Germaine91992), *Evaluation*, Oxford: University Press.
- Rebecca M. Valette(1977), *Modern Language Testing*(2nd ed.), New York: Harcourt Brace Jovanovich.
- Tim McNamara(2001), 언어평가, 박이정.
- Watkins, O(1981). *Active Reading and Listening*, in C.Sutton(ed). Communicating in Classroom. UK: Hodder & Stoughton.

제 10 장 한국어 교재론

황인교

Ⅰ. 언어 교육과 교재

언어 교육이란 "언어 학습을 유발하기 위한 모든 의도적인 활동"이므로 이에 동원되는 모든 입력 자료(input material)가 교재이다. 실제로 "언어 교과의 수업, 즉 형식적인 수업이나 훈련의 방법, 개별화 수업, 독학, 컴퓨터의 보조를 받는 수업, 시청각 매체 사용 수업과 탈학교와 같은 비형식적 접근"[1] 등 다양하게 교수 학습 형태는 열려 있다. 아울러 언어는 지식이나 내용이 아니라 그를 표현하는 도구이므로 교수 학습 내용 역시 인간 및 사회 전체를 다루어야 한다.

따라서 수업 시에 사용하는 교과서 및 부교재는 물론 학습자를 둘러싸고 있는 교사의 언어, 가정과 이웃의 언어, 방송과 광고 등의 언어도 교재가 될 수 있다. 이렇게 언어 교수 학습 자료의 지평이 넓은바 자료의 형태 및 활용 방식, 개발 방안 논의 등 교재 관련 담론은 고려해야 할 변인이 많고 명료하게 정리해 이야기하기도 어렵다.

그러나 언어 교수 학습 상황에서 교사가 서 있는 지점은 매우 한정되고 구체적이다.

교사는 형식적이고 일정한 교수 체제를 갖춘 학습, 즉 수업을 담당하는 자이기 때문이다. 그러므로 교사로서 다루어야 하는 교재는 "학생들이 교육 목표에 도달하도록 교육과정에 따라 교육 내용을 미리 선정하여 가시적으로 제시한 것을 말하며 구체적으로는 주교재와 부교재로 나눌 수 있다". 이런 경우에, 교재는 "언어 교육 기관에서 쓰는 교과서(주교재)와 연습서(workbook), 참고서, 사전, 시청각 자료, 프로그램, 과제, 활동 관련 자료 등(부교재 또는 보조 교재)"[2]를 가리킨다.

교재는 교실 수업에서 "교수 기법을 지원하거나 효과를 높여줄 자료"(H. D. Brown, 2001, 171쪽)로서 학습 목표 및 교수 학습 과정을 구체화하고 있고 교수 학습 내용 및 교수 학습 자료를 제공하고 교수 학습 방법 및 전략을 제시하고 있다. 아울러 평가 자료 및 방법도 제공한다. 따라서 실제 수업 시에는 교재에 담긴 이런 내용들을 읽어내고 평가하여 적극적으로 수업에 활용해야 한다. 그리고 교재 개발 시에는 이런 내용들을 교재에 담기 위한 다양한 방법을 모색해야 한다.[3]

Ⅱ. 한국어 교육과 교재

1980년대 중반 이후 빠르게 성장한 국내외의 한국어 교육[4]은 교수 학습 상황, 교수 학습 내용, 교수 학습 방법 등이 전체적으로 많이 달라지고 있다.

먼저 교육이 이루어지는 교수 학습 상황은 한국어 학습자의 증가[5]와 함께 매우 다양해지고 있다. 국내외 한국어 교육 정책[6] 및 현장과 학습자 요구가 다양해지고 교사 집단도 전문적으로 훈련된 인력이 양성되고 있다.[7] 그리고 이런 변화는 한국어 교재 선택 및 교재 개발 전반에 영향을 미치고 있다.

예를 들어 정부 차원의 범용 및 재외 동포, 이주 노동자, 결혼 이주 여성 대상의 교재 개발 작업이 이루어지고 있을 뿐만 아니라 국내외 각지에서 교재 개발 작업이 활발해지면서 그 결과물들이 속속 나오고 있고 이론적 논의 역시 왕성해지고 있다.

교수 학습 내용 역시 개개 교수 학습 상황 및 학습자를 우선적으로 고려하여, 실제성과 언어가 사용되는 유의미한 맥락 및 상황에 맞는 내용을 중시하고 있다. 따라서 언어를 이루는 분절적인 요소, 체계가 아니라 담화 및 사회, 문화 차원의 교수 학습을 지향하고 있다. 분석적이고 지적인 문법과 그의 연습이 아니라 인간으로서 언어를 사용하여 사고하고 행동하며 해결하는 과정, 살아가는 과정 즉 그 자체를 경험하는 것이 교재의 내용이 되고 있다.

교수 학습 방법은 외국어 교육 연구 결과의 적극적인 수용과 한국어 교육학의 연구 축적으로 독자적인 한국어 교수 이론 및 방법을 모색하는 단계에 들어서고 있다.[8] 한국어 교육에서 문법, 즉 구조 및 형태 교수의 중요성을 인식하여 기존의 구조 중심 교수법의 장점을 적극 수용하고 있고, 가장 큰 변화는 학습자가 언어교육의 대상자, 피교육자가 아니라 주체, 중심임을 인식하게 된 것이다. 따라서 학습자가 구조를 습득하는 과정과 학습자가 주도하며 수행하는 활동과 과제가 중요하고, 수행하는 과정에서 학습자 스스로 해결하는 방법인 학습 전략, 학습 후에는 학습 진단 및 평가를 스스로 하는 자기 점검 및 자기 평가가 중요해졌다. 학습자가 중심이 되므로 기존의 교수법을 학습자 및 교수 학습 상황에 맞게 절충해 사용하고[9] 그의 근거가 되는 교수 원리를 귀납적으로 정리하며, 언어 능력이 분절적인 요소의 모둠이 아니며 실제 사용 능력이라 생각하므로 통합 교수를 지향하고 있다. 이런 교수 학습 방법은 교재의 내용 및 구성은 물론 실물화 및 교재 사용 상황 등 전체 과정을 결정한다.

1. 한국어 교재 연구

교재 연구는 한국어 교육에서 단일 영역으로는 가장 많은 연구가 이루어졌다.[10] 교재 연구는 1970년대에 들어와서 시작되었고 이를 통시적으로 정리한 이지영(2005. 176-182쪽 참조)에 의하면 “197,80년대는 교재 분석과 개발 방안 제시, 1990년대는 교재 개발 방향과 방법 논의, 언어권별 교재 개발 연구, 부교재 개발에 대한 관심, 2000년대는 매체 발달로 인한 교재 개념의 확대, 학습자 중심 교재 개발 연구, 문화 내용 부각, 한국어 교재의 역사적 흐름 정리” 등으로 변화되어 왔다고 한다.

이런 교재 연구는 1990년대 이후에 활발하게 이루어지고 있다. 특히 왕성한 교재 개발 작업과 함께 교재론 및 교재 개발 원리의 모색이 꾸준하여 교재론은 교재 개발 및 사용 실태에 대한 통시적[11]이고 공시적인 정리[12]에 이르고 있고 교재 개발 원리 연구는 교재 개발 방안을 제안하며 기초 연구[13] 및 특정 부분의 개발[14] 등 실제 개발과 관련된 연구로 발전하고 있다.

실제 교재 개발 관련 연구는 구체적으로 교재 개발 현황의 정리와 개발 과정 관련 연구가 주를 이룬다. 특히 개발 과정 관련 연구는 교수 학습 원리 및 개발 원리[15], 과제 구성(김정숙2001), 교사지침서 개발(이해영2002) 등 교재를 개발하면서 기존 교재와 달리 새롭게 시도한 바를 중점적으로 다루거나 교재 개발의 기본 원리와 교수요목 설계와 관련하여 단원 구성을 다루는 등(김정숙2002, 조항록2003) 다양한 국면으로 개발 과정에 대한 제안 및 보고를 하고 있다.

이런 연구가 실제 교재 개발에 유용함은 분명하나 개개 국면에 대한 미시적 정리만으로는 교재 구성 요소 및 개발 단계 간의 연계성 및 진행 등 총체적인 교재 개발 과정 전체를 파악하기 어렵고 전체 틀과 유리된 개개 요소의 개발에 대한 논의는 모호한 일반론이 되기 쉽다.[16]

따라서 앞으로는 실제 교재 개발 과정 전체를 구체적으로 살피는 연구가 필요하다. 기존 연구에서 제안한 교수 학습 원리와 개발 원리의 구현, 어휘, 문법, 과제 등의 구성, 교수요목 설계와의 관련성, 기초 연구의 진행 등의 내용들이 묶여 하나의 교재로 완성되는 과정을 살필 때 교재 개발 작업의 전체적인 면모와 아울러 개개 제안의 가치 및 의의도 드러날 수 있다. 또 교재론 연구가 필요한데 교재 유형론, 교재 개발론, 교재 평가론[17]으로 나누어 연구가 진행될 수 있을 것이다.

2. 한국어 교재의 변천과 개발 현황

한국어 교재는 한국어 교육의 역사 속에서 꾸준히 변해 왔다. 먼저 이런 변천 양상을 간단히 살피고 시대의 흐름에 따른 교재 개발 현황을 살펴보겠다.

한국어 교육이 언제 시작되었으며 어떻게 변화했는가를 살피는 것은 간단한 일이 아니다. 국내외 현장에 대한 실증적인 연구가 축적되어야 정확한 파악이 가능할 것이다.18) 물론 본격적인 한국어 교육의 시작을 연세대 한국어학당의 한국어 교육으로 본 백봉자(2001)의 분류도 타당하나 그 이전 시기를 태동기로 보고 네 시기로 나누어 교재를 살핀 이지영의 작업이 포괄적으로 교재를 다루고 있는바 여기서는 그의 분류 및 정리를 따르고 국내 기관 편찬 교재 중심으로 현황을 파악하고자 한다.[19]

1) 태동기(근대 계몽기-1958년)

외국에서 외국인 및 재외 동포가 주도하여 교재를 만들었으며 "한국어의 문법적 특징이나 예문을 기술하는"[20] 아주 소박한 수준에서 작업이 이루어졌다.

2) 초창기(1959-1985)

"한국어 교육이 본격적으로 시작된" 시기이며 이 시기 교재는 청각구두교수법을 반영하고 있다. 국내 교육 기관에서 교재 개발을 하기 시작했으며, 국외 대학 및 정부 차원에서 동포 대상 교재 개발이 시작되었다.

"박창해(1960, 1965), 한국어 교본 1,2/ 박창해, 박기덕(1973), 한국어1 / 박기덕(1980), 한국어2/ 연세대(1979), 한국어 독본 1-6.
서울대(1970), 외국인을 위한 한국어 독본,/서울대(1978), 한국어 1-2, /서울대(1979), 한국어 1,2./서울대(1980), 한국어3"[21]

3) 변화기(1986-1997)

국내 교육기관이 주도하여 본격적인 기관 교재 개발이 시작된 시기라 하겠다. 국외 대학에서는 다양한 언어권별 교재를 개발했고 정부 차원의 동포 대상 교재 개발이 지속되고 미국과 중국에서 재외동포 교재가 다양해졌다.

"고려대(1986), 한국어 회화, 한국어/이화여대(1991), 외국인을 위한 한국어 /연세대(1992-1994), 한국어 1-6/ 한국외대(1996-1997), 한국어 1-2"[22]

4) 발전기(1998년-)

언어교수법의 이론적 변화를 반영하여 교재를 개발하고 있고 학습자 집단별, 영역별, 기능별 교재를 개발하고 있다. 이 시기에는 한국어 교육 기관 설립이 활발하여, 각 기관마다 기관 자체 교재 개발에 힘을 쏟아 속속 자체 개발 교재를 출판하고 있다. 아울러 정부 차원에서도 다양한 학습자 대상 교재 개발이 이루어지고 있는데, 최근의 교수 이론을 반영하여 과제 중심, 기능 통합형 교재 개발이 주를 이루고 있다. 이 시기의 교재 개발은 시청각 매체부터 온라인까지 다양한 매체도 적극적으로 활용하고 있다. 왕성한 교재 개발이 이루어져 국내외에서 다양하고 활발하게 교재가 개발되었으므로 그를 일일이 열거하기는 어려운바 국내 상황을 중심으로, 개발된 교재를 유형별로 정리해 보면 다음과 같다.

■ **통합 교재(주교재)**

연세대(2004), 100시간 한국어 1,2,5

이화여대(1998-2005) 말이 트이는 한국어 I-V

서울대(2000), 한국어 1-4

경희대(2001-2003), 한국어 초급 I,II/중급 I,II/고급 I,II

서강대(2000-2005), 서강 한국어 1-4

서울대(2006) Active Korean1, 2

연세대(2007), 연세 한국어 1

* 이외 다수의 교육기관에서 현재 교재를 펴내고 있음.

■ **기술별 교재 및 연습 책 (부교재)**

연세대(1998), 『처음 배우는 한국어 읽기』,『재미있는 한국어 읽기』,『즐거운 한국어 읽기』, 『생각하는 한국어 읽기』,『주제가 있는 한국어 읽기』

오미라 외(1998, 2005), Exciting Korean 초급, 중급

연세대(2005), 한국어 중급 듣기, 한국어 중급 말하기, 한국어 중급 쓰기

연세대(2003), 한국어 활용 연습1, 한국어 활용 연습2, 한국어 활용 연습3

경희대(2004), 혼자 배우는 한국어 초급 I, II/중급 I,II/ 고급 I,II

■ **범용 교재**

세계화재단(2005), 초급 한국어 말하기, 초급 한국어 쓰기

국제교류재단 지원, 『Integrated Korean: Beginning 1』~『Integrated Korean: Advanced 2』하와이대(2000-2002)

■ **범주 별 교재**

문법 관련 교재

임호빈, 홍경표, 장숙인(2001), 외국인 학습자를 위한 한국어 문법

백봉자(1999), 외국어로서의 한국어 문법 사전

우민혜 외(2000), Easy Korean Grammar

국립국어원(2005), 외국인을 위한 한국어 문법

기타 어휘, 한자 교재

서울대(2007), Useful Chinese Characters

강현화(2006), Korean Picture Dictionary

연세대(2006), 한자와 함께 배우는 한국어 1, 2

■ **특정 학습자 대상의 교재**

노동자: 한국어와 한국생활, 외국인 노동자를 위한 재미있는 한국어

이주 여성: 이주 여성을 위한 한국어 초급(2006), 중급(2007)

재외동포: 한국교육과정평가원, 한국어1-8

■ **멀티미디어 교재(웹 기반 온라인 교육용, DVD) 개발**

서강대('Korean Studies at Sogang'), 국제교육진흥원('KOSNET'),

해외동포재단('Teen Korean'), 연세대('Speak Korean') 등

여전히 기관 중심의 통합 교재 개발이 활발하나 기술별 교재, 문법, 어휘, 한자, 등 다양한 영역별 교재가 나타나고 있음을 알 수 있다. 정부나 특정 재단 차원의 특정 학습자 대상 교재 개발이 이루어지고 있어 정부와 사회 차원의 노력이 시작되었음도 알 수 있다. 멀티미디어 교재는 국내 IT 기술의 발달로 적극적으로 개발이 이루어져 온라인 한국어 교육의 지평을 열었고 사이버 강의 및 수업까지 이루어지는 등 다양한 방식으로 발전하고 있는 중이다.

Ⅲ. 교수 학습과 한국어 교재

1. 교수 학습 체제와 한국어 교재

이제까지 한국어 교재를 통시적으로 살펴보았는데 수업에서 사용되는 교재는 형식적이고 일정한 교수 체제를 갖춘 학습을 전제하고 있는 것이므로 교수 학습 체제에

따른 교재 사용 현황을 살펴보고자 한다.[23)]

교수 체제는 교육 학습 상황의 틀로서 국가나 기관 차원의 교육 정책부터 구체적인 시간틀에 이르기까지 교육이 수행되는 전체 환경을 나타낸다. 요즘 한국어 교육은 다양한 한국어 교육의 교수 체제를 '교육과정'의 유형으로 정리하고 있는데 이때의 교육과정은 광의로 사용되어 국가 및 사회 차원 또는 매우 원론적인 차원에서 언어 교수 양상을 범주화하고 형식화하는 것이므로 교수 체제, 또는 형식화하고 제도화하거나 실제 수행되는 프로그램의 의미에 가깝고 본래의 교육과정의 의미[24)]와는 거리가 있다고 본다. 따라서 교육과정(curriculum)이 아니라 교육 과정(course, program) 또는 교수 학습 과정이나 과정으로 구별하여 지칭하고자 한다.

"한국어 교육 과정은 기준에 따라 다양한 분류가 가능하다. 이를테면 교육 현장이 국내냐 국외냐에 따라 '국내 한국어 과정'과 '국외 한국어 과정'으로 나눌 수 있고 공교육으로 실시되느냐 아니냐에 따라 '공교육 과정'과 '기타 교육 과정'으로 나눌 수 있다. 여기에 대학 부설의 한국어 교육 전문 기관에서 특정의 교육과정에 따라 진행되느냐 아니냐에 따라 '정규 과정'과 '비정규 과정'으로 나눌 수 있다."[25)] 한편 교육 목표에 따라 이 교수 학습 과정을 분류한다면 일반 목적의 과정, 특수 목적의 과정으로 나눌 수 있다. 일반 목적의 과정은 일반적인 한국어 능력을 목표로 하는 경우로서 통합 교재를 사용한다. 그리고 한국어 교육에서 비중이 큰 재외동포 대상의 교육은 목표가 다소 다르므로 현재 별도의 교재가 필요하다는 판단 하에 교재 개발이 이루어지고 있다. 특수 목적의 과정은 학문 목적의 과정, 직업 목적의 과정으로 나눌 수 있다.

이런 과정들은 해당 교육 기관 또는 교육 담당자 및 위탁자가 정한 교육 목표에 따라 교육 내용을 설정하고 있고 이를 교수 학습하기 위해 현장에서는 다양한 교재를 사용하고 있으며 재외 동포 대상 교육과정처럼 별도의 교재를 개발하고 있기도 하다. 그 현황을 간단히 살펴보면 다음과 같다.

한국어 의사소통 능력 숙달을 목표로 하는 일반 목적의 과정은 주로 국내 대학 부설 한국어 교육 기관에서 이루어지고 있는데 매우 집중적이고 장기적으로 교육이 이루어지므로 통합 교재와 기술별 교재, 발음, 문법 등의 언어 범주별 교재, 내용 관련 교재 등을 학습자 수준에 따라 다양하게 사용하고 있다. 현 한국어 교육계의 기관 중심 편찬 교재는 대부분 이런 일반 목적의 집중 과정 사용을 목표로 제작되고 있다. 이 과정은 학습자 규모와 언어권이 한국어 교육의 핵심적인 과정이라 할 정도로 크고 다양하며 최근에 비약적인 성장을 하여 현 한국어 교육계를 이론과 실제에 있어서 주도하고 있다.

특수 목적의 과정은 한국의 이주 노동자 집단과 한국 대학의 유학생이 늘어남에 따라 전자는 정부 차원에서 후자는 대학 차원에서 관심을 갖게 되어 개설되었고 현재 교육과정 개발과 교재 개발까지 시도하고 있다. 이주 노동자 대상 한국어 교육은 교육과정 개발과 교재 개발이 동시에 이루어졌으나 학습자 분석 등 국내 이주 노동자의 한국어 학습 상황에 대한 연구가 부족하여 개발된 교재는 물론 한국어 학습도 문제가 있는바, 현재는 이주 노동자 대상의 교육과 일반 직장인 대상의 교육의 분리, 특정 직종 관련 한국어 교육 등에 관심을 갖고 있고, 아예 이주 노동자 입국 시에 시험을 통해 일정 수준의 한국어 능력을 요구하고 있기도 하다.

학문 목적의 과정은 본격적인 특수 목적, 즉, 전문적인 영역의 한국어 사용이 아니라 한국어 교육에서는 대학 진학과 대학 재학 시에 대학 입학 및 강의를 수강할 수 있는 능력이 문제가 되고 있다. 따라서 일반 목적의 통합 교재를 병행해서 사용하는 경우가 많고 일정 수준 이상이 되면 내용 관련 교재를 통해 한국어 능력 숙달을 도모하고 있다. 우선 대학 중심으로 교육과정 개발이 먼저 이루어졌고 다양한 자료를 통해 교육을 하고 있다. 문제는 한국어 사용이 많지 않고 영어를 주로 사용하는 전공 영역이 있으므로 주로 한국학이나 한국어 교육 전공자를 대상으로 하는 과목의 교재를 개발하고 있다.

한국어 교육에서는 이외에도 재외 동포를 대상으로 하는 교재 개발이 이루어지고 있는데, 교육과정평가원과 해외동포재단이 관심을 갖고 있다. 전자는 재외 동포 대상 통합 교재인 한국어1–8을 출판했고 지침서도 곧 출판할 예정이다. 후자는 미주 학습자 대상의 온라인 한국어 강의인 Teen Korean을 개발하여 서비스하고 있다. 재외 동포 대상 교재의 문제점은 '민족 교육' 이라는 목적 설정과 관련된다. 재외 동포 대상 학습자의 독자적인 정체성을 인정하지 않고 '한국인' 으로 양성하려 하므로 학습자의 현실에 가 닿지 않는 내용으로 학습자의 동기 유발이 어려운 경우가 많기 때문이다. 그나마 Teen Korean은 이런 점을 고민하고 노력한 흔적이 보이고 있어 다행이다. 국제교육진흥원 등에서 제작한 한국학 관련 교재들도 국내 한국인 대상의 정보를 그대로 싣고 있어 재외 동포 학생들이 이해하기 쉽지 않은 경우가 많다.

이런 현황을 표로 정리하면 다음과 같다.

한국어 과정		교육 목표	교재
일반 목적의 과정		한국어 의사소통 능력 숙달	– 통합 교재 – 기술 별 교재(말하기, 듣기, 읽기, 쓰기 등) – 언어 범주 별 교재(발음, 문법, 한자, 작문 등) – 내용 관련 교재(역사, 정치, 문학, 경제, 문화 등)
특수 목적의 과정	학문 목적	전공 학습에 필요한 한국어	– 통합 교재(일반 목적의 과정과 동일함) – 전공 관련 과목 교재(한국어 교육, 한국학 등)
	직업 목적	직무 수행에 필요한 한국어 능력	– 통합 교재(노동자, 직장인 대상 교재) – 직업 관련 내용 교재
재외 동포 대상의 과정		한국어를 통한 동포 교육	– 통합 교재(재외 동포 대상 교재) – 한국학 관련 교재(한국 역사, 한국 문화, 한국 예절 등)

2. 교수 학습 내용과 한국어 교재

교재 논의 시에 교재가 사용된 현장인 교수 학습 체제와 함께 논의하여야 할 것이 교재에 담길 교수 학습 내용의 선정이다. 이는 교수요목의 설계인데 교수요목이란 일정 교육과정을 구체적으로 정리하여 일정 기간의 수업으로 구현하는 계획이 되겠다. 물론 이미 일정한 교육과정과 교수요목을 가지고 수업을 하고 있고 그를 위한 교육 자료가 필요하여 교재를 만드는 경우가 많다. 이런 경우에는 교재 개발이 기존 교육과정과 교수요목을 점검하여 정리하는 계기가 될 것이다. 그런데 이런 경우에도 교재에 담길 내용의 지도인 교수요목을 만드는 작업은 교재 개발 초두에 이루어지게 된다.

그러므로 교재 개발과 프로그램 개발을 동시에 하는 경우에는 더 말할 나위가 없다. 교육과정의 개발 및 교수요목의 설계가 선행되고 그에 근거하여 교재 개발이 이루어진다.

현재 한국어 교육계에서 교재 개발 연구가 언제나 교수요목 설계 및 교육과정 개발을 전제하고 그런 단계를 거친 후 교재를 개발하고 있는데 이것은 다소 소모적일 수 있다고 본다. 이미 한국어 수업을 진행하고 있는 경우의 교재 개발이라면 교수요목 설계와 교육과정 개발보다는 기존 교수 학습 체제 및 교수 학습 상황 전반에 대한 진단 및 점검을 하는 것이 효율적이라 생각한다. 기존의 교수법과 수업, 교육 자료 등을 파악하여 새로 개발할 교재의 성격을 명료하고 구체적으로 정리할 수 있기 때문이다. 그리고 이런 성격은 교재에 담긴 교수 학습 내용의 선정과 조직의 기본 원칙이 되므로 교수요목, 즉 내용 지도로 정리된다.

이를 위해서는 교재에 담을 수 있는 내용의 선정과 조직을 전반적으로 살펴볼 필요가 있다. 교수이론의 발전에 따라 Graves(1996)가 내용과 활동을 선정하여 정리한 다음 표[27]는 교재에 담을 수 있는 학습 내용을 전체적으로 제시하고 있다. Graves는 "전통적인 접근에서 시작하여 의사소통 접근(1970년대), 네 기술 중심 접근(1993), 과제 중심 접근(1980년대), 업무 중심 접근(7,80년대), 문화 교육(8,90년대), 내용 중심 접근(1989), 학습자 중심 접근(1990), 참여 과정(1993) 순으로"[28] 표 하단에서 상단으로 변화가 있었고 그에 따른 내용과 활동이 다음과 같이 선정될 수 있음을 표로 보였다.

<table>
<tr><td colspan="4">참여 과정
예: 문제 제기, 경험적 학습 기술</td><td colspan="4">학습 전략
예: 자기 모니터링, 문제 파악하기, 노트 필기(note-taking)</td><td colspan="4">내용
예: 학과목, 기술 과목</td></tr>
<tr><td colspan="4">문화
예: 문화 인식, 문화 행위, 문화 지식</td><td colspan="4">과제 및 활동
예: 정보 차이 활동, 프로젝트, 스피치, 프레젠테이션 등의 기술 혹은 화제 중심의 과제</td><td colspan="4">일상적, 업무적 기술
예: 직장에 지원하기, 아파트 빌리기, 집 구하기</td></tr>
<tr><td colspan="3">듣기 기술
예: 요점 찾기, 특정 정보 찾기, 화제 추론하기, 적절한 반응 선택하기</td><td colspan="3">말하기 기술
예: 발화 교체하기, 이해 부족 부분 보완하기, 응집 장치(접속사) 사용하기</td><td colspan="3">읽기 기술
예: 특정 정보 빠르게 찾기, 요점 찾기 위해 빠르게 읽기, 수사적 장치 이해하기</td><td colspan="3">쓰기 기술
예: 적절한 수사적 문체 사용하기, 응집장치 사용하기, 문단 구성하기</td></tr>
<tr><td colspan="4">기능
예: 사과하기, 거절하기, 설득하기</td><td colspan="4">개념과 화제
예: 시간, 양, 건강, 개인 신상</td><td colspan="4">의사소통 상황
예: 음식점에서 주문하기, 우체국에서 우표 사기</td></tr>
<tr><td colspan="4">문법
예: 구조(시제, 상), 패턴(질문)</td><td colspan="4">발음
예: 분절음(음운, 음절), 초분절음(강세, 리듬, 억양)</td><td colspan="4">어휘
예: 단어 형성 규칙(접미사, 접두사), 연어, 어휘 세트</td></tr>
</table>

이 표를 보면 교육 내용이 언어 중심의 내용에서 발화 행위와 실제 소통 및 수행, 그런 소통이 이루어지는 사회와 문화, 그런 소통을 하는 인간, 그의 전략 및 그런 소통이

담아내는 내용까지 확대되었음을 알 수 있다. 그리고 이런 내용과 활동들은 각기 분리되어 있는 것이 아니라 인간이 언어를 사용하는 순간, 즉 의사소통 시에 유기적으로 연계됨을 알 수 있다. 즉, 특히 일반 목적의 언어 교수 학습 시에는 이런 모두를 활용하여 적절하게 교수 학습해 언어 사용이 자연스럽게 이루어질 수 있어야 하고 따라서 통합 교재에도 이런 모두가 제대로 조직되어 담길 수 있어야 할 것이다. 아니면 학습 및 교재 사용의 목적이 분명하여 이 가운데 어느 하나가 강조되고 그에 근거하여 다른 것이 약화될 수도 있다.

기존의 교재와 관련지어 구조 교수요목에서 내용 교수요목에 이르는 다양한 교수요목을 언급하고 있는 논의[29]도 이런 요소들 개개를 중심으로 한 교수요목을 나열한 후에 혼합 교수요목의 채택이라는 결론에 이르고 있다. 이런 논의에서 "지금의 일반적인 추세"라고 말하는 혼합교수요목이란 바로 일반 목적의 언어 수업 및 교재에서 이런 개개 요소들을 적절히 연계하여 설계하고 있음을 가리킨다. 따라서 이런 요소들의 연계성 즉 조직이 교수요목 및 교재에서는 매우 중요하다. 그리고 어떤 것을 중심으로 연계되었는가에 따라 교재의 성격이 나타날 수 있다. 이를테면 말하기 기술 중심의 교재인지, 문화 교재인지 등을 읽어낼 수 있는 것이다.

그러면 실제로 기존 교재의 내용지도를 점검해 보기로 하자. 내용지도를 통해 교재의 성격과 개개 요소 간의 연계성을 살펴보기로 하자

[연습] 다음 자료를 보고 다음 질문에 대답해 보자

점검 요소	질문
성격	무엇이 이 교재의 중심인가? 어느 것이 강조되어 드러나는가? (무슨 교수요목인가?) 그레이브스의 내용과 활동 가운데 무엇이 있는가? 무엇이 없는가? 어떤 접근법(교수법)에 근거하는가? 교수법이 드러나지 않는가?
구성	개개 요소는 연계성이 있는가? 다른 것과 잘 어울리지 않는 것이 있는가?
세부	단원명의 형태는 어떤가?
내용	기능/문법/어휘/문화 등은 어떤가?
사용	사용하기에 어떻겠는가? 수업 진행을 예측할 수 있는가? 어떻게 수업을 진행하겠는가?

[자료]

■ 교재I.

	문법구조	기능	준비학습 내용	과제 학습 내용	쉼터	읽기	어휘
1과 소개	수 의문대명사 명령문 단위의존명사	수 읽기 수 세기 개인 정보 얻기 교실용어 익히기 소개하기	실생활에서 사용하는 수 개인 신상 정보 교실에서 사용하는 말	처음 만난 사람과 인사 나누기 첫 수업에서 자신을 소개하기 파티에서 서로 인사 나누기	한국인의 이름	우리 반	세계 여러 나라의 이름과 언어 취미
2과 하루 일과	수II 현재 시제 시간의 부사격 조사(-에)	날짜 묻고 말하기 시간 말하기 하루 일과 말하기 초대하기	날짜 시간 하루 일과	하루 일과 묻고 답하기 전화로 초대하기 초대장 쓰기 우체국에서 초대장 보내기	숫자 4	김수미의 하루 일과	우체국에서...

■ 교재 II.

	제목	문법	기능	읽기	듣기	어휘/표현	문화
1과	반갑습니다	이름이 뭐예요? 이분이 누구예요? -예요/이에요	소개하기 다른 사람 소개하기			나라 직업명	한국인의 이름
2과	이게 뭐에요?	이게/저게 뭐	이름 묻기 소유 말하기			음료수 문구, 가게에서	한복

■ 교재 III.

단원	단원명	주제	기능	문법	과제활동	발음	한국문화/게임/어휘연습
1	안녕하세요?	인사 자기소개	인사하기, 소개하기		처음 만난 사람과 인사하기		인사
2	여기가 학생 식당입니다.	학교	장소 묻고 대답하기	입니다/입니까?, 네/아니요,이/가	지도 보고 나라이름 이야기하기		장소

■ 교재 IV.

	주제,상황	기능	문법 및 표현	활동	어휘
1과	교실	기본 문장 표현하기 교실 용어 익히기 지시어로 표현하기	N은 무엇입니까? N-입니다	교실 주변의 사물 이름 묻고 답하기	기본적인 사물 무엇, 이것, 저것
3과	자기소개	자기 소개하기 격식체를 써서 인사 나누기	보조사(은/는), 제N N은 N-입니다 목적격 조사(을/를) N은 N을/를 V-ㅂ니다/습니다	자기 소개하는 글 쓰기 자기 물건에 대해 말하기	인사/소개와 관련된 어휘 나라 이름

Ⅳ. 교재 개발

교재는 사용 현장과 밀접한 관련이 있으므로 개발 시에 기존 교수 학습 현장 유무는 주요한 변인이 된다. 기존 교수 학습 현장이 없는 경우는 과정 개발과 교재 개발이 동시에 이루어져야하는데, 기존 교수 학습 현장이 있는 경우라고 하더라도 학습자 요구에 맞춰 새로운 과정을 개설하는 경우도 이에 해당된다. 그리고 기존 교수 학습 현장이 있는 경우는 현재 사용하는 교재가 있는 경우와 없는 경우로 나누어 고려할 수 있겠다. 전자는 현재 사용하는 교재 분석이 주요한 출발점이 되고 후자는 현 교과과정 분석 및 정리가 출발점이 되겠다. 물론 현재의 한국어 교육 현장에서는 현재 수업에서 사용하는 교재가 없는 경우라 해도 다양한 한국어 교재가 나와 있으므로 이런 교재 분석은 교재 개발에 필수적인 과정이 되고 있다.

교재 개발에 대한 기존의 논의[30]는 교육과정 개발 및 설정에서 시작하여 과정 개발과 동시에 이루어지는 교재 개발에 맞추어져 있으므로 이런 과정을 개발 전 단계와 개발 단계, 시험 사용 단계, 완성 단계로 나누어 살펴보겠다.

개발 전 단계–개발 단계–시험 사용 단계–완성 단계

개발 전 단계에는 개발을 위한 기초 작업이 이루어지며 주로 교재를 구성하는 기본적인 틀 및 요소를 확정하게 된다. 이에 근거해서 개발이 이루어지므로 기본적인 교수 원리 및 철학 등 원론적인 논의부터 교수 학습 상황 등 구체적인 현장 상황까지 전체적인 틀을 고려하고 정리해야 한다. 이어지는 개발 단계는 정리된 교재의 구성 요소 가운데 우선 순위에 따라 구성 요소별로 순차적으로 또는 겹쳐지며 진행된다. 교재의 핵심적인 구성 요소로서 가장 중요한 것부터 개발이 이루어지고 그에 근거하여 다른 요소들의 개발이 이루어지게 된다. 다양한 구성 요소가 있는바 우선적인 구성 요소는 교수 원리에 근거하여 결정된다.

교재 개발이 이루어지는 동안 일정 내용이 갖추어지면 시험 사용 및 정리 단계에 들어가게 된다. 일부 요소들의 개발이 채 이루어지지 않은 단계에 시작되므로 이때부터 교재 개발은 상당히 복잡한 과정에 들어가게 된다. 개발, 시험 사용, 수정 및 보완 또는 재개발 등이 부분과 전체적인 국면에서 동시에 이루어지기 때문이다. 그러므로 매우 중요한 단계로서 결과의 적절한 반영 및 수정, 보완, 검토와 아울러 효율적인 과정의 운용이 필요하다. 점차적으로 정리를 한 후에 교재 개발은 완성 단계에 들어가게 된다. 제대로 된 총체적인 면모를 갖추고 총체적인 검토를 할 수 있게 되는 단계이다. 이 단계에 이르면 워크숍 등 공개적으로 검증을 받는 자리를 갖는 것이 유용하다. 이런 과정을 거친 교재는 원고본으로 완성되어 출판에 들어가게 된다.

1. 개발 전 단계

개발 전 단계는 교재를 만들기 위한 토대를 만드는 단계이므로 교수 학습 이론의 정립과 교수 학습 상황 즉 현장의 적확한 파악 및 정리가 주를 이룬다. 이것이 정리되어야 교재가 사용될 상황이 명시적으로 드러나기 때문이다. 물론 이 경우에 현재를 정리하는 것만이 아니라 미래의 나아갈 방향에 대해서도 총체적으로 고려할 필요가 있다. 교재를 통해 해당 프로그램 또는 교육이 나아가야 할 이상적인 지향점을 보임과 아울러 교재의 사용 기간[31] 확보가 가능하다.

먼저 교재 개발을 위한 기초 조사로 교수 환경과 교수 자료를 분석해야 한다. 교수 환경의 인적 변인인 학습자 및 교수자, 위탁자 등의 요구와 물적 변인인 교수 학습 상황을 분석하고 기존 교재 분석을 해야 한다. 이 결과, 교재 구성의 기본 원리가 되는 교수 학습 원리와 사용되는 현장인 목표, 교수요목, 시간 틀, 학급 규모, 사용 가능한 기기, 교사의 재량권 등의 교수 학습 환경과 사용자인 교사, 학습자 정보가 정리된다.

또 요구 분석과 교육 자료 분석 결과를 통해 교육 목표 및 구체적인 교육 내용을 정리하면 교재의 내용 틀인 교수요목 설계도 가능하고 개발 시 이용할 수 있는 참고자료로 어휘, 문법, 기능, 과제, 문화 등 개개 요소별 목록도 만들 수 있다.

이런 과정을 거치면서 시간 틀 등 교수 환경에 맞는 교수요목이 나오면 단원 구성, 인물 등을 결정해야 한다. 교재의 전체적인 틀인 교수요목 및 단원 구성은 정리된 교수 학습 이론과 교수 학습 상황에 근거하여 결정된다. 인물은 거시적으로는 사회문화 또는 역사, 정치적인 맥락 및 가치를 반영하나 기본적으로 교재 사용자를 고려하여 결정하고 거시적인 맥락에서 사회적 편견이나 차별이 드러나지 않도록 조정하게 된다.

2. 개발 단계

개발 단계는 정리된 틀과 구성 요소에 따라 내용을 만드는 단계이다. 보통 구성 요소는 제목과 학습 목표, 도입, 대화(예시문), 어휘, 문법, 과제 및 활동, 문화, 자기 평가, 복습, 번역, 삽화, 어휘 및 문법 색인 등인데 교수 학습 상황과 교수 현장에 따라 이 구성 요소 및 개발의 순서는 달라진다. 예를 들면 과제 및 활동이 중심이 되는 교재의 경우에 과제 개발이 먼저 이루어지고 그 과제와 관련된 구성 요소가 선택된 후에 다른 구성 요소들은 그에 근거해 개발을 하며, 모범 대화가 중심이 되는 경우에는 대화를 먼저 개발하고 그에 근거해 다른 요소의 선택 및 개발이 이루어진다.

그러므로 여기서는 순서와 무관하게 위에 언급된 개개 구성 요소 모두를 교수 학습 과정 및 전략, 교수 학습 내용, 교수 학습 내용의 이해 및 전달의 세 부분으로 나누어 개발 과정을 간략히 살펴보고자 한다.

1) 교수 학습 과정 및 전략 관련: 제목과 학습 목표, 도입, 자기 평가, 복습, 어휘 및 색인

제목과 학습 목표는 단원의 전체 내용을 알리는 요약된 표지로 교수 학습 전략과 관련되는 부분이다. 전체 내용을 함축적이고 명시적으로 나타내야 한다. 학습자가 쉽게 내용을 이해해야 하므로 초급에서는 한국어가 아니라 학습자 모국어로 제시할 수도 있다. 그리고 도입, 자기 평가, 복습 등은 수업이나 학습의 시작과 끝을 이루는, 교수 학습 과정에 관련된 내용이다. 즉 학습자의 인지적이고 조작적인 능력이 활용되므로 언어능력보다는 사고력, 문제 해결 능력을 고려하여 개발해야 한다. 아울러 이를 활용하는 방법일 교수 학습 전략도 고려해야 한다. 특히 어휘 및 문법 색인은 학습자가 스스로 알아서 사용하는 것이므로 실제적으로 도움이 될 수 있고 쉽게 이용할 수 있도록 만들어야 한다.

2) 교수 학습 내용 관련: 대화(본문)[32], 어휘, 문법, 과제 및 활동, 문화

대화, 어휘, 문법, 과제 및 활동, 문화는 교재의 중심이 되는 부분인데, 어느 것이 중심 내용이 되는가에 따라서 개개 요소의 개발 양상이 상당히 달라질 수 있다. 의사소통을 중시하는 일반 목적의 언어 교재에서는 보통 대화 또는 과제 및 활동이 중심이 되고 어휘와 문법은 그를 생산하기 위한 준비나 연습의 기능을 한다.[33] 따라서 어휘와 문법은 대화 또는 과제 및 활동 관련 어휘와 문법을 주로 다루고 기타 새로운 어휘와 문법은 간단히 다루기도 한다.

대화는 전형적인 발화, 즉 모범 발화인가, 다양한 발화 가운데 하나, 즉 예시 발화인가에 따라서 그 내용과 형태가 달라진다. 모범 발화인 경우에는 정확성이 중요한 반면 예시 발화는 정확하게 사용하는 것보다는 다양하게 생산하는 유창성이 중요하다. 대화가 아닌 1인 발화나 글 역시 마찬가지이다.

과제 및 활동은 학습자가 언어를 실제 사용하는 과정을 경험할 수 있도록 구성해야 한다. 다양한 언어 사용 양상을 체험해야 하므로 네 가지 언어 기술의 사용부터 게임, 노래, 현장 학습 등 실제 생활 관련 활동까지 나타날 수 있다.

문화는 다른 내용 요소와 관련성이 깊은 경우와 그렇지 않은 경우가 있다. 관련성이 긴밀한 경우는 개개 내용 요소에서 문화적인 정보가 필요한 경우에 삽입이 되며, 그렇지 않은 경우에는 보통 매 단원 마지막에 놓여 학습자에게 유용한 문화적 지식을 제공한다. 그리고 일반적인 지식이나 정보의 제공, 간단한 과제 및 활동의 수행, 이 두 가지 방식의 구성이 가능한데 보통 한국어 교재는 전자의 형태를 취하고 있다.[34]

3) 과정 및 내용의 이해와 전달: 삽화 및 사진, 번역

삽화 및 사진, 번역은 교수 학습 과정과 교수 학습 내용을 이해시켜서 교수 학습을 원활하게 한다는 점에서 교재에서는 특히 비중이 크다. 교재의 삽화 및 사진은 시각 의사소통(visual communication)을 이루어야 하므로 명시성과 정보가 중요하다.

그러므로 의미하는 바가 분명해야 하고 때로는 과감한 생략과 과장이 필요한 경우도 있다. 번역 역시 정확한 내용 전달이 중요하나 어법이나 사회문화적 차이가 있는 경우에는 적절하게 판단하여 해결해야 한다.

3. 시험 사용 단계

시험 사용 단계는 사용자인 교사와 학습자를 대상으로 교재의 일부 또는 전체를 일정기간 사용하여 교재의 유용성 여부를 검증하는 단계이다. 이 시험 사용 결과를 적극 수용하여 교재를 수정, 보완하게 된다. 보통 교수 학습 내용 가운데 중심이 되는 부분이 완성되면 시험 사용이 가능한데, 시험 사용이 일찍 시작되는 경우에 그 결과를 반영하는 데에 소요되는 시간과 노력 등 작업 과정이 복잡해지므로 적절한 운영의 묘가 필요하다.

4. 완성 단계

원고본이 완성되면 출판에 들어가는데, 이 과정은 삽화와 번역의 점검 및 완성, 테이프 및 CD 등 오디오 관련물 제작을 포함한다.

Ⅴ. 교재 개발의 실제-연세대학교 초급 교과서의 경우

교재 개발 과정을 4단계로 나누어 정리했으나 사실 교재 개발은 상당히 길고 복잡한 과정을 거치게 된다. 이런 과정의 구체적인 진행 양상을 연세대학교 초급 교재인 '연세 한국어 1' 개발 과정을 중심으로 자세히 살펴보고자 한다. 연세대학교의 교재 개발은 1년 간 기초 조사가 이루어지고 그 결과물인 기초 연구 보고서[35]에 근거해 진행되었다. 그리고 이것은 연세대학교 정규과정 교재이므로 기존 교재가 있고 교과과정이 확립된 상황에서 성인 학습자 대상의 일반 목적의 집중적인 교육이 가능한 한국어과정의 교재를 개발하는 과정이다.

1. 개발 전 단계

연세대학교의 교재 개발의 경우에 개발 전 단계는 교수 학습 이론의 정립과 교수 학습 상황의 검토를 위한 기초 조사 검토[36]와 교수요목에 대한 검토, 단원 구성의 확정, 인물 설정으로 나누어 진행되었다. 이를 나누어 살펴보면 다음과 같다.

1) 기초 조사 검토

교재 개발에 필요한 교수 학습 원리와 교수 학습 상황 및 사용자를 정리하고자 기초 조사를 검토하였다.

연세대학교 한국어학당의 교수 학습 이론은 현재 "절충적 통합 교수법"[37], "구조주의 언어학에 근거한 구두 청각 교수법과 인지주의 학습법"[38], "청각 구두법을 지향하나 다양한 교수법이 이루어지고 있"[39]다고 정리하고 있다. 그리고 현 교수법이 문법 관련 측면에서는 우수함이 인정되나[40] 최근의 경향과 거리가 있으므로 새로운 교수법의 모색이 필요하다고 보고 있다. 따라서 최근의 교수법인 수행 중심의 교수 원리의 반영[41], 의사소통 교수 원리에 근거한 형태 중심의 교수법[42] 등이 대안으로 제시되고 있다. 이는 현재 한국어 교육계에서 형태와 사용을 고려한 완전 통합형의 교재 개발을 지향하고 있는 것[43]과도 일치한다. 최근 한국어 교육계는 일반적인 의사소통 및 사용 중심의 교수법으로는 한국어 구조의 습득이 용이하지 않음을 인식하고 구조 및 형태 교육의 중요성을 자각하며 그에 힘쓰고 있다.

그리고 언어 학습에서 형태와 사용은 사실 분리될 수 없는 것으로서 긴밀하게 연결되어 기능, 과제, 수행 등으로 실천되며 이제, 고정된 교수법이 아니라 다양하게 사용될 수 있는 원리가 유용함을 자각하고 있다.[44] 따라서 한국어학당의 교수 학습 이론 역시 형태와 사용, 즉 구조의 유창한 사용과 정확한 의사소통 중심, 그리고 언어를 구사하는 주체인 학습자 중심이라는 교수 학습 원리에 근거해야 한다. 그러므로 이런 기본적인 교수 원리와 구조 습득에 용이한 현재의 방법론을 적극 활용하면 독자적인 교수 학습 이론 개발이 가능하다. 이것 역시 일종의 "절충적 통합교수법"이 되겠으나 체계적인 연습과 역동적인 활동을 통해서, 형태와 사용의 통합적인 습득을 목표로 한다는 점에서 청각 구두 교수법에 근거해 문형 연습을 중시하던 기존의 방법을 넘어선다.

따라서 이런 교수 학습 원리에 근거하면 교재는 체계적인 연습과 활동을 수행하되 활동 즉 실제 상황을 해결하는 과제가 중심이 되는 방식으로 구성된다. 그리고 그런 과제는 주제 및 기능의 수행이 되므로 결국 주제 및 기능을 중심으로 교재는 짜여지게 된다. 아울러 형태와 사용의 통합적인 습득이 목표이므로 구어와 문어 둘 다가 중요하고 말하기, 듣기, 읽기, 쓰기 네 가지 기술 모두가 중요하다. 이런 경우 교재 개발은 이들 모두를 담아내는 총체적인 작업이 된다.

한국어 교재 개발 시 특정 기관 또는 특정 한국어 과정의 교재를 개발하나 범용성도 추구해야 함은 분명하다. 위에 정리한 교수 학습 원리가 일반적인 한국어 교수법의 동향을 따르고 있음도 그 때문이다. 그리고 사용자 및 교사의 자율권 등의 교수 학습 상황을 정확히 파악하고 정리해 이 교재의 성격을 명확히 하며 이를 두루 소개하는 것도 범용, 즉 다른 교육 현장에서 사용할 때 도움이 된다.[45]

연세대학교 정규과정의 교수 학습 상황을 교육 목표, 교수요목, 시간 틀, 반 규모, 제공되는 기기, 교사의 자율권 및 사용자 순으로 살펴보면 다음과 같다.

일반적인 목적의 한국어과정이므로 교육은 한국어 능력의 숙달을 목표로 하며 기초적인 한글 이해부터 총체적인 한국어 능력 숙달에 이르는 등급 별 목표를 갖고 있다. 초급은 기초적인 언어능력, 중급은 일반적인 언어 능력, 고급은 전문적인 언어 능력의 숙달을 목표로 하고 있다.

각 급별로 교수요목이 있으며 이것이 교재와 긴밀히 연결된다. 이는 교재 구성에 적극 반영된다. 현재의 교수요목에는 주제와 기술별 활동 및 과제가 들어 있다. 그리고 과정 전체가 6개 급으로 나뉘어 있으며 1일 4시간, 1주 20시간, 10주 200시간 수업을 한다. 이 수업은 150시간을 점하는 통합 수업과 날마다 1시간 씩 50시간 과정인 급 수준에 맞는 다른 성격의 수업 두 가지로 이루어진다. 그러므로 이 교재가 쓰이는 수업은 1일 3시간 1주 15시간, 10주 150시간 수업이다. 학급 규모는 12명 내외의 소규모여서 집중적인 언어 소통 및 다양한 활동이 가능하다. 시청각 장비, 복사기, 컴퓨터 등이 모두 제공이 되나 학습자 집단의 규모가 커서 사용이 원활하지 못한 점이 다소 있는 상황이다. 기기 사용을 교재 개발 시에 적극적으로 고려하여 이런 기기를 갖추는 쪽으로 교수 학습 상황을 변화시킬 수도 있다.

교사의 자율권은 한 개 급의 규모가 크고 일정 수준의 숙달 능력을 목표로 하므로 교수법, 교수계획안, 평가 등을 동일하게 하여 일정 부분 통제가 되는 상황이기는 하지만 교실 내에서의 운용은 전적으로 교사에게 달려있다. 그러므로 교재는 정확하게 등급화된 교수 학습 내용을 담고 있어야 하고 그 완성도도 높아야 한다.

이 한국어 과정의 사용자인 교사는 석사 이상의 교육을 받은 교육 경력이 있는 모국어 화자로서 한국어 및 한국어 교육 현장에 대한 전문적인 지식과 능력을 갖추고 있다. 교재에 대한 이해가 빠르고 적극적이고 창의적인 사용이 가능한 집단이라 할 수 있다. 이런 전문 인력은 보통 한국어교육 현장에서 쉽게 만날 수 있는 인력이 아니므로 이런 교사가 주사용자임은 분명하나 다양한 현장이 있음을 고려할 때, 사용이 용이도록 교수 학습 과정 및 전략 관련 부분과 삽화, 번역 등의 개발을 정밀하게 할 필요가 있다.

그리고 현재 한국어학당의 학습자는 다국적의 성인이므로 성인의 의사소통에 맞아야하고 다문화간 소통을 고려해야 한다. 또한 교포와 순수 외국인이 혼재되어 있으므로 이를 고려해야 하나 교포 역시 다국적이며 한국어 기반이 전혀 없는 학습자도 많아 결정적인 변인이라 보기 어려우므로[46] 일단은 다국적, 다문화를 고려하는 차원에서 개발을 해야 할 것이다.

이상의 논의를 표로 정리하면 다음과 같다.

	현 한국어 과정	교재 개발 관련 정리 사항
목표	일반 목적의 한국어 능력의 숙달 등급별 목표(6개급)	일반 목적의 한국어 교재 등급별 목표를 반영함.
교수 요목	주제, 기술별 활동 및 과제	적극 반영함(혼합 교수요목)
시간 틀	6개 급, 각 급별 1일 4시간, 1주, 20시간, 10주 200시간 (매일 1시간 씩 총 50시간 별개 수업을 포함함)	체제 및 구성에 반영함. (각 급별 교재 총 6권 각 권 10개과 50항)
학급 규모	12명 내외의 소규모	다양한 의사소통 활동 및 교수 학습 방법의 시도가 가능함.
기기 제공	시청각 장비, 복사기, 컴퓨터	적극 활용함.
자율권	교수법, 평가, 교안 동일	등급화된 교수 학습 내용, 평가 체계를 고려해야 함.
사용자 – 교사	전문적인 지식과 능력이 있는 모국어 화자	적극적이고 창의적인 사용이 가능함.
사용자 – 학습자	교포와 일본, 미국, 중국을 포함한 50여 개국의 성인 학습자	다국적, 다문화를 고려함.

2) 교수요목 확정

기초 조사에서 제안된 혼합 교수요목을 검토하고 조정하는 작업을 개발 전 단계에서 하게 된다. 제안된 교수요목은 주제, 과제와 기능, 문법/표현, 어휘, 내용과 맥락, 문화가 주제를 중심으로 짜여져 있는 주제 중심 교수요목이다.[47] 따라서 주제를 먼저 검토하는 작업을 하였다. 기초 조사에서 교재 분석 결과 작성한 초급의 주제 목록과 기존 교재의 주제 목록을 참조하여 현 교수요목을 살펴본 후 일부를 수정하였다.

기초 조사의 교수요목의 주제는 10개로 '인사, 소개(사람), 소개(사물), 음식(1), 하루생활/학교생활/주말이야기, 가족/고향, 물건사기(1), 날씨와 계절, 교통수단 이용, 전화 이용' 이다. 그리고 주요 교재 분석 결과 주어진 목록 가운데 이 교수요목에서 빠진 주제는 '날짜/요일, 남녀평등, 능력, 병, 서울, 설날, 시간, 하루일과, 숫자, 후회, 휴일과 방학' 인데, 이 가운데 '날짜/요일, 능력, 시간, 하루일과, 숫자, 휴일/방학' 이 초급 교재에서 다루는 빈도가 높다. 그리고 기존 교재에서 빠진 부분은 '학교 생활, 방문, 취미 생활, 서울' 이다.

이에 근거하여 '소개' 를 한 과로 합치고 휴일/방학을 넣어 '인사, 학교와 집, 가족과 친구, 음식, 하루생활, 물건 사기, 교통, 전화, 계절과 날씨, 휴일과 방학' 순으로 10개를 정했다. 순서는 문법 학습 순서를 고려하여 결정하였다.

다음으로 주제 관련 과제와 기능을 각 단원 5개 항 4개 과제로 정리하고 개개 과제와 기능은 교재에서 두 개의 활동으로 구현하기로 하였다.

문법을 정리하는 일은 쉽지 않고 교재 개발 과정 내내 논의해야 하는 부분이나 우선 주제와 마찬가지로 기존 교재 분석 결과를 참조하여 기존 한국어학당 교재에서 다루었으나 빠진 것과 기존 주요 교재에서 다루었으나 빠진 것을 정리하였다.[48] 그리고 이 문법이 단원의 주제와 과제, 기능을 잘 나타낼 수 있는지를 살펴 확정하였다. 즉 주제 관련성이 높은지, 과제와 기능을 나타내기에 합당한지, 초급 수준에서 배워야하는지를 살폈다.

어휘는 주제 관련 어휘와 새 어휘를 나누기로 하고 주제 관련 어휘를 중심으로 교수요목을 짰다. 주제 관련 어휘 중심으로 학습이 이루어지고 주제 관련 과제와 기능을 수행하도록 교재를 구성하기 때문이다.

	주제	과제, 기능	문법	어휘	문화
1	인사	인사나누기 이름 말하기 국적 말하기 직업 말하기	습니까, 습니다 은/는, 이다 입니까 이/가 아니다	기본 동사 사람 이름 나라 이름 직업 이름	인사말
2	학교와 집	소유물 소개하기 교실 소개하기 학교 소개하기 집 소개하기	이/가, 이/그/저, 있다/없다 에(장소), 위치 관련 명사 여기/저기/거기 하고	소지품 이름, 형용사1 교실 사물 이름 학교 시설물 이름 집과 방 관련 어휘	서울

	주제	과제, 기능	문법	어휘	문화
3	가족과 친구	자기에 관해 말하기 고향에 관해 말하기 가족에 관해 말하기 친구에 관해 말하기	을/를 에서(장소) 시(존대법), 수1 에서(장소)	동사 형용사2 가족 명칭 전공 관련 어휘	가족 명칭

문화는 매 과 주제 관련 문화 항목을 선정한 기존안대로 하되 주제 변동에 따라 내용을 일부 수정하였다.

3) 단원 구성 확정

기초 조사에서는 단원 구성을 현 교재와 같이 10단원 50개 항으로 구성하므로 "상위 단원인 '과'에서는 제목과 학습목표, 하위 단원별 실러부스를 제시하고 각 과의 첫 번째부터 네 번째 단원인 '항'은 제목으로부터 과제+기능 학습까지 9단계(제목-도입-기본 어휘-본문 제시-어휘-문법-문형 연습-과제+기능 연습-본문 기본대화 번역-문화 학습-점검해 봅시다)로, 다섯 번째 '항'은 복습과 문화학습, 평가로 구성"[49]되는 것으로 정리하고 있다. 이는 "한국어 교재에 있어 단원의 구성이 준비 도입으로부터 마무리, 자기 평가까지 각 단계가 점점 세분화되"[50]어 "준비 단계, 연습 단계, 생산 단계, 평가 단계"[51]를 다 갖추는 최근의 한국어 교육계의 경향을 반영한다. 그리고 "언어의 구조에 대한 이해와 연습을 바탕으로 과제 수행력을 높일 수 있도록 한 한국어 교재의 단원 구성"[52]과도 크게 다르지 않다. 아울러 기본 어휘, 어휘, 문법, 문형 연습 등의 형태 학습과 과제+기능의 사용 관련 부분이 있고 제목, 도입, 번역, 문화 학습, 점검해봅시다 등 언어 사용자인 학습자를 고려하는 부분으로 짜여진 구성은 형태와 사용을 중시하며 언어 사용자인 학습자 중심이라는 연세대학교 한국어학당의 교수 원리에도 맞는다.

이 구성을 따르되 다음과 같이 정리를 하여 완성하였다.

첫째, 개개 과는 제목과 주요 내용만 제시하도록 한다. 주요 내용 실러부스와 학습 목표의 내용이 중복되므로 전체 표로 일괄 제시하는 것이 명료하기 때문이다.

둘째, 개개 항에 제목 다음에 학습 목표를 간략하게 제시하여 각 항에서 학습자가 수행해야하는 바를 명시하기로 한다.

셋째, 기본 어휘와 본문 제시의 순서를 바꾸어 도입 후 예상되는 본문을 만나고 그 본문에서 다루고 있는 주제 관련 어휘를 학습하도록 한다. 그리고 새 어휘는 본문 아래에 번역과 함께 제시하여 본문 이해에 어려움이 없도록 한다. 즉 도입 후 주제 관련 어휘를 학습하여 어휘 학습을 먼저 하고 실제 발화를 만나게 하는 기초 조사 보고서의 방식보다 도입 후 어휘 학습 전에 실제 발화를 만나게 하는 것이 실제성과 학습자 동기 유발에 더 유용하기 때문이다. 이런 경우에 새 어휘로 인한 어려움이 있는바 새 어휘를 번역과 함께 제시한다.

넷째, 문형 연습 부분을 별권으로 만들어 학습자 필요에 따라 사용하도록 한다. 단순 반복 연습의 유용성이 학습자에 따라 편차가 크고 창의적인 학습자일수록 지루해하기 때문이다. 그래서 자습용으로 스스로 발음 및 구조 연습을 할 수 있도록 구성한다.

다섯째 문법 설명(번역)을 대화 번역과 함께 매 항 뒤에 붙인다. 이것은 사용 중심의 문법 교수 학습 시에 활용되는 것이 아니고 학습자가 인지적으로 이해해야 하는 부분이기 때문이다. 학습자 스스로 적극적으로 이를 이용하여 학습 전략을 세우도록 격려한다.

그리고 매 과 5항 복습은 기초 조사에서 제안된 바가 없어 새로 구성하였다. 복습이므로 배운 것을 정리하고 확인한 후에 활동하게 하는 세 단계로 구성하되, 정리 단계에는 배운 어휘와 문법 목록과 발음을 제시하고 확인 단계에는 주제 관련 어휘와 문법 연습 문제로 학습자의 어휘와 문법 학습 성취도를 점검하게 하고 마지막 단계에는 통합적인 주제 관련 과제를 수행하게 하였다.

이렇게 하여 정리된 단원 구성은 다음과 같다.

과	1항-4항	5항	문화
제목	제목 – 학습 목표 – 도입 – 본문 – 어휘 – 문법 – 과제 – 문법 설명(번역) – 본문 대화(번역)		
주요		정리, 확인, 활동	
내용			문화

4) 인물 설정

교재의 실제성 및 연계성을 고려하여 본문 대화 및 교재 내용을 이룰 인물을 설정하기로 하였다. 이 교재의 주 수요자가 한국에 와서 한국말을 배우는 학생들이므로 한국 사람과 외국사람 각각 4명씩(남2인, 여2인)으로 하였다. 외국인은 연세대학교 한국어학당 학습자의 국적 및 직업, 나이를 조사하여 그를 기준으로 20대의 일본, 중국, 미국, 러시아 사람으로, 직업은 회사원과 학생이 많으므로 회사원, 대학생으로 결정하였다. 그리고 한국의 다양한 생활을 보여줄 수 있으리라 생각하여 다른 두 사람은 은행원과 기자로 하였다. 한국인의 직업은 이들이 자주 만나는 사람이어야 하므로 같은 캠퍼스에 있는 대학생과 대학원생, 그리고 외국 학생과 같은 회사의 회사원과 여행사 직원으로 결정하였다.

이상의 내용을 정리한 결과는 다음과 같다.

	성별	나이	직업
한국사람1	여	24	대학원생
한국사람2	여	28	회사원(무역)
한국사람3	남	22	대학생
한국사람4	남	30	회사원(여행사)
일본사람	여	24	은행원
중국사람	남	28	회사원(무역)
미국사람	남	30	기자
러시아사람	여	22	대학생

2. 개발 단계

개발 단계는 다양한 방식으로 진행이 가능하다. 연세대학교 1급의 경우에 한 개 급 10과 50항을 개발하여야 하는데 위 단원 구성을 보면 각 과의 제목과 주요 내용은 이미 확정되어 있으므로 1-4항, 5항(복습), 문화 이렇게 세 부분이 남는다. 이 가운데 불변항으로 교재의 중심이 되는 부분은 1-4항이고, 그 부분의 구성 요소 가운데에서도 '본문대화'와 '과제'가 핵을 이루는 것으로 보아서 그를 먼저 개발하기로 하였다. 아울러 이 '대화'와 '과제'가 가야할 방향을 가리키는 나침반과 같은 역할을 하는 '제목'과 '학습목표', '도입'을 함께 개발하고 '어휘와 문법', '복습', '문화' 순으로 개발을 하기로 하였다. 이런 순서는 이 교재에서 '대화'와 '과제'의 역할이 중요함을 의미한다. 의사소통 능력을 함양하는 방식으로 특정 상황에서 사용되는 예시 발화를 보여주고 그에 준하여 유사한 상황을 해결하는 과제 및 활동을 하도록 교재를 구성하는 것이다. 그리고 이런 경우에 어휘와 문법은 그런 의사소통 능력을 실현하기 위해 준비하는 과정이 된다. 문화가 문제가 되는데 교재 내용이 완성된 후에 문화적 맥락 및 사용이 필요한 부분과 연관되어 일괄 문화 항목을 조정하였다. 삽화 및 번역 작업은 따로 진행이 되었다.

따라서 개발은 다음과 같이 5단계로 진행되었다.

1단계: 제목, 학습 목표, 도입, 본문 대화, 과제 개발

2단계: 어휘, 문법 개발

3단계: 복습 개발

4단계: 문화 개발

5단계: 삽화 및 번역 작업

이를 단계별로 자세히 살펴보고자 한다.

1) 1단계: 제목, 학습 목표, 도입, 본문 대화, 과제 개발

제목과 학습 목표는 내용 실러부스에 있는 것을 검증하여 확정하였다. 각 과의 제목이 주제 및 기능으로 표시되므로 각 항의 제목은 문장으로 표시하기로 하였다.[53] 초급 교재에서는 본문이 대화로 주어지므로 그 대화 발화 가운데 초급의 의사소통 상황을 드러내는 전형적인 발화를 추출하여 그를 제목으로 다는 것이다. 이렇게 초급에서 제목을 문장으로 하는 것은 학습자가 외워 실제 상황 해결에 유용하게 사용하고자 함이다. 이런 발화가 그 항에서 학습할 문법 요소를 포함하는 것이 이상적이나 그 보다는 실제성이 더 중요하다고 보아서 과제 관련성을 우선 고려하여 선정하였다. 예를 들어 2과(학교와 집) 4항의 제목이 '집이 어디입니까?' 인데 학습 문법은 '하고' 이고 과제는 '집 위치 말하기' 이다. 이 경우, 제목은 문법이 아니라 과제와 관련되어 추출되었음을 알 수 있다.

학습 목표는 과제를 수행 목표로 하고 어휘와 문법 요소를 함께 보이기로 하였다. 학습 목표를 기술하는 방식도 다양하나[54] 학습자의 인지적 이해를 도울 수 있도록 수행해야 할 과제를 '-기' 의 형태(예: 이름 말하기)로 학습자 모국어로 제시하고 문법은 문법 형태(예: 이/가)를 제시하고 어휘는 주제 관련 어휘(예: 사람 이름 또는 맛 관련 어휘)를 밝히기로 하였다.

도입은 학습자가 배울 내용에 대해 예측하게 하고 기대하게 하는 부분이므로 학습자가 배경지식 및 사고력을 사용하도록 구성하여야 한다. 다양한 방식의 도입이 가

능하나 초급에서는 그림이나 사진을 이용하여 자유롭게 생각하게 하고 그 생각한 바를 얘기할 수 있도록 질문을 제시한다. 학습자의 흥미를 유발하고 스스로 생각하여 단원의 내용에 접근하게 하는 것이다. 이 그림은 특정 대화를 생산하는 상황을 나타내야 하므로 그림에 배경이 되는 장소와 인물, 그 둘의 대화를 예측할 수 있는 장치(말풍선, 물음표 등)가 나타나게 된다.

질문은 제시된 이미지 관련 질문 하나와 유추 또는 개인화할 수 있는 질문 하나 이렇게 둘을 제시하는 것으로 기초 조사[55]에서 정리했으나 단원의 주제에 따라 이미지로 제시된 상황에서 사용하는 표현(예: 어떻게 이야기합니까?)이나 구체적인 내용(예: 무엇을 삽니까?)을 묻게 되는 경우가 아주 많아서 기본적으로 두 개의 질문 가운데 첫 번째는 일반적이거나 큰 범주를 묻고 두 번째 질문은 그보다 구체적인 내용을 묻는 것으로 정리했다.[56]

본문은 대화와 1인 발화 또는 글의 형태를 취할 수 있고 예시인지 모형인지에 따라 본문의 기능이 달라진다.[57] 초급 교재에서 의사소통은 주로 구어 의사소통이며 기본적으로 적절한 대화 생산을 목표로 한다. 따라서 본문은 대화로 제시되는데, 단원의 주제와 기능을 수행하는 다양한 대화를 예시하거나 전형적인 모형 대화를 제시하는 두 가지 방법이 가능하다. 전자는 주로 과제 중심의 교재에서 나타나고 후자는 정확한 형태의 습득을 중시하는 교재에서 나타난다. 전자의 경우에 대화의 길이가 길고 양이 많아 다양한 발화를 학습자가 접하는 것이 목적이라면 후자는 대화의 길이가 짧고 사용된 어휘와 형태도 단순해 모형 발화를 정확하게 구사하는 것을 목적으로 한다. 즉 전자는 대화가 다양한 형태의 입력이 된다면 후자는 직접적인 발화 생산에 도움이 되는 것이다. 다양하고 자연스러운 의사소통 상황을 경험하고 학습자 주노석인 생산 과정을 경험하게 하는 데에는 전자의 방법이 효과적이다. 그러나 기초 단계에서 다양한 예시 발화는 학습자에게 부담이 되어 아예 생산을 못 하거나 해도 부정확하며 시간도 많이 걸리기 쉽다. 따라서 학습자의 언어 능력이 부족한 기초 단계에서는 모형 발화가 유용하다. 모형 발화는 배워야할 것을 명시적으로 보여주므로[58] 정확한 발화 생산이 용이하기 때문이다. 그래서 학습자의 빠른 습득과 구사를 위해 한 개의 모형 대화를 제시하였다.

그리고 모형 대화는 간결하고 명료해야 하므로 대화의 수를 2-3개로 제한하였고[59] 어휘와 문법을 포함하되 자연스러운 상호작용을 고려하여 만들었다. 그리고 내용이 복잡해지지 않도록 의사소통 전략이 드러나는 담화 표지는 꼭 필요한 것만 대화에 포함했다.

과제는 매 과의 주제와 관련하여 매 항마다 한 개가 수행되는데 두 개의 활동으로 구현하였다. 그리고 매 항마다 한 개의 수행 과제는 학습 목표로 제시되며 이것이 과제 1과 과제 2 두 개의 활동으로 나타난다. 과제 1은 과제 2에 비하여 단순하고 선행 교육 내용 즉, 모형 발화, 어휘, 문법과 긴밀히 연계되어 교육적 과제의 성격이 강한 통제된 활동이라면 과제 2는 실제 의사소통 요구에 맞는 창조적인 활동이 되도록 하였다. 그리고 이 과제들은 되도록이면 기술별 분리 과제가 아니라 통합 과제 형식을 취하였다.[60]

2) 2단계: 어휘, 문법 개발

어휘는 주제 관련 어휘와 새 어휘로 나누어 다루었다. 새 어휘는 모형 대화와 과제에서 나오게 되는데 하단에 모국어로 의미를 제시하였다. 그리고 주제 관련 어휘는 기본 어휘이므로 의미 제시와 간단한 확인을 하는 두 단계로 구성을 하였다. 어휘를 제시하는 방식 역시 다양한데 기본적으로 주제 관련 어휘이므로 의미장이 나타나도록 연결시켜 제시하고 그림을 적극 활용하였다. 확인은 간단히 어휘의 의미를 파악할 수 있는 다양한 연습을 만들었다.

교재에서 문법은 설명과 예문이 제시되는 부분과 연습 부분으로 나눌 수 있다. 문법 설명과 예문 부분은 학습자 모국어로 번역을 하여 항 뒤에 두었다. 학습자의 인지적인 능력이 요구되는 부분이고 스스로 읽어 알아야하는 지식이기 때문이다. 문법의 의미와 기능에 대한 설명을 모국어로 제시하고 예문을 번역과 함께 제시하였다. 이 부분을 단원 뒤에 둔 것은 교재 사용 시에 이 부분은 학습자 스스로 공부하도록 하고 수업에서는 적절한 문법 교수가 고안되어야함을 의미한다. 문법 연습은 기본적인 형태 연습부터 문법을 이용한 의사소통 활동까지 여러 단계의 연습이 가능하다.[61] 기본적인 형태 연습은 워크북에서 다루므로 유의미한 맥락의 의사소통 활동으로 문법 연습을 만들었다. 단순한 형태 변형이 아니라 문법의 의미와 기능을 이해하여 사용할 수 있는지를 확인하고자 하였다.

3) 3단계: 복습 개발

복습은 매 단원 마지막에 놓여 학습 내용을 정리하는 것이므로 배운 것을 확인하고 그 결과에 따라 보충이나 심화 학습까지 도모할 수 있다. 학습 내용의 정리와 확인 단계는 필수적이나 보충과 심화는 난이도 및 부담을 고려해야 하고 학습자의 학습 진도와 동기 등 여러 가지 변인이 엉키는 복잡한 국면이 있으므로 학습자 주도성을 고려하여 개발하기로 하였다. 즉 학습자 스스로 해결해야하는 실제 의사소통 활동을 구성하여 이 활동을 수행하는 과정에서 보완이 필요한 경우에는 선행 내용을 다시금 참고하도록 했고, 잘 하는 학생의 경우에는 풍부한 생산이 가능하도록 하였다.

그리고 이 활동을 위한 준비 과정이 내용 정리 및 확인이 되도록 했다. 내용 정리는 배운 어휘, 문법, 발음 목록을 일괄 제시하여 스스로가 아는 어휘와 문법, 발음의 양과 항목을 정리하도록 하였다. 이런 목록은 학습자가 자신의 학습 진도 및 위치를 점검함은 물론 자신이 아는 내용을 스스로 재구성해 자신만의 한국어 노트를 만들게 할 수도 있어 효과적이다.

내용 확인은 어휘, 문법 활동과 과제 수행 활동을 통해 가능하다. 그런데 이 가운데 과제 수행 활동은 앞서 얘기한 보충 및 심화 활동이 실제 의사소통 활동으로 단원의 주제 관련 총체적인 활동이므로 이와 합쳤다. 그러니까 이 복습 마지막에 오는 활동은 단원의 주제와 관련된 통합 활동이고 이 단원에서 익힌 과제 수행 능력을 발휘할 수 있는 활동이며 학습자의 보충 및 심화가 가능한 활동이다. 어휘, 문법 활동은 각기 어휘와 문법으로 나누어 개발하되 다양한 시도를 하였다. 그리고 스스로의 학습 수준을 평가하는 평가표[62]를 제시하여 학습자가 자신의 실력을 점검하도록 하였다.

따라서 복습은 정리 단계, 확인 단계, 활동 단계로 나뉘고 정리단계에는 어휘, 문법 발음 목록이 제시되고 확인단계에는 어휘와 문법 연습 및 활동이 각각 있고 활동단계에는 통합적인 의사소통 활동이 있게 된다.

4) 4단계: 문화 개발

최근 언어교육에서 언어만이 아니라 의사소통, 또는 의사소통 상황과 맥락, 채널, 경로, 전략 등이 중요하고 아울러 의사소통 수행자인 인간이 중요함은 모두가 공감하는 바이다. 그러나 언어 아닌 이 모두, 의사소통 당사자인 인간과 인간이 놓여있는 상황, 즉 사회와 문화 전반을 언어 교수 학습 현장, 또는 교재에 담는다는 게 가능한가

하는 것이다. 그래서 현재 언어교육은 이런 부분을 언어 소통 시 필히 고려하여 가르쳐야한다는 수준에 멈추어 있고[63] 교재에는 이런 부분이 단원의 주제 관련 문화 항목 및 문화적 맥락의 도입으로 나타나고 있다. 기초 조사에서 문화를 주제와의 관련성, 학습 단계와의 관련성(손연자 외2003, 187쪽)을 고려하여 선정하고 평면적인 문화학습이 되지 않도록 질문 또는 과제를 제시(손연자 외2003, 183쪽)해야 한다고 정리했다. 이에 근거하여 문화를 문화 항목의 선정과 문화 항목의 구성 및 개발로 나누어 살펴보고자 한다.

먼저 각 단원의 주제 관련성과 학습 단계와의 관련성을 고려하여 선정된 문화 항목 목록을 검토하였다. 기존 교재의 수준별 문화 항목표와 연세대학교 한국어학당의 『100시간 한국어1』, 문화 교재인 『한국 언어문화 듣기 집』의 항목을 살펴 현 항목을 살폈다.

그런데 문화 항목을 각 단원의 주제 관련성을 고려하여 매 단원 하나씩 선정하여 매 단원 말미에 두는 방식은 주제 관련하여 문화 항목 추출이 쉽지 않고 문화 항목과 단원의 내용이 관련이 없을 수 있다.[64] 그러므로 주제를 고려하되 내용에서 문화적 설명이나 문화적 맥락이 필요한 부분을 살펴서 문화 항목을 추출하였다. 매 단원 3-4개의 항목이 추출되었고 이 중에서 두 개를 다루었다.

그리고 이렇게 내용에서 문화를 추출하는 경우에는 필요한 부분에 문화가 직접 제시되거나[65] 필요한 부분에 아이콘으로 관련 내용이 있음을 표시하고 뒤에 내용을 붙이는 방식의 구성이 가능하다. 전자인 경우에 직접 간단히 내용을 확인할 수 있으나 전문적인 내용의 학습자 모국어로 된 담화가 삽입됨이 문제이다. 한국어 학습이라는 교재의 흐름에 방해가 되고 지면 사용상 제시 방식 및 분량에 있어서 제약이 있기 때문이다. 그래서 뒤에 내용을 붙이는 후자의 방식으로 구성하였다. 그리고 내용과의 연계성 및 유용성을 극대화하여 뒤에 있어도 사장되지 않고 사용되도록 하였다. 즉 기존의 문화 항목 구성과 같이 문화적인 설명이 있으나 필히 학습자가 참여하는 활동이 있고 활동을 하며 학습자의 문화와 비교가 가능한 문화 간 소통이 이루어지도록 구성하였다.

그런데 문화라는 것이 시공간의 범위가 넓고 내용의 폭과 깊이가 커서 지금 대부분의 교재가 사용하고 있는 방식인 일반적인 설명은 문화의 다양하고 역동적인 면모를 제대로 드러내기가 어렵다. 게다가 이런 설명은 보통 정리된 전문적인 지식을 소개하는 것이 주이고 간혹 지금 변화하고 있는 내용을 소개하기도 한다. 당연히 전자는 신뢰할 만하나 실제성이 부족하고 후자는 실제적인 국면은 드러나나 신뢰할 수 없는 지식인 경우가 많다.[66] 살아있는 지금의 문화를 일반화하여 이야기하기가 어렵기 때문이다.

그러므로 일반적인 설명이 아닌 다른 방식, 구체적인 문화 소통이나 문화적 맥락 및 함의가 드러날 수 있는 방식의 소개가 필요하다. 기존 교재 가운데 주인공들의 대화를 통해 문화를 소개하거나[67] 외국인인 필자가 본 한국문화를 이야기하고 있는 경우[68]는 구체적인 의사소통 장면으로 문화를 소개하므로 문화 소통의 맥락 및 함의가 선명하게 드러난다. 그래서 연세대학교 한국어학당 교재도 교재의 인물 가운데 한 사람을 택하여 그 사람이 문화를 소개하는 방식으로 문화 항목을 구성하였다. 인물 가운데 미국인인 기자가 가장 문화에 관심이 높으리라 생각하여 '그가 본 한국' 이라는 제목으로 문화를 구성하였다.[69]

이렇게 단원 주제 관련성이 아니라 교재의 세부 내용 관련성을 고려하여 항목을 추출하였으므로 항목이 세분화되었고 설명은 외국인인 개인이 경험하는 한국 문화를 소개하고 그에 대해 이야기를 나누는 방식을 취함으로써 문화 체험 및 문화 간 비교 및 소통까지 가능해졌다. 예를 들면 1과에서 단원 주제인 '인사' 와 관련된 문화 항목인 '한국의 인사말' 이 '한국인의 이름' (1항 어휘 '사람 이름'), '한국인의 인사 예절' (4항 과제1 인사나누기)로 세분화 되었다. 그리고 '한국인의 이름' 의 경우에 다음과 같이 이름을 소개할 때, 자국의 경우와 비교하고 아는 한국 이름을 써 보게 함으로써 학습자의 실제 생활과 관련된 경험까지 소개하게 할 수 있다.[70]

■ 한국인의 이름

한국인의 이름은 보통 세 글자입니다. 한 글자는 성이고 두 글자는 이름인데 성을 먼저 쓰고 이름을 뒤에 쓰지요. 그러니까 내 친구 '김 미선' 도 성이 '김' 이고 이름이 '미선' 이에요. 이것은 미국과는 반대입니다. 그리고 서양에서는 성씨가 자기 조상의 특징을 나타내는 경우가 있는데, 한국인의 이름에서는 가족의 계보가 나타납니다. 미선 씨 말로는 이런 집안의 이름을 기록한 책도 있다고 합니다. 한국의 성씨는 모두 270여 개인데 김씨가 제일 많고, 이씨, 박씨, 최씨의 순서로 성씨가 많답니다.

제 친구들 이름이에요. 여러분도 아는 한국 이름이 있으면 써 보세요.

여자	남자
김미선	이영수

5) 5단계; 삽화 및 번역, 녹음 작업

삽화 및 번역 작업은 시험 사용본 제작 시 작업이 시작되어 그를 여러 번 수정 보완하여 완성본을 만들게 되며 이런 과정에서는 전문 인력과 개발자 간의 긴밀한 협력이 필요하다. 교재 삽화 및 번역 전문팀이 있어 그들이 시험 사용본을 제작하는 게 이상적이나 보통은 재능이 있는 한국어 교사가 시험 사용 단계에서 삽화와 번역 작업을 하고 추후 완성본 제작 단계에서 외부 전문 인력이 투입되는 경우도 있다. 이 경우 교재 내용을 정확하고 빠르게 반영하고 추후 외부 전문가의 작업 시에 명시적인 세부 지침 제공이 가능하다는 장점이 있으나 시험 사용본의 완성도가 떨어지는 문제점이 있다.

연세대학교 한국어학당 초급 교재도 삽화 제작을 시험본 제작 시에 하였다. 그리고 삽화 제작 담당자들이 교사였으므로 제작 과정에서 겪는 문제점을 기록하여 관련 세부 지침을 만들었다. 번역 역시 한국어 교사가 1차 작업을 하여 시험 사용하였고 추후 모국어 화자와 공동으로 시험 사용본의 번역을 검토하여 완성본을 제작하였다.

녹음은 보통 완성본 및 출판 단계에 작업이 이루어진다. 시험사용 시에 녹음이 이루어지고 완성본까지 수정, 보완을 할 수 있기도 하나 녹음 작업을 수시로 할 수 있는 환경을 갖추고 있지 못하고 비용 및 시간 소모도 크므로 내용이 최종 확정된 후에 녹음이 이루어진다.[71)]

3. 시험 사용 단계

시험 사용은 적정량의 내용이 완성되면 시작되는데 "각 단원 별로 진행할 수도 있고 교재 전체가 완성된 후 시행할 수도 있는"[72)] 등 개발 상황에 따라 다양한 방식으로 진행이 가능하다. 그리고 시험 사용 단계 직전에 삽화 및 번역 작업이 이루어지게 된다. 이는 시험 사용본 제작을 위한 것으로 완성본의 밑그림이 된다. 보통 본격적인 시험 사용은 2단계 개발, 즉 예시문(대화)와 과제, 어휘, 문법 개발이 끝난 시점에 이루어진다. 예시문과 과제, 어휘, 문법이 교재 내용의 중심 부분을 이루고 복습은 내용이 아니라 학습 과정 및 전략 관련 부분, 문화는 의사소통의 사회문화적 차원으로 학습자의 사고력 및 배경 지식, 전략적 사고 등의 인지력을 작동시켜야 하는 부분이기 때문이다.

시험 사용은 1회에 끝나거나 수회에 걸쳐 다양한 규모로 이루어질 수 있는데 그 결과의 반영이 중요하다. 연세대학교 한국어학당 초급 교재의 시험 사용은 두 학기, 2

회에 걸쳐 이루어졌고 매번 시험 사용 결과를 보고하고 논의하는 자리를 마련하여 개발자와 시험 사용자 간의 논의를 거쳐 수정 사항을 결정하고 그를 반영하여 교재를 수정하였다. 그런 과정에서 3단계(복습), 4단계(문화) 개발이 이루어졌고 이 역시 완성 후 시험 사용할 기회를 가졌다.

4. 완성 단계

시험 사용 결과를 반영하여 수정된 교재는 완성본의 면모를 갖추고 출판 단계에 들어가게 된다. 이때에 검토 과정을 거치게 되는데 교재 사용자인 교사 및 교재 이론가를 포함하는 검토진의 전문적인 검토, 워크숍이나 발표 등의 공개적인 검토 등 다양한 방식의 검토가 가능하다. 물론 검토 역시 좀 일찍이 시험 사용 단계 또는 1단계 완성 뒤부터 이루어질 수도 있으나 교재 개발 작업의 지침이나 방향에 대한 이해가 부족한 경우에 진행에 방해가 될 수도 있다.

연세대학교는 외부와 내부의 검토진으로부터 검토를 받아 큰 틀부터 세부 사항까지 검증을 받았다. 검토 후 완성된 결과를 가지고 기관 내 교사 및 교육 관련자를 대상으로 워크숍을 가졌다.

검토 후 교재는 실물 교재를 만드는 작업에 들어가므로 출판 팀으로 넘겨지며 개발자는 출판 과정에서 일종의 자문 역할을 하며 교정에 적극 참여하고 필요한 경우에는 최종까지 책임을 지고 수정을 하게 된다. 이 교재도 워크숍 후에 출판에 들어가 삽화 및 번역 전문가의 작업, 녹음 작업 등이 함께 진행되었다.

Ⅵ. 교재 평가

교재 평가란 교재의 가치를 판단하는 것으로서 분석, 점검, 진단을 포함한다. 앞 장에서 개발 시에 교재 분석이 매우 중요함을 살펴보았는데, 사실 교재 사용 전, 사용 중, 사용 후에도 교재 평가는 필요하다. 이 평가 결과에 따라서 직접 수업에 맞게 개발한 교재라면 소극적으로는 보충 자료 준비, 적극적으로는 개정판 개발까지도 고려할 수 있을 것이다. 더욱이 기존에 출판된 교재 가운데 골라서 사용해야하는 경우에는 사용 여부를 결정함은 물론 사용 시에 생길 수 있는 장단점을 파악하기 위해서 수시로 평가가 행해진다. 그리고 사용 중이나 사용한 후에도 교재 사용 여부 및 장단점 파악을 위한 평가를 하게 된다.

"평가는 인상주의적 개관과 심층적인 평가를 혼합하여 실시하고 교재를 선택하는 사람이 중요하게 생각하는 우선순위, 학습자의 특성, 교재가 사용되는 상황에 따라 평가 항목을 선정하여야 한다. 기존의 여러 평가표를 참고하고 자신의 기준을 첨가하여 자신만의 평가표를 구성해"[73] 사용하는 것이 효과적이다.

[연습 2] 다음 표에 자신의 수업을 정리하고 다음 자료를 참고하여 평가표를 만들어보자.

우선적으로 고려할 점	
학습자(언어권, 목적, 나이 등)	
교재 사용 상황 (국내외, 시간, 교실 및 집단 크기, 기기 등)	

[자료 1][74]

Neville Grant(1987:120)의 사용 전 평가 항목

- Communicative: 교재가 의사소통능력을 향상시킬 수 있도록 고안되었는가?
- Aims: 교재가 프로그램의 목표 및 목적에 합당한가?
- Teachability: 실제 이 교재로 교수 시 난점은 없도록 잘 조직화되어 있고, 쉽게 각 방법론들에 접근할 수 있는가?
- Available Add-ons: 교재에 부가한 지침서나 테이프, 연습서(workbook) 등이 보조 교재로 제시되고 실제 사용 가능한가?
- Level: 학습자의 숙련도에 적합한가?
- Your impression: 교재 전체 과정에 대한 인상은 어떠한가?
- Student interest: 학습자가 교재에서 어떤 흥미를 찾아낼 수 있는가?
- Tried and tested: 실제 교실에서 검증된 적이 있는가? 어떤 상황에서, 누구에 의해, 결과를 어떻게 알게 되었는가?

[자료 2][75)]

Neville Grant(1987:120)의 교재 평가표

① 교재가 학습자에게 적합한가?

- 학습자의 흥미를 유발하는가?
- 학습자의 평균 연령을 고려했을 때, 학습자가 흥미 있어 하는가?
- 문화 사회학적으로 수용 가능한가?
- 교사가 파악하고 있는 학습자의 요구나 흥미를 교재가 반영하고 있는가?
- 난이도에 따라 숙련도가 적절한가?
- 교재의 길이는 적절한가?
- 교과의 물리적 특성이 적절한가?
- 실제적인 자료가 충분하여 실제 생활과 밀접하게 연관되어 있는가?
- 언어에 대한 지식과 언어의 적절한 사용 사이에 수용 가능한 균형을 이루는가?
- 언어 기술과 방법론 간의 상호연계성이 수용 가능한 균형을 이루는가?
- 학습자가 목표 언어를 독립적으로 사용하기에 충분한 수업 활동 내용(CA)이 있는가?

② 교재가 교사에게 적합한가?

- 교과의 전반적인 내용과 편집 레이아웃이 괜찮은가?
- 방법론과 부가적 보조 교재의 도움과 해답을 포함하는 명료하고 좋은 교사지침서가 있는가?
- 교사 지침서에 의존하지 않고도 교실 내에서 사용할 만한가?
- 추천하는 방법론(접근법)이 교사와 학습자, 교실에 적절한가?
- 다른 접근법들이 필요할 때 쉽게 적용 가능한가?
- 사용하는 교재가 수업 준비를 위한 시간 낭비를 줄이는가?
- Workbook이나 제공되는 시청각 자료 등 기타 부가적 자료가 유용한가?
- 점검과 수정을 위한 충분한 준비가 있는가?
- 교재가 나선형으로 구성되어 항목들이 규칙적으로 복습되고 다른 문맥(과)에서 다시 사용되는가?
- 이 교재가 동료에게도 적절한가?

③ 교재가 교수요목이나 시험에 적합한가?

- 교재가 권위자에 의해 추천되거나 인정되었는가?

- 교재가 창조적 방법론에 바탕하고, 공식적인 교수요목을 따르는가?
- 교과가 잘 등급화되어 있어, 잘 구조화된 언어의 체계적인 적용 범위를 제공하는가?
- 실제 교수요목보다 잘 진행되었다면 이는 수정 보완의 결과인가?
- 교재에 사용된 방법론이나 내용, 학습 활동이 잘 계획되고 진행되었는가?
- 특정 시험 등의 특별 목적을 위해 잘 구성되었는가?
- 교재의 방법론이 학습자들의 특별 요구(시험 등)에 도움이 되었는가?
- 시험이 요구하는 내용과 학습자들이 요구하는 내용과 균형이 잘 맞는가?
- 시험을 위한 충분한 사전 연습이 있었는가?
- 교과가 시험에 대해 유용하게 도움이 되는가?

[자료 3][76)]

교재분석표

교수 학습 상황

(1) 기관

① 한국어 교수 프로그램의 목표	
② 교수요목	
③ 지향하는 교수법	
④ 프로그램의 시간 틀	
⑤ 학급 규모	
⑥ 시청각 장비, 복사기, 컴퓨터 등의 기기 제공	
⑦ 교재의 수업 사용 시 교사의 자율권 보장	
⑧ 출간 교재 현황 – 권수, 테이프 등	

(2) 학습자

① 한국어 학습 목적(일반 또는 특수 목적)	
② 나이	
③ 주 언어권	

(3) 교사

① 경력	
② 모어 화자/외국인	

외적 구성 – 모양 및 구입 관련, 관련 자료 및 구성물, 저자 또는 기관 정보 유무

교재 / 분석항목	초급	중급	고급
① 구성(단일 사용/타 교재와 병용)			
② 구입의 용이성			
③ 크기 및 쪽수			
④ 가격 및 판수			
⑤ 레이아웃, 검색			
⑥ 워크북, 시청각 자료(테이프나 비디오) 교사용 지침서 등 관련 구성물			
⑦ 내용 지도, 어휘 목록, 색인			
⑧ 학습 상황(한국 또는 외국)			

내적 구성(권 당 또는 초,중,고급 별 분석)

(1) 교재 구성 목표 및 원리

교재 / 분석항목	초급	중급	고급
① 교재 사용 원리			
② 사용자의 설정과 사용자의 요구 반영			

(2) 내용 구성

(가) 전체 구성

(나) 단원 구성

(다) 자모 익히기

(3) 학습 내용

(가) 주제

교재 / 주제	초급	중급	고급
① 주제가 다양한가?			
② 현장 적용성(실제의 사회적, 문화적 맥락과연결)이 있는가?			
③ 사회적 편견(성, 인종, 직업 등)이 없는가?			

(나) 문법

교재 / 문법	초급	중급	고급
① 문법 항목과 다루는 방식이 학습자의 언어권을 고려하였는가?			
② 새 문법과 배운 문법 항목이 관련 있는가?			
③ 형식뿐 아니라 실제적인 사용을 다루었는가?			
④ 문법 연습이 4가지 언어 영역과 통합되어 있는가?			
⑤ 문법을 위한 참고 부분이 있어 자습, 개별 학습 등에 적합한가?			

(다) 어휘

교재 / 어휘	초급	중급	고급
① 어휘가 주제와 관련이 있는가?			
② 새 어휘가 나중에 반복되는가?			
③ 어휘 연습이 있는가?			

(라) 발음과 억양

교재 / 발음과 억양	초급	중급	고급
① 발음 방법의 소개와 카세트테이프가 있는가?			
② 구어 축약형, 문장의 강세, 억양, 음운 규칙 등을 다루고 있는가?			
③ 듣기, 대화 연습과 통합되는가, 개별적인가?			

(마) 담화와 화용

교재 / 담화와 화용	초급	중급	고급
① 문장 이상의 언어 사용을 다루는가?			
② 문체와 발화 상황을 고려하는가?			
③ 실생활과 관련된 담화 표지나 간접 표현을 포함하는가?			
④ 상호작용의 특징을 반영하는 담화 자료를 포함하는가?			

(바) 문화

교재 / 문하	초급	중급	고급
① 성취 문화 중심인가, (현장 적용성이 높은) 일상 문화 중심인가?			
② (문화적 충격, 목표 문화의 거부감을 최소화하는) 문화 상대주의적인 입장을 취하는가?			
③ 설명과 제시 위주로 소개되는가, 과제 활동에 포함되는가?			
④ 목표 문화에 대한 이해와 판단을 가능하게 하는가?			

(4) 학습 활동

(가) 말하기

말하기 \ 교재	초급	중급	고급
① 다양한 유형의 말하기 자료를 포함하는가?			
② 대화문이 구어의 특성을 드러내는가?			
③ 발음(개별음, 문장과 담화 속의 발음) 연습이 있는가?			
④ 모델 발화 테이프가 있는가?			
⑤ 실생활의 상호 작용을 익힐 수 있는가?			
⑥ 실생활의 말하기 과제 활동이 있는가?			
⑦ 학습자에 따라 활동을 선택할 수 있도록 구성되어 있는가?			
⑧ 다른 영역과의 통합 활동이 있는가?			

(나) 듣기

듣기 \ 교재	초급	중급	고급
① 다양한 유형의 듣기 자료를 포함하는가?			
② 자료가 구어의 특성을 잘 드러내는가?			
③ 실제적인 듣기 녹음 자료가 있는가?			
④ 실생활의 듣기 과제 활동이 있는가?			
⑤ 학습자에 따라 활동을 선택할 수 있도록 구성되어 있는가?			
⑥ 다른 영역과의 통합 활동이 있는가?			

(다) 읽기

교재 읽기	초급	중급	고급
① 다양한 읽기 자료를 포함하는가?			
② 자료가 문어의 특성을 잘 드러내는가?			
③ 통독 또는 정독 중심인가?			
④ 실생활의 읽기 과제 활동이 있는가?			
⑤ 학습자에 따라 활동을 선택할 수 있도록 구성되어 있는가?			
⑥ 다른 영역과의 통합 활동이 있는가?			

(라) 쓰기

교재 쓰기	초급	중급	고급
① 다양한 종류의 글이 제공되는가?			
② 여러 종류의 쓰기 학습 활동이 제공되는가?			
③ 정확성에 중점을 둔 문법 연습이 있는가?			
④ 과정 중심인가, 결과 중심인가?			
⑤ 실생활 과제 활동을 포함하는가?			
⑥ 학습자에 따라 활동을 선택할 수 있도록 구성되어 있는가?			
⑦ 다른 영역과의 통합 활동이 있는가?			

(5) 학습 평가와 피드백: 연습 문제 또는 테스트, 자가 점검 평가 영역

교재 쓰기	초급	중급	고급
① 자가 점검 평가 영역을 제시하는가?			
② 평가가 학습 활동의 부분으로 제시되는가, 일종의 시험으로 제시되는가?			
③ 연습 문제 정답만 제시되었는가, 문제 풀이가 제시되었는가?			

주)

1) H.H.Stern(1983), "언어교수의 기본개념", 심형택 외(역), 도서출판 하우, 24쪽.

2) 민현식(2000), 한국어 교재의 실태 및 대안, "한국어 교재의 현황과 개발 방향", 서울대학교 국어교육연구소 제2회 한국어교육 국제학술회의 발표 논문집, 1쪽.

3) 강승혜(2003)는 23기 한국어교사연수과정 강의안 "한국어 교재론"에서 교재의 기능을 '교수 학습 내용의 규정, 학습 목표의 구체적 설정 기능, 교수 학습 전략의 제공 기능, 평가의 대상과 자료 제공 기능으로 정리' 하고 있으나 이것이 교재 사용 대상 및 상황을 포괄적으로 포함하고 있어 모호한바 여기서는 교실 수업을 담당하는 교사에게 유용한 기능을 중심으로 정리하였다.

4) "한국의 경제 발전으로 비롯된 국제적 지위 향상과 현대적 의미의 국외 이민자의 후세의 증가로 1980년대 중반부터 빠른 성장세를 보였다. ...... 1980년대 중반부터 1990년대 중반 사이에 국내외의 한국어 교육은 지역에 따라 약간 차이는 있지만 교육기관(또는 강좌 개설 대학), 학습자 집단의 규모가 수 배에서 수십 배의 증가를 보였다." 조항록(2004), 재외동포를 대상으로 하는 한국어 교육 정책의 실제와 과제, 한국어 교육 15권 2호, 200쪽.

5) 조항록에 의하면 "2004년 현재 국내에서는 60곳의 대학 부속교육기관과 약 10곳의 사설 학원 및 NGO 자원봉사 교육기관, 8곳의 정부 산하 교육기관에서 대략 6000명에 달하는 학습자가 있"고 "국외에서는 55개국 658개 대학과 8개국 1525곳 이상의 초중고교에서 한국어 강좌가 운영되고 있고 비정규 교육으로 1100곳 이상의 한글학교와 100여 곳의 사설학원에서 한국어를 가르치고 있다"(조항록, 앞글, 201-202쪽)고 한다.
아울러 연세대학교를 거쳐 간 외국인 학습자 수가 130여 개 국 6만 3천여 명("연세인 국제 교류 문화 축제"연세춘추, 1면, 2007년 5월 7일)에 이르며 매년 가을 국내에서 외국인을 대상으로 연세대학교에서 주최하여 열리는 백일장 참여 규모가 80개국 1000여 명에 이름을 볼 때 외국인 학습자는 규모가 커졌을 뿐만 아니라 국적 역시 매우 다양해졌음을 알 수 있다.

6) "우리 정부의 초기 한국어 교육 정책이 한국어 교육의 필요성을 인식하여 이니셔티브를 가지고 방향성을 제시했다고 보기 어렵다"(조항록, 2001)는 지적이 있음을 기억하면 최근 '국어기본법'(2006년 시행)이나 '세종학당' 등은 정부 차원의 노력이 "현실적 요구를 제한적으로 뒷받침하는 소극적인 모습"을 벗어나 적극적으로 방향을 설정하고 선도하는 역할을 하고자 노력하고 있음을 알 수 있다. 이뿐만 아니라 일본, 미국, 중국, 몽골 등 국외 지역에서도 외국어 교과목으로서의 한국어의 위상이 달라지는 등 국가 또는 지역 차원의 변화가 나타나고 있다.

7) 2006년 6월부터 시행된 국어기본법으로 전공을 했거나 한국어 교육 능력 검정 시험 등을 거쳐서 한국어 교사 자격증을 받도록 함으로써 일정 수준의 전문적인 자질을 갖춘 교사 인력 배출이 가능해졌다.

8) 이런 모색은 백봉자(2001)가 "한국어 교육의 교수법은 의사소통 중심을 지향하면서도 한국어에 대한 언어적 지식을 주고자 문법과 어휘 연습을 포함시키고 있음을 알 수 있다. 즉 청각구두 교수

법을 유지하면서 회화 중심의 의사소통력을 강조한다고 보아야 할 것이다."("한국어 교육의 역사와 실제", 25쪽)라며 현 한국어 교재에서 의사소통 교수법이 변형되어 있음을 지적하고 있고 김정숙(2002)는 "의사소통 능력을 중시하는 과제중심 교수요목의 문제점"을 지적하고 한국어 교육에서는 "형태 즉, 문법을 고려한 과제 중심 교수요목"이 필요함을 제안하고 있는 등 주로 의사소통과 문법 둘 다를 중시하는 절충적 교수법 모색이라는 방식으로 나타나고 있다.

9) "미래의 한국어 교수 학습 방법은 의사소통 접근법을 중심으로 여러 교수법들의 장점이 보완된 체계적인 절충식 교수법을 지향하는 것이 바람직하며(Sohn 2001), 현장의 한국어 교육기관에서는 현재의 교수 학습법이 학습자나 기관의 목적에 부합하는지를 깊이 있게 논의해 보아야 할 것이다", 안경화(2005), 「교수 학습의 연구사와 변천사」, 『한국어교육론1』, 한국문화사. 328쪽)

10) 강승혜(2003), 한국어 교육의 학문적 정체성 정립을 위한 한국어 교육 연구 동향 분석, 한국어 교육 14권 1호, 20쪽.

11) 한국어 교재의 변천을 시기별로 나누어 살피고 있으며 한국어 교육의 시작 시기(근대 또는 1959년)와 발전기, 성장기, 안정기 등으로 시기에 대한 명칭이 다를 뿐 한국어 교육의 성장과 아울러 교재 개발이 꾸준히 발전하고 있음을 지적하고 있다.
백봉자(2001), 「교재와 교수법을 통해 본 한국어 교육의 역사와 과제」, 『외국어로서의 한국어 교육』 25 26집, 연세대학교 언어연구교육원 한국어학당.
이지영(2003), 「근, 현대 한국어 교재 구성의 변천」, 『외국어로서의 한국어 교육과정과 교수요목』, 국제한국어교육학회 제13차 국제학술대회 발표논문집, 631-647쪽.
조항록(2003ㄴ), 「한국어교재 개발의 기본 원리와 실제」, 『외국어로서의 한국어교육』 28집, 연세대학교 언어연구교육원 한국어학당.
이지영(2005), 「교재의 연구사와 변천사」, 『한국어교육론1』, 국제한국어교육학회 편, 한국문화사.

12) 교수법과 교육 과정에 근거하여 한국어 교재의 유형을 정리하고 있다.
김정숙(2002), 「한국어 교수요목 설계와 교재 구성」, 『21세기 한국어 교육의 현황과 과제』, 박영순 편, 서울: 한국문화사,
소항록(2003ㄱ), 「한국어 교재 게발을 위한 기초적 논의」, 『한국어교육』 14권 1호, 국제한국어교육학회, 249-278쪽.

13) 학습자 요구 분석(백봉자 외1997, 김영만1999)이나 학습자 변인별 기초 조사(백봉자1999, 이정노,2000) 등 학습자 관련 연구가 주를 이룬다. 교재 관련 학습자 요구 분석은 교재 개발, 교재 사용, 교재 평가 중 어느 것을 위한 것인가에 따라 달라질 것이므로 좀 더 세분화될 필요가 있겠고, 학습자 변인별 기초 조사는 교재 개발 시 사용자와 관련하여 정리해야 하는 사항이므로 중요한 연구이다.

14) 과제(김정숙2001), 문법(민현식2000) 등의 연구가 있다.

15) 대부분의 교재 개발 관련 연구가 수행 중심의 교수 원리(손호민1997) 등 새로운 한국어 교수 원리를 제안하거나 교재 개발 방향(박영순2003, 손호민2004) 이나 교재 개발 원리(백봉자 외1997, 황인교1998, 노명완2001, 민현식2002, 김정숙2002, 조항록 2003ㄴ 등)를 제안하고 있다.

16) 교재와 관련하여 의사소통 교수 원리, 학습자 중심, 과제 중심, 수행 중심 원리 등이 되풀이 주장되고 있으니 이런 주장이 유용하려면 교재 전체에서 이런 교수 원리의 구현이 이루어지는 양상을 살피는 작업이 있어야 한다고 본다.

17) 민현식(2000), 앞글, 2쪽.

18) 백봉자(2001)는 "한국어 교육의 역사와 과제"("외국어로서의 한국어 교육" 25 · 26집)에서 초창기(1959-1975), 변화기(1976-1988), 발전기(1989-2000), 도약기(2001년 이후)로 나누고, 초창기에는 청각구두교수법 중심의 교재가 주를 이루었고, 변화기에는 일본어권 학습자가 많아지면서 교육 자료의 다양화를 교사 개인 차원에서 꾀하였고, 발전기에는 기관 별 교재 개발기로 영어와의 대조적 차원에서 문법을 다룬 교재, 청각구두교수법과 의사소통교수법을 배합한 교재, 의사소통 능력 개발 중심의 교재가 나타났고, 도약기에는 단체나 정부 차원의 개발이 이루어지기 시작하고 교사의 전문적인 위상이 마련되고 있는 것으로 정리하고 있다.

조항록(2003)은 "한국어 교재 개발의 기본 원리와 실제"("외국어로서의 한국어 교육" 28집)에서 국내외에서 소수의 대학, 교육 기관에서 한국어 교육이 실시된 태동기(1897-1970년대 말)에는 1970년대 말에 국내에서 교재 개발이 활발해지고 있음을 지적하고 도약기(1980년대-1990년대 중반)의 교재는 기관 교재의 성격이 강하고 구조 중심의 교재가 개발되었고 영역 별 보조 교재의 개발도 이루어진 것으로 보고 있다. 안정적 성장기(1990년 대 후반-)에는 교재의 다양화가 이루어지고 있다고 보았다.,

19) 이지영(2004), 한국어 교재 개발의 역사적 변천, "한국어 교육 자료 개발의 새로운 방향" 국제한국어교육학회 제14차 국제학술대회 자료집 참고.

이지영(2005), 교재의 연구사와 변천사, 한국어 교육론1, (서울: 한국문화사), 183-198쪽.

20) 이지영(2005), 앞글, 184쪽.

21) 앞글, 188쪽.

22) 앞글, 192쪽.

23) 이를 통해 교재 유형론을 시도하고 있는 선행 연구가 있고(조항록, 2004) 그 연구에서 교육과정이라 분류한 '교수 체제 유형' 정리가 유용한바 그 틀을 사용하여 교재를 살펴보았고 그 과정에서 문제가 있는 부분은 수정 보완하였다.

24) 교육과정이란 '교육을 주도하는 기관이 그 기관의 교육목표에 따라, 학습자의 성장과 발전을 돕기 위하여 체계적으로 개발하여 수립하는 지식과 경험을 포함한 모든 종류의 교육내용의 사전 계획과 기대하는 결과' 라고 정의하고 있다. 강승혜(2005), 한국어 교육과정론, "한국어 교수법-아론과 실제" 제23기 한국어교사 연수과정 강의안, 연세대학교 한국어교사연수소, 215-16쪽.

25) 조항록(2004)의 분류 참고.

26) 조항록의 표(2003ㄱ, 258쪽)를 조금 수정하여 정리하였다.

이외에도 조항록(2003ㄱ, 261, 265쪽)은 한국어 과정을 공교육과정과 기타 교육과정으로 분류하고 교재 사용 현황을 국내외로 나누어 다음과 같이 정리하고 있다.

1) 국내

과정	교육 기관 및 과정	사용 교재	비고
공교육 과정	중 · 고등학교	교사가 만든 교육 자료	국어 교육적 성격이 강함
	국제교육진흥원	국제교육진흥원, 한국교육과정평가원이 개발한 교재	해외 현지에서 사용할 목적으로 개발된 교재
	대학, 대학원	기타 교육 과정 중 정규 과정용 교재 통합 교재, 기술 별 교재, 언어 범주 별 교재	교육과정의 상이함에서 오는 불편이 큼
기타 교육 과정	정규 과정	각 수준 별 통합 교재, 연습책(워크북) 기능 별 교재 범주 별 교재 교사가 만든 교육 자료	각 수준 별 교재는 주로 6단계로 되어 있음 범주 별 교재로는 발음, 한자, 문법등이 있음
	비정규 과정	정규 과정용 교재 교사가 만든 교육 자료	

2) 국외

과정	교육 기관 및 과정	사용 교재 유형	비고
공교육 과정	중 · 고등학교	교사가 만든 교육 자료 국내와 · 현지에서 발간한 성인 대상 교재	일본 지역은 현재 교재를 개발하여 시험적으로 사용 중임.
	대학 (한국어 전공)	국내 발간 교재 현지 개발 교재 '한국어 무역실무' 등 과목 별 교재 교사가 만든 교육 자료	미국과 중국의 일부 대학은 지역 별 공동 개발 교재
	대학 (기초 · 교양과목)	국내 발간 교재 현지 발간 교재 교사가 만든 교육 자료	
	한국학교	국제교육진흥원 · 한국교육과정평가원 개발 교재	
기타 교육 과정	한글학교	국제교육진흥원 · 한국교육과정평가원 개발 교재 지역 별 한글학교 연합회 개발 교재 교사가 만든 교육 자료	
	사설 학원	국내 발간 교재 현지 개발 교재 교사가 만든 교육 자료	사설 학원은 일본, 중국, 동남아, 미국의 순으로 많으며 기타 지역은 거의 존재하지 않음

27) Graves의 표는 김정숙(2002), 한국어 교수요목 설계와 교재 구성, "21세기 한국어교육학의 현황과 과제", 서울; 한국문화사, 38쪽에서 재인용하며 일부 수정하였음.

28) Graves, Kathleen(1996), Teachers as Course Developers, Cambridge: Cambridge University Press.

29) 조항록(2003ㄱ), 앞글, 265쪽.

교수요목	한국어 교재와의 관련성
구조 교수요목	1990년대 중반까지 채택한 주된 교수요목이며 여전히 영향력이 큼.
상황 교수요목	일부 교재에서 중심적인 교수요목으로 채택하고 있음
개념, 주제 교수요목	최근에 개발되는 한국어 교재에서 주로 채택하는 교수요목임
기능 교수요목	최근에 개발되는 교재에서 때때로 채택되었음
기술 기반 교수요목	주로 이해 기능으로 이 분야 교재가 매우 적음.
과제 중심 교수요목	주제 교수요목과 함께 채택되고 있음
혼합 교수요목	최근에 개발되는 교재들이 주로 채택하고 있음
문화 교수요목	문화 교재에서 채택하고 있음
내용 교수요목	일부 영역별 교재에서 채택하고 있음

이상의 교수요목 중 어느 하나가 절대적으로 우월하다고 볼 수는 없다. 교재 개발과 관련한 교수요목의 채택은 교육이 이루어지는 교수 학습 상황, 즉 교육 목표와 교육과정을 충분히 고려하여야 하며 교수 학습 방법과도 연계가 되어야 한다. 개념, 주제 교수요목을 주로 하고 기능 교수요목과 구조 교수요목, 과제 중심 교수요목을 보조적으로 활용한다든가, 개념, 주제 교수요목을 주로 하고 기술 기반 교수요목을 보조적으로 활용하는 등 혼합형 교수요목의 채택이 일반적인 추세이다.

30) 황인교(1998)의 경우, 서양 학습자 중심 교육과정 개발이 선행되고 교수 학습이 이루어진 후 귀납적으로 교재를 개발하는 경우를 다루고 있었으므로 교육과정 개발이 중시되었고, 조항록(2003ㄴ)의 경우에는 "요구 분석- 교육목표, 교육과정, 교수요목 설정-단원 구성-교재 내용 구체화-시험 사용과 수정 보완"으로 기본 단계를 제시하여, 교육과정 개발 및 교수설계 과정을 교재 개발 시작 단계로 놓고 있다.

31) 언어 교재를 만들면서 사용 기간을 예측하기는 쉽지 않다. 요즘처럼 변화가 빠른 시대에 역동적으로 변하고 있는 한국을 담아내야 하는 한국어 교재는 더욱 그 사용 기간이 짧을 수밖에 없다. 그러므로 미래에 대한 예측 및 고려는 중요하다. 아울러 한국어 교육 현장의 빠른 변화 역시 담아내기가 쉽지 않다. 아주 진보적인 이론 및 시각을 담아도 쫓아가기가 쉽지 않다.
그러므로 변하는 모습을 담되 한편으로는 변화와 무관하게 안정되어 있는 부분을 찾아 그런 내용을 교재에 담는 것도 필요하다. 이는 극히 보수적인 부분, 즉 중산층의 격식체 발화, 삶에 대한 윤리적이고 규범적인 태도 등의 내용인데, 이런 내용은 시대의 빠른 변화로부터 벗어나 있으므로 자칫하면 생생함이나 재미 등 실제성이 부족할 수 있다. 이렇게 살아있는 한국말을 가르쳐야 한다는 최근의 교수 원리에 준하여 교재를 만든다는 것은 쉬운 일이 아니다. 교재의 사용을 고려하여 실제성이 있되 신뢰할만한 내용을 교재에 담아야 하기 때문이다. 내용의 불변항과 변이항, 내용의 가치에 대한 교재개발자의 예민한 판단이 필요하다.

32) 교재에서 중심이 되는 언어 사용 양상을 보여주는 부분으로 본문, 예시문 등(조항록 2000ㄴ, 김정숙 2002)으로 부르기도 한다. 사실은 다양한 양상의 구어와 문어 담화가 나타날 수 있다. 초급에서는 보통 구어 발화가 주로 나타나고 대화가 주를 이루므로 '대화' 라 했으나 이것이 절대적인 것은 아니다. 그리고 '본문' 과 '예시문' 이라는 명칭은 이런 담화의 기능과 교수원리에 근거한다. 본문인 경우에 1개의 전형적인 담화가, 예시문인 경우에 적절한 1개 이상의 담화가 나타난다.

33) 김정숙(2002)도 형태 위주의 교재와 사용 위주의 교재가 갖는 문제점을 살피고 "한국어 의사소통 능력을 기르기 위하여 과제 수행을 핵심적인 내용으로 하여 교재를 구성하되, 과제 수행 이전의 단계에서 어휘와 문법을 설명하고 연습하는 다양한 내용을 포함시킴으로써 언어의 구조에 대한 이해와 연습을 바탕으로"(47쪽)해야 함을 강조하고 있다.

34) 최근 이런 방식을 탈피하여 다양하게 문화를 교재에 담는 방식이 모색되고 있다. 대표적인 예로 문화 교재인 『한국 언어문화 듣기 집』(백봉자 외,2005)과 2005년 출판된 한국어세계화추진위원회의 한국어 초급 말하기 교재가 있다.

35) 『정규과정용 한국어 교재 개발을 위한 기초 연구』(손연자 외,2003)이며 한국어 교재 개발의 원리와 실제, 학습자 요구 분석, 기존 한국어학당 정규과정 교재 분석, 국내외 한국어 교재 분석이 이루어졌고, 구체적인 내용은 『외국어로서의 한국어교육』 28집에 특집 논문으로 발표된 바 있다.

36) 연세대학교와 같이 기초 조사가 이루어진 경우에는 그를 검토하지만, 그렇지 않은 경우에는 교수 학습 이론 및 교수 학습 상황, 교수요목, 단원 구성, 인물 등을 결정하기 위해 기초 조사가 이루어져야 한다. 이런 기초조사는 기존 교재 분석, 학습자 요구 분석이 주를 이룬다,

37) 이규희(1997), 「한국어 교육의 개선 방향」, 『교육 한글』 10호.

38) 조항록(2003ㄴ), 앞글, 234쪽.

39) 한송화(2003), 「연세대학교 한국어학당 교재 분석」, 『외국어로서의 한국어교육』 28집, 연세대학교 언어연구교육원 한국어학당. 334쪽.

40) 강승혜(2003), 「한국어 교재 개발을 위한 학습자 요구 분석」, 『외국어로서의 한국어교육』 28집, 연세대학교 언어연구교육원 한국어학당. 265쪽.

41) 조항록(2003ㄴ), 앞글, 241쪽.

42) 황인교(2003), 국내외 한국어 교재 분석,『외국어로서의 한국어교육』 28집, 연세대학교 언어연구교육원 한국어학당. 321쪽.

43) 김정숙(2002), 앞글, 47쪽.

44) Richars, Jack C.(2002), "English Language Teaching in the "Post-Method" Era", Methodology in Language Teaching, Cambridge University Press.

45) 교육 기회를 갖지 못한 학습자와 교재 개발이 어려운 현장이 여전히 많이 있으므로 범용의 교재가 필요하고 이런 교재 개발은 각 현장의 특성에 맞춰 적절하게 활용되기를 바라는 데 의의가 있다는 조항록(2003ㄱ, 271쪽)의 말처럼 여전히 두루 쓰일 수 있는 좋은 한국어 교재 개발이 필요하다. 그러나 이런 범용성이 모든 교수 학습 현장에 두루 맞는 내용 및 구성을 갖춰야 함을 의미하는 것이라면 이것은 현실적으로 불가능하다. 그간의 범용성에 대한 논의는 이런 이상적인 교재에 대한 것이었으므로 진전 없이 제 자리를 맴도는 소모적인 논의일 수밖에 없었다.
그러므로 교재가 부족한 한국어 교육 현장에서 사용할 목적의 '범용성'으로 논의를 좁히고 이를 위한 방법을 찾는 것이 효율적이라고 본다. 즉, 교재가 다른 교육 현장에서 두루 사용되려면 정확한 한국어의 사용, 정확한 내용 등 교재 내용의 적절성 및 가치와 교재 개발 및 구성 원리, 교재 사용 맥락에 대한 명확한 정리 및 소개가 무엇보다도 중요하다. 내용의 적절성 및 가치는 기본적인 교수 학습 내용이고 교재 개발 및 구성 원리와 교재 사용 맥락에 대한 정보는 교재의 활용에 도움이 되기 때문이다. 즉 이런 경우에는 교재 사용에 관해 정리된 내용(간단한 소개서나 교사 지침서 등)이 함께 제공되는 게 바람직하다.

46) 이것은 국내 정규과정의 한국어 학습자 집단이 교포 집단과 외국인 집단이 주요 변인인 미주 대륙과 다르기 때문이다. 주요 변인인 학습자 모어를 고려하여 살펴보면 일본어, 중국어, 영어권 학습자가 주를 이루나 보통 50여 개국에서 온 학습자가 있다. 초급에만 20-30개국 학습자가 있으며 12명 내외의 소규모 교실에 10여 개국 학습자가 있는 경우도 있다.

47) 손연자 외(2003), 앞글, 189쪽.

주제	과제와 기능	문법/표현	어휘	내용과 맥락	문화
1 인사	인사 나누기		인사말	처음 만났을 때	인사말
2 소개(사람)	사람 소개하기		나라이름 외	교실에서 자기소개	호칭
3 소개(사물)	사물 소개하기		사물 이름 외	교실 상황	여성/남성어 부재
4 음식1	음식 주문하기		음식 이름 외	식당에서 주문	한국음식
5 하루생활	하루 생활 서술하기		시간 관련 어휘	학교생활	학생회관
6 가족/고향	가족/고향 소개하기		가족 이름 외	사진 보며 소개	친족어
7 물건사기1	물건 사기		생필품 이름 외	슈퍼마켓에서	시장
8 날씨와 계절	날씨, 계절 표현 익히기		계절 표현	날씨	사계절
9 교통수단이용	대중교통 이용하기		교통수단	장소 이동	대중교통
10 전화 이용	전화 걸기, 받기		전화 관련 어휘	전화 걸기	여보세요

48)

	교수요목에 빠진 문법 요소
한국어 1	-지 말다, -기, -지 못하다, -한테서/에게서, -었으면 하다, -어 지다, -이나, -기로 하다, -는 동안, ㅎ동사, 때문에, -을 것 같아요, -는데
주요 교재	거나, -게(2), -고 나서, 군요, -기, -기 시작하다, -는 것, -니/냐, -다가, 때문에, -만, 밖에, -어야 하다/되다, -어 놓다(2), -어 버리다(2), -어 보이다(2), -어 오다(2), -어 있다(2), -어도 되다 (2), -어 보다, -어 지다(2), 에게서/한테서, -은가요(2), -은 적이 있다(2), -은지(2), -은지 알다/모르다(2), -은/는요?, -을게요, -을까 하다(2), -을래요, -을 줄 알다/모르다(2), - 으면 되다, -으면서, 의, 이나(2), 이라서, 이랑, 접속부사, 조사 생략, 준말 연습, 지 못하다, 이랑 *( )의 숫자는 빈도임.

49) 손연자 외(2003), 앞글, 182-183쪽.

50) 조항록(2003ㄴ), 앞글, 237쪽.

51) 황인교(2003), 앞 글, 302쪽.

52) 이런 구성으로 '단원 제목-학습 목표-도입-예시문-발음-어휘-문법-과제-문화-자기 평가'를 제안하고 있다. 김정숙(2002), 앞글, 47-48쪽.

53) 김정숙은 제목 제시 방법을 주제. 기능, 주제+기능, 대표 문장, 문법 형태 포함 문장 등의 유형으로 나누고 장단점을 얘기한 후, 주제+기능이 이상적이라 얘기하고 있다. (김정숙2002, 앞글. 48쪽 참고.) 단원 구성 방식 및 제목의 기능, 학습자의 수준에 따라 적절한 유형을 택할 수 있다고 보며 연세대학교의 경우가 그런 예가 되리라 생각한다.

54) Kathleen Graves(1996), Teachers as Course Developers(Cambridge University Press), 17-19쪽. Kathleen은 과정이나 수업 설계 시에 목적과 목표가 필요하며 목적은 Stern(1992)의 유창성, 인지적, 정시적, 전이적 목표의 네 가지를 소개하고 이를 구체적으로 구현하는 것이 목표인데 "'목표란 내용과 활동을 구성하거나 진술하는 방식일 뿐' (Nunan,1998)이며 목표를 개념화하고 기술하는 방법은 과정의 내용을 개념화하는 방식에 근거한다."고 하며 Saphier 와 Gower(1987)의 다음과 같은 다섯 종류의 목표 기술 방식을 소개하고 있다. 그리고 이 모두는 서로 관련되며 앞 세 개는 학생이 할 것에 뒤 두 개는 학생이 배울 것에 관심이 있음을 밝히고 있다.

1. Coverage objectives: 이 교재의 다섯 과를 다룰 것이다.
2. Activity objectives: 학생들은 여섯 개의 다른 종류의 글을 쓸 것이다.
3. Involvement objectives: 학생들은 어떤 글이 제일 좋은가 하는 토론에 참여할 것이다.
4. Mastery objectives: 주제문과 그를 지지하는 세부 기술이 있는 재미있는 글을 쓸 수 있을 것이다.
5. Critical thinking objectives: 학생들은 좋은 글의 특징을 파악할 수 있고 왜 좋다고 생각하는지 말할 수 있을 것이다.

언어 교재에서는 이런 목표를 요약적이고 명시적으로 제시해야 한다. 위 목록의 목표 모두를 제시할 수 있겠으나 학습자가 수행해야할 활동 목표를 중심으로 요약하여 학습자가 이해하기 쉽도록 학습자 모국어로 제시하였다.

55) 손연자 외, 앞글, 182쪽. 그 예는 "어느 계절에 대한 그림입니까? 여러분은 어느 계절을 좋아합니까?" (194쪽)이다.

56) 이것은 학습자의 언어 수준에 따라 달라질 수 있다. 초급의 경우에 도입을 통해 구체적인 표현을 유추하거나 상황을 이해하는 경우가 많고 개인화를 하게 되는 경우는 거의 없다. 아직 한국어 능력이 부족하여 유사한 표현 연상이 어렵고 배우는 내용도 개인차가 크지 않은 기본적인 생활이기 때문이다. 배경 지식 및 사고력이 풍부한 학습자가 외국어를 배우기 어려운 이유는 이런 초급의 언어 학습 상황 및 내용의 단순성을 수용하기 어렵기 때문이다.

57) 김정숙(2002), 앞글, 50쪽.

58) 김정숙(2002), 앞글. 50쪽.

59) 언어능력이 부족한 단계에서 대화의 수는 부담이 되는 주요 요인이다. 그래서 쉽게 외워 구사할 수 있을 정도의 수와 길이를 고려하여 대화를 구성하였다.

60) '과제' 개발에 대한 자세한 내용은 김미옥(2005)이 다루고 있다.

61) 김정숙(2002)이 얘기하는 '통제된 연습'과 '유의적 연습'이 바로 이 '형태연습'과 '유의미한 의사소통 활동'에 상응한다. 그러나 이 두 개만이 아니라 그 두 연습 사이에는 다음과 같이 점층적으로 다양한 단계의 연습이 있을 수 있다. 연세대학교 한국어학당의 1급 활용 연습과 2급 자료에 있는 연습 문제를 단계별로 정리해 제시하면 다음과 같다.

'–아서(순서)' 연습

1. 보기와 같이 문장을 완성하십시오. **형태연습**

보기: 시장에 갑니다/ 과일을 삽니다. 시장에 가서 과일을 삽니다.

(1) 도서관에 갑니다/ 책을 빌리겠습니다.
(2) 학생들이 의자에 앉습니다/ 공부합니다.

2. 다음 그림을 보고 대화를 완성하십시오. **유의미한 형태 연습**

(1)

친구를 만나는 그림	영화를 보는 그림

가: 친구를 만나서 무엇을 하겠습니까?
나: ___________어(아,여)서 ____________________

(2)

차를 빌리는 그림	부산에 가는 그림

가: ___________어(아,여)서 어디에 가고 싶습니까?

나: ____________어(아,여)서 __________________________

(3)

음식을 만드는 그림	아이들과 먹는 그림

가: ____________어(아,여)서 _____________?

나: ____________어(아,여)서 _______________

3. '-고'와 '-아서'를 연습해 봅시다.

(1) 다음 글 "영숙이의 하루"를 읽고 (   ) 안의 단어를 알맞게 고치십시오.

유의미한 형태 연습

오늘 아침에 일찍 (일어나다) 친구 미경이를 만나러 갔다. 백화점 앞에서 친구를 (만나다) 살 선물을 골랐다. 백화점 5층을 (구경하다) 6층에 (올라가다) 마음에 드는 물건을 찾을 수 있었다. (중략)

(2) '나의 하루'를 쓰고 발표하십시오. **의사소통 활동**

62) 매 문제 하단에 이런 상자를 두어 학습자가 스스로의 학습에 대해 생각할 기회를 갖도록 하였다.

맞는 개수가

- 2개 (😔)   3개-4개 (😑)   5개-6개 (😊)

이것은 기초조사에서 제시한 '점검해봅시다'(183쪽)이나 세계화추진위원회에서 개발하여 출판한 교재에서 사용하고 있는 '자기 평가' 처럼 매 단원 끝에 일괄 스스로의 학습능력을 3-4개의 질문(예: 한국말로 자기를 소개할 수 있습니까?, 한국말로 자기를 소개하는 데 필요한 어휘를 익혔습니까?)을 주고 잘함/보통/부족으로 표시하게 하고 있는 것보다 효과적이라고 생각한다. 물론 이 경우는 따로 복습 단원이 없기 때문에 일괄 평가표로 자신의 학습을 점검하게 하는 것이라 생각하나 구체적으로 활용하기 어려운 점이 있다고 본다. 연세대 교재의 경우처럼 복습 단원이 있다면 복습 과정에서 위와 같은 상자를 사용하여 스스로의 능력을 구체적으로 평가하며 학습 상황을 점검하게 할 수 있으리라 생각한다.

63) 김영만(2005), 「교재의 구성과 개발 방향」, 『한국어교육론1』, 한국문화사, 237쪽.

64) 예를 들어 2과 '학교와 집'에서 문화 항목 추출이 어려워 임의로 '서울'로 하였는데 소유물, 교실, 학교, 집을 소개하는 교재의 내용과 거리가 있음을 알 수 있다.

65) 세계화추진위원회에서 개발하여 출판한 한국어 초급 말하기 교재가 그런 예이다.

66) 전자의 경우가 한국의 전통문화이고 후자가 일상문화인데 지금의 얘기인 일상문화는 시사성이 커서 한국과 같이 변화가 심한 사회에서 이를 정리해 얘기하기가 쉽지 않다. 김정숙도 "한국의 전통 문화를 소개하는 데서 벗어나 오늘의 한국 사회와 한국인의 생활 양식, 의식 구조 등을 알리는 데 필요한 내용 중심으로 선정되어야 한다"(2002, 56쪽)고는 하나 '오늘'이라는 개념의 가변성, 그리고 '사회, 생활 양식, 의식 구조' 등이 삶의 국면 모두를 아우르는 말임을 생각할 때,

일정 시간이 지나 전공자에 의해 정리되기 전에는 이 모두를 명확히 요약해 일반화시켜 얘기하는 것은 불가능하다고 본다.

67) 백봉자 외(2005), 『한국 언어문화 듣기 집』, 도서 출판 하우.

68) 스티븐 리비어(2005), Survival Korean, 도서 출판 넥서스

69) 기초 조사에서 제안한 문화 제시 방식은 '가치 배제, 흥미 유발, 학습자 주도성' 이었는데, 한 외국인의 경험담을 소개하는 방식은 학습자가 적극 관여하여 그런 경험담에 동의하거나 비판하며 자신의 의견을 나름대로 형성해갈 수 있게 한다는 점에서 학습자 주도적이고 학습자의 흥미 유발도 쉽다고 본다. 다만 '가치 배제' 라는 점이 문제인데 이것은 특정 가치가 아니라 문화를 바라보는 '태도' 와 '관점' 의 문제로서 객관적으로 편견 없이 기술해야 함을 의미하는 것이라 이해된다. 열린 태도로 문화다원주의의 시각에서 문화를 정리해야 함은 물론이나 일반적이고 전문적인 지식으로 한 나라의 문화를 소개하는 경우에 자칫하면 정리해 얘기할 수 없거나 상반된 견해를 다 소개하거나 해야 하는 경우가 생긴다. 예를 들어 '단군' 또는 최근 문제가 되고 있는 '단오' 의 경우에 어떻게 소개하는 것이 객관적이고 편견이 없는 것일지 확실히 얘기하기 어렵다. 그러므로 구체적인 한 개인(물론 상당히 열린 시각을 지닌)의 시각에서 정리해 보이고 그를 학습자 개개인의 자리에서 수용하거나 비판하거나 하며 자신의 의견을 만들어가게 하는 것이 바람직하리라 생각한다. 국내 한국어교육 환경과 같이 50여 개국에 이르는 여러 나라의 학습자가 모여 있는 경우에는 매우 유용하며 외국에서도 학습자 주도적으로 문화에 대한 시각 형성이 가능하다는 점에서 효과적이다.

70) 교재의 문화 담화 및 텍스트의 기술과 구성 방식에 대해서는 다음에 다른 논문에서 좀 더 자세히 다루고자 한다.

71) 국내 한국어 교재 출판 환경은 출판 시에 아직 삽화 및 레이아웃, 녹음 등을 담당할 전문 인력이 없는 경우가 많아서 교재 개발자의 작업이 교재의 내용이 아니라 이것까지 책임져야 하는 바 부담이 매우 과한 편이다.

72) 조항록(2003ㄴ), 앞글, 240쪽.

73) 이해영(2003), 한국어 교재 연구, "한국어 교수법-이론과 실제" 연세대 한국어교사 연수과정 제18기 강의안 참고

74) 앞글에서 재인용함.

75) 앞글에서 재인용함.

76) 황인교(2003), 국내외 한국어 교재 분석, 외국어로서의 한국어 교육 28집, 연세대학교 언어연구교육원, 326-329쪽.

참고문헌

- 강승혜(2003ㄱ), 한국어 교육의 학문적 정체성 정립을 위한 한국어 교육 연구 동향 분석, 한국어 교육 14권 1호,
- 강승혜(2003ㄴ), 한국어 교재 개발을 위한 학습자 요구 분석, 외국어로서의 한국어 교육 28집, 251-286쪽.
- 권미정(1991), 외국어로서의 한국어 교재 연구: 기존교재의 검토와 새 모델의 모색, 고려대학교 대학원 석사학위논문.
- 김미옥(2005), 초급 한국어 과제 구성의 원리와 실제, 외국어로서의 한국어 교육 30집, 연세대학교 언어연구교육원, 23-44쪽.
- 김영만(1999), 외국어로서의 한국어 교재 개발 연구, 한국 외국어대학교 대학원 박사학위논문.
- 김영만(2005), 한국어교육 연구의 이론과 실제, 역락출판사.
- 김영만(2005), 교재의 구성과 개발 방향, 한국어교육론1, 한국문화사.
- 김영아(2001), 호주의 한국어 교재 개발 현황 및 방향, 외국인을 위한 한국어 교재,
- 한국어세계화추진위원회 제2차 한국어세계화 국제학술대회 발표논문집, 47-60.
- 김유정(2001), 초급 교재에서의 주제 · 기능 · 문법의 상관성, 외국인을 위한 한국어 교재, 한국어세계화추진위원회 제2차 한국어세계화 국제학술대회 발표논문집, 96-105.
- 김재욱(2002), 한국어교재론, 외국어로서의 한국어교수법, 2002년도 미국중고등학교 한국어교사 연수 강의자료집, 118-123.
- 김정숙(1992), 한국어교육과정과 교과서 연구, 고려대학교 대학원 박사학위논문.
- 김정숙(2001), 한국어 초급 교재에서의 과제 구성의 실제성, 외국인을 위한 한국어 교재, 한국어세계화추진위원회 제2차 한국어세계화 국제학술대회 발표논문집, 87-95.
- 김정숙 외(2001), '한국어' 초급(읽기 · 쓰기) 실물 교재 개발 최종 보고서, 한국어 세계화재단 · 한국어세계화추진위원회.
- 김정숙(2002), 한국어 교수요목 설계와 교재 구성, 21세기 한국어 교육학의 현황과

과제, 박영순 편(2002), 서울: 한국문화사.

- 김하수 외(2000), '범용 한국어' 교재(초급) 개발 사업 보고서, 한국어 세계화 추진을 위한 기반 구축 사업.
- 김하수 외(2000), '한국어' 초급(말하기 · 듣기) 교재 개발 사업 보고서 I, II, 한국어 세계화 추진을 위한 기반 구축 사업.
- 김하수 외(2001), '한국어' 초급(말하기 · 듣기) 교사용 지침서 개발 사업 보고서, 한국어 세계화 추진을 위한 기반 구축 사업.
- 김중섭 · 이관식(1999), 외국인을 위한 한국어 교재 개발에 관한 연구, 한국어교육 10권 1호, 61-81.
- 노명완(1998), 한국어 교육 자료의 체제 분석, 이중언어학 15, 이중언어학회.
- 노명완(2001), 한국어교육을 위한 교재론, 외국인을 위한 한국어 교재, 한국어세계화추진위원회 제2차 한국어세계화 국제학술대회 발표논문집, 9-25.
- 라혜민 · 우인혜(1999), 한국어 교재의 효율적 개발 방안, 한국어교육 제10권 2호, 국제한국어교육학회, pp.95-116.
- 민현식(2000), 한국어 교재의 실태 및 대안, 한국어 교재의 현황과 개발 방향, 서울대학교 교육종합연구원 국어교육연구소 제2회 한국어교육 국제학술회의 발표 논문집, 1-58쪽.
- 민현식(2002), 한국어 교재론, 동남아 한국어교육의 오늘과 내일, 국제한국어교육학회 · 한국국제교류재단 해외 워크숍 발표논문집, 149-188.
- 민현식(2003), 국내 기관에서의 한국어 교육과정, 외국어로서의 한국어 교육과정과 교수요목, 국제한국어교육학회 제13차 국제학술대회 발표 논문집, 17-45쪽.
- 방성원(2000), 통합교수를 위한 한국어 교재 개발 연구, 한국어교육 11권 2호, 국제한국어교육학회, pp.111-132.
- 백봉자(1991), 한국어 교재 개발을 위한 기초 작업, 교육한글 4, 한글학회, 191-207.
- 백봉자(1999), 서양어권 학습자를 위한 한국어 교재 개발 연구, 한국어교육 제10권 2호, 국제한국어교육학회, 1-16.
- 백봉자(2001), 교재와 교수법을 통해 본 한국어 교육의 역사와 과제, 외국어로서의 한국어 교육, 25 · 26집, 연세대학교 언어연구교육원 한국어학당.

- 백봉자 외(1997), 신교재 개발을 위한 기초조사 연구에 관한 최종 보고서, 문화체육부 정책연구과제.
- 백봉자 외(2005), 한국 언어문화 듣기 집, 도서 출판 하우.
- 손연자 외(2003), 정규 과정용 한국어 교재 개발을 위한 기초 연구, 연세대학교 언어연구교육원 한국어학당.
- 손호민(2004) 한국어 교육 자료 개발의 새로운 방향, 국제한국어교육학회 제 14차 국제학술대회 발표문. 국제한국어교육학회.
- 안경화(2005), 교수 학습의 연구사와 변천사, 한국어교육론1, 한국문화사,
- 양태식 외(1998), 외국인을 위한 한국어 교재의 교수요목 개발에 관한 기초 연구, 한국어 세계화 추진을 위한 기반 구축 사업 1차년도 결과 보고서.
- 유영미(2002), 미국에서의 한국어교재 개발 현황 및 방향, 외국인을 위한 한국어교재, 한국어세계화추진위원회 제2차 한국어세계화 국제학술대회 발표 논문집, pp. 75-83.
- 이규희(1997), 한국어 교육의 개선 방향, 교육 한글 10, pp.395-407.
- 이관규(1995), 한국어 교재의 구성 원리와 내용, 이중언어학 12, 273-290.
- 이동재(1995), The State of Art in and Desiderata for Korean Language Textbook compilation, 한국말 교육 6, 국제 한국어교육 학회, pp.121-158.
- 이동재(1999), 교재 개발과 평가-영어 화자를 위한 한국어 교재, 제9차 국제학술회의 발표 요지, 국제 한국어교육 학회.
- 이정노(1991), 외국인을 위한 한국어 교재 편찬에 있어서 고려할 몇 가지, 교육한글 4, 한글학회, 83-99.
- 이정노(2000), 미국에서의 한국어 교재 개발의 문제점 및 해결 방안, 한국어 교재의 현황과 개발 방향, 서울대학교 국어교육연구소 제2회 한국어교육 국제학술회의 발표 논문집, 81-107.
- 이지영(2003), 근 현대 한국어 교재 구성의 변천, 외국어로서의 한국어 교육과정과 교수요목, 국제한국어교육학회 제13차 국제학술대회 발표 논문집, pp.631-647.
- 이지영(2004), 한국어 교재 개발의 역사적 변천, 한국어 교육 자료 개발의 새로운 방향 국제한국어교육학회 제14차 국제학술대회 자료집
- 이지영(2005), 교재의 연구사와 변천사, 한국어교육론1, 한국문화사.

- 이해영(2001), 교사용 지침서 개발의 원리와 실제, 외국인을 위한 한국어 교재, 한국어세계화추진위원회 제2차 한국어세계화 국제학술대회 발표논문집, 106-117.
- 이해영(2001a), 학습자 중심 수업을 위한 교재 분석, 한국어교육 제12권 1호, 국제한국어교육학회, 199-232쪽.
- 이해영(2001b), 한국어 교재의 언어활동 영역 분석, 한국어교육 제12권 2호, 국제한국어교육학회, 469-490쪽.
- 이해영(2002), 한국어 교육에서의 교사용 지침서 개발 연구, 한국어 교육 제13권 1호, 199-224쪽.
- 이해영 외(2002), "한국어" 초급(말하기 · 듣기) 교재 및 교사용 지침서 실물 고재 개발 사업 보고서, 한국어 세계화 기반 구축 사업.
- 조항록(2001),한국어 교육 현황과 교육 정책, 외국어로서의 한국어 교육 제25, 26집, 연세대학교 언어연구교육원, 149-178쪽.
- 조항록(2003ㄱ), 한국어 교재 개발을 위한 기초적 논의, 한국어교육 14권 1호, 국제한국어교육학회, 249-278쪽.
- 조항록(2003ㄴ), 한국어 교재 개발의 원리와 실제, 외국어로서의 한국어 교육 28집, 연세대학교 언어연구교육원, 223-250쪽.
- 조항록(2004), 재외동포를 대상으로 하는 한국어 교육 정책의 실제와 과제, 한국어교육 15권 2호, 국제한국어교 육학회,
- 최정순(1997), 개발자로서의 교사-교재 개발 및 교과 과정 개발에서의 교사의 역할, 한국말교육 8, 국제한국어교육학회, 131-159.
- 한송화(2003), 연세대학교 한국어학당 교재 분석, 외국어로서의 한국어교육, 331-362쪽.
- 황인교(1998), 외국인을 위한 한국어 교재 개발-검토 및 방향 제시, 한국어교육 제9권 2호, 국제한국어교육학회, 269-284.
- 황인교(1999), 외국인을 위한 한국어 교육의 이론적 지평, 교과교육학연구 제3권 1호, 이화여대 사범대학 교과교육연구소, pp.272-288.
- 황인교(2003), 국내외 한국어 교재 분석, 외국어로서의 한국어 교육 28집, 연세대학교 언어연구교육원, 287-329쪽.
- 황인교(2005), 초급 한국어 교재 개발의 실제, 외국어로서의 한국어교육, 30집, 연

세대학교 언어연구교육원, 265-309쪽.

- Brown, H. D.(1987), *Principles of language learning and teaching*, 2nd edition. Englewood Cliffs, N. J.: Prentice-Hall.
- *Celce-Murcia, Marianne.(2001), Teaching English as a Second or Foreign Language*, Third Edition. Boston, MA: Heinle & Heinle.
- Cunningsworth, A.(1995), *Choosing your Coursebook*, Heinemann,
- Graves, Kathleen(1996), *Teachers as Course Developers*, Cambridge: Cambridge University Press.
- Dudley-Evans, T, & St John, M. J.(1998), *Developments in English for specific purposes*, Cambridge: Cambridge University Press.
- Mackey, W. F.(1965), *Language teaching analysis*, London: Longman.
- McDonough, J. & Shaw, C.(1993), *Materials and methods in ELT*, Oxford: Blackwell Publishers.
- Nunan, David.(1988), *The Learner-Centered Curriculum*, Cambridge: Cambridge University Press.
- Sohn, Ho-min.(1995), *Performance-based principles and proficiency criteria for KFL textbook development*, 한국말교육 6.
- Stern, H.H.(1983), "언어교수의 기본개념", 심형택 외(역), 도서 출판 하우
- Steven Revere(2005), *Survival Korean*, 도서 출판 넥서스.